# 경호안전 검측론

유형창 · 김국래 공저

도서출판 **진 영 사**

# 경호안전 검측론

유형창 · 김국래

2016년 2월 16일 초판인쇄
2016년 2월 19일 초판발행
발행인 박 진 영
발행처 도서출판 진영사
인천광역시 부평구 갈산동 35-3번지
전화 : 032)505-4207
팩스 : 032)505-4206
E-mail : 0183734207@hanmail.net
등록 : 122-91-77317

ISBN 978-89-6541-251-9 93350
값 23,000원

# 머 리 말

최근 국내외 경호환경은 첨단 과학기술과, 정보화, 획기적인 경제발전에 따른 사회구조 변모와 부의 축적으로 빈부격차에 따른 지역 간, 계층 간 갈등을 심화시켜 위해를 가하려는 위해자 또는 위해조직이 첨단장비나 기술을 활용함으로써 더욱 위험성을 가중시키는 경호환경을 만들어 경호방법상의 커다란 변화를 요구하게 되었다.

사회구조 변화에 따른 국민 의식구조와 생활양식 다변화는 경호작용에도 영향을 미치고 있다. 즉, 성공적인 경호는 국민들과 다른 조직들과의 치밀한 협력체계하에서만 담보될 수 있다. 그러나 의식구조나 생활방식이 개인화, 이기주의화됨으로써 이러한 측면에 어려움을 가져오고, 그 만큼 경호위해의 가능성을 높이고 있다.

가속화된 개방화와 국제적 교류의 증대는 국제적으로 악명 높은 테러분자나 테러조직의 활동성을 높이고, 경찰이나 경호기관의 통제성을 어렵게 하는 결과를 낳고 있다.

최근에는 버락 오바마 미국 대통령을 비롯한 요인 암살을 위해 후원금을 모으는 사이트의 존재가 일반 웹 서비스로는 노출되지 않는 사각지대에 있다.

세계의 치안을 위협하는 국제 범죄조직으로는 이미 전 세계적으로 악명을 떨치고 있는 이탈리아와 미국의 마피아 및 일본의 야쿠자 조직이 있으며, 최근에는 새롭게 부상하고 있는 중국계 트라이어드(삼합회)와 러시아 마피아의 활동이 활발해지면서 국내진출을 시도하고 있고, 국내범죄조직 또한 이들과 연계할 조짐마저 보이고 있으며 과거 공산권의 이념적 · 물리적 힘의 지원을 받은 극좌 테러리즘이 크게 위축된 반면, 냉전 하에 잠복해 있던 민족적 · 인종적 · 종교적 갈등이 표면화되면서 세계각지에서 사회혼란을 목적으로 한 테러가 유행처럼 번지고 있는 실정이다.

남북 정상회담 개최 등 남북 간 화해무드가 조성되고 있지만 한편으로는 핵무기개발, 서해상의 교전이나 국지적 간첩의 침투, 제한된 테러행위 등의 가능성이 상존함으로써 VIP 신변에 위해가 미칠 때 국정에 중대한 장애가 생기든가 국민생활에 심각한 영향을 미치게 되기 때문에 이에 대한 빈틈없는 대처가 요구된다.

따라서 이 책에서는 이러한 악화된 경호환경 속에서 완벽한 경호는 국가 안위를 위하여 필수적이라는 점을 감안하여 대통령경호실에 근무했던 풍부한 실무경험을 바탕으로 제1장에서 경호개념, 목적, 경호직무, 우리나라 경호역사를 제2장 경호안전, 경호원, 경호안전검측 제3장 폭발물의 폭발 · 효과 · 설치 · 장치 · 폭약에 대하여 마지막으로 제4장에서 경호안전의 중요성, 경호 비상안전대책, 경호 우발대책, 기타 경호 안전대책에 대하여 핵심 되는 부분 중심으로 일목요연하게 정리하였으므로 경비지도사 자격증 취득과 경호원이 되고자 꿈을 가지고 있는 독자에게 필독해야 할 도서로 자신 있게 권해드린다.

2015, 11. 1.

**서재에서 저자 씀**

# 목 차

## 제1장 경 호

## 제2장 경 호 안 전



## 제3장 폭 발 물

## 제4장 경호 비상 안전대책

## 부록 - 관련 법규

# 제1장

# 경 호

# 제1장 경 호

## 제1절 경호의 개념

경호 개념이 도입되고 전문 경호기관이 나타나기 시작한 것은 1900년대부터라고 볼 수 있다. 사회의 다변화, 범죄 수법의 다양화, 지능화됨에 따라 경호대상자들이 위해를 당하는 사례가 점차 증가 추세에 이르자 각국별로 전문적 경호조직의 필요성이 대두되었고 그 요구에 따라 각자 그 나라의 경호환경에 적합한 경호기법과 경호조직이 탄생하게 되었다.

경호임무를 수행하는 경호원이란 사람의 가장 귀중한 목숨을 담보로 임무를 수행하는 자들이며 언제, 어디서든지 목숨을 버릴 수 있는 숭고함과 투철한 직업의식을 가지고 있지 않다면 경호원으로서 임무를 수행하기 어렵다고 볼 수 있다.

대통령 등의 경호에 관한 법률에서 "경호"란 경호 대상자의 생명과 재산을 보호하기 위하여 신체에 가하여지는 위해(危害)를 방지하거나 제거하고, 특정 지역을 경계·순찰 및 방비하는 등의 모든 안전 활동을 말한다.[1]라고 정의되어 있다.

표준국어대사전에는 경호를 "위험한 일이 일어나지 않도록 미리 조심하고 보호함"으로 정의하고 있으며 영어에서는 협의의 protection[2]을 의미하고 security[3]는 "걱정이 없는 상태로 만드는 것"을 의미한다. 즉, 경호대상자에게 미칠 위험을 미

---

1) 대통령등의 경호에 관한법률 제2조 1.
2) protection은 라틴어 protectus에서 유래한 동사 protect의 명사형으로 protectus는 pro(앞에서)+tegere(막다)라는 의미의 protegere의 과거분사이다. 즉, 경호는 앞에서 위험요소를 미리막아 대상자를 보호하는 것을 의미한다.
3) security는 secure의 명사형으로 secure는 라틴어 securus에서 유래하였고 이는 se(without)와 cura(care)가 합성된 단어로 careless, 즉, "걱정이 없는"상태를 일컽는 말이다. 오늘날 이 단어는 경호, 경비, 안전, 보안, 국가안보, 방어수단, 보증, 저당, 유가증권 등의 다양한 의미로 사용되고 있다.

리 막아 아무런 걱정이 없는 안전한 상태로 만드는 행위가 경호인 것이다.

경호의 개념을 정의한다면, "경호대상자의 절대적 신변안전을 보호하기 위하여 모든 사용 가능한 수단과 방법을 동원하여 위해 요인을 사전에 방지 및 제거하기 위한 제반작용"으로 정부요원, 국내외 중요인사 등 경호대상자의 신변에 대하여 직접, 간접으로 가해지려는 위해를 방지하기 위하여 위험요소를 사전에 제거하고 경호대상자의 안전을 도모하는 활동을 말한다.

경호는 공경호와 사경호로 구분되며 국가의 공권력을 근거로 적용되는 것을 공경호라 하고, 수익자 부담 원칙에 의한 계약을 근거로 작용되는 것을 사경호라 한다.

국가 주요 요인의 안전이 보장되지 않음으로써 파생되는 사회적 혼란과 국제사회에서 국가 위신 손상 등 국가안위에 미치는 영향이 지대하기 때문에 경호활동은 국가 안보차원에서 완벽하게 수행되어야 한다.

미국 비밀경호대(Secret Service)[4]에서는 경호의 목표를 "암살, 납치, 환란 및 신체적 상해로부터 경호대상자를 보호하고 실제적이고 주도면밀한 범행의 성공기회를 최소화 하는 것"[5]으로 정하고 있고 일본에서는 "신변에 위해가 있을 경우 국가 공공 안녕질서에 영향을 줄 우려가 있는 자에 대하여 그 신변의 안전을 확보하기 위한 경찰활동"[6]이라고 정의하고 있다.

## 1. 실질적 의미의 경호개념

실질적 의미의 경호개념은 경호의 개념을 그의 본질적·이론적인 입장에서 이해한 것으로 이것은 학문적 측면에서 고찰된 개념으로, 전체 경호작용 중에서 가지는 공통적인 특성을 추상한 것으로, 경호란 정부요인이나 국내에 체제 중 인 외국요인 등의 신변에 위해가 미치는 것이 국가치안에 염려가 있는 자, 즉 경호대상자

4) 미국의 경호기관인 SS(Secret Service)는 1865년 재무부 산하 위조지폐 방지 전담부서로 출발하여 국토안보부의 창설과 함께 동 기관으로 편입되었으며(2003. 3) 경호를 직접 담당하는 경호처를 비롯하여 금융범죄 및 경호사범 수사를 하는 수사처, 행정업무를 담당하는 행정처 등으로 구성되어 있다. 주요 임무로는 대통령 등에 대한 경호업무와 위조지폐 및 금융관련 범죄사건 수사업무가 있다.

5) 미(美) ss팜프렛(1978), protective services, p. 20.

6) 이병헌(1994), 일본 경호제도에 관한 연구(공무원 국비 단기 국외훈련), P. 2.

(Very Important Person)에 대해서 정치적 배경의 돌발적인 폭력·불법행위·교통사고 등의 인위적인 위해나, 화재·건조물 손궤·산사태 등의 자연발생적인 위해 등으로부터 그 신변을 지키고 안전을 확보하기 위한 작용을 말한다.

경찰기관에서 상용되고 있는 경호라 함은 경호대상자의 신변에 대하여 직접 또는 간접으로 가해지는 위해를 미연에 방지하고 제거하여 그의 안전을 도모하는 경찰활동으로서, 경호대상자가 통과하는 연도와 숙박 장소, 열차 및 선박, 항공기 등 필요하다고 인정되는 장소 등을 경계하여 안전을 기함을 목적으로 하는 경비활동이다.

경호전문기관의 업무수행과제는 중요 경호대상자의 보호이며, 곧 국가를 수호하며 타인의 안전을 지키는 일이므로 경호기관은 절대적인 영예, 영광, 충성심을 가지고 전 역량을 기울여야 하는 동시에 중대한 책임을 지는 것이라 하겠다.

따라서 경호경비 근무 중 사고로 인하여 상사에 누를 끼치게 하거나 국가 또는 조직의 체면을 손상시키는 일은 있을 수 없는 것이며, 국내외 주요 인사의 암살 및 테러행위로부터 안전하게 보호하기 위하여서는 전력을 집중하여 사용할 수 있는 경호력과 장비를 총동원, 투입하여 최선의 노력과 세심한 주의로써 완전무결한 만점경호를 수행하여야 한다. 이와 같은 만점경호를 위해서는 예방적·완전적·총력적 경호에 임해야 할 것이다.

이와 같이 경호란 경호대상자의 신변안전 및 재산을 보호하기 위하여 구성된 경호조직에 의하여 행하여지는 신변보호 작용 및 시설경비작용 기타 이에 수반되는 제반 지원 임무를 의미한다. 즉 경호요원이 경호대상자의 생명과 재산을 보호하고 기타 공공의 안녕질서를 수행하기 위하여 집행하는 업무를 말하며 경호의 개략적인 내용을 보면 다음과 같다.

첫째, 경호의 가장 중추적인 기능이라고 볼 수 있는 것은 신변 보호 작용이다.

일반적으로 경호작용을 여러 각도에서 분류하여 보면 경호작용의 주체가 국가인지 사인인지에 따라 공경호와 사경호로 나눌 수 있고, 경호작용의 목적에 따라 사전예방경호작용인 선발경호와 근접경호작용, 또는 경호작용의 절차에 따라 경호준비 작용, 안전대책 작용, 경호실시작용, 사후평가 작용 등으로 나눌 수 있을 것이다.

여기서는 신변보호의 개념은 경호대상자의 신체에 대하여 직접적으로 가해지는 위해를 근접에서 방지 또는 제거하는 행위, 즉 사람을 대상으로 호위하는 것으로 보고 선발경호작용과 근접경호작용으로 나누어진다.

먼저 선발경호(Advance Protection)란 경호대상자가 도착하기 전에 현장답사를 실시하고 효과적인 경호협조와 경호준비를 하는 것을 말한다.

즉 임시로 편성된 경호단위(Task Forces Team)를 행사 지역에 사전 파견하여 제반 취약요소에 대한 안전조치를 강구하고 가용한 전 경호요원을 운용하여 경호대상자의 신변안전을 도모하는 일련의 작용을 의미한다.

그리고 근접경호(Detail Protection)란 행사시 각종 위해요소로부터 경호대상자의 신변을 보호하기 위하여 기동 간 및 행사장에서 실시하는 근접호위작용을 한다.

즉 근접경호는 경호대상자를 에워싸는 일련의 방호선으로 이루어지며 그것은 암살자의 공격을 막아내거나 공격의 결과로 위험을 초래하지 않게끔 공격을 흡수하기 위하여 구상된다.

둘째, 신변보호 작용에서 필수적인 기능이지만 주로 시설을 경비하기 위한 시설경비 작용이 있다.

실질적 의미의 경호개념을 정의한다면 "경호대상자의 절대적 신변안전을 보호하기 위하여 모든 사용 가능한 수단과 방법을 동원하여 위해요인을 사전에 방지 및 제거하기 위한 제반 작용"이라고 할 수 있다.

## 2. 형식적 의미의 경호개념

형식적 의미의 경호개념은 경호의 본질적 · 이론적인 개념으로서가 아니라, 현실적인 경호기관을 기준으로 하여 정립된 개념이다.

그러므로 형식적 의미의 경호는 여러 가지의 경호 기관에 의하여 행하여지는 모든 작용을 말하는 것으로 이것은 제도상 경호를 뜻하는 것으로, 이는 실정법상 일반 경호기관의 권한에 속하는 일체의 경호작용을 말하며, 그 작용의 실질적 여하를 불문한다. 따라서 형식적 의미의 경호의 범위를 어디까지로 할 것이냐 하는 것은 오로지 그 나라의 입법정책에 따라 다른 것이라고 볼 수 있다.

대한민국은 대통령 등의 경호에 관한법률상의 경호개념 제1조에서 "이 법은 대통령 등에 대한 경호를 효율적으로 수행하기 위하여 경호의 조직 · 직무범위와 그 밖에 필요한 사항을 규정함을 목적으로 한다."라고 정의하고 있다.

제2조에서는 경호란 "경호 대상자의 생명과 재산을 보호하기 위하여 신체에 가하여지는 위해(危害)를 방지하거나 제거하고, 특정 지역을 경계·순찰 및 방비하는 등의 모든 안전 활동을 말한다."로 정의하고 있다. 이렇게 볼 때 경호라 함은 경호대상자의 위해방지와 특정지역에 대한 경계·순찰 및 방비까지를 포함하는 개념이다.

경호조직의 설치는 정부조직법 제16조를 근거로 대통령경호실을 두고 경호대상자에 대하여는 대통령 등의 경호에 관한법률 제3조에서 다음과 같이 정하고 있다.

① 경호실의 경호대상은 다음과 같다.

대통령과 그 가족, 대통령 당선인과 그 가족, 본인의 의사에 반하지 아니하는 경우에 한정하여 퇴임 후 10년 이내의 전직 대통령과 그 배우자. 다만, 대통령이 임기 만료 전에 퇴임한 경우와 재직 중 사망한 경우의 경호 기간은 그로부터 5년으로 하고, 퇴임 후 사망한 경우의 경호 기간은 퇴임 일부터 기산(起算)하여 10년을 넘지 아니하는 범위에서 사망 후 5년으로 한다. 대통령권한대행과 그 배우자, 대한민국을 방문하는 외국의 국가 원수 또는 행정수반(行政首班)과 그 배우자, 그 밖에 실장이 경호가 필요하다고 인정하는 국내외 요인(要人)

가족의 범위는 대통령령으로 정하도록 되어있고 전직 대통령 또는 그 배우자의 요청에 따라 실장이 고령 등의 사유로 필요하다고 인정하는 경우에는 5년의 범위에서 규정된 기간을 넘어 경호할 수 있다.

대통령 등의 경호에 관한 법률 제16조에 의하면 대통령 경호 임무 수행에 있어서 "경호 대상에 대한 경호업무를 수행할 때에는 관계기관의 책임을 명확하게 하고, 협조를 원활하게 하기 위하여 경호실에 대통령경호안전대책위원회를 둔다."라고 대통령경호실 산하에 설치하도록 규정하고 있다.[7] 따라서 각 위원의 소속기관이 동 조 제4항에서 정하여진 대통령 경호에 필요한 안전대책과 관련된 업무의 협의, 대통령 경호와 관련된 첩보·정보의 교환 및 분석, 그 밖에 동법 제4조 제1항 각 호의 경호대상에 대한 경호에 필요하다고 인정되는 관장사무와 책임의 한도 내에서 실시하는 업무작용도 모두 형식적 의미의 경호개념에 포함된다 할 것이다.

그리고 경찰관직무집행법과 전직대통령예우에 관한 법률상의 경호개념을 보면,

---

7) 대통령등의경호에관한법률 제16조(대통령경호안전대책위원회), 2015

경찰관직무집행법 제2조에서 경찰관의 직무를 다음과 같이 규정하고 있다.

1. 국민의 생명 · 신체 및 재산의 보호
2. 범죄의 예방 · 진압 및 수사
3. <u>경비, 주요 인사(人士) 경호 및 대간첩 · 대테러 작전 수행</u>
4. 치안정보의 수집 · 작성 및 배포
5. 교통 단속과 교통 위해(危害)의 방지
6. 외국 정부기관 및 국제기구와의 국제협력
7. 그 밖에 공공의 안녕과 질서 유지[8] 등으로 규정하면서 "경비"와 "경호"의 개념을 구분하였으며, 전직대통령예우에 관한 법률 제6조 제4항 제1호에서도 "필요한 기간의 경호 · 경비"라고 규정하여 경찰법규와 동일하게 구분하고 있다.

여기에서의 "경호 · 경비"라 함은 정부요인 · 국내외 주요인사 등 경호대상자의 신변에 대하여 직 · 간접으로 가해지려는 위해를 방지하기 위하여 위험요소를 사전에 제거하고 경호대상자의 안전을 도모하는 경찰작용을 말한다. 그러나 최근 용역 경비업법을 개정하면서 제2조 1호 다항에서 경비의 개념 속에 "사람의 생명이나 신체에 대한 위해의 발생을 방지하고 그 신변을 보호하는 업무[9]" 즉, 호위의 개념도 내포하고 있어 각 법령간 용어의 혼선을 불러일으키고 있다. 아무튼 대통령 등의 경호에 관한법률상의 경호의 개념과 경찰관직무집행법상 등의 경호의 개념이 일치하지 않는 것은 실정법 보완이 이루어져야 할 것이다.

외국의 제도상의 경호를 예를 들어 살펴보면 다음과 같다.

미국의 비밀경호국(US, Secret Service)의 경호개념을 살펴보면, 비밀경호국(Secret Service)은 재무성 산하기관으로서 최초에는 국가 중요 정보 수집, 위폐 및 위조 서류 단속, 국보급 물품 관리 등의 정보, 수사기관으로 출발하였으나 정국을 불안정하게 만드는 대통령 암살 기도를 분쇄키 위한 경호 임무를 떠맡게 되므로 현재는 경호와 수사라는 이중 임무의 조직으로 발전하여 주로 경호 위주의 임무를 수행하고 있다. 비밀경호국은 Secret Service(시크릿 서비스)라고도 불리며 통상 S · S라고 칭하여진다. 미 S · S의 경호에 대한 정의는 "Protection is to minimize the chance

8) 경찰관직무집행법 제2조(직무의 범위), 2015
9) 경비업법 제2조 1호, 신변보호업무 (정의), 2015

of success of any real or contemplated attack. (경호는 실제적이고 주도면밀한 범행의 성공 기회를 최소화하는데 있다.)"라고 말하고 있다.

일본 SP(요인경호부대)의 정의를 살펴보면, 일본에서 경호란 〈신변에 위해가 있을 경우 국가 공공 안녕질서에 영향을 줄 우려가 있는 자에 대하여 그 신변의 안전을 확보하기 위한 경찰활동〉 이라고 정의하고 있다. 일본에서는 국내외 요인의 신변의 안전을 확보하는 경찰 활동을 경위(警衛)라고 하였으나 1963년 이후 천황 및 황족에 대하여는 경위(警衛), 국내외 요인에 대하여는 경호(警護)라고 용어를 구분하여 사용하였으나 지금은 혼용되어 사용되는 경우가 많다. 이와 같은 주요 목표를 달성하기 위하여 실시하는 그 목적을 세분하면 다음과 같다. 경호 업무의 주요 목표는 납치, 혼란, 암살 등 신체적으로부터 경호 대상자를 보호하는 것이다.

## 제2절 경호의 목적

경호는 이제 우리사회, 아니 우리생활의 일부분이 되었다. 사회도처에 경호관련 인원이나 시설이 없는 곳이 없을 정도로 중요한 사회안전 기능을 수행함은 물론, 새로운 성장산업으로 대두되었다. 미국의 국가법무위원회와 법무부가 지원한 연구결과에 따르면 경호경비산업은 국가 법 집행 기능보다 73%를 초과하는 기능을 수행하고 고용인원도 2.5배에 달하며 이러한 추세는 앞으로도 계속될 전망이라고 한다.[10)]

### 1. 질서 유지

주요요인의 행사에는 가족 행사가 병행되어 많은 군중이 모여드므로 연도 및 행사장의 시설 등을 사전에 충분히 검토분석하고 관계 기관과 긴밀히 협조함으로써 혼잡 방지에 만전을 기하고, 혼자 할 우려가 있을 때에는 분산 유도하거나 사전에 운집을 저지하는 등 적절한 조치를 취하여 질서를 유지하고, 주요요인의 신변안전을 도모하는데 그 목적이 있다

10) Purpura, Philip P., P., CPP(1998), Security and Loss Prevention, Boston : Butterworth-Heinemann, pp. 21~22.

## 2. 신변 안전보호

경호의 주요 목적은 주요요인의 생명, 신체에 대한 안전을 도모함에 있다. 이를 위하여 경호 요원은 유사시에 자기 생명을 희생 할 마음의 준비가 되어 있어야 한다. 모든 시큐리티 전략은 다음의 세 가지 모델 중 하나로 귀착된다. 즉, 사람과 재산을 보호하는 유용한 시큐리티(useful security), 아무 소용도 없는 비경제적인 시큐리티(westeful security) 그리고 오히려 침입자를 도와주는 해로운 시큐리티(hamful security)이다.[11] 경호도 예외는 아니어서 경호가 비용만 축내고 제 기능을 다하지 못한다거나 신상정보나 유출되고 이미지에 나쁜 결과만 초래 한다면 차라리 안하니만 못할 것이다. 경호가 꼭 필요한 유용한 경호가 된다는 것은 경호대상자의 신체적 안전만을 도모하는 차원을 넘어 마음과 몸을 다 같이 평안하게 보호하는 것이다. 이 목표를 달성하기 위해서 경호원은 외부로부터 위험을 차단하고(security) 내부로부터 사고의 위험을 방지하며(safety) 각종 질병의 위험으로부터 경호대상자를 보호하고(health) 경호대상자의 정신적·심리적 안정을 도모해야 한다(well-being).[12] 이는 경호책임자의 역할이며 유용한 경호가 되는 것이다.

## 3. 국위선양

국내 요인, 외국 원수를 비롯한 국외 인사에 대한 경호를 빈틈없이 실시하여 경호 경비의 완벽을 기하는 것은 경호의 우수성을 내외에 과시하는 것뿐만 아니라, 국가의 의전적 차원에서 국위를 선양하고 국제적인 지위를 향상시키는데 중요한 역할을 하기도 한다.

## 4. 경호대상자의 권위(품위) 유지

헌법, 법률 등 합법적 규정으로 정해진 기관장의 권위를 유지시켜 주며, 기업의

11) Purpura, Philip P., cpp(1998), op. cit., p. 48.
12) June, Dale L.(1999), Introduction to Executive Protction, CRC Press. p. 57.

회장, 정치의 지도자 등 고객의 체면 또는 기품을 유지시켜 주는 일이기도 한다.

경호대상자의 사회적 명망이나 공적인 이미지가 실추되지 않도록 세심한 배려가 요구된다. 일반요인의 경우도 경호대상자가 약속된 장소에 정확한 시간 내에 도착할 수 있도록 하는 것도 경호대상자의 품위를 높여주는 것으로 요즘처럼 교통이 예측을 불허하는 불확실한 상황에서는 경호의 임무를 충실히 수행한 것이다. 또한 경호대상자가 많은 사람들 앞에서 마이크 선이나 전깃줄 등에 발이 걸려 넘어지거나 미끄러지는 등의 볼썽사나운 장면이 발생하지 않도록 하는 것도 중요하다. 경호에는 정말로 사소하다고 생각하는 부분까지 세심하게 챙기고 조치하는 섬세함이 필요하다.

## 5. 친화도모(참석자 예우)

경호는 경호대상자가 주관하는 행사에 참석하는 사람들을 예우하는 수단이기도 하다. 경호요원들은 경호대상자와 환송영자 간에 친화를 도모할 수 있도록 경호는 질서정연하게 군중을 정리, 경계하고 친절하고 겸손한 태도로써 시행하여야 하며, 특히 '감정적인 언어나, 행동을 삼가고 친화를 해하는 일'이 없도록 해야 한다.

경호의 예우적 조치는 상대의 우호적인 경호협조를 이끌어 내는데 있어서도 매우 효과적으로 이와 같은 목적을 달성하기가 사실상 경호의 어려운 점이기도 한다.

## 6. 업무보좌

경호는 이상과 같은 경호고유임무 외에 경호대상자의 업무를 보좌하는 업무를 수행하기도 한다. 일상생활에서 경호대상자의 관심사항과 관련한 각종 정보를 적시에 수집 제공하여 경호대상자가 시의적절하고 현명한 판단과 선택을 하는데 일조를 할 수 있다. 또한 공사다망한 경호대상자를 대신하여 각종행사에 참석하거나 경호대상자의 안부를 전달할 수 도 있다.

특히 민간부문에 있어서는 경호대상자의 정신적 안정이나 사생활 보호도 경호임무에 포함되느냐는 논란의 여지가 있을 수 있으나 이는 자신의 역할을 스스로 축소하는 것이므로 오히려 경호대상자의 생명뿐 아니라 정신적 안정과 사생활 보호까지도 적극적으로 도모함으로써 경호의 영역을 넓혀 나갈 수 있는 것이다.

## 제3절 경호직무

경호직무는 민·관 분야에서 인적 및 물적 대상에 대한 신체·생명·재산을 잠재적 또는 가시적 위험으로부터 예방, 방호, 보호하기 위하여 작게는 보안, 경호, 경비, 정보활동과 크게는 국방의 수호 및 국가 치안유지 활동을 위하여 그 직무수행을 실시하는 활동을 말한다.

경호원의 직무는 정부기관 및 민간기관에서 국가재산의 보호 및 국민의 신체, 생명, 재산(물적, 시설, 정보 등)을 보호하고 국민의 생활안정과 법질서 유지 및 사회공공안녕을 위하는 공동의 목적을 가지고 포괄적인 경호활동을 위한 경호직무를 수행 한다. 즉, 경호원은 각종 테러 및 범죄의 위험으로부터 보호관리를 받아야할 인적·물적 경호대상에 대하여 경호활동에 필요한 정보, 첩보수집, 인원 및 장비운영을 통한 경계활동까지를 포함한 포괄적인 경호활동으로 신체·생명·재산을 보호하고 안전을 보장하는 전문가를 말하는 것이다. 특히 인적대상에 대해서는 경호대상자의 심리적 안정은 물론 위기의식 및 공포조성에서 오는 긴장, 불안, 초조의 3대 요소를 해결하여 줌으로써 경호대상자가 자신의 집무에만 전념할 수 있도록 하거나 자유로운 활동을 최대한 확대해 주는 직무이며, 물적 대상에 대해서는 국가 및 민간의 중요시설에 대하여 테러와 범죄의 위협으로부터 방호 또는 예방활동과 같은 포괄적인 경호활동으로 재산손실을 예방함으로서 재산상의 손해를 막아주는 직무를 수행하는 것을 말한다.

경호직무분야(산업)는 인적 및 물적 대상에 대한 신체·생명·재산을 포함한 공공의 안녕과 법질서 유지를 위한 경호활동을 하는 정부기관과 권한 내의 업무와 이양된 업무를 함께 수행하는 민간기관을 말한다. 이를 공경호 및 사경호로 호칭하기도 폭넓은 의미의 경호직무를 표현하기 위하여는 경호직무분야로 통칭하고 이를 각각 정부 및 민간 기관으로 중 분류하는 것이 보다 명확한 표현이다.

경호직무분야에서 요구되는 핵심직무는 대략 11개 (기획, 정보, 보안, 실무(수행/의전), 조사, 경비, 행정, 협상, 장비, 운전, 컨설팅)의 직무로 나뉘며 세부적으로는 핵심직무에 포함되는 필요로 요구하는 능력단위와 능력요소가 있다. 다시 말해 경호원은 경호직무에 해당하는 핵심직무를 수행하는 자를 말하며, 통상 경호임무에 투입된 모든 자원을 경호원이라 한다. (예:경호작전시 경호원은 주어진 임무를 수행하는데 이때 수행되는 직무가 보안, 정보, 조사, 주차, 경비, 비표관리, 순찰, 검색탐지, 수색, 정찰 등등 각기 직무를 수행하는 경우라 하여도 현장에서는 이들 경호직무수행자들을 경호원이라 통칭한다)

## 1. 정부기관 경호직무 분야

대통령경호실 경호원, 경찰청 경찰공무원, 국방부 군공무원, 국가정보원 직원, 교정본부 및 지방교정청 교정공무원 등이 대표적 정부기관 경호직무분야 전담부서가 있는 조직으로 임용에 있어서는 공무원임용에 관련된 법령에 의해 선발, 임용된다. 각 기관마다 정한 교과와 실기 시험에 의해 공개채용방식의 임용시험을 치르게 되며 대체적으로 능력급에 관여 없이 일정기간의 정년이 보장되며, 공무원에게 주어지는 복지혜택 등의 안정성이 있다. 하지만, 최근에 들어 성과급제와 능력평가에 따른 정년제한 등의 혁신안이 적용되면서 안정적이거나 철밥통이란 용어는 사라져가고 있는 추세이기는 하다. 다만, 일정기간의 안정성이 확보된다는 장점을 가지고 있다.

경찰 중 101경비대(청와대 경호경비 담당), 국회경비대, 공항경찰대, 22특별경찰경호대 등 경호업무를 주로 하는 곳도 있으며, 경찰청에 경호과가 운영되어 경호경비업무를 수행하고 있기도 하다.

### 가. 대통령경호실

대통령경호실 경호원은 대통령 등의 경호에 관한 법률과 동법 시행령 규정에 의

거 공개경쟁시험과 경력경쟁채용시험에 의하고 자격요건, 신규채용 등은 다음규정에 의한다.13)

□ **대통령 등의 경호에 관한 법률 제8조(직원의 임용 자격 및 결격사유)**

① 경호실 직원은 신체 건강하고 사상이 건전하며 품행이 바른 사람 중에서 임용한다.〈개정 2013.3.23.〉

② 다음 각 호의 어느 하나에 해당하는 사람은 직원으로 임용될 수 없다.

1. 대한민국의 국적을 가지지 아니한 사람
2. 「국가공무원법」 제33조 각 호의 어느 하나에 해당하는 사람

③ 제2항 각 호(「국가공무원법」 제33조제5호는 제외한다)의 어느 하나에 해당하는 직원은 당연히 퇴직한다. [전문개정 2011.4.28.]

□ **국가공무원법 제33조(결격사유)** 다음 각 호의 어느 하나에 해당하는 자는 공무원으로 임용될 수 없다.14) 〈개정 2010.3.22., 2013.8.6.〉

1. 피성년후견인 또는 피한정후견인
2. 파산선고를 받고 복권되지 아니한 자
3. 금고 이상의 실형을 선고받고 그 집행이 종료되거나 집행을 받지 아니하기로 확정된 후 5년이 지나지 아니한 자
4. 금고 이상의 형을 선고받고 그 집행유예 기간이 끝난 날부터 2년이 지나지 아니한 자
5. 금고 이상의 형의 선고유예를 받은 경우에 그 선고유예 기간 중에 있는 자
6. 법원의 판결 또는 다른 법률에 따라 자격이 상실되거나 정지된 자

6의2. 공무원으로 재직기간 중 직무와 관련하여 「형법」 제355조 및 제356조에 규정된 죄를 범한 자로서 300만원 이상의 벌금형을 선고받고 그 형이 확정된 후 2년이 지나지 아니한 자

7. 징계로 파면처분을 받은 때부터 5년이 지나지 아니한 자
8. 징계로 해임처분을 받은 때부터 3년이 지나지 아니한 자

---

13) 대통령 등의 경호에 관한 법률 시행령, 제10조, 국가법령정보센터, 2015.
14) 국가공무원법 제33조, 국가법령정보센터, 2015.

□ 대통령 등의 경호에 관한 법률 시행령 제10조 (신규채용)

| 구분 | 특정직 7급 | 일반직 9급 | 별정직 해당직급 |
|---|---|---|---|
| 분야 | 경호(경호Ⅰ), 정보통신(경호Ⅱ) | 시설, 관리, 운전, 정비, 사무 등 | 비서, 공보, 의무, 사범,교관, 사진 등 |
| 시기 | 연 1회(9월~ )<br>- 최소 1개월 前 공고문 게시<br>- 최종합격자 발표 :12월 末 | 충원필요 시 | 충원필요 시 |
| 응시 자격 | - 만30세 이하자<br>(제대군인의 경우 근무 연한에 따라 응시연령 연장가능)<br>- 병역필한자(면제자포함)<br>⊙ 경호Ⅰ<br>- 신장 175cm이상 (여성 165cm)<br>- 나안시력 0.8 이상자<br>⊙ 경호Ⅱ<br>- 신장 168cm이상 (여성 156cm)<br>- 교정시력 1.0 이상자 | - 만18세이상 40세이하자<br>- 채용예정직에 해당하는 자격증 소지자<br>( 기능사, 영양사, 제1종운전면허, 워드프로세서2 · 3급, 컴퓨터활용능력3급, 부기2 · 3급 등)<br>- 신장, 시력 제한 없음 | 관련 전문분야 경력 및 자격소유자<br>신장, 시력 제한 없음 |
| 시험 절차 | - 서류전형 - 필기시험<br>- 체력검정 - 인성검사<br>- 면접시험 - 신체검사<br>- 논술시험 - 신원조사 | - 서류전형 - 필기시험<br>- 실기시험 - 인성검사<br>- 신체검사 - 면접시험<br>- 신원조사 | - 서류전형<br>-필기실기시험<br>-인성신체검사<br>- 면접시험<br>- 신원조사 |
| 필기 | 국가공무원 7급 수준의 일반상식 | 해당분야 (생략가능) | 해당분야 (생략가능) |
| 실기 | | 해당분야 | 해당분야 |

**[표 1-1] 대통령 경호실 채용안내**[15]

① 경호공무원 및 일반직공무원의 신규채용은 공개경쟁시험에 의하여 행한다. [개정 2013.11.20 제24852호(공무원임용령)] [[시행일 2013.12.12]]

② 다음 각호의 1에 해당하는 경우에는 경력경쟁채용시험에 의하여 신규 채용할 수 있다. [개정 2003.06.30, 2005.6.30, 2012.5.1]

15) 대통령경호실 홈페이지, 경호홍보관, 채용안내 대국민 공개자료 정리, 2015.

1. 공개경쟁시험에 의한 채용이 곤란한 임용예정직에 관련된 자격증 소지자를 임용하는 경우
2. 임용예정직에 상응하는 근무실적 또는 연구실적이 3년 이상인 자를 임용하는 경우
3. 임용예정직에 상응하는 전문지식 · 경험 · 기술이 있는 자를 1급 또는 2급의 경호공무원으로 임용하는 경우
4. 외국어에 능통하고 국제적 소양과 전문지식을 지닌 자를 임용하는 경우
5. 법 제10조제1항제3호의 사유로 퇴직하거나 「국가공무원법」 제71조제1항제1호의 휴직기간만료로 인하여 퇴직한 경호공무원 또는 기능직공무원을 퇴직한 날부터 3년 이내에 퇴직 시에 재직한 직급의 직원으로 재임용하는 경우

③ 별정직공무원의 신규채용은 비서 · 공보 · 의무 · 운전 · 사범 · 교관 · 사진 등의 특수분야를 대상으로 한다. [신설 2005.6.30]

수행임무는 대통령을 포함한 경호대상의 생명(인적대상) 및 재산(물적대상)을 보호하고 위험으로 부터 방지하는 업무와 경호구역 내 경호활동을 전개하며 수행직무에는 실무(수행/신변보호/의전), 경비(주차관리/출입관리/기계경비시스템/순찰), 정보(위해, 유행)활동, 조사활동(위해, 유해, 사전답사), 기획(작전/계획/운영/교육), 운전, 보안, 검색/탐색 등 모든 업무가 경호작전 시 경호활동에 필요하다. 이 모든 과정에 투입되어 각기 해당직무를 수행하는 경우에 사람을 경호공무원이라 하며, 이에 동원되는 유관기관 요원들도 현장에서는 경호원이라 통칭한다.

### 나. 경찰공무원

경찰공무원은 공개경쟁시험과 경력경쟁채용시험에 의하여 채용하고 임용자격 등 조건은 다음 규정에 의한다.16)

**□ 경찰공무원법 제7조(임용자격 및 결격사유)**

① 경찰공무원은 신체 및 사상이 건전하고 품행이 방정(方正)한 사람 중에서 임용한다.

② 다음 각 호의 어느 하나에 해당하는 사람은 경찰공무원으로 임용될 수 없다. 〈개정 2014.12.30.〉

1. 대한민국 국적을 가지지 아니한 사람

16) 경찰공무원법, 국가법령정보센터, 2015.

2. 「국적법」 제11조의2 제1항에 따른 복수국적자
3. 피성년후견인 또는 피한정후견인
4. 파산선고를 받고 복권되지 아니한 사람
5. 자격정지 이상의 형(刑)을 선고받은 사람
6. 자격정지 이상의 형의 선고유예를 선고받고 그 유예기간 중에 있는 사람
7. 징계에 의하여 파면 또는 해임처분을 받은 사람 [전문개정 2011.5.30.]

### □ 경찰공무원법 제8조(신규채용)

① 경정 및 순경의 신규채용은 공개경쟁시험으로 한다.

② 경위의 신규채용은 경찰대학을 졸업한 사람 및 대통령령으로 정하는 자격을 갖추고 공개경쟁시험으로 선발된 사람(이하 "경찰간부후보생"이라 한다)으로서 교육훈련을 마치고 정하여진 시험에 합격한 사람 중에서 한다.

③ 다음 각 호의 어느 하나에 해당하는 경우에는 경력 등 응시요건을 정하여 같은 사유에 해당하는 다수인을 대상으로 경쟁의 방법으로 채용하는 시험(이하 “경력경쟁채용시험”이라 한다)으로 경찰공무원을 신규채용할 수 있다. 다만, 다수인을 대상으로 시험을 실시하는 것이 적당하지 아니하여 대통령령으로 정하는 경우에는 다수인을 대상으로 하지 아니한 시험으로 경찰공무원을 채용할 수 있다.〈개정 2014.12.30.〉

1. 「국가공무원법」제70조제1항 제3호의 사유로 퇴직하거나 같은 법 제71조제1항제1호의 휴직 기간 만료로 퇴직한 경찰공무원을 퇴직한 날부터 3년(「공무원연금법」에 따른 공무상 질병 또는 부상으로 인한 휴직의 경우에는 5년) 이내에 퇴직 시에 재직한 계급의 경찰공무원으로 재임용하는 경우
2. 공개경쟁시험으로 임용하는 것이 부적당한 경우에 임용예정 직무에 관련된 자격증 소지자를 임용하는 경우
3. 임용예정직에 상응하는 근무실적 또는 연구실적이 있거나 전문지식을 가진 사람을 임용하는 경우
4. 「국가공무원법」에 따른 5급 공무원의 공개경쟁채용시험이나 「사법시험법」에 따른 사법시험에 합격한 사람을 경정 이하의 경찰공무원으로 임용하는 경우

5. 「국가공무원법」 제85조에 따라 재학 중에 장학금을 받고 졸업한 사람을 임용하는 경우
6. 섬, 외딴곳 등 특수지역에서 근무할 사람을 임용하는 경우
7. 외국어에 능통한 사람을 임용하는 경우
8. 제주특별자치도의 자치경찰공무원(이하 "자치경찰공무원"이라 한다)을 그 계급에 상응하는 경찰공무원으로 임용하는 경우

④ 삭제 〈2014.12.30.〉

⑤ 제2항에 따른 경찰간부후보생의 교육훈련, 경력경쟁채용시험 및 제3항 각 호 외의 부분 단서에 따른 채용시험(이하 "경력경쟁채용시험등"이라 한다)을 통하여 채용할 수 있는 경찰공무원의 계급, 임용예정직에 관련된 자격증의 구분, 근무실적 또는 연구실적, 전보 제한 등에 관한 사항은 대통령령으로 정한다. 〈개정 2014.12.30.〉 [전문개정 2011.5.30.]

□ **제8조의2(부정행위자에 대한 제재)**

경찰청장은 경찰공무원의 채용시험 또는 경찰간부후보생 공개경쟁선발시험에서 부정행위를 한 응시자에 대하여는 해당 시험을 정지 또는 무효로 하고, 그 처분이 있은 날부터 5년간 시험응시자격을 정지한다. 〈개정 2014.11.19〉

수행업무는 주로 사법업무를 수행하는 기관으로 수사, 외사업무를 수행하며 일반적으로 경호, 경비, 정보, 보안, 방범, 교통 등 국민의 생명 과 재산을 보호하기 위한 치안 활동에 관계된 업무 수행. 경호활동에 동원되는 경찰 및 유관기관 인원에 대하여는 일반적으로 현장에서 경호원으로 통칭한다. 경호, 경비업무와 관련해서는 대통령경호 외곽 경호(101단), 대테러작전(경찰특공대), 주요기관보호(국회경비대, 공항경비대, 청사경비대, 철도경찰, 공안)등 업무를 수행한다.

## 다. 국가정보원

국가정보원은 국가정보원 직원법과 동법 시행령 규정에 의거 공개경쟁시험과 경력경쟁채용시험에 의하고 임용의 원칙 등은 다음 규정에 의한다.

### □ 국가정보원 직원법 제6조(임용의 원칙)

① 직원의 임용은 학력 · 자격 · 경력 · 나이를 기초로 하며, 시험성적 · 근무성적과 그 밖의 능력의 실증(實證)에 따라 한다.

② 제1항에 따른 임용의 구체적인 범위, 방법, 절차 등은 대통령령으로 정한다. [전문개정 2011.11.22.]

### □ 제8조(임용자격 및 결격사유)

① 직원은 사상(思想)이 건전하고, 품행이 단정하며, 신체가 건강한 사람 중에서 임용한다.

② 다음 각 호의 어느 하나에 해당하는 사람은 직원으로 임용될 수 없다. 〈개정 2014.1.7.〉

1. 대한민국 국적을 가지지 아니한 사람
2. 대한민국 국적과 외국 국적을 함께 가지고 있는 사람
3. 피성년후견인 또는 피한정후견인
4. 파산선고를 받고 복권되지 아니한 사람
5. 자격정지 이상의 형을 선고받은 사람
6. 금고 이상의 형의 선고유예를 받고 그 선고유예기간 중에 있는 사람
7. 징계에 의하여 면직처분을 받은 사람[전문개정 2011.11.22.]

□ **제9조(신규채용)** 직원은 공개경쟁 채용시험으로 신규채용 한다. 다만, 직무에 관하여 특별한 학식 · 경험이나 기술 또는 연구 실적이 있는 사람을 신규채용하는 경우에는 경력경쟁채용시험 등으로 할 수 있다. 〈개정 2014.1.7.〉 [전문개정 2011.11.22.]

### □ 국가정보원 직원법 시행령 제3조(공개경쟁 채용시험에 의한 신규채용)

원장은 법 제9조 본문에 따라 신규채용을 위한 공개경쟁 채용시험을 실시하는 경우에 법 제6조 및 제30조에 따라 직무수행에 필요한 최소한도의 경력과 그 밖에 필요한 자격요건을 정할 수 있다.[전문개정 2012.9.21.]

□ 국가정보원 직원법 시행령 제4조(경력경쟁채용 등의 요건)

① 법 제9조 단서에 따른 신규채용은 학력 · 자격 · 경력 등 응시요건을 정하여 같은 사유에 해당하는 다수인을 대상으로 하는 경쟁의 방법으로 채용하는 시험으로 할 수 있다. 다만, 다음 각 호의 어느 하나에 해당하는 경우에는 다수인을 대상으로 하지 아니한 시험으로 채용할 수 있다.

1. 퇴직한 직원을 퇴직한 날부터 3년 이내에 퇴직 시에 재직한 직급에 다시 채용하는 경우
2. 임용 예정직과 관련된 자격증을 소지한 사람 또는 특수 외국어에 능통한 사람 등 전문지식이나 기술 등을 보유한 사람을 임용하는 경우
3. 임용예정 직급 · 직위와 같은 직급 · 직위에서 근무한 경력이 있는 사람 또는 임용예정 직급 · 직위에 상응한 근무 · 연구 경력이 3년 이상인 사람을 임용하는 경우
4. 「국가정보원법」 제10조에 따라 국정원에 파견근무 중인 겸직 직원(이하 "겸직직원"이라 한다)을 직원으로 임용하는 경우
5. 임용 예정직에 상응하는 학식 · 경험 · 기술 또는 연구실적이 있는 사람을 1급 직원으로 임용하는 경우

② 제1항제2호에 따라 채용하는 경우에 임용예정 직급별 자격증 구분 및 전문지식이나 기술 등의 인정기준은 원장이 정한다.

③ 제1항제3호 및 제4호에 따라 채용하는 경우에 부여할 계급의 기준은 별표 5와 같다.[전문개정 2014.3.18.]

국정원은 대졸자를 대상으로 7급 직원을 뽑는데, 조기 퇴직을 선택하지 않는 한 대부분 4급까지 진급한다. 4급은 외교부를 제외한 일반 중앙부처에서 과장을 맡을 수 있는 고위직이다.

국정원은 대사급이 많은 외교통상부, 검사장급이 많은 법무부 그리고 장성이 많은 국방부를 제외하면, 1급 공무원이 가장 많은 부처다. 다른 부처에서 1급(관리관) 공무원은 기획관리실장을 비롯해 한두 명에 지나지 않지만, 국정원에는 ○○명인 본부 국장 전원, ○○명인 지부장 대부분이 1급 공무원이다.

국정원의 국장 · 단장 · 과장은 일반 중앙부처의 국장 · 심의관 · 과장보다 한 직급

이 높기 때문에 상대적으로 상위직원이 많다.

김대중 정부는 1998년 4월1일 당시 안기부에 대해서도 구조조정 차원의 인사를 단행해 1급(관리관) 자리 12개, 2급(이사관) 50개, 3급(부이사관) 100여개, 4급(서기관) 70여개 등 총 580여개 직급을 없앴다. 이에 따라 2급 직원 53명, 3급 95명, 4급 1백56명 등 총 518명이 당시 국정원직원법에 의해 총무국 대기발령을 받았다. 대기발령자 가운데 1급은 6개월, 2급 이하는 1년 내에 보직을 못 받으면 자동 면직된다.

수시 채용으로 인력을 수급하고 있는데 공개채용, 비공개채용, 자기인재추천, 경력직채용, 계약직채용, 7·9급 공개채용시험이 이루어지고 있고 수행업무는 국가안보범죄수사, 국가기말보안, 국내외정보, 직원범죄수사, 중요요인 및 중요시설 경호, 국가행사 경호 등이며 수행직무에는 정보, 보안, 방첩, 안보수사, 기계, 신변보호, 수행경호, 의전, 경비, 행정, 조사, 첩보수집 등이 있다.

## 라. 국방부(군인)

국방부 소속 군인은 공개경쟁시험과 전형에 의하여 채용하고 임용 등 자격조건은 다음 규정에 의한다.[17)]

□ **제9조(임용)**

① 장교, 준사관 및 부사관은 학력과 자격에 기초를 두고 공개경쟁시험으로 임용한다. 다만, 공개경쟁시험 외에 능력의 실증(實證)에 기초를 둘 때에는 전형에 의하여 임용할 수 있다.

② 공개경쟁시험이나 전형은 직무 수행에 필요한 능력을 검정(檢定)하는 것을 목적으로 한다.

**제10조(결격사유 등)** ① 장교, 준사관 및 부사관은 사상이 건전하고 품행이 단정하며 체력이 강건한 사람 중에서 임용한다.

② 다음 각 호의 어느 하나에 해당하는 사람은 장교, 준사관 및 부사관으로 임용될 수 없다.

1. 대한민국의 국적을 가지지 아니한 사람

1의2. 대한민국 국적과 외국 국적을 함께 가지고 있는 사람

2. 피성년후견인 또는 피한정후견인

17) 군인사법, 국가법령정보센터, 2015

3. 파산선고를 받은 사람으로서 복권되지 아니한 사람
4. 금고 이상의 형을 선고받고 그 집행이 종료되거나 집행을 받지 아니하기로 확정된 후 5년이 지나지 아니한 사람
5. 금고 이상의 형의 집행유예를 선고받고 그 유예기간 중에 있거나 그 유예기간이 종료된 날부터 2년이 지나지 아니한 사람
6. 자격정지 이상의 형의 선고유예를 받고 그 유예기간 중에 있는 사람
7. 탄핵이나 징계에 의하여 파면되거나 해임처분을 받은 날부터 5년이 지나지 아니한 사람
8. 법률에 따라 자격이 정지되거나 상실된 사람

③ 제2항의 결격사유에 해당하는데도 불구하고 임용되었던 장교, 준사관 및 부사관이 수행한 직무행위 및 군복무기간은 그 효력을 잃지 아니하며 이미 지급된 보수는 환수(還收)되지 아니한다. [전문개정 2011.5.24.]

**제11조(장교의 임용)** ① 장교는 다음 각 호의 어느 하나에 해당하는 사람 중에서 임용한다.

1. 사관학교나 육군3사관학교를 졸업한 사람
2. 국군간호사관학교를 졸업하고 간호사 국가시험에 합격한 사람
3. 사관후보생과정을 마친 사람
4. 「병역법」 제57조제2항에 따른 학생군사교육단 사관후보생과정을 마친 사람 중에서 선발된 사람
5. 전문 분야나 기술 분야에 대한 지식과 경험이 풍부하며 전형에 합격한 사람으로서 해당 분야의 정하여진 과정을 마친 사람
6. 전시에 탁월한 통솔력을 발휘한 준사관 및 부사관으로서 장관급 지휘관으로부터 현지임관(現地任官)의 추천을 받은 사람
7. 외국 장교양성학교의 모든 과정을 마친 사람

7의2. 중위 이상의 계급으로 전역한 날부터 3년을 넘지 아니한 사람 중에서 전형으로 선발된 사람

8. 그 밖에 법령에서 정하는 바에 따라 장교로서의 자격이 있다고 인정되는 사람

② 전시에는 다음 각 호의 어느 하나에 해당하는 사람을 장교로 임용할 수 있다.

1. 사관학교의 제4학년생

2. 육군3사관학교의 제2학년생
3. 국군간호사관학교의 제4학년생. 다만, 간호사 국가시험에 합격한 사람만 해당한다.
4. 「병역법」 제57조제2항에 따른 학생군사교육단 사관후보생과정에 있는 대학·교육대학 및 사범대학의 제4학년생. 다만, 「병역법」 제83조제2항제5호에 따라 재학생 입영의 연기가 정지된 사람만 해당한다.[전문개정 2011.5.24.]

**제11조의2(예비장교후보생)** ① 각군은 인력 운영상 우수한 장교를 확보하기 위하여 필요한 경우에는 4년제 대학이나 전문대학에 재학하고 있는 학생 중에서 대통령령으로 정하는 바에 따라 시험을 거쳐 예비 장교후보생을 선발할 수 있다.
② 예비장교후보생으로 선발된 사람은 대통령령으로 정하는 바에 따라 심사를 거쳐 사관생도·사관후보생 또는 학생군사교육단 사관후보생이 될 수 있다. [본조신설 2014.12.30.]

국방부에서는 육해공 년간 장교(3,500명이상), 부사관(8,000명이상)을 육군사관학교, ROTC, 학사장교, 학군단, 부사관학교, 군사학과, 부사관학과 등.. 군 인사법 상 군인공무원 임용절차에 의하여 채용하고 있고 주요임무는 국방방위, 군사작전, 국가와 국민의 생명과 재산을 보호하고 수호하며 수행직무는 병과 : 보병, 방공, 정보, 통신, 항공, 화학, 병기, 수송, 부관, 헌병 외 병과가 있으며 직무부대 : 정보부대, 첩보부대, 헌병부대, 경호부대, 경비부대, 특수전부대, 특공부대, 대테러부대, 지원부대 등 경호직무수행에 직접 관련된 부대에 편성되거나 유사시 이를 지원하는 경호작전부대가 있다. 부관 또는 참모라고 하는 직책은 지휘관에 대한 경호, 비서, 행정, 의전 등의 직무를 수행하고 있다.

## 마. 교정본부

교정본부(矯正本部)는 대한민국의 교정시설 관리를 위해 대한민국 법무부 소속기관으로 교정본부장은 가급(1급 상당)으로 보한다.[18]

4개의 지방교정청 50개의 교정시설을 총괄한다.

교정, 교도, 경비교도대 등 연 200·300명 을 국가공무원법 제28조에 의거 공개경쟁시험과 경력경쟁채용시험에 의하여 채용하고 있으며 임용에 필요한 결격사유

18) 국가공무원법, 국가법령정보센터, 2015.

도 위 대통령경호실 부분에서 설명된 것과 같이 국가공무원법 제33조에 의한다.

주요임무는 교도소 내 인원 및 시설을 보호하고 안전유지와 질서유지를 목적으로 한다. 또한 교화프로그램을 운영 갱생훈련과 직업훈련 등 다채로운 훈련을 돕고 있으며 수행직무는 교도, 교정, 교화, 보안, 경비, 안전관리, 질서유지, 출입관리 등이 있다.

### 바. 정부기관 경호직무 전문종사자

정부기관 경호직무 전문종사자는 청원경찰법, 대통령안전대책위원회규정, 형사소송법, 사법경찰관관계법, 각 정부부처와 그 소속기관직제시행규칙 등에 의해 임용되는 자를 말한다. 이는 정부 각 부처 및 국가주요시설 등에 대하여 관리하는 정부기관이 경호직무수행자를 임용하여 배치하는 것을 말한다. 국가정부기관 및 청사 경호경비, 국가중요시설 경호경비, 주한외국대사/영사 등의 경호경비, 사법경찰업무, 경호직무를 직접 수행하는 정부기관의 협조업무이다. 현장직업 명칭은 경호원, 정보원, 조사관, 사법경찰, 방호원, 보안요원, 경비원, 청원경찰, 수사관, 무관, 공안 등으로 호칭되며 수행직무는 수행경호, 신변보호, 보안, 정보, 조사, 수사, 경비, 운전, 행정, 기획, 순찰, 운전 등이다.

## 2. 민간기관 경호직무분야의 이해

경호업체, 보안업체, 경비업체, 주택관리업체 등의 산업체와 경호직무를 담당할 수 있는 경호직무종사전문가를 채용하는 기업, 단체, 개인 등을 모두 통합하여 민간기관 경호직무분야라고 한다.(예:경비업법상 전문회사, 주택관리법상 전문회사, 기타 : 산업시설, 기업, 백화점, 호텔, 여객, 항공, 철도, 개인 등)

### 가. 경호서비스 산업

경호, 보안, 경비, 직무를 사업으로 하는 산업(경비업법, 통신보안법, 주택관리법 등에 의거한 사업체로 구성된 산업)으로 1962년에 도입되었고 산업시장은 2조 5천138억원(경호, 보안, 경비회사 만)정도로 업체 수는 2천3백여개(2004.12)에 이른다.

(경비업법상 회사만) 우리나라의 경호서비스 산업은 시설경비계념에서 산업이 시작되었다. 1962년 석유저장시설 경비를 시작한 범아실업공사가 근대적 경호서비스 산업의 시작으로 되었다.

이후 우리나라는 1976년 12월 31일 용역 경비업법(법률 제2946호)을 제정 공포함으로서 본격적으로 경호서비스 산업이 활성화 되었다. 이후 1978년 한국경비협회(사업자단체)가 설립되었으며, 1988년 서울올림픽을 기점으로 경호서비스 산업의 양적 질적 급성장이 이루어 졌다. 1992년 국제경호협회(경호전문가 직능단체)가 설립되면서 정부기관 및 민간기관의 경호직무분야 종사자들의 전문화에 박차를 가하는 전기를 마련하였다.

한편 한국체육대학교, 용인대학교, 경기대학교 등 정규대학에서 경호학과설립을 추진하였으며, 교육부 대학행정지원과에 경호실무를 학문적기초의 참고서로 납부되어 한국체육대학교에 안전관리학과, 용인대학교에서 경호학과, 경기대학교에서 경호안전학과를 설치하는 등 경호서비스 산업과 직무종사자들의 전문화가 이루어졌으며, 2015년 현재는 전국의 대학에서 경호직무를 전공하는 경호관련학과(21여개), 경찰학과(86여개), 군사학과(현.63개) 사관학교, 학군단 등이 개설되어 전문인력을 양성하고 있다. 또한 학과 특성화 제고를 위하여 경호전공수업과정을 운영하는 관련전공학과인 무도학과, 체육학과 등에 경호전공 수업을 개설하여 우수한 인력이 경호직무분야로 진출하고 있다.

그리고 국제경호협회에서는 1992년 국내최초로 경호원 인증제도를 도입하였으며, 민간자격등록은 자격기본법에 근거하여 2008. 07. 28. 부로 한국직업능력개발원에 등록되었으며 경비원에 대한 자질향상을 위해 1995년 12월 30일 법률 제5124호로 개정·공포된 경비업법을 통하여 도입되었으며, 1997년 2월 23일 제1회 경비지도사 자격증[19] 취득시험이 처음으로 실시되기 시작하여 2015년 17회에 이르게 되었다.

## 나. 경호전문회사

주요 경호업무는 요인개인경호, 경호운전, 경호비서, 의전경호, 호송경호, 법정긴

19) 경비업법 제10조, 국가법령정보센터, 2015

급동행경호, 행사경호 등으로 회원제경호서비스(개인회원, 기업회원-가입비3 · 5억원, 연회비1 · 2천만원), 업무제휴 회원제(카드사, 이동통신사, 보험사, 자동차, 의사, 병원, GPS)로 운영되며 보안-경비업무(시설, 장비, 장치, 통합보안경비시스템, 방화, 방재, 주차관리, 보안조사, 예방, 문서/인원/정보통신/시설 보안, 호송경비 등), 협상업무(인질납치협상, 공갈 · 협박협상 등), 도감청탐지업무(불법도감청기탐지/제거, 몰카탐지/제거, 폭발물탐지/제거), 경호컨설팅업무(안전전검, 검사, 보안점검, 안전진단, 자문 등), 탐정업무(범죄및위법증거조사, 검거및조사협조, 보험사기조사, 교통사고조사등)등을 수행한다. 채용은 각 회사의 내부규정에 의해 선발되고(나이, 학력, 신장, 지체장애 등) 일반적 조건으로 나이 20세이상, 학력 고졸이상, 신장 남170이상 여160이상 등이고 일부회사에서는 시력, 체중 등도 제한하고 있다. 경호직무전공학과 출신자 우대, 경호원자격증취득자우대, 경비지도사자격취득자우대, 군 특수부대출신자우대, 무술고단자 우대하고 수행직무(핵심직무능력)는 기획, 실무(수행경호, 신변보호, 의전) 정보, 보안, 조사, 경비, 행정, 장비, 운전, 협상, 컨설팅 등이다.

### 다. 보안전문회사

수행업무는 보안, 조사, 정보분야로 보안(교신분석,정보해독,방비개발제공,보안시스템,인원/문서/시설보안/산업보안/정보통신보안등),보안컨설팅(보안안전진단,기밀유지및보안방어,도청예방/방지,보안환경 등),도감청검색업무(전화/무선 도청담지/제거, 네트워크형 도청감시, 몰카탐지), 채용은 각 회사 내규로 선발(일반사항 : 고졸이상, 군/경 정보담당 출신자 우대)

### 라. 시설보안/경비/건물관리전문회사

수행직무는 보안, 경비, 컨설팅, 미화, 안내 등으로 주요업무로는 경비사업(특수경비,시설경비,호송경비,혼잡경비,주차장시설관리경비 등), 시설관리(주상복합,빌딩관리,고급빌라관리 시스템 등), 방재사업(소방시설점검,소방설비공사,시스템판매,방재인력관리 등), 시설보안(위험요소제거,안전사고예방,안정상태유지관리,방문응대 등),컨설팅(기업조사,관리보안,물리적보안,정보보안컨설팅 등), 미화 및 도우미(미화,

안내,도우미 등), 인력아웃소싱(경비,보안,안내,미화,운전 등)이다. 채용은 각 회사 내규에 의하여 선발한다.(일반사항 : 고졸이상(이하가능), 신체건강한자 - 사업장에 따라 제한 규정함)

## 마. 기계경비전문회사

수행직무는 보안, 경비, 정보, 컨설팅 등이고 주요업무로는 시스템경비(방법/방재/안전관리,출동경비,상황대처,침입감지및감시,비상통보 등), 스마트카드사업(보안카드기능,신용/교통카드기능,다기능복합카드 등), 통신보안(통신보안,도청탐지제거,도청방지정보서비스,보안컨설팅 등), 안전상품(영상감시 시스템, 외곽감시 시스템 등)이고 채용은 각 회사 내규에 의해 선발 된다.(일반사항 : 고졸이상,병역필자,운전면허1종보통이상 등)

## 바. 호송경비전문회사

수행직무 : 보안, 경비, 컨설팅, 운전 등이고 주요업무로는 현금운송, CMS, CD/AMT, 유가증권, 귀금속, 보관에 있다. 채용은 각 회사 내규에 의해 선발된다.(일반사항 : 고졸이상, 무술유단자, 운전면허1종보통 이상자, 병역필자 등)

## 사. 기타 민간기관 경호직무분야

기업 및 연구소 또는 경제인, 정치인, 연예인, 스포츠스타 등 개인이 필요에 의하여 회사직원 또는 개인직원으로 경호원을 채용하는 사례를 말한다.

보안·경호·경비회사에 위탁하는 것이 아니라 각 기업 및 연구소 또는 경제인, 정치인, 연예인, 스포츠스타 등 사회유명인사, 개인 등이 자체적으로 경호직무를 담당하는 부서를 운영하거나 개인경호원을 채용하는 것을 말한다.

경호부서를 운영할 경우에는 경호책임자를 임용하여 운영하는데, 경호책임자는 경호전문가라는 현장직업명으로 불리기도 한다. 경호전문가를 통하여 전반적인 경호직무를 수행할 수 있도록 전문화 하고 있다.

경호전문가는 경호기획, 경호계획, 경호행정, 경호컨설팅 업무를 수행하는 고도의 전문화된 업무를 수행할 수 있는 직무수행능력을 갖추어야 한다. 또한 이들은 국제경호협회와 같은 경호직능단체, 경찰청등에 필요한 경호자문을 구하며 경호직무를 수행할 경호원의 선발을 위해 공채 및 특채(추천)의 방법을 선택한다. 현재 이러한 형태의 경호직무 종사자는 사회전반에 광범위하게 분포되어 있어 종사원 수를 가늠할 수 있는 정확한 통계가 어렵지만, 국제경호협회는 대략 20만명 이상으로 추정하고 있으며, 이러한 고용형태는 앞으로도 더욱 증가할 것으로 전망하고 있다. 채용된 직원에 대하여는 자체직무교육 및 국제경호아카데미(국제경호협회 부설 교육기관)와 같은 전문자문기구에 위탁하여 전문교육을 이수하도록 하고 있으며 지속적으로 보수교육을 실시하여 고도로 전문화되어가고 있다.

조선 초기에 존재하던 사병제도와 같은 것이라 설명할 수 있으며 이 경우 경호·보안·경비 회사에 위탁하는 것이 아니라 각 민간기관 및 개인이 경호원을 직접 고용하는 형태를 말한다. 즉, 경호직무를 수행할 수 있는 부서 및 직원을 필요에 의하여 채용기관에서 취업규칙 및 회사내규에 의해 채용하는 행태이다.

※ 아직 법률적 근거가 마련되어 있지 않기 때문에 직무수행에 있어 제약이 많은 것이 현실이다. 경호원에 대한 채용인식이 사회 저변화 되면서 경호원의 수요가 빠른 속도로 급증하고 있다. 하지만 일반적 채용심리상 경호회사에 위탁을 하는 경우 경비업법 상 관할경찰서에 배치신고 의무가 규정되어 있어 개인정보와 사생활을 보호받으려는 심리에 의하여 개인이 직접 경호직무수행능력을 가진 자를 고용하는 경향이 매우 크게 증가되고 있다.

앞으로 건전한 직업인 육성을 위하여 국제경호협회가 운영하는 전문경호자격제도의 활성화를 비롯하여 이에 수반되는 제도적 보호도구가 마련되어야 할 것이다.

국제경호협회 경호자격운영규정에 의하면 "경호직무"는 민·관 분야에서 인적 및 물적 경호대상에 대한 신체·생명·재산을 잠재적 또는 가시적 위험으로부터 예방, 방호, 보호하기 위하여 작게는 보안, 경호, 경비, 정보활동과 크게는 국방의 수호 및 국가 치안유지 활동을 위하여 그 직무 수행을 실시하는 활동을 말하며, "경호원의 직무"는 정부기관 및 민간기관에서 국가재산의 보호 및 국민의 신체, 생명, 재산(물적, 시설, 정보)을 보호하고 국민의 생활안정과 법질서 유지 및 사회공공안녕을 위하는 공동의 목적을 가지고 포괄적인 경호활동위한 경호직무를 수행 한다.

주요 채용대상 및 영역은

- 기업 : 요인경호(경영진, 중요연구원), 시설경호(공장, 빌딩, 사옥, 연구소, 연수원), 보안감사(인원, 시설, 문서, 정보통신, 조사, 검색, 자료정보보호), 경호비서, 경호운전, 경호의전 등
- 빌딩 : 시설경호, 시설보안, 출입통제 및 관리, 주차관리, 검문검색, 물품검색 및 탐지, 안전유지관리
- 호텔 : 안내, 시설경호, 객실안전, 호텔이용자응대, 투숙객보호, 행사경호, 의전, 중요 투숙객 경호, 도난방지, 안전관리
- 병원 : 시설경호, 응급실안전유지, 경영진보호, 의료진보호, 의료사고, 출입통제 및 관리, 시설보호, 도난방지
- 백화점(쇼핑센터) : 도난방지, 고객안전관리, 시설경호, 순찰, 안내, 질서유지
- Convention 센터 : 이용객안전유지, 시설경호, 도난방지, 행사경호, 안내, 질서유지
- 항공/철도/항만 : 이용객 안전유지, 승객보호, 출입통제 및 관리, 검문검색
- 개인 : 요인경호, 수행경호, 경호운전, 사택경호, 가족경호, 경호비서, 의전

경호원(경호직무수행자)의 직무(수행업무)는

- "경호기획" 경호업무수행을 위한 각종 계획수립과 경호기획업무를 수행하는 직무수행
- "신변보호" 일신상 보호 관리를 받아야 할 경호 대상에 대한 각종 테러 및 범죄로 인한 경호대상의 신체 및 생명을 보호하는 직무수행
- "수행경호" 테러 및 범죄 위험으로부터 경호대상자의 신체 및 생명을 보호하기 위해 경호원이 경호 대상으로부터 물리적 임계거리에 위치하여 동행하는 직무수행
- "경호의전" 대규모 국가 행사 및 국빈급 방한 등에 의한 군 사열과 같은 일정한 절차와 형식에 의해 거행되는 의식과 예절을 행하는 직무수행
- "경호정보" 경호 대상 및 보호관리 대상에 대한 개인 신상 및 주변 환경 위해상황 등을 축적된 자료 및 경험 등을 통해 위해 요소를 돌출 분석하고 효과적인 경호계획수립을 위해 실시되는 정보수집 및 분석활동과 사후분석활동 등을 하는 직무수행
- "경호보안" 경호 대상에 대한 신변위협정보나 경호대상이 취급하는 정보(문서, 통신, 산업정보, 비밀정보 등)에 대한 유출을 막기 위해 인적·물적 장비를 통한 보호활동을 하는 직무수행

- "경호경비" 인위적·자연적 위험으로부터 경비구역 내 경계활동에 필요한 모든 활동을 말한다. 출입관리통제, 검문검색, 순찰, 방범활동 등을 포함하여 시설 및 경비 구역의 경계활동을 전개하는 직무수행.
- "검색탐지" 사전 위해요인을 제거하기 위한 인적·물적 검색대상에 대한 검색활동 및 총기류, 도검류, 도청, 폭발물, 독성물질, 폭탄 및 바이오 테러 등에 대비한 탐지활동을 하는 직무수행
- "경호협상" 테러 및 범죄에 의해 인질, 납치, 유괴, 폭파, 암살, 감금, 공갈, 협박, 등의 위해 환경이 조성되었을 때 이를 경호대상이나 그 가족 또는 관계인을 대신하여 신변안전과 무사 귀환을 위한 일련의 협상업무를 수행하는 직무수행
- "경호조사" 경호 대상 및 보호관리 대상의 위협요소 및 유해요소에 대한 전 방위적 자료수집과 확인, 점검 등의 조사활동을 하는 직무로서 사전조사와 사후조사를 구분 실시하며, 또한 법률적 분쟁 및 신변위해문제 발생 시 법률적 증거확보를 위해 위임 받은 권리에 의해 증거 수집 및 조사 활동을 담당하는 직무수행
- "경호장비" 경호 대상을 경호하는데 필요한 호신장비, 감지장비, 방호장비, 검색장비, 통신장비, 폭발물 탐지 및 제거장비 등 과학화된 첨단경호장비를 이용한 경호장비 운용 및 조작 능력을 보유하여 직무수행
- "경호비서" 경호대상자의 비서 역할을 수행하는 보조업무(사무, 행정, 스케줄 관리 등)능력을 갖춘 직무수행능력을 보유하여 직무수행
- "경호운전" 경호 대상 및 보호관리 대상의 차량이동에 따른 인위적·자연적 원인에 의한 위험으로부터 신변안전을 확보하는 경호 차량방어 운전 및 미행·추적차량을 따돌리는 경호운전법의 능력을 보유하여 직무수행
- "보호관리" 각종위험으로부터 신체 및 생명을 위협받는 대상이 위해자로부터 은폐 엄폐 될 수 있는 필요한 조치를 강구하고 안전가옥과 같은 안전지역을 형성하여 포괄적인 경호활동을 통하여 신변안전을 보장하는 직무수행
- "교도경비" 사회배타적 보호관리가 필요한 수용시설에서 집단생활을 하는 수용자에 대한 안전질서유지 및 수용시설의 보호를 위한 업무를 수행하는 직무수행
- "경호컨설팅" 경호활동에 필요한 각종 위해 환경 및 위해 요소를 평가하고 진단하여 그에 대한 시설, 장비, 인적자원, 보안시스템, 방범·방호시스템 운영 등의 방안을 마

련하거나 통합적으로 진단하여 평가 자문에 응할 수 있는 능력을 갖춘 직무수행

- "경호무술" 경호환경의 위해 환경에서 오는 각종 위험으로부터 경호대상의 신체 및 생명을 물리적으로 보호하는 호위호신무술이다. 일촉즉발의 위험상황에서 경호 대상을 보호하기 위한 경호무술의 실행능력 및 지도능력을 갖춘 직무수행
- "경호교육" 경호원의 직무수행능력을 향상시키고 자기개발을 촉진시켜 전문성을 배양할 수 있도록 하고, 예비 경호원에 대한 숙련교육훈련을 통하여 우수한 인재를 양성하고 학문적, 기술적, 제도적 부분을 연구하고 지도하는 직무수행

## 3. 직업으로서의 전망

경호직무는 직업으로서 전망은 매우 밝다.

**공공기관·민간기업 규모별 연평균 임금 수준** (단위 : 만원, 배, 2010년 기준)

| | 공공기관 (A) | 민간기업 (B) | 비율 (A/B) |
|---|---|---|---|
| 전체 | 5639 | 3813 | 1.53 |
| 20~299인 | 5533 | 3503 | 1.58 |
| 300인 이상 | 5864 | 5163 | 1.14 |

(자료 : 기획재정부)

규모별 공공기관-민간기업 평균임금 상위산업(2010년)

| | 30~299인 | | 300인 이상 | |
|---|---|---|---|---|
| | 공공기관 | 민간기업 | 공공기관 | 민간기업 |
| 1위 | 전기.가스.수도사업 | 전기.가스.수도사업 | 전기.가스.수도사업 | 교육서비스업 |
| 2위 | 금융.보험업 | 금융.보험업 | 전문·과학 및 기술·서비스업 | 전기.가스.수도사업 |
| 3위 | 농업.임업 .어업 | 출판.영상.방송통신 및 정보서비스업 | 제조업 | 금융.보험업 |
| 4위 | 교육서비스업 | 교육서비스업 | 금융.보험업 | 건설업 |
| 5위 | 부동산업.임대업 | 전문·과학 및 기술·서비스업 | 건설업 | 전문·과학 및 기술 서비스업 |

**[표1-2] 공공기관, 민간기업 평균임금·상위 산업[20]**

최근 조사에 의해 신문보도 된 내용을 근거하면 향후 5년 내의 성장, 평균급여 면에서 경호직무분야가 최고로 높았다. 정부기관의 경우 최근 개정된 공무원임금 등에 의해 개선이 이루어 졌다. 공무원 평균연봉은 5,220만원으로 결코 낮은 수준은 아니다.

대부분의 국민에게 박탈감을 주는 공무원 연봉이 발표되었다. 초과수당 등을 포함 평균 월 435만원, 연봉 5,220만원이다. 대기업의 평균 연봉 약 5,860만원, 271개 공기업 평균 연봉 약 5,900만원에는 미치지 못하나 거의 육박하는 액수이다.[21]

그러나 늦은 정년, 높은 고용안정성을 고려하면 사실상 대기업이나 공기업 수준

20) [출처] http://blog.daum.net/boho3/15868322
21) 2014, 안전행정부 공식발표자료 인용

을 넘어선다고 볼 수 있다. 게다가 올해 은퇴하는 공무원의 월평균 연금 수령액이 210만원이라 하니 그야말로 '신의 직장'이라는 말이 틀리지 않다.

민간기관의 경우 신입의 경우 연 평균 1500만원~3000만원으로 상위 액수는 더 높다 할 수 있다. 다만, 민간기관의 경우 경호원의 개인적 능력치를 고도로 요구하며, 그 직무의 범위가 매우 광범위하게 연결되어 직무를 수행해야 하므로 전문성을 더욱더 요구한다 할 수 있다.

## 4. 직업의 접근성

아무래도 공채시험(공무원)이 최근의 실업난과 맞물리고 경호직무분야의 직업으로서의 선호도가 높아져 경쟁이 심하다 할 수 있으나. 이에 비해 민간기관의 경우 경호경비회사의 접근성은 조금 더 용의하다 할 수 있다. 일정한 자격조건을 갖추고 지시에 의한 수동적 업무를 수행하는 경우는 경호원에 대한 자질과 능력 급치를 그다지 요구하지 않는 경우가 있어 직업접근성은 높다 할 수 있다. 다만, 고액연봉과 연결되는 요인경호원의 경우 자질과 능력, 전문성(지식, 기술, 기능), 인성(태도), 사회기준 등의 검토과정이 많아 직업능력을 갖춘 자원만이 가능하다.

경호직무는 전문화 고도화가 이미 이루어져 있고 전문화되어 있는 이 시점에서 더욱더 전문화가 되어가고 있는 시기 이다. 즉, 전문성이 없고 경호원으로서 갖추어야할 직무능력을 갖추지 못한 경호원의 경우 현재 직무에 종사한다하여도 직업으로서의 생명력은 온전하지 않다. 현재 경호직무전공학과(경호비서학과, 경찰행정학과, 군사과, 공안교정과 등)가 양적으로 매우 많아 졌다는 것은 경호직무분야의 발전과 미래 비전을 알려주는 좋은 기준이 된다.

이러한 전공자들이 차후 10년 내에 전문전공학과로 탈바꿈하게 될 역사를 가지게 되면 경호직무전공학과의 졸업자들이 이 분야에서 매우 높은 경쟁력을 가질 수 있게 될 것이다. 현재 신생학교라 하여 교육의 전문성과 향후 사회진출이 어느 정도 어려움은 예상되지만, 그것은 일시적인 것이고 본인의 자기개발을 위한 노력 여하에 따라 사회에서 평가 받게 될 것이다.

경호원은 제품을 만들고, 조립하고, 생산하고, 파는 직업인이 아니라 지식기반서비스산업에 종사하는 지식기반 인적자원으로 경호원 자신이 상품이며, 제품이며, 서비스이다. 자신을 어떻게 발전시키고, 커리어를 쌓고, 자기개발을 통한 잠재역량을 극대화 시키느냐에 따라 인생의 성공여부가 달라지게 된다. 경호원으로만 끝나는 것이 아니라 발전하여 전문경호원으로 고도의 전문화 되어 경호전문가로 거듭 발전해야 한다.

# 제4절 우리나라 경호의 역사

## 1. 우리나라 경호역사의 변천

### 가. 삼국시대~조선시대 The Three kingdoms period~The Joseon Dynasty

왕권을 찬탈하려는 세력들은 항상 있었기에 왕의 신변보호는 꼭 필요했다.
더불어 왕실의 권위를 과시하는 상징적인 의미도 있었다.

### 나. 삼국시대 The Three kingdoms period

| | | |
|---|---|---|
| 고구려(기원전 37~ 668년)<br>Koguryeo(B.C. 37~668) | 대모달(大模達), 말객(末客)<br>Daemodal, Malgaek(B.C. 37~668) | 궁성경비 |
| 백제(기원전18~660년)<br>Baekje (B.C. 18~660) | 5부(五部)<br>5 districts | 수도를 5부로 분할 500명씩 편성, 궁성 경비 및 도성 수비 |
| 신라(기원전 57~935년)<br>Silla (B.C. 57~935) | 시위부(侍衛府)<br>Siwibu | 궁성 숙위(경비), 왕실 행차시 호종(근접경호수행) |

### 다. 고려시대 The Goryeo Dynasty

| | | |
|---|---|---|
| 전기(918년 왕건 ~ 1122년 예종)<br>The former(918 WangGun~1122 YeJong) | 중군, 이군, 내순검군)<br>Junggun, Igun, Naesungeomgun | (B.C. 37~668) 왕의 친위군(親衛軍), 궁검을 착용하고 궁성 경비, 왕의 출입 시 호위 |
| 후기 인종 ~(1122년 1392년 공양왕)<br>The latter (1122 InJong ~1392 The King GongYang) | 성중애마(成衆愛馬)<br>Seongjungaema | 왕을 측근에서 호위하는 특수부대<br>Special Forces closely escorting the king |

## 라. 조선시대 The Joseon Dynasty

| | | |
|---|---|---|
| 전기<br>(1392년 태조~1623년 광해군)<br>The former (1392 TaeJo ~1623 GwangHaeGun) | 갑사(甲士) / 내금위(內禁衛)<br>Gabsa / Naegeumwi<br>의흥친위군(義興親衛軍), 십사(十司)<br>Uiheung royal bodyguards/Sibsa | 왕의 호의 / 왕의 근접 호위 임무를 수행하는 소수정예부대<br>궁성경비 / 성내 순찰, 경비, 수도치안 병력 |
| 후기<br>(1623년 인조~1863년 철종)<br>The middle<br>(1623 InJo ~ 1863 CheolJong) | 호위청(護衛廳),어영군(御營軍), 금군(禁軍)<br>Howicheong, Eoyeunggun, Geumgun<br>숙위소(宿衛所), 장용위, 장용영)<br>Sukwiso, Jangyongwi, Jangyongyeong | 왕의 호위<br>Escorting the king<br>궁성 경비<br>Guarding the imperial palace |
| 말기<br>(1863년~1887년 고종)<br>The latter<br>(1863~1887 GoJong) | 무위소(武衛所), 무위영(武衛營)<br>Muwiso, Muwiyeong<br>친군용호영(親軍龍虎營)<br>Chingunyonghoyeong<br>시위대(侍衛隊),친위대(親衛隊)<br>Siwidea, Chinwidae | 고종의 친위군으로 전체 군무 통할<br>Supervision of the entire military service as Gojong' royal bodyguards<br>왕의 호위<br>Escorting the king<br>궁성 경비<br>Guarding the imperial palace |

### □ 대한제국~제2공화국 Daehan Empire ~ The Second Republic

일제강점, 해방과 정부수립, 한국전쟁, 4.19 혁명, 5.16군사정변 등 혼란스러운 역사적 사건들 속에서 대통령 경호 또한 안정되지 못했다.

## 마. 대한제국~임시정부 Daehan Empire ~ provisional government

| | | |
|---|---|---|
| 1887년 고종 ~ 1948년<br>1887 Gojong ~ 1948 | 경위원(警衛院) Kyeongwiwon, 황궁경위국(皇宮警衛局)<br>Hwanggunggyeongwiguk경무국(警務局) | 황제 호위 및 궁성 경비<br>임시정부 대통령 등 주요 인사 경호 |

## 바. 이승만 대통령 The president Lee Seungman

| | | |
|---|---|---|
| 1948년 ~ 1960년<br>1948~1960 | 경무대 경찰서<br>Kyeongmudae, police station | 대통령, 부통령, 외국 원수 , 주요 인사 등 경호 |

### 사. 윤보선 대통령 The president Yun Boseon

| 1960년 ~ 1962년<br>1960 ~ 1962 | 청와대경찰관파견대<br>Blue House contingent of policemen | 대통령경호 및 관저 경비 (1960년 ~ 1961년) |
|---|---|---|

### 아. 국가재건최고회의 The State Reconstruction Supreme Council

| 1961~ 63년 | 중앙정보부 경호대<br>Korea Central intelligence Agency Security Guards | 국가원수, 국가재건최고회의의장 / 부의장, 내각수반, 국빈 등 경호 |
|---|---|---|

### □ 제3공화국 이후 After the Third Republic

정치적 격동기를 거쳐 대통령 중심제인 제3공화국이 출범하면서 국가안정과 대통령 신변보호가 더욱 중요해졌다. 시대의 요구에 발맞춰 최초의 독립 경호전문기관인 '대통령경호실'이 창설되었다. 현재는 '대통령경호실' 이라는 새로운 이름으로, 역사를 통해 쌓아 온 경험들을 뿌리 삼아 더욱 발전해가고 있다.[22)]

### 자. 박정희 대통령~노무현 대통령 The president Bak Jeonghui ~ The president No Muhyeon

| 1963년 ~ 2008년 | 대통령실경호실 Presidential Security Service | 대통령 경호전문기관 최초 창설(1963.12.17) |
|---|---|---|

### 차. 이명박 대통령 The president Lee Myeongbak

| 2008년 ~ 2013년 | 대통령실경호처Presidential Security Service | 정부조직개편, 대통령실 소속기관으로 통합 |
|---|---|---|

### 카. 박근혜 대통령 The president Bak Geunhye

| 2013년 ~ | 대통령경호실 Presidential Security Service | 정부 조직개편, 경호처에서 대통령경호실로 독립 |
|---|---|---|

22) 대통령경호실, 경호홍보관, 경호의 변천사, 대국민 공개자료, 일부수정, 2015

## 2. 대한민국 경호의 사건사

불안정한 역사 속에서 흘려야 했던 쓰라린 눈물들, "그 아픔을 되풀이하지 않으려고 다각적인 변화를 꾀하고 있다." "미래를 향하되, 과거를 잊지 않는다." 과거의 아픔을 뼈에 새기고 더욱 진화하겠다.

### 가. 1968. 1. 21 무장공비 청와대 습격 미수사건

청와대 폭파와 주요 인물 암살을 위해 북한의 무장간첩들이 서울에 침투해 치열한 교전을 벌였다. (27명 사살, 1명 생포, 3명 도주)

□ **경호실의 변화** Changes of presidential security service

청와대 경호경비체계를 강화하기 위한 '특정경비지구' 지정, 담장, 바리케이드, 철조망 등 경비시설 증설, 군부대를 배속하여 외곽경계 및 기습공격 대비 강화, 공중침투의 위협에 대비하여 'P-73 비행금지구역' 지정

### 나. 1970. 6. 22 국립묘지 현충문 폭파사건

6.25 기념 대통령의 현충원 참배를 노린 무장공비들이 현충문에 폭발물을 설치하다가 실수로 폭탄을 터뜨려 발각되었다. (1명 폭사, 2명 추격 사살)

□ **경호실의 변화** Changes of presidential security service

폭발물 탐지 등 안전관리를 전담하는 검측부 신설

무선 원격 폭발물에 대비하여 특수통신장비 도입, 사전 정보활동 강화

### 다. 1974. 8. 15 육영수 여사 피격사건

8.15 광복절 기념식에서 문세광이 권총으로 대통령을 시해하려다 실패하자, 영부인 육영수 여사를 저격해 숨지게 했다.

□ **경호실의 변화** Changes of presidential security service

가족경호팀과 의무실 신설, 경호교리와 기법 개선 및 실질적 상황조치 훈련 강

화, 문형 금속탐지기, 방탄탁자 도입 등 경호장비의 과학화

### 라. 1979. 10.26 박정희 대통령 시해사건

박정희 대통령이 궁정동 안전가옥에서 중앙정보부장 김재규 등에 의해 시해되었다. (차지철 경호실장 등 경호관 4명 순직, 1명 부상)

□ **경호실의 변화** Changes of presidential security service

대통령 측근인사도 예외로 하지 않는 원칙적 경호에 대한 각성, 특정지역 내 안전활동 강화

### 마. 1983. 10. 9 버마(現 미얀마) 아웅산 국립묘지 폭파사건

북한 특수공작조가 대통령을 시해하기 위해 묘지 천장에 폭발물을 설치했지만, 예행연습을 본 행사로 착각하여 미리 폭파시켰다. (경호관 등 17명이 순직, 14명 부상)

□ **경호실의 변화** Changes of presidential security service

해외 순방 시 상대국 경호경비 수준을 고려한 적극적 경호활동 및 예외 없는 검측 실시 모터케이드 기만대형 등 위장경호기법 도입

➢ 정부수립 이후 역대 대통령 테러사례는 총 11건으로 사망31명(박정희 7, 전두환 24명) 부상 52명(박정희 1, 전두환 50, 김영삼 1명)이 발생하였다.

이중 1979. 10.26일 만찬도중 김재규 중앙정보부장이 권총저격으로 대통령과 경호실장, 경호원 4명이 사망하고 1명이 부상 하였다.[23)]

23) 대통령경호실, 홈페이지, 경호홍보관, 경호그래픽, 대국민 공개자료 정리, 2015

[사진1-1] 역대대통령별 테러사례(출처: 대통령경호실http://www.pss.go.kr/경호홍보관, 경호그래픽)

# 제2장 경 호 안 전

VIP 경호에 만전을 기하기 위하여 행하여지는 안전활동에는 경호행사 준비(진행) 중 행사장 또는 숙소. 연도 등 인적. 물적 취약 대상에 대하여 위해요소를 제거하기 위한 예방활동과 행사 중 요인의 신변안전을 확보하기 위한 경호와 경비활동이 이루어진다. 안전활동에는 경호원, 경찰관, 군인, 소방관을 비롯하여 기타 행사 업무 관련기관 직원이 참여하게 되고 안전확보를 위하여 경호경비, 안전검측, 검식 등의 활동이 철저히 이루어져야 하므로 근접 경호활동에 참여하는 경호원이 갖추어야 할 자세나 지켜야 할 수칙을 준수하고 분야별 안전활동에 한치의 오차도 발생하지 않도록 해야 한다.

## 제1절 경 호 안 전

### 1. 경호안전의 개요

경호에 있어서 안전은 산업안전, 학교안전, 가스안전, 교통안전 등 일반 안전개념에서 벗어나 경호대상자를 각종 위해요소로부터 안전하게 지켜 나가는 생동적인 안전을 의미한다. 일반적으로 안전에는 사고안전(Safety), 사건안전(Security), 봉사안전(Service), 손실예방(Loss prevention) 등으로 구분하지만 안전이라는 용어는 다양하고 광범위하게 사용되어 왔다.

Morz는 "안전이란 사고의 예방과 개인적 피해 또는 사고로부터 오는 재산적 손실이 없도록 하는 것이다"라고 정의하였고 Strasser, Aaron, Bohn 등은 "안전은 인간행동의 변화로 인한 상태 또는 조건 등에 위험의 가능성을 축소하는 물리적 환경의 조정에 의해 사고를 줄이는 것이다"라고 정의하였다. 웹스터사전(Wester's New Collegiate Dictionory)의 안전에 관한 정의는 "안전한 상태나 성질, 위험으로부터의 자유스러움(Freedom from danger), 안전(Safety), 공포나 불안으로부터 자유스러움의 보호(Protection), 스파이 행위나 파고행위(Sabotage)로 기술되어 있다.

경호란 국가 정부요인이나 국내에 있는 외국요인 등의 신변의 위해가 미치는 대상자(VIP)에 정치적인 돌발적인 폭력 , 불법행위, 교통사고 등, 인위적인 위해 및 테러, 화재, 건조물 손괴, 산사태 등의 자연발생적인 위해 등으로부터 그 신변을 지키고 안전을 확보하기 위한 작용을 말한다.

정부조직법에서는 VIP의 경호를 담당하기 위하여 대통령경호실을 두고 대통령 등의 경호에 관한법률에서 이를 위하여 다음과 같이 정의하고 있다.

(1) 호 위: 신체에 대하여 직접적으로 가해지는 위해를 근접에서 방지, 제거하는 행위

(2) 경 비: 생명 또는 재산을 보호하기 위하여 특정한 지역을 경계, 순찰, 방비하는 행위[1)]

경호안전은 각종 위해 요소로부터 VIP를 안전하게 도모하는데 집중되어 있어 가장 위험한 테러리즘부터 파악되어야 한다. 경호안전은 테러리즘과 테러리즘에서 파생되는 폭발물과 각종 위해요소를 안전하게 방어하기 위하여 호위와 경비에 중점을 두고 있는데 여기에서는 경비와 관련한 경호안전검측에 중점을 두고자 한다.

## 제2절 경 호 원

경호의 주체인 경호원이란 어떤 사람을 위험한 사태가 일어나지 않도록 가까이에서 경계하여 지키는 사람을 말하는 것으로 식장에는 날카로운 눈초리를 한 경호원이 곳곳에 배치되어 있다. 유의어로 일반사회에서는 경호인(警護人), 보디가드(bodyguard)란 용어도 쓰이고 있으나 VIP를 경호하는 사람은 통상적으로 대통령경호실에 속하는 별정직 국가 공무원을 통틀어 이르는 말이다.

즉 경호원은 각종 위험요소로부터 경호 대상을 보호하는 직업. 경호 대상이 이동할 곳을 미리 살펴 위험 요소를 제거하거나, 경호 대상이 그 근처로 가지 못하

1) 대통령 등의 경호에 관한법률 제2조 정의

게 하고 수상쩍은 인물의 접촉을 사전에 차단하는 식으로 '잠재적 위험 요소'를 피하게 하고, 위급할 경우 몸빵도 불사하며 호위한다.

새 시대의 경호전문가는 body(신체)를 지키는 것이 나니라 살아있는 사람에게 경호를 제공한다. 경호의 목표는 경호대상자를 안전하게 살아있도록 지키는 것이다. 경호대상자가 body가되면 경호는 이미 실패한 것이다.[2] 이제는 경호가 단순히 신체를 지키는 수준을 넘어서 경호대상자의 정신적 안정과 질병 예방 및 이미지 관리까지 도모하는 차원에 이르게 되었다. 일반인들이 보기에 "보디가드를 대동한다, 중요한 인물"일 가능성이 높기에 이를 이용해 일부러 정장 입은 보디가드 숫자를 허세 과시용으로 생각하는 경우도 있다고 한다. VIP 경호에 있어 경호원은 각자 주어진 임무를 수행하게 되는데 이때 수행되는 직무가 측근에서 경호하는 수행경호를 비롯하여 보안, 정보, 조사, 주차, 경비, 비표관리, 순찰, 검색탐지, 검식, 수색, 정찰 등 다양하다.

대통령경호실이나 사경호 업체 외에도 경찰이나 군에서 경호를 맡는 경우도 있다. 대한민국에서는 대통령 경호실에서 경호원을 공채하여 VIP와 그 가족의 경호를 전담하고 있으나 인력부족으로 경찰이나 군 등 유관기관 인력이 동원되고 경찰 내부에서는 경호 인력들을 차출해 국회의원 등 국가요인의 경호를 맡는다. 일본에서는 경시청 경비부 경호과 소속의 경찰들이 요인 경호 업무를 맡는데 이들을 '시큐리티 폴리스(セキュリティポリス, Security Police. 약칭 SP)'라고 칭한다.

## 1. 경호원의 자세

경호의 주체(경호원)는 경호 대상의 신변보호를 그 주 임무로서 활동한다.

경호원은 임무를 수행함에 있어서 대상자의 품위를 지켜주고 행동을 최대한 자유롭게 하는 범위에서 경호임무를 수행해야 하고 또한, 품위 유지에 있어 언행은 방정하고 복장은 항상 단정히 하여 경호 대상 인물에 피해가 되는 일이 없도록 항상 주의한다.[3]

2) June, Dale L.(1999), op. cit., p. 43~46.

3) 명심보감 존심편에 손사막(孫思邈)이 이르기를 "담욕대이심욕소(膽慾大而心慾小) 지욕원이행욕방(知浴

경호원으로 갖추어야 할 모습에는 단정한 외모, 자신 있는 모습, 예리한 판단력, 신속하고 과감한 대처능력, 다양한 경험을 필요로 한다.

### 가. 경호실의 인재상

경호실의 인재상은 냉철한 판단력과 두뇌 순발력을 갖춘 사람을 요구한다.[4)]

## 2. 경호원의 핵심가치

### 가. 핵심가치[5)]

(1) 충성: 마음의 중심에 국가와 국가원수를 두고 진심에서 우러나오는 정

---

圓而行慾方)"이라. "담력은 크게 가지도록 하되 마음가짐은 섬세해야하고 지혜는 원만하도록 하되 행동은 방정해야 한다." 고 하였다.

4) 대통령경호실 홈페이지, 경호홍보관, 채용 인재상, 대국민 공개자료 정리, 2015.

5) 대통령경호실, 홈페이지, 경호홍보관, 핵심가치, 대국민 공개자료, 2015.

성으로 임무완수를 위해 자신의 모든 것을 바치는 참된 자세

(2) 자기통제: 전문성과 원칙을 바탕으로 경호 임무수행을 위하여 자신을 연마하고 절제하여 최상의 준비태세를 유지하는 것

(3) 통합: 소통과 배려를 바탕으로 다양한 작전요소들을 융합하여 통합적인 사고로 작전능력을 극대화 하는 것

(4) 상황판단: 다양한 경호환경 속에서 순간 선택을 통한 상황통제 및 적절한 조치능력을 바탕으로 성공적인 경호활동을 보장하는 것

(5) 용기: 경호 임무수행을 위해서는 두려움에 맞서 주저 없이 자신을 희생할 수 있는 신념을 행동으로 실천하는 것

[그림2-1] 경호원의 핵심가치

## 나. 경호원의 수칙

(1) 자기 희생정신: 경호원으로서 갖추어야 할 가장 근본적인 정신으로 다른 여타의 공공안전 서비스 직업에서 일하는 모든 사람들의 기본자세이기도 하지만 특히 신변보호가 주 임무인 경호원에게는 가장 중요한 첫번째 수칙이다.(자기희생, 육탄방어(경호)의 정신)

(2) 준비정신: 준비되지 않은 자는 언제나 한번의 기회가 더 필요하기 마련이다. 하지만 경호에서의 한 번의 실수란 피 경호인의 피해(부상, 사망)와 직접

적인 관련이 되기 때문에 이러한 상황은 곧 활동의 실패(작전의 실패)라는 결과로 이어지게 되며 자신 또는 팀의 존속에도 큰 영향을 주게 된다. 이에 대비하기 위하여 필요한 정보(지식) 및 기술의 습득과 사전정보 입수와. 기본계획 수립. 사전검토 등이 필요하다. 경호대상자의 안전을 위해서 치밀하게 계획하고 준비하는 것은 경호원의 책무이자 의무이다. 경호를 준비하면서 결코 위험을 과장해서 경호대상자를 놀라게 해서는 안되고 위협을 과소평가해서도 안된다.[6)]

(3) 자기계발: 점점 극단적으로 변해가는 범죄성향의 변화와 수준발전 및 세계화에 따른 활동범위의 광범위 화에 따라 경호원들의 개인적 퀄리티(Quality)의 고급화가 요구되는 시대이다. 순간적 사태대응에 관한 경호요원 각 개인의 전문적 지식에 바탕을 둔 순발력과 고도의 판단력이 요구된다. 각종 장비의 활용과 전문분야에 필요한 지식, 외국어 및 상황에 따라 대처할 수 있는 의전지식 등 자신의 개인적 능력의 발전을 바탕으로 한 경호활동이 필요한 때이다.

(4) 팀-워크: 경호임무는 하나의 잘 짜여진 팀을 중심으로 개인적 능력을 발휘할 수 있어야 한다. 아무리 자신의 능력이 뛰어나다 하여도 경호활동이란 '팀 플레이'이란 것을 잊지 말아야 한다.

(5) 피 경호인의 사생활 보호: 경호원은 활동 중에도 항상 피 경호인의 사생활에 피해를 주거나 방해가 되어서는 안 된다. 피 경호인의 보호만큼 중요한 것 중 하나가 피 경호인의 대인활동의 피해를 주거나 과도한 행동으로 피 경호인의 이미지에 손상을 주는 경호활동은 아무리 안전하게 활동을 종료하였다 하여도 실패한 경호라고 할 수 있다.

(6) 비밀엄수: 경호의 원칙 중 하나인 정보관리에 관한 사항 중 하나이다. 비밀정보의 관리 및 유출방지는 경호원(업체)의 기본적인 도리로서 이것이 지켜지지 않는다면 직업의식의 결여 및 자격미달 이라 할 수 있다.

6) June, Dale L.(1999), op. cit., p. 110.

활동 전 정보누출에 의하여 피 경호인의 안전에 중대한 문제가 발생할 수도 있으며 경호활동 자체가 마비되어버릴 수도 있는 상황이기 때문이다.

이와 더불어 사후 정보관리에 관한 문제 또한 상당히 민감한 문제이다. 피 경호인의 사생활이 유출되어 사회적, 개인적 피해가 발생할 수도 있으며 이에 따른 경호원(경호업체)의 신임도 하락과 경호원으로서의 생명에도 영향을 줄 수 있다.

(7) 사상(이념)의 중립적 자세: 경호활동에서 개인적 감정이나 사상적(이념적) 중립성을 지키는 것은 기본적 정신자세의 하나이다. 특히 공 경호에서는 정치적, 사상적 이념의 중립성이 요구되며 사 경호의 경우 개인적 감정의 이입과 피 경호인의 사생활 속에 포함되어 버리는 실수를 저지르지 않도록 하여야 한다. 사적인 감정은 경호활동의 본래 목적을 흩트릴 수 있으며 팀 전체의 와해를 불러 볼 수 있다. 이러한 결과는 경호활동의 실패로 이어지기 쉽기 때문에 특히 주의하여야 한다.

(8) 기타 수칙: 7가지 기본수칙 이외에도 방어우선과 은밀경호, 복장 및 자세, 의전교육 그리고 세부시행수칙 등이 있다.

위 7가지 기본 수칙을 중심으로 각 단체나 업체 그리고 팀마다의 시행수칙 들이 있으며 사항 및 활동의 성격상 약간의 차이가 있다.

## 3. 경호 원칙

경호원칙은 공경호와 사경호로 분류되나 공통적으로 담당구역 책임원칙, 피경호인 보존원칙, 통제지점 지정운영, 자기희생 원칙은 공통적으로 적용된다.

### 가. 공통원칙

(1) 담당구역 책임원칙: 경호활동은 요원 혼자 움직이는 개인적 활동이 아니다. 각 분야에서 맡은 임무가 있고 현장 요원들 사이에서도 자신이 커버할 수 있어야 하는 지정된 구역(활동범위)이 있다. 경호활동은 댐 공사와 같다. 한곳

이 터지면 걷잡을 수 없게 되고 결국은 무너지게 되는 것이다. 이처럼 경호활동은 자신의 담당구역 내에 활동에 기본을 둔 팀-워크가 중요하다. 그렇기에 어떠한 사태에도 가장 우선적인 일은 자신의 담당구역을 책임지는 것이다.

(2) 피 경호인 보존원칙: 피 경호인의 안전을 위하여 위해요소와 위해자에게서 되도록 멀리 떨어뜨리고 보호하는 것이 기본으로 사전에 미리 문제가 될 만한 여러 가지 위해 요소들로부터 원천적으로 피 경호인을 보호(보존)하여야 한다. (상호격리) 그러나 경호의 강도는 상당부분 대통령이 요구하는 일반 대중과의 접촉 정도에 달려있다. 절대안전(Absolute security)은 실용적이지도 않고 가능하지도 않다.[7)] 완전경호(Complete security)는 대통령이 진공상태에 들어가고 대중과 격리되며 난공불락의 장벽 뒤에 있을 것을 요구한다.

(3) 통제지점 지정운영: 일반적인 생각으로 행사장에서 피 경호인의 안전과 편의를 위하여 출입구 및 통로가 여러 개 인 것이 안전하다 생각할 수 있다. 하지만 여러 개의 출입구는 오히려 상대방에게 다양한 침입의 기회를 주고 경계(경호)의 집중력이 분산되기 때문에 하나의 통제지점을 통한 접근방식을 택하는 쪽이 유리하다.

(4) 자기희생의 원칙: 어떠한 상황에서도 피 경호인은 절대적으로 보호한다는 정신이 경호요원(원)이 가져야 하는 마음가짐의 가장 기본적이며 큰 부분일 것이다. 자신의 안전과 편의를 우선적으로 생각하는 사람은 경호원이 될 수 없다. 경호원(요원)이란 자기희생의 정신이 기본적으로 갖추어져 있어야 그 자격을 갖추었다 할 수 있다. 자기희생, 육탄방어 등이 그 기본적 자세이다.

## 4. 경호작용

경호작용이란 경호주체(경호기관·경호요원)들이 경호목적을 달성하기 위하여 행

7) "Absolute security is neither practical nor possible."

하는 일련의 사실적 작용을 말한다.

### 가. 경호작용의 분류

먼저 경호작용의 주체에 의한 분류로 주체가 국가이면 공경호(공경비), 사인이면 사경호(민간경비)이다. 둘째, 경호작용의 목적에 의한 분류로 사전예방 경호작용(선발경호)과 근접 경호작용(호위경호, 수행경호)으로 구분한다. 셋째, 경호작용의 절차에 의한 분류로 경호 준비작용, 안전대책 작용, 경호 실시작용, 사후평가 작용 등으로 나눈다.

## 5. 경호작용의 목표와 기본요소

### 가. 경호작용의 목표

경호작용의 주목표는 암살, 납치, 신체적, 물리적 침해로부터 경호대상자를 보호하는 것으로 치밀한 계획으로 범행 성공의 경우를 최소화 하는 것이 목표

### 나. 경호의 목표

절대적인 경호는 불가능하며, 실제적이고 주도면밀한 범행의 성공기회를 최소화하는데 있다. 그럼에도 불구하고 부주의나 계획자체에 의해 야기될 수 있는 자연적·물리적인 모든 장애를 대비하여 경호가 제공되어야 한다.

### 다. 경호작용의 기본요소

(1) 경호작용의 기본고려요소: 경호대상자의 일정에 맞추어 통상임무 수행하고 관련 행사일정이 정해지면 통보를 받거나 요청함으로 임무가 시작된다. 행사일정을 토대로 목적과. 전체적 방향. 선발경호 여부. 방법 투입인원수. 관련기관 협조체제 구축에 관한 사항. 정보수집과 보안에 관련한 개략적이며 포괄적 계획수립하고 연락. 협조체제 구축(필요 조직들과의 협조체제 구축), 정보수집. 분석(정보수집

을 바탕으로 한 예상 위해요소 분석), 설정계획을 지침으로 수집정보와 위해분석요소 토대로 구체적 계획을 수립하여 경호에 임하여 해당 행사 일에 실시되는 구체적 호위활동을 완료하고 사후평가를 실시하여(Feed-back 과정)보고서를 육하원칙에 맞추어 작성. 보고한다.

**(가) 계획수립:** 경호작용의 핵심적요소로 사전계획은 전체 경호활동의 성공여부를 결정하는 데 핵심적이다. 선발경호에 의한 현장답사 전에 이루어지는 가장 기본적인 1단계경호계획과 현장답사 후 위해분석과 타 기관과 연락체계가 실현된 후 수립되는 2단계 경호계획이 있다. 계획수립시 경호임무는 사전에 신중하게 계획되어야 하고 융통성 있게 수립되어야 하며 예비 및 우발계획이 준비되어 있어야 한다. 경호임무를 위해 선정된 요인들의 지원을 받는 계획전담 요원이 계획을 수립하는 일을 맡고 순시(방문)에 포함된 수행원은 물론 주관부서(기관)와의 협조는 필수적이다.

**(나) 책임:** 경호임무는 명확하게 부여되어야 한다. 특정요원들은 각각의 임무형태에 대한 책임이 부여되어야 하고 특별한 행사를 주관하는 주최 요원과 의전 및 계획관은 행동의 일치를 이루어야 한다. 책임은 경호임무상의 요구와 부합되도록 설정되어야 하고 둘이상의 경호대상자가 동일한 행사에 참석하게 되면 서열이 높은 경호대상자에 대한 경호요구가 기타의 경호대상자보다 우선한다.

**(다) 자원:** ① 자원의 철저한 이용 : 경호활동의 성공적인 수행은 다양한 물적자원의 효과적인 이용에 달려있고 효율적인 이용은 사전에 자원동원 체계를 효율적으로 구축하고 철저히 분석된 위해자료를 통하여 자원을 동원하고 이용을 결정하는 데 있다. ② 자원의 결정 : 경호대상자의 대중에 대한 노출이나 제반 여건(적용할 기동방법, 방문하는 곳의 지리적 특성, 경호대상자가 접촉할 현지인들의 의식형태 등)에 의해서 필연적으로 노출을 수반하는 행차의 지속시간에 따라 소요되는 자원이 결정된다. 사전에 위해 첩보수집에 의하여 획득된 내재적인 위협분석에 따라 소요되는 자원이 결정된다.

**(라) 보안:** 경호대상자와 수행원, 행사 세부일정, 경비상황에 관한 보안의 유출

은 엄격히 통제되어 야 한다. 정보요원은 정보가 인가된 자 이외의 사람에게 유출하거나 언급해서는 안 된다. 인쇄 및 출판의 업무를 대행하는 것에 대하여도 특별한 주의를 해야 한다.

(2) 경호임무의 일반적 수행절차; 일반적으로 준비작용 ➤ 안전대책 ➤ 경호실시 ➤ 사후평가로 대별된다.

**(가) 임무수령:** 사건일지 작성(공식적인 문서)으로 경호임무에 대한 통지를 받으면 진행 순으로 사건일지를 작성하기 시작한다. 임무와 관련된 모든 정보사항을 기록하고 임무수행 결과 산출된 모든 정보를 보존한다. 사건일지는 근접경호요원의 작용기록에 도움이 되며, 결과보고서 준비를 용이 하게 한다.

**(나) 행사일정 파악:** 행사주관이나 경호대상자의 관계기관으로부터 행사일정을 파악한다. 충분한 정보가 제공되어 있는지 판단할 때의 고려사항으로는 ㉠ 출발 및 도착일시 ㉡ 수행원 수 ㉢ 경호대상자에 관한 신상 ㉣ 의전사항 ㉤ 방문지의 지리적 특성, 기동방법 및 수단 ㉥ 각 방문지역에서의 수행원이 유숙할 호텔 또는 숙소의 명칭과 위치 등을 미리 파악관리하여야 한다.

**(다) 연락 및 협조:** 다른 행사요원들과 연락 및 협조가 되어야 한다. 최소한의 협의사항으로는 ㉠ 날씨에 따른 행사 스케줄과 행사관련 요인들의 시간계획 ㉡ 모든 행사장소, 행사에 참석하는 손님 및 공무원의 명단 ㉢ 행사의 성격과 행사에 있어서의 경호대상자의 참석한계 ㉣ 경호대상자와 수행원들의 편의를 위한 시설(휴게실, 화장실, 분장실 등) ㉤ 경호대상자의 증정에 관련된 선물 증정행사 ㉥ 언론의 보도여부 및 보도의 제한사항 등

**(라) 위해분석:** 행사 일정이 파악되면 위해첩보의 수집을 위한 계획이 수립되어야 한다. 세부일정을 유관기관 부서에 제공하여 모든 행사지역에서 경호 대상자에게 가능성이 있는 위해요소의 정보를 수집하여 분석한다. 경호대상자의 안전에 불리하다고 고려되는 첩보는 상세히 분석하여 경호담당기관의 기획 담당요원에 분석내용을 통보해준다.

(마) **계획수립(제2단계)**: ① 계획서 : 계획서는 경호임무를 수행하기 위한 권한을 부여하는 공식적인 기록문서이다. 경호계획서는 책임을 규정한 기본문서로서 수행할 업무에 대한 지원요소를 판단하게 하고 정보의 명령을 전달하는 역할을 한다. ② 계획수립의 제1단계 : 경호임무 지시를 받은 때의 단계이다. 본부에서 입수한 최초정보의 분석결과를 통합하여 서식으로 경호계획서를 작성한다. ③ 계획수립의 제2단계 : 경호대상자가 방문할 지역의 사전예방경호팀이 현장답사를 함으로써 이루어진다. 사전경호 예방경호팀에 의해 분석되는 정보는 경호계획서의 추가계획을 작성하기 위한 준비이다.

(바) **경호실시**: 경호임무 수행 중에 선정된 지역에 경호대상자가 도착함으로써 시작된다. 경호대상자가 자신의 관저에 돌아오거나 주무관청의 관할권역에 도착하면 종결된다.

(사) **경호평가**: 경호임무의 최종단계이다. 효과의 극대화를 위해서는 가능한 임무가 완료된 직후에 평가가 이루어져야 하고 평가의 목적은 임무의 성패를 논의하는데 있다.  진행과정과 적용기법을 비망록과 일지를 이용 회고하고 목표달성을 위해 적용된 방법을 요약한다. 이는 경호임무 수행 시에 유사한 문제가 발생하지 않도록 교훈을 얻는데 있다.

(아) **행사결과보고서 작성**: 임무종료 후 계획전담요원에 의해 작성된다. 경호요원의 메모와 일지, 경호대상자와 그의 참모, 사전예방 경호원 등의 코멘트를 참고로 한다. 직면했던 문제들과 그 해결책에 중점을 두고 결과보고서를 작성한다.

## 라. 경호활동 고려사항

사전계획은 전체 경호활동의 성공여부를 결정짓는 핵심요소로 1단계로 사전경호. 정보수집 분석을 실시하고 2단계로 협력체제구축과 실제계획을 수립한다.

경호활동에 있어서는 책임분배, 자원동원, 보안유지, 위해요소를 제거하여야 한다.

(1) **책임분배**: 상호관계에 따른 활동이기 때문에 개인간 기관별 책임에 대한 분

배를 하여야 한다.

(2) **자원동원:** 다양한 자원의 효과적 활용. - 분석된 자료를 토대로 한다.

(3) **보안유지:** 방어의 입장으로서 보안유지는 경호활동의 기본요소 중 하나이다.

(4) **위해요소 제거:** 인적위해요소로 시국 불만자. 신원 특이자(교포.외국인). 일반요시찰인(감시대상) 피 보안처분자. 공격형 정신병자. 이념(사상적) 극단주의자를 발굴해내고 물적. 지리적으로 직접적으로 또는 위해자가 이용할 수 있는 자연물 및 인공물을 확인하여 안전조치 하여야 한다.

(가) **인적위해요소 확인:** 위해를 가할 소지가 있는 사람을 색출, 예방, 진압하는 일련의 작업으로서 경호첩보수집. 위해분자 동향감시. 접근차단. 동행 참석자 신원조사 확인 등의 작업이 이루어진다. 신원조사 대상은 초청인사. 행사장 상근자. 행사 종사자. 투숙객이 대상이며 요원. 초청인사. 참석자 등에 대한 비표발급과 비허가(인가)자는 접근을 금지시켜야 한다.

(나) **물적 위해(취약)요소 배제:** 직접위해를 할 수 있거나 위해자가 이용할 수 있는 물적자원(취약요소)를 배제하는 것으로 민간인 소유 총포 · 화학류 관리/ 총기류 안전조치 / 화약류 관리가 필수 사항이고 경찰관, 예비군, 청원경찰, 특수경비원의 무기 및 탄약관리와 기타 가스 화공품. 유류 등의 관리가 철저히 이루어져야 하며 랜턴, 확대경, 분해도구, 금속탐지기, 폭발물탐지기, X-ray를 운용하여 물적위해 취약요소를 배제하여야 한다.

## 제3절 안 전 검 측

경찰용어사전에는 “안전검측(安全檢測)'이란 행사장의 안전점검을 실시하여 제반 위해요소 및 폭발물을 위시한 위해물질을 사전에 탐지, 색출, 제거하는 제반 안전활동”을 하는 것으로 정의하고 있다.

# 1. 안전검측 구성요소

## 가. 전문 검측 인력

폭발물을 색출하는 방법은 폭발물 검측인원을 편성하여야 한다. 일반적으로 폭발물의 점검은 상기에서 열거한 검측의 원리에 의해 이루어지는데 주로 검측 경호원경찰관, 군인, 소방관, 전기·가스전문가, 시설물 관리자, 시설물 관리요원, 거주자, 기계시설 설치 및 관리요원 등 누구나 포함될 수 있다. 그러나 잘 훈련된 검측요원 이외에는 높은 곳, 천정, 지붕 상부, 더러운 곳, 지저분한 곳, 공기 탁한 곳, 건물의 사각지점, 기계시설의 기술적인 문제 등 여러 가지 이유로 철저함이 결여되어 피상적인 점검이외 완벽한 점검을 기대하기는 어렵다. 따라서 전문검측팀으로 하여금 검측을 실시해야 하며 체계적인 검측이 이루어져야 한다. 그리하여 일정한 패턴, 즉 건물의 내부에서 외부로 확산해가며 점검하고, 낮은 곳에서 높은 곳으로, 가까운 곳에서 먼 곳으로 확산해가며 완벽한 점검이 이루어져야 한다.

일반적으로 점검은 행사장소의 특수성이나, 행사장 주변의 여건에 따라 인원을 구성하되 검측 팀 편성에는 검측 지휘자, 내부 검측 조, 외부 검측 조, 기계시설 검측 조, 비상대책 조치조 등으로 구성된다. 1개조에는 5~6명으로 하고 1개조의 구성은 시설물을 잘 아는 자, 기계시설요원, 검측 조, 검측보조자로 하여 검측장소의 크기에 따라 검측 조를 몇 개조로 편성한다. 검측의 지휘자는 검측 각조에 조장을 임명하고 시설물 평면도면에 의해 책임구역을 명확히 하고, 문제점 조치요령 등을 교육하면서 조별 분쟁을 조정 통제한다. 각 검측조의 조장은 맡은 책임구역을 중복, 반복 점검하면서, 점검 조원, 각 방 열쇠관리요원, 시설요원 등으로 편성된 조원을 독려 책임구역을 철저히 점검한다.

외부 검측 조는 인원을 비교적 많이 편성하여 2~3개조로 구분하며, 개활지처럼 넓은 지역은 일렬횡대로 서서 좌우 주변 및 밑바닥 나무, 전신주등 상부를 점검하여 진행한다. 그러나 행사장 주변은 요인의 승하차지점 및 주변 벽면을 중심으로 점점 확산하면서 검측을 실시한다.

내부 검측 조는 공중지역과 방 지역으로 구분하여 점검해야 하므로 1개조에 3~4명을 편성하여 책임구역을 명확히 구분한 다음 잠금장치 열쇠 관리자를 동행 시킨다. 특수시설 또는 기술적인 시설은 해당분야(전기, 통신, 가스, 엘리베이터, 에스컬레이터, 원자력전문가, 기타 특수시설)의 전문가를 초빙 검측 조에 편성 자문을 통해 실시하며, 기술적인 분야는 전문가가 직접 안전 조치하여 하자가 발생치 않도록 조치한다.

마지막으로 비상대책 조치 조는 검측 완료 후 미진한 부분을 적극 지원 완벽한 검측이 완료되도록 하며, 기타 비상사태 발생 시 즉각 조치할 수 있는 전문가를 포함하여 몇 명의 조치 조를 편성 비상대기 하여야 한다.

## 나. 검측 장비

경호에 관련된 장비에는 개인의 호신 즉 경호대상자가 위해자로부터 방어할 수 있는 최소한의 장비와 경호원 자신이 위해공격자를 제압하거나 공격으로부터 방어할 수 있는 "호신장비", 경호대상자의 주택 또는 건물을 위해자로부터 방어하기 위한"방호 및 감시장비", 여기에는 각종 기계시설을 종합 통제할 수 있는 최첨단 "통제시스템"이 포함된다. 이 통제시스템은 행사장소에 있어서 실내의 제반기계시설을 통제 제어할 수 있는 부분과 외부에서 내부로 진입하는 부분통제 즉, 출입통제, 주차통제, 각 방 출입자격 통제, 순찰 통제, 기타 방호, 감시 장비 통제시설까지를 포함한다.

한편 경호에 필수적인 경호원 상호간, 주변여건에 발맞추어 연결되는 위성, 컴퓨터 장비, 유·무선을 통합한 "통신장비", 또한 육·해·공을 통한 기동에 필요한 "기동장비"가 있다. 여기에 도처에 잠재해 있는 위해로부터 방지, 제거할 수 있는 "검측장비"로 구분할 수 있다. 검측장비에는 행사의 규모, 성격, 주위 환경에 따라 일반적으로 위해물 탐지장비, 처리장비, 일반 검측장비로 구분하여 사용된다.

경호 검측작용에 있어서는 인간의 오관(五官), 즉 시각(視覺), 취각(嗅覺), 미각(味覺), 청각(聽覺), 촉각(觸覺)을 최대한 활용하여 검측활동을 수행하는 사람의 능력을 극대화 한다.

그러나 ① 인간의 한계를 넘는 부분이 발생할 경우, 즉, 과학적 근거가 요구되는 경우, ② 기계시설에 의해 상대방의 신뢰를 가져올 수 있는 경우, ③ 기타 분쟁 발생 시 근거로 제시가 가능해야 하는 경우에 검측장비를 동원한다. 그렇다고

해서 검측장비라 하여 전부 믿을 수는 없다. 왜냐하면 아무리 정교한 장비라 하더라도 기계장비시설의 특성상 오차율이 발생할 수 있기 때문이다.

위해물 탐지장비에는 금속 탐지기류, 폭발물 탐지기류, 폭발물 탐지견 류, X-Ray 기류, 방사능 탐지기류 등이 있다. 그 장비의 종류 및 용도를 보면 다음과 같다.

첫째, 금속탐지기류에는 문틀형태로 출입자를 통제할 수 있는 문형금속탐지기형으로서 미국, 독일 등에서 제작 세계 각국에서 운용하고 있으나 각국의 실정에 맞게 자국에서 제작 사용하는 사례가 많으며 주로 공항만, 중요 국가시설 또는 기간산업에서 사용한다. 기타 지뢰탐지기형으로 지면, 지중에 묻혀 있는 위해물질을 색출하는데 사용되며, 기타 휴대용, 포켓 용 등 일반물질 내부의 위해 금속물질을 색출하는 장비가 있다.

[사진 2-1] 각종 금속 탐지기류(문형ME, 수중용, 도로검측용, 휴대용스캐너)[8]

그렇지만, 장비 자체가 규격화되어 일반 건축물에 적용 시 장비 폭이 상이하며 부적합할 때가 있다. 이때에는 별도의 장소를 선정하여 단일 통로화하여 소기의 목적을 달성할 수 있다.

둘째, 폭발물 탐지기류는 특수 분야에서만 사용하는 것으로 수요처가 많지 않아 연구개발이 활발하지 않은 장비로서 현재 통용되는 것으로 영국, 독일, 이스라엘 등에서 제작하고 있으며 AI-97, PD-5 등이 있다. 우리나라에서는 88년 24회 올림픽을 계기로 안전장비의 역할을 훌륭히 해냈으며 주로 치안당국, 군 등에서 공항만 시설과 특수 경호용으로 사용하고 있다.

셋째, 폭발물 탐지견류는 경비견, 순찰견, 마약견, 폭발물 탐지견 등으로 구분하나 마약견 또는 폭발물 탐지견은 청각이 인간의 40배로 정밀기계보다 우수한 1/10

8) 출처: 문형 금속탐지기 : 경호행사장이나 공항 등에서 볼 수 있는 출입문에 설치되는 금속탐지기이다.

억 단위의 냄새를 분별할 수 있는 능력으로 특수교육을 받고 주로 공항만의 마약 색출 또는 특수 경호분야에서 폭발물 탐지에 활용되고 있다.

[사진 2-2] VIP 취임식장 폭발물 탐지(좌), 복제 성공한 폭발물 탐지견(우)[9)]

넷째, X-Ray기류는 의료용, 공항만의 화물검색용, 수화물 점검이 가능한 소형 이동용, 출입문에서 수화물 점검이 가능한 고정용, 보안기관등에서 폭발물 등 위해물 내부점검용으로 사용되는 이동용 등이 있다.

[사진 2-3] 열전사 금속검출기 x-ray[10)]

세계 각국은 자국 실정에 맞추어 제작사용하고 있고, 우리나라에서도 제약회사에 제작사용하고 있으나 주로 미국의 Scan Ray회사 제품이 많이 사용되고 있다. 이 X-Ray에

9) 출처 : 농촌진흥청 국립축산과학원이 체세포 복제로 탄생시킨 특수목적견들. 맨 왼쪽은 체세포를 기증한 농림축산식품부 검역검사본부의 검역탐지견 '카이저', 왼쪽에서 2번째는 카이저의 귀에서 채취한 체세포로 탄생한 복제견, 나머지 4마리는 경찰청 폭발물 탐지견인 '미키'의 체세포로 탄생한 복제견.
10) 출처 : cafe.daum.net/foo야114/DAyv/64

는 내부물질의 형태가 즉석에서 인화되어 위해 판단이 가능하도록 되어 있다.

다섯째, 방사능 탐지기류는 특수 장비로 몇 년전 소련 체르노빌 원자력 발전소에서 방사능 누출사고로 3,000여명이 사망하고 70,000여명이 피폭되는 등 많은 인명피해가 나면서 그 중요성이 더욱 대두된 장비로서 방사능 중 알파, 베타, 감마선 누출 측정 장비로 구분하며, 일반적으로 특수상황에서만 운용되고 있다.

최근에는 원자력 병원에서 암 치료 및 특수한 종양제거에 사용되고, 건물의 비파괴조사 사용되는 등 방사능 물질의 이용범위가 점차 확대되어 특히 방사능 물질의 보관 및 이동시 안전조치에 각별히 신경 써야 하는 시점에 있다. 방사능 유출 검사용으로는 GM tuve pan cake형의 β, α측정, 계기판형은 γ측정, 방사선 종사원용으로는 만년필 형으로 포켓에 꼽아 일일 투사측정량을 관찰한다. 기타 의료용으로 고정용이 있다.

폭발물처리장비는 현재까지 폭발물이 발견되면 현장에서 폭파처리, 또는 뇌관 또는 발화장치를 제거하기 위한 특수공구세트가 전부이다. 여기에 폭파시 비산을 방지하기 위한 방폭담요가 있다. 이 공구는 일반적인 공구가 아닌 특수 제작된 것으로 폭발물 자체가 민감하여 안전조치 전에 폭발 가능성이 있어 극히 제한된 경우에만 사용되며, 폭발물 장치의 곡선에 따라 해체해야 하기 때문에 특수하게 제작되었다. 일반 검측장비에는 검측요원이 손쉽게 위해물질을 확인, 제거하기 위한 탐침, 검측거울, 플래시, 일반검측공구, 문 개방 킷, 가스검사기, 조도기, 검전기, 화재예방기기, 안전장구 등이 있다.

**[사진 2-4] 폭발물처리 로봇, 방폭담요**[11]

11) 출처 : robotimes.co.kr/board_view_info.php?idx=1727&s_where=&s_word=&page_num=&s..이레산업 blog.naver.com/irays/220404627122

경호 안전검측이란 일반적으로 안전검측, 검색, 탐색, 폭발물 탐지, 안전점검 등 다양하게 명칭을 사용하고 있지만 궁극적으로 "행사장, 숙소, 도로, 기타 위해요소 등 폭발물과 위해요소를 탐지하고 연관된 시설의 안전점검을 실시하는 것과 대인, 대물의 보안검색을 하는 행위"를 말한다. 즉, 미국에서는 Search, 일본에서는 검색(檢索), 한국에서는 안전검측, 안전점검 등으로 표현되고 있다.

## 제4절 경호 안전검측 방법

안전검측이란 "행사장 시설물에 대한 위해물 탐지 및 제거와 보안검색을 하는 행위"이다. 이는 경호행사와 연관된 모든 시설물에 대한 안전점검으로 폭발물 위해요인을 탐지하고 제가하는 행위와 안전지대를 형성하여 그곳에 출입하는 모든 인원 및 휴대품, 반입물품 등에 보안검색을 실시하여 안전을 도모하는데 있기 때문이다. 완벽한 검측을 위해서는 몇 가지 원칙성과 검측장소의 규모, 행사성격에 맞는 검측 방법을 연구하여야 한다. 이는 순간의 판단착오가 폭발물에 의해 많은 인명피해를 가져올 수 있기 때문이다. 따라서 검측을 하는 데는 몇 가지 원칙이 있다,

### 1. 안전검측 기본원칙

안전검측의 기본원칙은 ① 테러범은 인간의 습성을 최대한 이용한다. 이는 인간의 습성 중 위를 보지 않는 습성 즉, 나무 위, 전신주위, 천정 등 눈높이보다 높은 곳은 선천적으로 쳐다보지 않는 습성과 더러운 것을 싫어하는 습성이다. 이는 혐오스러운 것이나, 냄새가 심하거나 모양이 징그러운 것 즉, 화장실, 인간 또는 짐승의 배설물, 또는 인간이 싫어하는 짐승형태의 물체 등이다. 마지막으로 공기 탁한 곳을 싫어하는 습성 즉, 지하실, 맨홀, 지저분한 곳, 쓰레기통 등이다. ② 주요인사가 임석하는 장소를 중심으로 이동하는 통과지점의 상, 하, 좌, 우를 중점 점검한다. ③ 점검인원의 책임구역을 명확히 하며, 중복적 점검이 이루어져야 한다. ④ 점검

은 체계적. 즉, 아래에서 위로, 좌에서 우로 등, 일정한 방향으로 체계가 있어야 한다. ⑤ 선을 끝까지 추적하라. ⑥ 주변의 흩어져 있는 물건은 완벽하게 정리 정돈하며, 확인 불가능한 것은 현장에서 먼 거리로 이격 제거한다. ⑦ 범인의 입장에서 설치장소를 의심하며 추적하라. ⑧ 한번 점검한 지역을 장비에 의존하지 말고 인간의 오관(視覺, 嗅覺, 味覺, 聽覺, 觸覺)을 이용 입체적 중복·반복적으로 재점검한다. 이러한 몇 가지 검측원칙을 지켜 점검을 해나가야 한다. 그러나 그렇게 철저히 점검을 한다 해도 인간이기 때문에 실수가 있을 수 있다. 이 단 한번실수가 엄청난 결과를 초래한다. 행사장에 사전 도착한 요원은 각 임무장소에서 검측활동 하는 것은 기본이다. 그 기법은 검측에 대한 기본지식 없이도 수행할 수 있는 일반검측과 교육을 받은 전문 검측담당으로서 행하는 정밀검측이 있다. 일반적으로 모든 점검은 방의 모든 표면을 촉각을 통한 더듬거림으로 점검해야 하며, 밀고, 당기고, 눌러지는 것마다 작동해봐야 한다. 기술적인 검측이 필요한 부분은 폭발물 탐지제거반이나 검측 전문요원에게 정밀검측을 의뢰해야 한다.

### 가. 일반검측 기법

일반검측기법은 ① 모든 버튼은 눌러본다. ② 모든 체인은 당겨본다. ③ 모든 종류의 비품을 힘껏 눌러본다. ④ 방안의 모든 품목들을 이동시켜 본다. ⑤ 모든 잠금장치를 열고 닫아본다. ⑥ 노출된 선(wire)은 그 근원을 찾아가 본다. ⑦ 냉장고는 비우고 나서 다시 채운다. ⑧ 방안의 모든 음식물과 음료수는 신뢰성 있는 출처를 확인한다 등의 개략적인 점검을 말한다. 내부시설 검측 조는 내부시설을 방과 기계시설을 구분, 기술적인 부분은 기계시설 전문가로 하여금 점검토록 하여 검측요원의 미진한 부분을 보강해줘야 하며, 기타 특수시설은 특수시설 담당자가 점검을 실시하여야 한다. 따라서 내부시설의 평면도를 입수하여 각 방의 특성에 따라 각 검측 조를 투입하여 완벽한 점검이 이루어지도록 한다.

외부시설 검측 조는 건물 주변 즉, 수목지역, 화단, 맨홀, 하수구, 낙엽더미, 쓰레기통 등 승하차 지점의 위해지역과 진입로로 구분하여 실시하되 외부시설 또한 기술적인 분야는 기술 전문가로 하여금 점검토록 한다.

기술 또는 특수시설 검측 조는 전기, 소방, 가스, 통신, 엘리베이터, 에스컬레이터,

동위원소 시설, 위험물 시설 등 일반적인 시설물과 구분하여 맡은 구역의 기술적인 시설의 전문가로서 자문을 포함한 모든 역량을 동원 지원하여야 한다. 한편, 장비 검측 조는 일반 검측조의 오관을 통해 점검을 확실히 하는데 있어서 인간의 한계를 벗어나 부분은 검측장비(폭발물 탐지견 포함)를 동원 과학적인 근거에 의해 최대한의 효과를 발휘할 수 있도록 한다. 마지막으로 비상대책 조치 조는 모든 검측이 완료되었다 하더라도 기계시설 또는 기타 비상상태가 발생시 즉각 지원이 가능하도록 제반여건을 갖추고 대기하면서 미진한 부분을 보강 지원토록 하여야 한다.

## 2. 행사장 안전검측

### 가. 외부 안전검측

외부검측은 승하차지점 및 건물 외부 벽으로부터 확산하면서 검측을 실시하며 외부 검측 팀과 폭발물 탐지견을 이용하여 검측을 실시한다. 외부지역은 야음을 틈타 테러분자가 가장 접근하기 쉬운 지역이므로 외부 지역 검측을 완벽하게 하는 것이 매우 중요하다. 검측시간은 사전 검측하여 확보하는 것도 중요하지만 행사 당일 최종 검측이 가장 중요하고 지역이 광범위할 때에는 저녁과 새벽에 안전유지 예비인력을 이용하여 집중적인 수색 방법도 바람직하다.

검측은 화단, 낙엽더미, 쓰레기장, 관목, 통로, 맨홀, 하수구, 피트내부, 휴지통, 화분, 세워둔 차량, 주차장 주변 등을 세밀하게 검측 실시하고, 화단, 녹지대, 최근에 지저분해진 오물지역은 30센치 미터이상 깊이까지 금속 탐지기를 이용하여 검측하고 모든 창문, 지하통로, 출입문 등 건물 내부로 침투할 수 있는 곳을 체크해야 한다. 일단 지상 검측이 완료되면 테러분자가 이용할 수 있는 모든 외부의 어떤 높이라도 검측해야 하는데 창턱, 에어컨 벨트, 냉각탑, 건물테라스, 화재도구(옥외소화전) 비상구에는 세심한 주의를 기울여야 한다. 지붕 상부나 천정공기구 내부 역시 외부 검측 시 점검하여야 하며 각종 현수막, 수림상부, 기념탑상부 역시 사다리차 등을 이용하여 검측을 실시한다. 외부 안전검측방법을 알아보면 다음과 같다.

① 가까운 곳부터 확산하여 검측실시(선과 점 개념) ② 하차지점, 현관입구, 화

단, 낙엽더미, 관상수 등 수목지역, 오물지역(깊이 30cm 이상 확인) ③ 하수구, 맨홀, 지하피트(특히 건물내부 침투가능 여부, 위험물 저장소) ④ 외등, 전신주, 휴지통, 주차차량 ⑤ 홈통, 창문 받이, 테라스 상부(지하실 창문 주변) 창문 설치된 에어컨, LPG통, 침투 가능한 창문, 출입구, 개구부(보일러실, 변전실) ⑥ 침투 가능한 창문 출입구, 개구부(특히 지붕 환기부 등:아웅산 및 현충문 사건)

### 나. 건물내부 안전검측

건물내부 검측은 공공 지역, 방 지역, 기계설비 지역, 위험물 저장 지역으로 구분하며, 아래층에서 위층으로 검측하는 것을 원칙으로 하고, 통로와 행사장을 중심으로 정밀검측을 실시한다. 일반인에게 개방된 공공 지역은 화장실, 로비, 복도, 승강기 내부, 계단 주위 등으로 폭탄테러분자가 타 장소에서 폭발물을 제작하여 쉽게 접근하여 설치할 수 있으므로 가장 취약한 지역으로 판단하여 정밀검측을 실시하고 귀빈께서 사용하시는 주 통로와 방 주변과 행사장 내·외부는 물론, 중요한 설비가 있는 보일러실, 변전실, 위험물 저장소 등은 건물의 핵심지역으로 가장 위험한 지역이기 때문에 정밀검측 후 안전요원을 필히 배치한다.

또한 시설관리자와 필요한 전기, 설비, 기계, 소방요원 등 각종 검측에 필요한 사항을 협조하여 확보토록 한다.

### 다. 공공지역 안전검측

공공지역은 대중에게 개방된 지역으로 호텔 등과 같은 건물은 인원을 통제하기 어렵고 검측하기도 곤란하기 때문에 불필요한 휴지통, 화분, 신문 잡지 판매대 등 폭발물을 설치하기 용이한 장소는 사전 제거 또는 정리하여 설치가능 장소를 배제하고 창고, 화장실 등은 가능한 사용을 억제하여 출입을 통제한다. 특히 행사직전 움직일 수 있는 물품이나 집기류 등을 최종 안전검측하는 것이 중요하다.

(1) 로비주변

현관주변(장식장, 그림, 회전문, 출입문, 쇼파, 탁자, 가구, 안내책상 등), 자동판매대, 공중전화 등은 관계자 협조하여 내부검측, 화분 꽃꽂이, 소화기 내부, 휴지통, 재떨이 내부 및 불필요한 것은 원거리 이동조치, 출입문, 창문, 커튼, 벽에 부착된 각종 그림, 시계, 스피커, 소화전 및 분전함 내부, 천정 내부(공조기 닥트, 전기배선, 형광등, 샨데리아, 화재감지기 등)

(2) 승강기

승강기 내 · 외부, 상하좌우 주변, 피트 내부(바닥, 각층 승강기문, 벽 공간, 와이어 마모상태, 지지 쇠), 승강기 기계실 내부 : 호이스트, 모타, 제어장치, 안전장치, 주변 이상한 물체 등, 승강기 작동상태, 승강기 바닥 레벨 차이 등

(3) 공조기 실

공조기 내부 닥트내부 및 주변 가연물 비치 상태, 공조기 소음 및 냉난방 능력

(4) 화장실

변기, 물통 내부, 휴지통 내부, 청소도구함 정리 상태 및 천정, 주변 벽 냉난방 피트 내부, 작동상태(대소변기, 냉 온수 수도 녹물여부), 각종 화장품 비치상태

(5) 계 단

계단 논스립 마모 상태, 주변 화분, 특히 계단 밑, 창고 집기 물은 검측 후 정리하고 봉인조치(화재 위험성 여부 포함), 창문 외부 감제건물과 은폐여부 확인(선팅 고려)

(6) 설비지역(보일러실, 냉동실, 변전실, 발전실 등)

치명적인 타격을 줄 수 있고 폭발물에 의한 위험을 극대화시킬 수 있는 좋은 목표물로서 외부로부터 침투 가능하고 보안상태가 좋지 않으며 외부와 통하는 단독 출구이므로 안전 상태를 필히 확인하고 건물 외부와 내부로 통하는 지하 전기, 냉난방 피트가 연결되어 있고 각 층으로 올라갈 수 있는 냉난방 피트가 설치되어 있으므로 철저한 검측이 요구되며(사전 설계도 확인할 것) 검측 시에는 전기감전 등 안전사고에 유의하여야 한다.

(7) 위험물 저장소 등(LP가스, 경유, 방카C유)

가스누출 여부, 주변 위험물 방치여부를 확인하고 안전 상태를 확인한다.

## 라. 방 안전검측

각방 검측은 건물내부 검측 조에 의하여 실시하며 필요시 D-1일 각 사무실 직원 퇴근 후 각방 보안책임자의 협조를 구하여 행사 층 및 인접 상하층의 각방 내부 집기 물, 책상 서랍, 서류함 내부를 검색할 수 있도록 층별 검색조를 별도 편성 운용할 수 있으며 행사장 상하층 사무실은 검측 후 창문 및 출입문을 봉인 조치하여 출입을 통제하여 소음대책을 강구할 수 있다. 각방 구조가 복잡하고 방수가 많을 때는 각문에 봉인 조치하거나 주름종이로 표시하여 검측 시 누락을 방지하며 가능하면 평면도를 갖고 표시하면서 검측하는 방법이 좋다.

방을 검측하는 방법은 먼저 시한폭탄 및 측정할 수 있도록 가청음 조사를 우선 실시하며(특히 야간에 눈을 감고 입을 자연스럽게 벌리고 소리를 측정하면 더욱 잘 들을 수 있다) 방에 들어서면 먼저 훑어보는 식으로 방 내부의 검측 대상물을 파악, 어느 곳이 취약한가를 적의 입장에서 설치 가능한 장소를 생각해야 하며 방의 크기에 따라 물건 또는 벽을 중심으로 구획하여 서로 교체하여 중복 검측을 실시하거나 벽을 따라 반복검측을 실시한다. 체계적인 검측을 위하여 벽을 따라 시계방향 또는 반대방향으로 바닥부터 천정까지 3~4단계로 나누어 검측을 실시한다.

(1) 1단계 : 바닥 검측으로 바닥에 놓인 각종 물건, 집기 류, 책상 등이 포함되며 융단이나 카펫트 밑의 점검을 위해서 각종 전화선이나 전기 콘센트, 책상 서류함, 내부의 의심나는 물품 등을 점검하여야 한다. 검측 방법은 벽을 따라 방 중앙으로 돌면서 검측하거나 전면에서 후면으로 이동하며 검측하는 경우도 있다.

(2) 2단계 : 눈높이 검측으로 벽을 따라 검측 시 위를 보지 않는 인간의 습성을 고려하여 눈높이까지 구분 검측하는 방법으로 숙달된 검측요원은 천정 높이까지 통합하여 검측할 수 있다. 2단계 검측 후 다시 제자리에 돌아와서 다시 검측을 시작하는데 주 검측 대상은 벽에 부착된 시계, 온도계, 창문 벽에 부착된 에어컨,

커튼 등이 포함된다.

(3) **3단계** : 천정높이 검측으로 벽과 천정이 접합되는 지점 연한 선을 경계로 하여 실시하며 공기통, 스피커, 창문 상부 등이 포함된다.

(4) **4단계** : 천정 내부 검측으로 마지막 천정 내부에 설치된 폭발물 여부와 각종 부착물의 안전을 포함하여 검측을 실시하고 사각지점이 없도록 점검 후 봉인 조치하는데 사전 천정 점검 구를 개봉해 놓고 검측하면 시간을 절약할 수 있다. 천정 안전검측을 놓쳤던 미얀마 아웅산 폭탄테러는 좋은 교훈사례가 되는 것이다.

(5) **방 안전검측 요령: 방 안전검측 요령을 요약하면 다음과 같다.**

- 방안의 소리 검측(가청음 조사) : 시한폭탄 및 소음측정
- 검측구역 할당(방 크기에 따라 2구획)
- 단계별 검측 실시(벽을 따라서 좌에서 우로)

1단계 : 바닥 검측, 2단계 : 눈높이 검측, 3단계 : 천정높이 검측, 4단계 : 천정내부 검측(한 단계로 단축 실시할 수 있음)

- 벽 주위로부터 일정한 방향으로 돌면서 방 중앙으로 이동 검측(중복, 반복 검측)
- A 검측요원이 검측한 곳을 B 검측요원이 재 검측
- 최종 마무리 검측(빠진 부분, 적의 입장에서 위해 가능 장소 확인)
- 검측 완료 후 잠금장치 및 봉인 조치(설계도 표시)
- 귀빈 책상, 탁자, 의자, 소파 내부 정밀검측(압핀, 독침, 소음)
- 각 참석자 탁자, 의자, 소파 내부 정밀검측(골프공 크기까지)
- 책장, 시계, 진열장, 서랍, 화분, 꽃꽂이 등 집기물과 바닥 카펫 밑 부분
- 천정 내부 및 귀빈 위치 장소 주변 불필요한 부착물 제거 조치, 형광등 소음과 깜빡거림
- 냉난방 설비 내부 및 온도조절 방법과 소음여부
- 방송기재, 음향장비 내부 등
- 주변 각 사무실 책상, 서랍, 서류함 내부 및 각종 집기물
- 화기요인 제거 및 위험물 비치상태

- 주변 각방 천정 내부, 특히 비서실 주변 각종 집기류 포함 정밀검측 실시할 것
- 창고 내부 각종 집기물, 물품은 밖으로 이동시켜 검측 후 정리하고 봉인조치 한다.

## 마. 야외 안전검측

야외검측은 단상을 포함하여 기념식장, 주변, 하차지점, 헬기장, 각종 부수시설과 음향, 통신, 방송장비를 검측대상으로 한다. 기념식장은 사전 공사업체와 협조하여 각 구조물 내부(바닥, 천정, 벽)의 검측 점검부를 사전 설치하고 기초 작업부터 공사완료시까지 작업감독을 하며 안전요원을 배치한다. 또한 행사장 주변에 로프, 철조망, 가림 막 등 경계울타리를 설치하여 불필요한 인원 접근을 방지함은 물론 통로를 단일화시켜 출입구에 작업일지를 비치하며 인원통제 책으로 예비비표를 운용하고 필요시 문형 금속탐지기를 운용하여 인원과 반입물품을 검색하는 등 안전조치를 취한다.

이렇게 행사장 주변 안전요원 배치와 공사가 완료시에는 집중적으로 검측조를 운용하여 행사직전까지 반복, 중복 검측을 실시하는데 특히 금속(지뢰) 탐지기조는 일정한 간격을 유지하여 사각지점이 없이 행사장 주변 진입로, 승하차장 주변에 대한 탐지업무를 실시하고 행사 당일에는 고정시설이 아닌 이동시킬 수 있는 각종 화분, 꽃꽂이, 음향, 방송장치를 행사직전까지 최종 안전검측 하는 것이 매우 중요하다. 기념식장 가건물 주변에 화재예방을 위한 소화기 배치와 비상전원 확보 대책도 강구한다.

주요 검측대상은 단상 밑, 벽체, 천정 지붕 검측 후 인원 통제, 화분, 꽃꽂이, 탁자, 의자, 비치물, 음향, 방송기재, 차량, 지하 각종 맨홀, 하수구, 진입로, 행사장 주변, 헬기장, 지뢰탐지기조 및 탐지견 운용

## 바. 운동장 검측

운동장 검측은 많은 운동장 중 가장 크고 웅장한 서울 올림픽 종합운동장을 모델로 실시하기로 한다. 88올림픽 경기가 거행되었던 서울종합운동장은 주경기장, 실내체육관, 야구장, 학생체육관, 실내 수영장 등 5개의 경기장과 보조 경기장, 주차

장 등 대규모 시설로 구성되어 있다. 올림픽 개·폐회식 및 육상경기가 열렸던 주경기장은 건평이 39,600평으로 고유 이조자기의 우아한 선을 상징하는 지하 1층, 지상 3층 건물 높이 30~47m의 10만 명을 수용하는 대규모 경기장으로 외부 출입구 68개소, 전광판(37.6m×42m), 400미터 트랙, 축구장, 화장실 116개, 휴지통 700여개, 옥외 소화전 92개소, 공중전화 150여개, 수십 개의 각종 매점과 중앙동력 공급실, 고가수조, 보일러실, 각종 경기장 사무실로 구성된 대규모 주경기장이다. 올림픽 행사는 스포츠를 통하여 친선과 우의를 다지고 화합의 계기를 마련하기 위하여 거행되는 스포츠축제로서 국내외 모든 시선이 집중되어 있는 거국적인 행사이기 때문에 10여만 전 세계인의 틈에 끼여 있는 폭탄테러 분자의 공격을 막기 위해서는 경호적인 측면 뿐 아니라 관람객 안전 측면과 시설물 경비측면을 고려하여 검측범위를 광범위하게 설정하여 임무를 수행해야 할 것이다. 그러므로 검측범위는 종합운동장 울타리를 기준하여 설정해야 하며 동문과 서문을 포함 외부 출입문을 포함 외부 출입문을 최종 보루라 생각하여 출입하는 인원과 반입되는 물품을 철저히 점검하는 것은 물론 지역별 책임구역을 부여하여 검측조 편성을 세분화시켜 반복, 중복검측을 행사 전 뿐 아니라 필요시 행사 진행 중에도 계속적으로 검측임무를 수행해야 한다. 종합운동장 경비대책은 전담경비 부서가 편성되어 삼엄한 경비 속에 안전유지 및 수색검측을 실시하고 있고 운동장 검측 역시 실내외 검측방법과 거의 비슷하므로 2~3일전 검측 팀이 출동하여 최종 안전 유지단계인 합동검측 시부터 잠실 주경기장을 행사장으로 가정하여 각 팀별 검측활동사항을 고찰한다.

(1) 내부 검측조: 주경기장 내부를 귀빈실, 로열박스 등 귀빈사용 지역을 포함하여 3~4개 구역으로 할당하여 조 편성 임무를 수행하고, 1개 검측 조는 7~10명으로 구성되며 구성요원은 검측요원과 시설, 소방, 전기요원 등으로 편성한다. 검측 실시에는 각방, 화장실, 자판기, 공중전화 등은 각 시설 관리자와 협조하여 내부와 천정을 검측 후 창문, 출입구에 잠금장치를 완료 후 봉인 조치하여 검측범위를 축소화 시키며 검측하는 것이 효율적이고, 필요시 검측요원 입회하에 열어 주거나 사용토록 협조한다. 특히 화장실 등은 사전 검측 후 예행연습 시 필요한 개소를 판단하여 사용토록 조치하고 행사 당일에는 최종 검측 후 근무자 배치 전 모든 화장실을 개방시켜야 한다.

귀빈 사용지역은 검측 후 인원 출입을 철저히 통제하고 불필요한 휴지통, 재떨이, 화분, 매점 등은 원거리 이격 조치시키고 운동장 내부 스피커, 음향장비, 방송기재는 담당자 입회하에 내부 검측을 실시하며 전광판 내부와 천정 지붕은 검측 후 출입을 통제하기 위하여 안전요원을 배치하고 행사 당일 로열박스 직상층 천정은 재 검측하여야 한다. 각 층 복도 및 스탠드, 경기장 내부, 출입구 주변, 계단 등은 계속적인 확보가 곤란하므로 필요에 따라서는 행사 종료 시까지 집기 물, 가방, 방치된 물건 중심으로 검측을 실시한다. 행사 중에는 각조 책임구역에 대하여 각 개인에게 지역을 세분화시켜 휴지통, 매점, 복도, 화장실 주변을 검측하고 청소상태를 확인해야 한다.

(2) **외부 검측조:** 실내체육관, 야구장, 학생체육관, 실내수영장 내부를 제외한 동문, 남문, 북문을 연결한 울타리 내부 지역으로 각문을 중심으로 3~4개조로 책임구역을 할당하여 1개조 10명 단위로 편성해 검측임무를 수행한다. 검측대상은 녹지대, 분수대, 각 부수건물, 화분, 각종매점, 휴지통, 방치된 물건, 보조경기장, 진입로 주변, 계단 및 주차장 등을 검측 실시하며 계속적인 반복 검측 실시한다.

(3) **각 체육관 내부 검측조(실내체육관, 야구장, 학생체육관, 실내수영장):**
각 체육관 내부 검측은 별도 검측 팀을 편성하여 검측임무를 수행하며 안전요원을 배치하여 사전 인원통제를 철저히 실시한다.

(4) **반입물품 검색조:** 반입되는 물품은 출입문 진입로에 설치된 출입통제 선에서 1차 검색 완료 후 주경기장 내부로 반입하는 각종 물품을 검색하는 것을 말한다. 반입되는 물품 종류는 주로 행사 당일 사용할 도시락, 빵, 우유, 음료수, 과자류, 카드섹션용 물품, 각종 기념품 등으로 지하층, 1층, 2층에 1개소씩 사전 지정된 출입구를 통해 문형 금속 탐지기 운용과 병행해서 물품검색 후 반입시키는데 통상 D-10시부터 07:00사이에 반입되기 때문에 전후 반별 2개조로 물품 검색조를 편성하여 1개조 10~15명씩(탐지견 1두 포함) 대기시켜 검색임무를 수행한다.

(5) **탐지견 조:** 폭발물 탐지견은 다른 검측 조와 별도로 행사장 내외부에 대한

폭발물 탐지임무를 수행한다. 행사 전에는 내부 조, 외부 조를 운용하다가 관람객 입장 시에는 각문을 중심으로 지역을 할당하여 몇 개 조, 주경기장 내부에 몇 개 조로 재편성하여 운용하고 행사 중에는 책임 지역별 지정된 장소에 비상대기 시킨다.

(6) **수색 조**: 예비 병력을 포함하여 새벽과 야간에 종합 운동장 울타리 내부지역 전체를 책임구역을 나누어 관람석, 운동장 내부, 진입로 녹지대 등에 대하여 방치된 물품 등을 수색하고 불순분자를 색출한다.

(7) **차량 검색조**: 동·남문을 통행하는 차량이나 주차장에 주차하는 각종 차량에 대하여 별도 차량 검색 조를 편성하여 검색임무를 수행하고 검측 완료된 차량에는 안전 스티커를 부착하여 식별해 주는 방법도 있다.

(8) **소방점검 조**: 주경기장 내외부의 각종 소방시설(소화전, 소화기, 화재탐지설비 등) 내부를 점검하고 화재요인을 제거 조치하는 등 화재예방 대책을 강구하여 소방대책을 수립한다. 많은 인원이 집중되어 있기 때문에 행사용 흔들이, 종이수술이 달린 행사용품 등은 한 번 화재가 나면 의외로 많은 화상피해를 입게 된다. 행사 중에는 소방차를 비상대기 시키고 필요한 장소에 소방관을 배치한다

(9) **전기점검 조**: 주경기장 내부의 각종 배전함, 분전함, 각종 전기 구, 조명등을 포함하여 시설내부를 점검하고 행사 중 비상발전기를 포함하여 비상전원을 확보한다. 특히 야간 행사에는 필히 예비전원을 확보하여 비상 시 대비토록 한다.

(10) **가스점검 조**: 주경기장 내외부의 각종 가스설비가 설치되어 있을 경우 가스누설 탐지기를 활용하여 누설여부의 정밀확인과 누설경보기의 이상유무를 반드시 확인한다.

### 사. 도로 안전검측

(1) **도로 안전검측의 개요**: 도로검측은 도로상의 주변 시설물, 곡각지, 절벽, 교

량, 지하시설물, 주·정차 차량, 수레 등을 검측대상으로 선의 개념에 도로를 중심으로 확산하여 검측을 실시한다. 연도 상 중요 지형지물, 시설물은 행사 성격에 따라 행사 보안 노출 여부를 고려하여 치밀한 계획 하에 연도검측계획을 수립하여 검측시간 등을 결정하는 것이 매우 중요하다.

미국의 예를 들면 도로 주변 주·정차 차량뿐 아니라 차량의 통행이 빈번하여 사전 검측을 하지 못하므로 행·환차로를 여러 개 선정하여 도로여건에 따라 행사 직전에 결정, 10~20분전 기동 검측 반을 편성하여 도로상태 등을 점검한다.

검측 실시 시 검측 책임구역을 할당하여 실시하는데 중요 지형지물을 고려하여 1~2km 이내로 할당하여 연도주변50m내외의 구역을 10명 내외 단위로 조 편성하여 검측 개념에 의거 실시하고 그 외 지역은 수색개념에 의거 중요 감제고지 등에 대하여 수색매복을 별도 실시한다. 특히, 도로검측은 사전검측도 중요하지만, 연도 경호 병력 배치 후 도로 검측 조에 의한 집중적인 검측과 기동검측반을 편성 운용하는 것이 매우 바람직하다.

(2) 안전검측 대상: 주요안전검측 대상은 다음과 같다.

휴지통, 화분 내부, 맨홀, 하수구, 암거, 체신동도, 가각진지, 다리 스라브와 보 사이, 교초, 단상, 터널 내부 하수구, 소화기 등 시설물, 전신주, 체신 전주, 변압기, 교통 제어박스 등, 화단 및 녹지대, 중앙분리대, 곡각지, 능선, 육교, 주유소, LP가스 주입장소, 보도블럭 화단 및 아스팔트 흔적, 지하철 공사장 및 차도 판 하단, 주·정차 차량, 주차장, 주변 건물, 공사장 등 ※ 도로 검측 시에는 금속탐지기를 활용하여 폭발물 매설여부를 확인하여야 한다.

## 아. 차량 안전검측

차량에 설치된 폭발물은 탑승한 요인에 목표를 두거나 주정차 차량 자체의 파편을 이용하여 차량 주위에 있는 인명의 살상을 극대화시킬 목적으로 사용하기도 하고 차량의 기동력을 이용하여 차량에 폭탄을 적재하여 가미가제식으로 목표물에 충돌시키기 위하여 사용된다. 차량에 설치할 폭발물 장치는 전기회로, 엔진부분 등 열이 축적된 곳에 전기식 장치나 차량 문, 엔진, 시트 부분에 부비트랩을 설치할 수 있으며 차량 밑 부분, 트렁크, 적재함, 각 공간 내부에 시한폭탄 장치를 할 수 있다. 차량 검측 시 운전자 입회하에 검측을 실시하거나 운전자에 대한 검측 교육 실시 후 운전자가 자체 검색을 실시하는 방법이 있다. 차량 검측은 건물처럼 외부에서 시작해서 내부로, 바닥에서 차량 지붕으로 검측을 실시하는데 검측 방법은 다음과 같다.

(1) 차량안전검측의 방법

차량 안전검측 방법은 다음과 같다. ① 우선 차량주변을 검측해야 하는데 차량에 침투한 흔적이나 차량 주변에 테이프, 철사, 줄 같은 조각이 있는가 여부를 확인하고 땅 위에 주차한 차량은 타이어 부분이나 밑에 이상한 흔적 여부를 확인한다. ② 차량 외부 및 밑 부분 : 완력으로 찌그러진 흔적(먼저 왁스에 의한 손자국 등)이나 차량 밑 부분과 범퍼 부분 등에는 검측거울을 사용 세밀하게 검측하고 필요시 차량 덮개(호일 캡)을 열어 내부를 검측해야 한다. ③ 엔진부분 : 클러치, 브레이크, 악셀레이트와 시동 연결 연동장치를 점검하고 배터리 부분과 각종 배선 등 엔진부분을 철저하게 점검한다. ④ 트렁크 부분 : 바닥 매트, 내부 예비 타이어, 공구 통, 각종 전등 전기선, 특히 후레임 사이의 임의로 만든 공간 등을 검측한다. ⑤ 가솔린탱크 : 탱크를 열어 연료 게이지를 확인하고 연료 탱크는 소위 '반딧불'이라는 젤라틴 캡슐에 채워진 금속 나트륨에 의하여 파괴되기 쉽기 때문에 자물쇠 형 가솔린 마개를 사용하면 효과적이다. 금속 나트륨은 탱크 내부의 물과 접촉하면 분해될 때 극렬한 작용으로 충격이 발생하여 탱크가 파괴된다. ⑥ 차량 내부 : 차량 내부를 점검 시에는 우선 문짝을 점검하고 바닥 매트, 페달, 재떨이, 챙, 라디오, 박스 내부, 앞뒤좌석, 팔걸이, 등받이, 스피커, 실내 등을 포함하여 정밀검측 실시한다. ⑦ 차량 시운전 실시 : 차량 내·외부 검측을 완료하면 정상 가동 속도와 기어 브레이크 상태 등을 점검해야 한다.

(2) 차량 외부 검색

차량 외부검색은 다음과 같다. ① 검색시기, 빈도 및 검색 수준 결정은 아래 기준에 따라 결정된다. 정보내용은 범행주제, 목적, 대상, 수단이 명확한지 여부를 확인하고 위협수준은 테러범이 노리는 목표가 우리인지를 확인하여야 하며 차량

안전은 차량이 위험에 노출된 적이 있는지 의심스러운 인물의 차량 접근여부를 확인한다. ② 차량을 직접 검색하기 전에 먼저 차량 외부를 세밀히 살펴본다. 문이나 후드 개방 시 철사줄 등 부비트랩 설치에 유의한다. ③ 차량 외부 검색 시 특별히 정형화된 순서는 없으나 기억하기 쉽고 일관성 있는 체크리스트를 만드는 것이 중요하다. ④ 이상한 흔적이 있다면 차량자체 결함이거나 누군가에 의해 조작된 것이라고 볼 수 있다. 이상한 장치가 발견되면 절대 손대지 말고 주위를 소개시킨 후 관계기관에 통보한다. ⑤ 차량 안전을 위하여 항상 트렁크 등 차량 내부를 정리 정돈한다. 차량 안에 방치된 재떨이, 상자, 가방 등은 테러분자들이 폭발물을 은닉하기 좋은 장소이다. ⑥ 아래에 예시된 것 이외에 각각 특성에 맞게 체크리스트를 만들어 점검하는 것이 좋으며 차량 주위나 하단부 점검 시 착안사항으로는 눈에 띄는 기계장치나 물체가 있는지, 발자국 또는 손을 댄 흔적이 있는지를 확인하고 테이프, 와이어, 노끈, 안전핀 조작 또는 이상한 물체가 있는지를 확인한다. ⑦ 창문을 통해 이상한 물건이 있는지, 계기판 아래나 차량 바닥, 시트 아래에 숨겨진 물건이 있는지 점검한다. ⑧ 차량 문, 후드, 유리창, 트렁크 등을 억지로 개방한 흔적이 있는지 살펴보고 지문이 남아 있으면  누군가가 손을 댔다는 증거이다. ⑨ 주유마개 건드렸는지 살핀 다음 주유구에 이물질이 남아 있는지 점검해 본다. ⑩ 후드, 트렁크, 휠 캡에 지문이 남아 있는지 살펴본다. ⑪ 모든 바퀴의 아래, 위 및 주변 점검한다. 범퍼 하단, 연료탱크 주변과 엔진을 점검한다. 머플러에 폭파장치를 장착할 경우에 대비하여 배기구에 보호망을 설치하는 것이 좋으며 차량 하단부 점검 시 후레쉬나 반사경을 이용하면 효과적이다.

#### (3) 차량 내부 검색

차량 내부검색은 엔진부분, 트렁크와 화물 적재함 및 실내 3개 부분으로 나누어 설치한다.(*차량문이나 후드를 열 때는 천천히 조심하여 열면서 와이어나 기타 장치물이 있는지 유의)

□ **엔진 부분은** 후드에 연결된 와이어나 기계장치, 전기로 작동되는 에어컨, 와이퍼 등에 장착된 이상 물체를 확인하고 폭발물이나 인화성 물질을 은닉할 수 있는 물체나 용기, 엔진, 냉각 팬 또는 결합부위에 설치된 장치, 배터리 주위에 연결

된 와이어나 접선장치를 확인한다.

□ **트렁크와 화물 적재함은** 트렁크 뚜껑에 부착된 와이어 브레이크나 후미 등에 부착된 배선장치와 시트 아래 부분, 예비 타이어 주위, 의자 뒷부분을 확인한다.

□ **차량 실내** 검색은 차량 바닥과 매트 아래 부분을 점검하고 난 후에 실시하여야 하는데 차량 문이나 시트 사이에 연결된 와이어, 문짝을 손으로 만진 흔적, 시트와 계기판 아래 부분, 바닥 매트, 재떨이, 스피커, 시가, 잭, 실내등, 목 받침대 부분, 선바이져, 사물함등을 확인한다.(모든 점검을 마친 후 엔진을 약 5분간 공회전)

### 자. 사제폭발물 탐지를 위한 건물 검색절차

(1) 사제 폭발물 탐지 개요: 최근 들어 테러분자들이 빌딩에 폭탄테러를 자행, 대형 참사를 유발시키는 사건이 증가하는 추세이다.

(2) 건물에 설치된 폭발물 검색계획 수립요령

(가) 소산계획을 세워라: 반드시 최고 책임자의 재가를 얻어야 한다. 검색 및 소산 계획 수립자와 수립 근거를 명확히 하라.

(나) 체계적으로 검색하라: 검색 정형을 만들어라. 시작점과 종결점을 정하고 사소한 것도 빠뜨려서는 안 된다. 건물도 방안을 검색하는 것처럼 철저히 한다.

(다) 한곳 한곳을 철저히 검색하라: 시간을 낭비해서는 안 되겠지만 철저히 검색하라. 검색계획 수립과 훈련과정에서 가장 유의해야 할 사항이다.

(라) 2인 1조 팀이 효율적이다: 2인 1조 팀을 운용하면 이중으로 검색할 수 있고 시간을 절약하며 상호 보완해 줄 수 있다. 만약 의심스러운 물체가 발견되면 한명은 현장을 감시하고 다른 동료는 지휘소에 보고한다.

(마) 1인 1조 팀을 운용할 경우에는 적절한 연락수단을 강구하라: 각 요원들은 지휘본부와 상시 연락체계를 유지하라. 만약 무전기를 이용할 경우 무선 폭파장치

가 작동될 수 있으므로 주의해야 한다. 이 과정에서 통신보안문제도 대두될 수 있으며 현장상황에 따라 판단한다.

(바) 가능한 현장을 보존하라: 전등이 켜져 있다면 켜진 대로, 꺼져 있다면 꺼진 대로 놔 두어라. 불가피하지 않은 한 물건을 건드리거나 옮기지 말라. 검색 경을 활용한다. 항상 부비트랩의 위험성을 간과치 말라. 의심 가는 물건은 절대 건드리지 말라.

(사) 검색을 마친 지역과 물체에 대하여는 일정한 표시를 해 둔다.: 검색을 끝낸 지역은 표시를 해 두면 다른 요원에 의한 중복 검색을 피할 수 있다. 수상한 물체에 눈에 쉽게 띄는 표시를 해 두면 다른 동료들이 주의를 할 수 있고 또한 폭발물 처리반이 쉽게 인식 할 수 있다.

(아) 협박내용을 철저히 분석한 후에 세부 검색 계획을 수립하라: 대체적으로 협박내용이 명료하고 구체적일수록 사실일 경우가 많다.

(자) 검색팀 못지않게 중요한 것이 현장지휘소이다.: 모든 활동은 현장지휘소의 조정을 받는다. 현장지휘소 요원들은 검색팀은 물론 사건담당 지휘관, 폭발물 제거반, 소방대 및 의료진과 긴밀한 연락체제를 유지해야 한다.

(차) 시간이 중요하다.: 시한폭탄의 경우, 최소한 폭파 예정시간 30분 이내에 검색 팀을 철수시킬 수 있도록 계획을 세워야 할 것이다. 현장지휘소는 시계만 보고 있을 것이 아니라 상황일지를 유지하여야 한다. 질서를 유지하고 시간을 절약하며 효율적인 검색을 할 수 있다.

(파) 검색은 각 팀들이 동시에 할당된 지역을 철저히 검색토록 한다.

(3) 검색 팀 유형

(가) 외곽지역 검색 팀: 가장 간과하기 쉬운 곳이 대중 이동이 많은 건물 외곽지역이다. • 건물 근처에 있는 은닉 가능 장소를 모두 검색한다. 폭파목적이 항상 건물 자체에 큰 피해를 입히는 것만은 아니다. • 화재비상구와 지붕 검색, 차량폭발사고 현장에서는 차량들의 접근을 통제하고 의심 가는 인물이나 방치된 차량

은 망설이지 말고 일단 의심하고 확인한다. • 건물 주변의 쓰레기를 최소화하면 폭발물 검색이 수월할 뿐만 아니라 건물의 안전성도 높일 수 있다.

(나) 대중운집 장소 검색 팀: 건물 내에서 가장 위험한 장소는 대중운집 장소이다. • 이러한 장소의 취약성을 줄이는 한 방법은 출입자를 검색하고 경비로 하여금 수상한 물체나 인물의 동향을 감시토록 하는 것이다. • 또 다른 방법은 폭발물 은닉이 용이한 장소를 줄이는 것이다. 원통형 재떨이, 쓰레기통, 화분, 벤치 아래 등은 폭발물 은닉이 용이한 장소들로서 반드시 검색해 보아야 한다. • 최근 들어 누가 소화기를 점검하였으며 언제 점검하였는지 등 사소한 것도 착안해 본다. • 조심스러우면서도 철저히 검색하되 시간을 낭비하지 말라.

(다) 지하장소 검색 팀: 일반적으로, 폭발물이 건물 아래쪽에 설치될수록 피해는 커진다. 다른 장소도 마찬가지지만 이러한 곳은 내부 사정에 익숙한 사람들로 구성된 팀이 검색하는 것이 더욱 효과적이다.

(라) 실내 정밀 검색 팀: 어떤 장소보다 복잡하고 시간이 소요되는 작업으로 체크리스트를 활용하면 팀이 효율적으로 운용될 수 있다. 나머지 팀들도 적절한 체크리스트를 작성, 활용토록 한다. 노끈, 전등, 검색 경등을 이용하면 작업이 더욱 쉬워지고 안전하며 효과적일 수 있다.

(4) 실내검색계획 수립요령

(가) 첫째 수칙은 정지, 관찰, 청취다: 이상한 물체가 있는지 살펴보라. 초침소리 등 이상한 소리가 있는지 들어보라. 충분한 시간을 가져라.

(나) 소음을 내는 것이 있다면 정지시켜라: 이 때 다른 물건은 건드리지 않도록 유의한다. 미 국무부 안전국은 최근 '노끈 방식(String Method)'이라 불리는 기법을 활용하고 있다.

(다) 노끈을 이용한 체계 있는 검색방법(String Method): 문 안쪽 방바닥에 노끈으로 경계선을 만든 뒤 노끈 안쪽의 바닥부터 천정까지 검색을 마친다. 충분히 검색을 마친 다음 노끈을 앞으로 이동한 후 검색을 시작하고 방 전체를 이러한

방식으로 검색해 나간다. 마지막으로 천정은 검색 경을 이용하면 효과적, 천정판 하나하나를 위로 들어 안쪽을 검색한다.

### 차. 행사장 출입자 검색

VIP 행사장 출입자에 대하여는 지위고하를 막론하고 사전 신원조회를 철저히 거쳐 비표를 지급하고 행사장에 입장 시 문형금속탐지기와 휴대용 금속 탐지기를 활용하여 폭발물 소지여부를 철저히 확인 하여야 한다.

# 제5절 경호의 과학사

## 1. 첨단장비 활용

최첨단 장비와 디지털 시스템을 도입한 '스마트 경호' 더욱 전문화 된 경호로 국가의 안전을 책임지는 경호활동을 전개한다.[12)]

### 가. 검측 (Security Inspection)

첨단 장비를 활용해 행사장 안팎을 사전에 철저하게 점검함으로써 폭발물 등 위험 요소를 탐지하고 신속하게 해결하여 행사장의 안전을 지킨다. 폭발물 탐지(Explosives Detection)를 위하여 행사장 외벽부터 엘리베이터까지 모든 곳을 샅샅이 점검하기 위한 최첨단 폭발물 탐지장비를 활용한다. 발견된 폭발물 처리 E.O.D[13)] (Explosive Ordnance Disposal)은 안전하게 처리할 수 있는 전문가와 첨단 과학장비가 항상 대비하고 있다.

12) 대통령경호실, 경호홍보관, 경호의 과학화, 대국민 공개자료 정리, 2015

13) E.O.D 폭발물처리팀, 해군 UDT/SEAL/EOD, (Underwater Demolition Team, 수중폭파팀) (Sea, Air, Land Team, 전천후타격팀) (Explosive Ordnance Disposal, 폭발물처리팀) 특전사와 더불어 한국의 공식적인 특수전 부대중 하나. 해군특수전부대는 UDT와 SEAL, EOD, 해상대테러로 된 4개의 팀으로 구성되어 있으며, 통상 합쳐서 UDT로 부른다.

### 나. 검식 (Food inspection)

행사장에 반입되는 모든 식음료의 신선도와 유해요소를 검식하여 신선하고 안전한 최상의 만찬을 제공하고 행사의 만족도를 상승시킨다. 식재료의 안전확보를 위하여 원산지점검, 시품운송 감시, 생화학 안전검사를 실시함은 물론 전문 검식관이 직접 식재료를 구매하고 신선도검사와 시식관능 검사를 100% 시행하고 있다.

### 다. 행사장 보안검색시스템 (Security Screening systems)

행사장을 출입하는 인원, 차량, 물품 등에 대한 체계적이고 입체적인 검색을 통해 안전이 확보된 행사장에 위험요소가 더해지는 것을 차단한다. 인원 및 반입 물품 검색 (Personnel and Luggage Screening): RFID,[14] 얼굴인식시스템 등으로 다각적으로 신분을 확인한 후, X-ray 등을 통해 위험물품을 철저히 검색 한다. 차량 검색 (Vehicle Screening)은 X-ray, 검색경 등으로 차량 내부와 하부까지 검색하며 방사능 탐지, 수배차량 조회 등도 실시간으로 진행된다. 정보/통신 (Security Telecommunications)은 국가지도통신망을 항상 원활하게 유지하고, 무선 원격 폭발물을 차단하기 위해 특수통신활동 및 행사장 음향지원을 담당한다. 국가지도통신망 (National Command Communication System)은 VIP 국가지도 통신망 및 유무선 통신망을 24시간 유지하고 철저하게 관리한다. 특수통신 (Special Communication Activities)으로 상황에 맞는 다양한 특수장비를 활용해 무선 원격 폭발물을 차단하며, 행사장 음향을 지원한다.

14) RFID(Radio-Frequency Identification) 기술이란 전파를 이용해 먼 거리에서 정보를 인식하는 기술을 말한다.

제3장

# 폭 발 물

제1절 폭 발
제2절 폭발물의 효과
제3절 폭약
제4절 폭발사례
제5절 폭발물 장치
제6절 폭발물 설치

# 제3장 폭 발 물

## 제1절 폭 발

폭발(爆發)의 사전적 정의는 화학용어로서 어떤 물질의 부피 혹은 에너지가 순식간에 크게 사방으로 퍼지는 현상을 뜻한다. 높은 온도와 에너지를 동반하는 경우가 많고 기체의 급작스러운 대량발생이 원인이 되기도 한다. 주변에 충격파도 만들어낸다. 이를 영어로는 익스플로전(explosion)이라고 하며, 폭발을 일으키는 물질을 폭발물이라고 하며, 폭발이 연쇄적으로 터지게 되면 연쇄폭발이 된다.[1)]

군사적으로 폭발이란 고열, 격렬한 충격, 굉음을 수반한 압력이 음속 이상의 속도로 급격하게 진행되어 폭굉, 폭연을 일으키는 현상을 말하며 폭발압력은 700t/inch, 폭발속도는 21.917km/h, 폭발시간은 1/10,000초에 이른다.

폭굉이라 함은 폭속이 음속보다 빠르게 2,000m/sec 이상으로 진행되는 폭발 파괴력 있는 압축파, 충격파를 말하며 폭연이란 연료가 탈 때처럼 한 분자의 분해열이 다른 인접분자를 가열 분해하여 점차 폭발되어 분해되어 가는 과정을 말한다.

### 1. 폭발의 구분

폭발은 기계적 폭발, 화학적 폭발, 핵폭발의 세가지로 구분한다. 첫째, 기계적 폭발(물리적 폭발)은 증기보일러나 압력솥 등 내부의 압력증가로 급속한 가스의 증가 또는 증기의 방출 등으로 굉음을 수반하는 폭발이고 둘째, 화학적 폭발은 고

1) 엔하위키 미러 백과사전 정의

체나 액체 상태의 단일 물질이나 혼합물이 그보다 더 큰 부피의 가스 상태로 변화하면서 화학적 변화에 의해 극히 높은 열을 발산하여 충격과 굉음을 수반하는 폭발을 말하묘며 마지막으로 핵폭발은 원자핵의 분열이나 융합(결합)에 의해 막대한 양의 에너지와 열, 가스, 충격 등을 수반하는 폭발현상을 말한다.

## 2. 폭발물

전쟁잔류폭발물의 처리 등에 관한 훈령에 의하면 “폭발물”이란 폭약을 함유한 재래식 탄약을 말한다. 다만, 1996년 5월 3일 개정된 특정재래식무기금지협약 제2의정서의 적용을 받는 지뢰, 부비트랩(위장폭탄) 및 기타장치는 제외한다. 라고 정의되어 있다.

폭발물(爆發物)은 자극이나 충격에 의해 폭발을 일으키게 하는 물질이나 물체를 말한다. 안정성의 관점에서 불특정 다수의 사람이 들어가는 시설, 대중 교통기관에 반입이 제한될 뿐 아니라 위험도에 따라 제조와 이동도 규제한다.

다량의 기체가 방출되면서 급격하게 팽창해 외부에 갑작스러운 압력을 가하는 기구나 물질을 말하며 폭약이라고도 한다.

기계적 폭발물과 핵 폭발물 등도 있지만 화학적 폭발물이 가장 널리 사용되고 있는데 기계적 폭발은 압축공기를 용기에 너무 많이 넣는 경우와 같이 물리적 반응에 의해 일어난다. 핵폭발이란 스스로 지속하는 핵반응이 일어나는 것으로 가장 위력적이지만 군사무기에만 사용되며 산업용으로 사용할 경우 핵반응을 조절하여 유용하게 사용할 수 있는지 여부에 관한 연구와 실험이 이루어지고 있다.

중요한 화학적 폭발물에는 흑색화약 · 니트로글리세린 · 다이너마이트 · 트리니트로톨루엔(TNT)[2] 등이 있다. 화학적 폭발물은 기체 · 액체 · 고체의 모든 상태로 만들 수 있으나 액체상태와 고체상태가 일반적으로 폭발성이 크다. 화학적 폭발물에는 작열성 고성능 폭발물과 폭연성 저폭발물의 2가지 종류가 있다. 다이너마이트

2) 트리니트로톨루엔(TNT) : 주로 폭발물로 사용되며 톨루엔의 단계적 니트로화 반응으로 생성된다. TNT의 녹는점은 82℃이며, 240℃ 이하에서는 폭발하지 않기 때문에 증기가열 용기에서 녹여 틀에 부을 수 있다. 비교적 충격에 민감하지 않아 뇌관이 있어야만 폭발시킬 수 있다. 그래서 화학적 폭발물로는 가장 선호도가 높으며, 군수품과 파괴용 폭약으로도 널리 사용되고 있다.

같은 작열성 폭발물은 급격히 분해되어 높은 압력을 만들어내는 반면, 폭연성 폭발물은 빠르게 연소되지만 상당히 낮은 압력을 만들어낸다. 또한 작열성 폭발물은 1차 기폭제와 2차 기폭제로 나누어진다. 1차 기폭제는 불이 붙으면 폭발한다. 예를 들어 충격을 가해 불꽃이나 열을 발생시키면 폭발한다. 반면에 2차 폭발물은 기폭제가 따로 필요하다.

최초의 화학적 폭발물은 1,000년 전쯤 중국에서 발명된 흑색화약인데, 이것은 초석(질산칼륨) · 황 · 목탄을 섞은 혼합물로 원래 군사용으로만 사용되었다. 17세기가 되어서야 비로소 산업용으로 사용했다. 흑색화약을 폭발시키기 위해서는 불꽃이나 강한 열로 점화해야 한다. 처음에 사용한 퓨즈는 가늘고 길게 늘어뜨린 화약이 칠해져 있는 도화선 또는 짚으로 만든 조악한 심지나 화약을 뿌려 놓은 인화성 물질 등이었다. 흑색화약의 뒤를 이어 니트로글리세린과 다이너마이트가 주요폭발물로 등장했다.

1846년 이탈리아의 화학자 아스카니오 소브레로가 니트로글리세린을 발견했으며, 1867년 스웨덴의 과학자 알프레드 노벨이 다이너마이트를 발명했다. 초기에 사용한 다이너마이트는 75%의 니트로글리세린과 25%의 규조토(다이너마이트를 조작하기 쉽고 사용하기에 안전하게 해주는 다공성 흡착제)로 이루어져 있다. 1875년 노벨은 콜로디온형의 질산화 면(綿)을 니트로글리세린에 용해시켜 젤리 형태로 만든 젤라틴 다이너마이트를 고안했다. 이것은 고성능 다이너마이트보다 폭발력과 안정성이 크다는 사실이 입증되었다. 후에 다이너마이트에 질산암모늄을 사용함으로써 다이너마이트를 보다 안전하게 하고 제조 단가를 낮추었다. 다른 화학적 폭발물들이 지난 200년 동안 개발되었으나 상업적으로 그다지 많이 사용되지는 않았다. 염소산염과 과염소산염, 스프렌겔 폭발물 LOX로 알려져 있는 액체산소 폭발물, 니트로전분으로 만드는 폭발물, 니트라몬과 니트라멕스로 만드는 폭발물, 그리고 나중에 개발된 폭발물에는 질산암모늄◦연료유의 혼합물과 물겔이 있다.

폭발물의 역사에서 2가지 중요한 발전은 안전 도화선의 발명과  뇌관이다. 1831년 영국인 윌리엄 빅퍼드는 안전 도화선을 고안했는데, 이 안전 도화선은 속에 흑색 화약을 넣고 천으로 감은 끈으로, 이를 사용해 처음으로 안전하고 정확한 시간에 폭발시키는 것이 가능해졌다.

1865년 노벨은 뇌관을 발명해 폭발하기 쉬운 니트로글리세린을 안전하게 다룰 수 있게 되었으며 산업용으로 널리 사용되었다. 19세기말에 전기점화법이 개발되면서 보다 정확하게 점화시간을 조절할 수 있게 되었다. TNT는 20세기에 군사용 폭발물로 가장 널리 사용되었다. 1905년 러일전쟁 때 처음으로 사용된 TNT는 그 후에 일어난 전쟁에도 가장 흔한 폭발물로 사용되어 왔다. 또 다른 군사용 폭발물로는 피크르산과 피크르산암모늄 등이 중요하다.[3)]

## 가. 폭발물의 특성

• 대형폭발 위험이 있다. • 대형이 아닌 폭발이면 파편이 남을 수 있다. • 대형화재, 사소한 폭발이나 파편의 위험이 있다. • 중간화재이며 폭발이나 파편이 남지 않는다. • 소비자에게 팔리는 불꽃놀이 제품의 경우 1.4G나 1.4S이다. • 폭발물질이며 매우 민감하지 않다. • 폭발 물품이며 매우 민감하지 않다.

[사진 3-1] M16A1 대인지뢰와 폭발영상[4)]

## 나. 폭발물의 종류

폭발물의 종류에는 규격화 되어 있는 군용폭발물, 주로 산업용으로 사용되는 산업용폭발물, 군 또는 테러범이 주로 사용하는 사제폭발물, 기타 폭발을 위해 보조

3) 위키백과사전, 브리테니커 백과사전
4) 출처 : cafe.daum.net/kp33831
http://i1.media.daumcdn.net/uf/image/U01/agora/563D65D54E0D0B0032 <metaproperty="og:type" content="article"/>

역할을 하는 화공품으로 구분할 수 있다.

군용폭발물은 전쟁에 사용되는 주로 파괴용으로 규격화하여 제작 생산되는 지뢰, 수류탄, 포탄, 로켓탄, 항공투하탄, 미사일 등이며, 전쟁 전술적으로 사용되는 소이탄은 연막탄, 백린, 화염병, 등 화염을 수반하도록 제작되는 것을 말한다.

산업용폭발물은 산업현장에서 주로 사용되는 탄광의 석탄채굴, 터널, 전력구, 통신구, 지하철 등 지하개발 또는 고층빌딩, 석유비축기지 등 수중 또는 산업개발 등 다양한 산업개발에 사용되는 다이너마이트 등 폭발물을 말한다.

사제폭발물은 주로 사회혼란 목적, 또는 어는 단체의 목적을 달성하기 위한 테러리즘, 꾼 또는 지역적 전쟁에서의 비정규전에 사용되는 부비트랩 등 비교적 소규모적 폭파를 위한 폭발물, 그리고 사회 소요위험 등 사용여건에 따라 개인적으로 만들어 지는 폭발물이 있으며 화공품이라 불리는 폭발 기자재가 있다.

### (1) 군용폭발물

#### (가) 항공 폭탄류

• 고성능 폭발물을 함유하고 있으므로 대형 사고를 야기할 수 있다. • 모양은 유선형 형태를 갖추고 있으며 길이와 직경은 다양하다. • 몸체 중앙 부근에 장착고리가 1개 또는 2개 붙어 있다. • 대부분 6.25 당시 사용되었던 불발탄이다. • 녹이 슬었거나 형태가 변형되어 폭탄이라고 알아보기 힘든 경우가 많다.

[사진 3-2] 항공포탄[5)]

#### (나) 포탄 및 로켓탄

• 뾰족한 앞부분에는 대부분 신관이 있다. • 뒷날개가 있는 것과 없는 것 종

5) 출처 : cafe.daum.net/ekidud25/plci/772 뉴시스 vmedia.daum.net/v/20070817151917436

류가 다양하다. • 만지면 대단히 위험하며 많은 사상자가 발생한 사례가 있다. • 로켓탄은 항공기나 헬기 등에서 발사되며 신관, 몸체, 탄피, 꼬리날개로 구성되고 직경은 약 6·13cm이며, 길이는 약 1m 정도이다.

[사진 3-3] 로켓탄 발사장면, 로켓탄류6)

(다) 수류탄 및 지뢰류

• 수류탄은 파이애플, 톱니형 모양과 매끄런 외피 등으로 되어 있다. • 지뢰류는 납작한 원반모양, 작은 원기둥 모양 등으로 되어 있다. 일반적으로 총알이라 불린다. • 고성능 폭발물을 함유하고 있으므로 대형 사고를 야기할 수 있다.

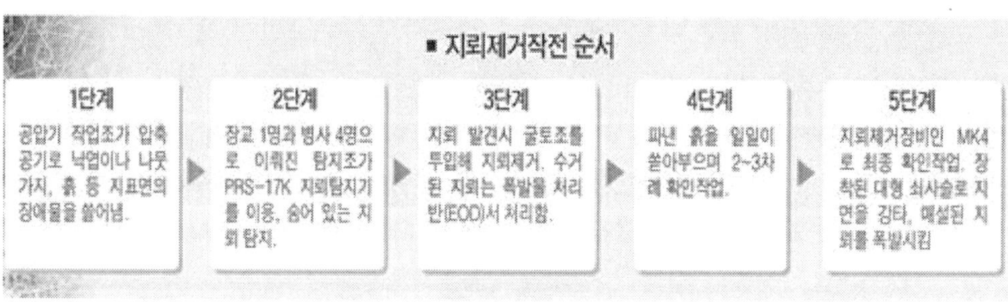


[사진 3-4] 지뢰제거 작전단계7)

(2) 사제폭발물

누구나 마음만 먹으면 인터넷 카페 등을 통해 손쉽게 '사제폭발물'을 만들 수 있다고 밝혀져 충격을 주고 있다. 최근 사제폭발물로 인한 자살소동과 테러 또한 유사 모방 범죄를 흉내 내는 것은 추가 범죄를 예시하고 있어 이에 대한 경찰의 강력한 예방과 정부의 대책이 시급하다.

---

6) 출처 : http://ttyyrrkrt.blog.me/50087627736 http://blog.naver.com/korea213/80043345997
7) 출처 : cafe.daum.net/kopecufe/8Mqg/8920

문제는 이와 같이 일반인이 손쉽게 폭발물을 제조할 수 있는 것은 인터넷 사이트에 단순한 검색만으로 방수 폭탄, 필름 통 폭탄 등 다양한 폭탄을 만들 수 있는 제조법을 습득할 수 있다는 것으로 그 심각성을 입증하는 것 중에는 해당 사이트 일부에서는 심지어 폭발물 제조를 시연하는 영상도 있어서 그 심각성은 이미 도를 넘어 섰다는데 있다.

'플라스틱 용기 바닥에 OO을 깔고 용기 가운데 부탄가스를 놓고 여백에 OO을 가득 채운 뒤 퓨즈를 심은 후 불을 붙인다' 인터넷에 떠돌고 있는 부탄가스 폭발물 제조방법이다. 미국 보스턴 마라톤 대회에서 압력솥 테러가 발생한 가운데, 국내에서도 이와 같은 '사제폭탄 제조법' 인터넷 정보를 차단하기 위한 집중 단속이 실시되고 있다.

방송통신심의위원회는 인터넷에 올라오는 '폭발물 제조방법 소개정보'에 대한 중점모니터링을 실시하고 있다. 인터넷 카페 등에는 사재폭발물 제조법이 담긴 게시물이 종종 올라와 방통심의위가 차단 조치를 하고 있다.

방통심의위 관계자는 "인터넷 자유게시판 등에 부탄가스 폭탄, 파이프 폭탄 등에 대한 제조법이 담긴 게시물이 올라오는 경우가 있다"고 말했다. 방통심의위는 "폭발물 제조방법 등을 소개하는 인터넷 정보에 대해서는 포털 사업자가 자율적으로 검색을 차단하고 있지만, 검색어 변경, 은어사용 등의 방법을 통해 관련 정보가 일부 유통되고 있는 실정"이라고 밝혔다.

방통심의위는 "보스톤 마라톤 대회 압력솥 폭탄 테러를 모방한 범죄를 미연에 방지하기 위해 폭발물 제조를 소개하는 인터넷 정보를 중점적으로 모니터링 하고, 경찰청 등 유관기관과 공조를 강화할 것"이라고 밝히고 있다.

**[사진 3-5] 인터넷에서 적발된 기폭장치 구성도, 사제폭발물 관련 게시물**[8]

방통심의위 관계자는 “인터넷에 올라온 폭발물 제조법은 범죄에 이용될 가능성도 있고, 잘못된 내용으로 제조자를 위험에 빠뜨릴 수도 있다”고 말했다.

실제 지난 14일 경기 구리시에선 로켓 연구 동호회원들이 화약이 담긴 용기를 다루다 폭발해, 참가한 정 아무개(15)군의 손목이 절단되는 사고가 발생하기도 했다.[9)]

(3) 급조 폭발물

정해진 규격이나 절차와는 무관하게 제작되어 설치한 폭발물을 말한다. 폭탄의 위력을 군용 대인지뢰 크레모아[10)]에 비유해 홈 메이드 크레모아(home made claymore)라고 부르기도 한다. 게릴라 혹은 특공대가 작전에 사용하기도 하며, 무장세력이 테러 공격 시 이용하기도 한다. 주로 차량, 보트, 동물 등에 설치하거나 직접 몸에 지니고 있다가 자살 테러를 행한다. 2013년 4월 15일 미국 메사추세츠 주에서 열린 보스턴마라톤 대회 도중 폭발해 많은 사상자를 발생시킨 압력솥 폭탄도 급조폭발물의 일종이다.[11)]

최근 발생한 9·11 뉴욕 테러, 스페인 열차 연쇄폭탄 테러, 런던 지하철 테러, 이라크전의 자살폭탄 테러 등은 테러단체 또는 반군에 의한 급조폭발물(IED) 공격으로 급조폭발물을 이용하여 지하철, 기차역 등 다중이용 시설이나 국가 중요시설 등을 공격할 경우에는 인명피해와 시설물 파괴뿐만 아니라 사회적 공황과 심리적 공포가 가공할만한 것이었다. 따라서 테러단체들은 정치적인 목적 달성과 대외선전을 위해서 급조폭발물에 의한 공격을 선택하였다.

우리와 직접 대치하고 있는 북한은 과거 폭탄테러 전례와 이라크전 연구를 통해서 볼 수 있듯이 전·평시 급조폭발물을 이용한 공격을 감행할 것으로 사료된다. 즉, 북한은 정치적 목적 달성과 경제·사회 혼란 조성을 위해 특수부대 또는 고정

---

8) 출처 : CBS 노컷뉴스(www.nocutnews.co.kr) cafe.daum.net/ilovenba/34Xk/123628

9) 미디어 오늘, 김병철, 2013.04.18

10) M18A1 클레이모어는 대한민국에선 흔히 크레모아로 불리는 지향성 지뢰의 일종으로 인간을 목표로 하는 대인지뢰,. 미국에서 개발되어 베트남전쟁에서 처음 사용하여 매우 큰 효과를 얻었다. 일반적으로 생각하는 지뢰에 대한 고정관념을 깨버리고 지상에 세워서 설치한다는 점에서 가장 큰 효과를 얻었다. 현재 대한민국에서 생산 중에 있으며(KM18A1 혹은 K440), 비무장지대나 일반 전초등지에서 주로 사용한다.

11) [네이버 지식백과] 급조폭발물 [improvised explosive device] (시사상식사전, 박문각)

간첩 등을 이용하여 각종 교량 및 터널, 애로지역과 인구밀집지역의 다양한 도시 기반시설에 급조폭발물에 의한 공격을 감행할 개연성이 높은 지역이다.

따라서 이와 같은 전·평시 급조폭발물의 위협에 효과적으로 대처하기 위해서는 먼저 대테러법 제정과 대응교리 정립이 선행되어야 한다. 이를 바탕으로 급조폭발물 및 테러 전담조직을 편성하고 급조폭발물 탐지 및 제거 장비를 조기에 전력화하여야 한다. 또한, 민·관·군·경 공감대 형성 및 유관기관 통합훈련을 정례화하여 급조폭발물의 위협에 상응한 효과적인 대응체계를 수립해야 할 것이다.

부시 미국 전대통령이 2003년 이라크전 종전을 선언한 이후 2010년 8월 31일 미군 스트라이크 전투부대가 철수하기까지 7년 여간 미군에게 가장 많은 피해를 준 것이 바로 이라크 반군에 의한 급조폭발물 공격이었다. 미군을 상대로 한 이러한 급조폭발물 공격은 이라크와 아프칸 반군이 미군을 상대로 하여 전술적인 성공을 거두었다. 이라크와 아프칸 반군의 급조폭발물 공격이 성공하면서 급조폭발물 공격은 현재 파키스탄과 인도 등 주변국 뿐만 아니라 태국과 필리핀, 콜롬비아, 소말리아, 그리고 북아프리카 등으로 확산되는 추세에 있다.

우리나라 역시 급조폭발물의 위협에 대한 안전지역이라고 단정하기 어렵다. 우리와 대치하고 있는 북한 또한 급조폭발물을 이용한 공격을 김정일이 강조한 바가 있다. 북한군은 전방군단에 경보병부대를 창설하고 노동당 정찰국과 인민무력부 예하 경보교도지도국을 통합하여 국방위원회 산하에 정찰총국을 편성하는 등 급조폭발물을 운용하는 핵심전력인 특수부대의 조직을 대대적으로 개편하였다.

과거 '86 아시아 경기, '88 서울 올림픽을 전후해 북한의 테러가 자행되었으며, 2002 월드컵 기간에는 제2차 연평해전이 발생했다는 점을 잊어서는 안 된다. 그리고 우리의 PKO[12] 파병, 종교단체의 선교활동 등에 따라 국내외적으로 한국인(韓國人)에 대한 급조폭발물을 이용한 테러공격의 위험이 증대되고 있다.

이와 같은 시기에 서울에서 개최된 G20[13] 정상회의 시에는 성공적인 개최를

---

12) Peace Keeping Operation , 平和維持軍 한국군의 평화유지 활동 PKO(Peace Keeping Operation) 참여는 1991년 9월 남·북한의 유엔 동시가입 이후 유엔의 요청에 의한 것이었다. 걸프전쟁 이후 국제사회에서는 유엔에 의한 평화유지활동을 위한 국제적 연대가 강화되었다.

13) G20(영어: Group of 20) 또는 주요 20개국은 세계 경제를 이끌던 G7과 유럽 연합(EU) 의장국에 12개의 신흥국, 주요경제국들을 더한 20개 국가의 모임을 나타내는 말이다.

방해할 목적으로 북한과 이슬람 테러단체에 의한 급조폭발물을 이용한 테러 가능성이 그 어느 때보다 높았다. 이에 정부는 각국 정상과 행사지역에 대한 효과적인 경호를 위해 'G20 정상회의의 경호안전을 위한 특별법'을 제정하고, 청와대 경호처 · 군 · 경찰 · 소방방재청 등의 유관기관을 통합한 경호 및 시위대응 인력 6만 여명으로 '경호안전통제단'을 편성하여 완벽한 경호경비작전을 실시함으로써 안전이 확보된 가운데 성공적인 행사를 치를 수 있었다.

그 당시, 'G20 정상회의 경호안전통제단장'의 '부산에 대규모 폭탄테러가 발생할 경우 G20 정상회의는 중단될 수밖에 없다. 따라서 경호 대상을 서울 이외에 주요 대도시로 확대하고 있다'라는 인터뷰처럼 급조폭발물에 의한 테러방지는 최대의 관심사였다.

이처럼 국내외 급조폭발물을 이용한 테러 공격위협은 계속 증대되고 있는데 반해 급조폭발물 위협에 대한 인식과 대비 태세는 상당히 미흡한 실정이다.

급조폭발물(IED)은 이라크전쟁에서 갑자기 등장한 신무기는 아니다. 전쟁 역사상 아주 오래전부터 사용되었다. 그러나 언제 처음 제작되어 어떻게 사용 되었는지 기록에 구체적으로 남아있지 않다. 급조폭발물(IED)이라는 용어가 생성되기 전에는 이런 장치를 사제 폭탄, 지뢰 덫, 부비트랩 등으로 불렀다.

(가) 급조폭발물 개념: 급조폭발물(IED)이란 명칭은 1970년대로 당시 영국군과 싸우던 IRA(Irish Repululican Army)가 농업용 비료 및 플라스틱 폭발물로 제작된 사제 폭탄으로 부비트랩을 만들었는데 그 효과가 우수하여 영국군이 사제 폭탄, 부비트랩이라는 명칭 대신에 IED라는 신조어를 처음 사용함으로써 유래되었다. 이런 형태의 폭발물은 전쟁에서 군사적 약자가 군사적 강자에 대항하기 위해 아주 오래전부터 제작, 운용되었지만 그 위력이 제한적이라 현재와 같이 주목을 받지 못하였다.

급조폭발물을 제작하는 방법 또한 어떤 정형화된 제작방법에 의해 만들어진 것이 아니라 필요에 따라 임시방편적으로 급조되어 제작되었다.

이와 같이 급조폭발물이 언제, 어떻게 제작, 운용되었는지에 대한 연구 자료는 극히 제한적이다.

급조폭발물은 영어로 IED(Improvised Explosive Devices), Home Made Bomb 또는

Roadside Bomb 등으로 혼용되고 있으나 현재는 IED란 용어를 상용(常用)하고 있다. 급조폭발물에 대한 정의 역시 〈표 1〉과 같이 하나의 통일된 개념이라기보다는 학자, 기관에 따라 다소 상이하게 정의하고 있다. 급조폭발물은 다양한 형태와 크기로 제작되지만 대다수가 주장약, 기폭장치, 케이스(case)의 공통된 구성요소로 이루어져 있다.

(나) 급조폭발물의 특징: 급조폭발물은 제작자의 능력과 상상력에 따라 다양한 종류, 형태로 제작이 가능하나 일회용으로 재사용이 제한되는 단점이 있다. 이 외에도 다음과 같은 특징이 있다. • 재료획득과 제작이 용이하고 은닉이 가능하다. 군용폭약, 일반폭약, 불발탄, 직접 제조한 폭약을 주변에서 획득이 용이한 타이머, 무선전화기 등과 결합하여 쉽게 제작할 수 있다. 그리고 깡통, 가스통, 돌무덤, 동물사체 등을 활용하여 다양한 형태로 은닉이 가능하다. • 어떤 작전유형 · 지역에서도 활용 가능하다. 정규작전, 비정규작전 등 모든 유형의 작전에 운용이 가능하며 후방지역, 도시지역 등 다양한 지역에서 활용 가능하다. • 최소의 공격으로 최대의 효과를 달성할 수 있다. 급조폭발물은 제작비용 대비 정치적 · 사회적 효과가 대단하다. 실제로 스페인은 2005년 열차연쇄폭탄테러에 굴복하여 이라크에서 스페인군을 철수하였다.

(다) 급조폭발물 운용 목적: 급조폭발물은 첨단과학기술의 발달로 무기체계가 고도화되고 정밀타격이 가능하게 됨에 따라 군사적 약자가 절대적인 군사력 강자에게 대응하기 위해 선택한 새로운 방법이다. 급조폭발물을 운용하는 목적은 다음과 같다. • 테러단체 자신들의 존재와 의지를 과시하기 위해서이다. 급조폭발물은 테러집단과 같이 규모가 미약한 조직에서도 쉽게 획득 및 제작이 가능하고 공격이 성공할 경우 피해 현장이 전 언론에 공개됨으로써 테러단 자신들에 대한 대외선전이 용이하기 때문이다. • 테러단체 자신들의 정치적 목적을 달성하기 위해서이다. 급조폭발물에 의한 공격현장을 언론에 공개함으로써 국제적인 반전분위기를 유도하고 대테러전을 수행중인 국가에게 심리적인 불안감을 심어주어 추가파병, 철군, 종전 등 여론을 조성할 목적으로 시도하기도 한다. • 작전활동을 방해하고 장기적으로는 전쟁수행능력을 약화시키기 위해서이다. 작전부대, 보급차량 등에

대한 직접적인 급조폭발물 공격은 작전부대의 작전활동을 방해하고 장기적으로는 전쟁수행능력을 약화시키기 위해 사용하기도 한다.

(라) 급조폭발물의 형태: 급조폭발물은 폭약 종류, 설치형태, 기폭방법에 따라 다양한 형태로 구분할 수 있는데 설치형태에 따라 고정시설에 설치 폭파시키는 고정형, 목표물에 접근하여 폭발시키는 이동형, 창문을 개방하고 서행하는 차량에 대해 투척하는 투척형, 자체 분사 추진장치를 가지고 있는 탄약을 사용한 로켓형 등으로 구분할 수 있고 기폭 방법에 따라 도전선이나 일반전선을 사용하여 폭파시키는 유선점화방식, 차량 원격시동장치 등을 사용하는 무선점화방식, 주장약에 시한장치를 장착하고 지정된 시간에 폭파되게 하는 시한점화방식, 적외선 센서 등을 이용한 센서감응점화방식, 특정한 물체를 옮기거나 건드렸을 때 점화되도록 한 부비트랩방식 등으로 구분할 수 있다.

(4) 화공품(폭발기자재): 화공품이란 금속물체 및 포장내부에서 화약을 수용 폭발에 의해 점화(도화선), 기폭(뇌관, 신관), 폭발(도폭선, 신호, 연화, 조명등)효과를 나타내는 공작물질이다.

(가) 뇌 관: Dynamite[14]와 같은 폭약을 기폭 시키는 데는 위력은 떨어지나 감도가 예민하여 소량의 에너지에 의해 폭발하여 주장약(폭약)을 기폭 시키는 기폭화약이 필요하며 기폭화약을 금속관체에 충진하여 상용화 한 것이 소위 우리가 흔히 부르고 있는 뇌관(detonator)이다.

뇌관의 연간 사용량은 70년대 2천여만발/년 수준에서 계속적으로 상승하여 80년대 3천 5백여만발/년까지 증가하였으나 90년대 들어서 현재는 3천여만발/년으로 사용량이 약간 감소추세에 원인이 있으며 뇌관의 발파 폭약량 증가에도 그 원인이 있다.

뇌관의 에너지 전달방법에 따라 전기뇌관과 공업뇌관으로 분류되며 전기뇌관은

14) 1867년 스웨덴 물리학자 알프레드 노벨이 특허를 딴 폭발물. 다이너마이트는 니트로글리세린과 다공성의 규조토를 적당한 비율로 혼합하여 건조시킨 과립형 물질. 일시적인 충격에는 강하지만, 열이나 반복적인 충격에는 쉽게 폭발. 나중에는 흡착제로 목재 펄프를 썼고, 폭발력을 크게 하기 위해 질산나트륨을 산화제로 첨가했다. 노벨은 또 니트로셀룰로오스와 니트로글리세린을 혼합하여 젤라틴 다이너마이트를 만들었다. 한편 그후에 더 안정하고 값싼 특수 다이너마이트를 만들기 위하여 니트로글리세린의 일부가 질산암모늄으로 대치되었다

순발뇌관 즉 i.d(instantaneous detonator)로서 통전 즉시 기폭이 되는 뇌관과 지연식 즉 단발뇌관으로서 일정시간 지연 기폭이 되는 형식이 있으며 단발뇌관에는 다시 m.s(milli second), d.s(deci second), h.s(half second)등 3종류로 분류되어 필요로 하는 지연시간에 맞춰 사용되고 있다.

1) 공업뇌관[ industrial blasting cap, 工業雷管 ]

[사진 3-6] 공업뇌관 (주)한화[15)]

15) 출처 : 공업뇌관 (Blasting Cap or Plain Detontor) 2008.04.18 cafe.daum.net/kgs8159/361C/78 강기석발파

공업뇌관은 도화선에 의한 점화력으로 뇌관을 기폭 시키는 방법으로서 전기에너지를 사용하는 전기뇌관과 구별되며 1988년 중반을 기점으로 전기뇌관과 공업뇌관의 사용비율이 50:50으로 동등하였으며 그 이전에는 공업뇌관이 보다 많은 비중을 차지했고 그 이후론 전기뇌관을 더 많이 사용하여 오다가 현재에 이르러 대부분의 뇌관이 전기뇌관으로 대체되고 있다. 전기뇌관을 선호하게 된 배경은 도화선에 의한 발파는 단발발파 즉 1회에 다량의 폭약발파가 불가능하고 취급시의 불편성을 배재 할 수 없기 때문이다.

뇌관의 개략적인 구성과 제조방법을 살펴보면 금속관체에 상부로부터 점화약 지연제, 기폭약, 첨장약이 차례로 충전되며 전기뇌관의 경우 각선이 연결되어 전기에너지를 전달하게 된다.

지연제는 보통 여기에서 점화약과 산소공급체와 가연물로 만들어지고 기폭화약은 d.d.n.p(diazo · dinitro-phenol)와 l.a(lead azide)등이 사용되며 첨장약으로는 petn (penta erythrite tetra nitrate)과 rdx(cyclotrimethylene tri nitramine) 등이 사용된다. 각각의 성분은 혼화 또는 합성되어 건조과정을 거쳐 사분(sieving)하여 적당량씩 분배되고 1차로 첨장약을 금속관체 하부로부터 계량, 압착하고 기폭약, 지연계, 점화약 순으로 상부까지 계량 · 압축된다.

전기식 뇌관은 점화약이 결합된 가선이 연결되어져 상자에 포장된다.

최근에 이르러서는 기존 전기뇌관에 비하여 제어능력과 안전성이 보다 향상된 비전기식 뇌관 시스템의 일종인 shock tube를 개발 활용하는 단계에 이르렀으며 일부 선진국에서는 점차로 이의 사용점유율을 증대하고 있고 국내에서도 개발 완료되어 시판단계에 있다.

Shock tube는 충격파를 발생시키는 가늘고 긴 속이 빈 관. 충격파 중의 화학 반응 연구에 사용된다. 관의 내부는 처음에 셀로판이나 금속박 등의 격막에 의해 고압부와 저압부로 나뉘어져 있고, 이 격막을 고압부의 압력 변화, 바늘, 소량의 화약 등으로 파열시켜 고압부의 기체를 급격히 저압부로 팽창시켜서 충격파를 발생시킨다. 충격파를 평면파에 가깝게 하고 실험의 재현성을 좋게 하기 위해서는 관 내면의 훌륭한 마무리와 매우 좋은 직선성이 필요하며, 격막의 재질, 파괴 방법 등을 적당히 선택할 필요가 있다.[16)]

Shock tube[17]에 의한 기폭방법은 가격 면에서 고가라는 단점이 있으나 상기 열거된 장점 때문에 국내에서도 시장점유율이 증가할 것으로 전망된다. 그 밖에 개발되었던 특수뇌관으로는 마그네트나 전자뇌관등이 있으나 효율성면에서 실용화되지 못하고 있으며 몇 년 전부터 레이저를 이용한 레이저뇌관이 선진국과 국내에서 개발 중에 있으나 이 또한 가격과 효율면에서 실용화 단계에는 미치지 못하고 있다.

폭약으로 폭굉(爆轟)을 일으키는 것으로서 도화선으로부터 전달된 연소에 의해 점폭(點爆)하고 동봉된 첨장약(添裝藥)으로 증폭하여 폭약을 기폭시키는 것이다. 종류는 점폭의 종류에 따라 뇌광(雷光) 뇌관, DDNP[18] 뇌관 등이 있으며, 장 약품에 따라 3호, 6호, 8호 뇌관의 3종류가 있고, 위력은 8호가 최대이며, 보통 6호가 많이 사용되고 있다. DDNP 뇌관은 폭분(爆粉)을 사용한 종래의 뇌관보다 내수성이 좋고 위력도 크다.[19]

공업뇌관에 전기점화장치를 한 것이 전기뇌관이며, 그 원료로서의 공업뇌관은 원관(原管)이라 한다. 다이너마이트 등의 폭파약에 파괴적 폭발을 일으키기 위해 사용되는 화공품인 점폭약으로서 이전에는 뇌홍폭약분말(雷汞爆藥粉末:뇌홍 80, 염소산칼륨 20의 혼합물)이 사용되었으나, 현재는 디아조디니트로페놀을 사용하는 경우가 많다. 제2차 세계대전 전에는 아지드화염도 사용되었으나, 이때 구리 관체를 사용하면 위험한 아지화구리를 생성하기 때문에, 아지드화물의 폭발성이 약한 알루미늄 관체가 사용되어 알루미늄뇌관이라고 하였다.

도화선의 불꽃으로 그 기능을 발휘한다. 구리판으로 만든 관체(管體)의 바닥부분에 테트릴·헥소겐·펜트리트 등 상당히 예민하고도 강력한 폭약(첨장 약이라고 한다)의 분말을 압착하고, 그 위에 소량의 점폭약(點爆藥)을 채워 넣은 후, 다시 구멍이 뚫린 작은 구리 내관(內管)을 덮어 씌워 보강한 것이다.

광석 속에 불발뇌관이 들어가면 위험하므로, 자기적(磁氣的)으로 검지(檢知)하기 위한 철관체(鐵管體)나 철과 구리를 접착시킨 금속판에 의한 관체를 사용하는 경우도 있는데 기폭약과 첨(添)장약을 금속관에 충전하고, 전기점화장치(연시(延時)장치를 설한 것도 있다)를 사용해 폭약을 폭발시킬 목적에 사용하는 화공품을 말

16) 네이버 지식백과, 충격파관 [衝擊波管, shock tube] (화학대사전, 2001.5.20, 세화)
17) Shock tube 충격파관(管) : 실험실에서 충격파를 만드는 장치.
18) DDNP 기폭약(起爆藥) ; 원료는 피크르산(피크린산, 피크릭산) Picric acid
19) [네이버 지식백과] 공업뇌관 [industrial blasting cap, 工業雷管] (토목용어사전, 1997.2.1, 도서출판 탐구원)

한다. 전기뇌관에는 • 연시장치가 붙어있지 않은 순발(瞬發)전기뇌관, • 전기점화장치와 장약과의 사이에 연시장치를 사이에 두고, 초시차(秒時差)가 2단수와 10단수에서 2.30초로 세트한 각종 DS전기뇌관과, 2단수에서 0.025초에서 10단수에서 0.300초에 세트한 각종 MS전기뇌관, • 정전기에 의한 전기뇌관의 폭발 방지하도록 한 내(耐)정전기 뇌관. • 연시장치가 없는 것이며, 점화 알에 특수한 연구를 해서, 브리지(電橋)의 절단과 장약 폭발과의 초시차를 0.1 msec 이하로 해서 지중의 형상을 조사하는 지진 탐광용 전기뇌관이 있다. 전기뇌관을 사용해서 발파를 실시할 때는 전기발파기, 저항측정기, 미주(迷走)전류측정기, 전기발파기 능력검정기 등이 필요하다. 전기뇌관은 1개씩 저항을 측정해서 소정의 저항치(오차 ±0.1Ω)를 확인하고, 되도록 같은 제조소의 저항이 갖추어진 것을 선정해서 사용하는 것이 필요하다. 공업뇌관과 같이 3호, 6호, 8호의 3종류가 있다. 구조상으로는 순발전기뇌관(瞬發電氣雷管), 전류가 공급된 순간부터 일정한 시간 동안 지체되었다가 폭발하는 전기 뇌관. 지발전기뇌관(遲發電氣雷管), 지진탐사용 전기뇌관으로 구분된다. 순발전기뇌관은 전기점화하고 나서 기폭약(起爆藥)의 폭발까지의 시간이 2~3m/sec인 것이다. 지발전기뇌관은 전기점화장치와 기폭약 사이에 연시약(延時藥)을 넣은 구조인데 연시약의 종류나 양에 따라 전기점화에서 폭발까지의 시간간격을 바꿀 수 있다. 따라서 일정한 간격으로 단계적으로 폭발되므로 단발전기뇌관(段發電氣雷管)이라고도 한다.

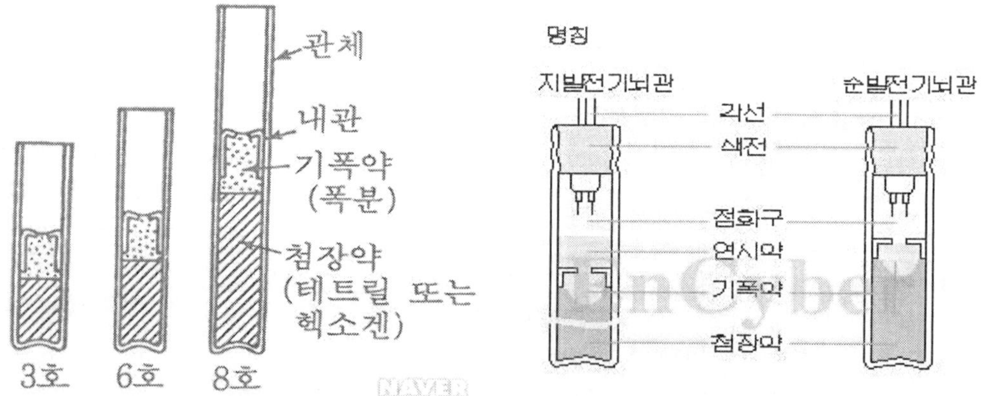


[사진 3-7] 전기뇌관류, 지발·순발전기뇌관[20)]

20) 출처: 대한 화약발파 공학회 자료실, http://blog.daum.net/2020view/1747

앞단이 폭발하고 나서 다음 단이 폭발할 때까지의 시간이 100msec 이내인 것을 밀리세컨드(MS) 전기뇌관,[21] 이상인 것을 데시세컨드(DS) 전기뇌관[22]이라고 한다. 지진탐사용 전기뇌관은 폭발시간이 극히 짧은 순발전기뇌관이다. 폭굉파(爆轟波)를 이용해서 광석의 유무를 발견하는 지진탐사용으로 사용되며, 전교(電橋) 절단시간과 폭발시간의 차가 0.0001초 이하이다. 종전의 발파에서는 도화선(導火線)이 주로 사용되었으나 성능이나 가격면에서의 절약으로 현재는 주로 전기뇌관을 사용하는 전기발파로 바뀌어 가고 있다.[23]

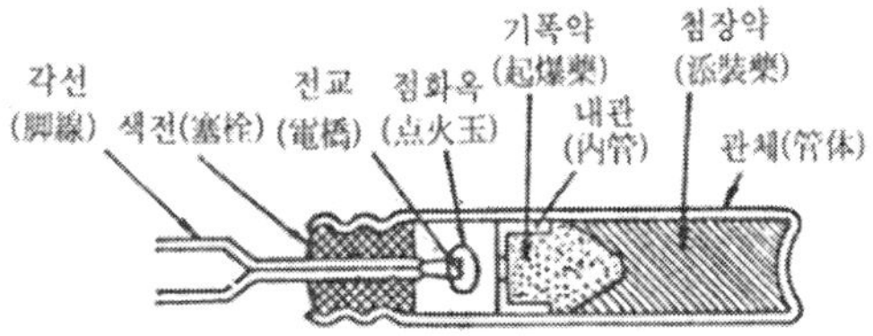


[사진 3-8] 순발전기뇌관의 구조[24]

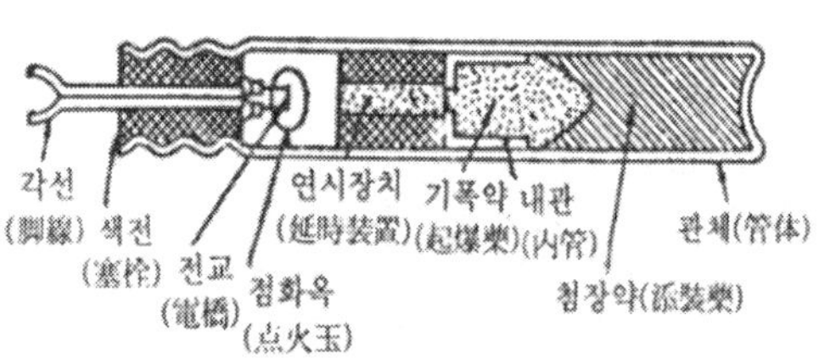


[사진 3-9] 단발전기뇌관의 구조[24]

**가) 순발전기뇌관:** 공업 뇌관과 같은 구조의 원관에 전기 점화 장치를 한 것으로서 통전과 동시에 점화옥이 발화하여 직접기폭약에 점화되는 것으로서 연가초시가 없으며 시간차를 필요로 하지 않는 각종 발파에 이용된다.

**나) 지발전기뇌관(delay electric detonator):** 전류가 공급된 순간부터 일정한 시간 동안 지체되었다가 폭발하는 전기 뇌관. 점폭약위에 연시약을 장전하여 점화약이 발화할 때의 화염으로 연시약이 연소하고, 그 후에 점폭약이 폭발하도록

21) 기폭시간을 지연시켜서 가감이 되는 전기뇌관. 보통의 것은 지연시간이 0초에서 7.5초 사이에 20단계가 있음. 밀리세컨드뇌관은 각단계의 시간간격이 극히 짧아 20~50 ms (1ms=1/1000s)로 되어있음. 0에서 1초 사이에 20단계가 있음. 단발뇌관이라고도 함.

22) 앞단이 폭발하고 나서 다음 단이 폭발할 때까지의 시간이 100msec 이내인 것을 밀리세컨드(MS) 전기뇌관, 이상인 것을 데시세컨드(DS) 전기뇌관이라고 한다

23) [네이버지식백과]재압실점검[repressurized chamber inspection](산업안전대사전, 2004.5.10, 도서출판골드)

24) 출처 : 산업안전대사전, 최상복, 2004. 5. 10., 도서출판 골드, [네이버 지식백과] 전기뇌관 [electric detonator, 電氣雷管] (산업안전대사전, 2004. 5. 10., 도서출판 골드)

설계된 전기뇌관, 연시약의 연소초시에 따라 밀리세컨드 지발전기뇌관(MSD). 데시세컨드 지발전기뇌관(DSD), 하프세컨드 지발전기뇌관(HSD)등이 있다. 단발전기뇌관이라고 한다

① DSD: 점화옥과 기폭약의 중간에 연기장치를 한 것으로서 기폭약이 폭발할 때까지의 시간격차를 10 분의 수초 ( Deci-second , 1/10초 ) 로 한 것을 DSD라 한다.

② MSD: 현재 표준품으로서 사용되고 있는 것은 연기초시 간격이 약 0.25초의 단발 전기뇌관으로 도화선 발파와 비교하여 현저한 고정도 이므로 고능률의 발파효과를 얻을 수 있다.

MSD는 DSD 의 초시를 1/10 로 단축한 것으로 점화옥에서 기폭약의 폭발까지 1000분의 수초 ( Milli-second , 1/1000 초)의 것으로 연기초시 격차가 25ms이며 일반용 MSD는 탄광 , 광산 , 토목 등에 광범위하게 사용되고 있다. 가능한 최대 단발 조합으로 되어있다. MSD의 특징은 • 진동이 적고 암반이 상하지 않음 • 폭발음이 적음 • 인접 발파공을 압괴 시키지 않음 • cut-off 가 없음 • 잔류약이 남지 않음 • 암석이 작게 파쇄 됨 • 쇄석이 고르게 비산되어 처리하기 쉬움

□ **전기 뇌관 만들기:** '전기 뇌관'이라 하면 전문적인 지식으로 생각하는 경향이 있지만, 사실 만들기도 매우 쉽고, 매우 저렴한 가격으로 만들 수 있다. (재료들은 대부분 집에 있는 것들을 사용한다.)

뇌관을 만드는 것에 따라올 수 있는 모든 피해와 책임은 스스로 져야한다. 물론, 안전하게 규정을 지켜가며 정확히 만든다면 사고가 날 확률은 매우 적다.

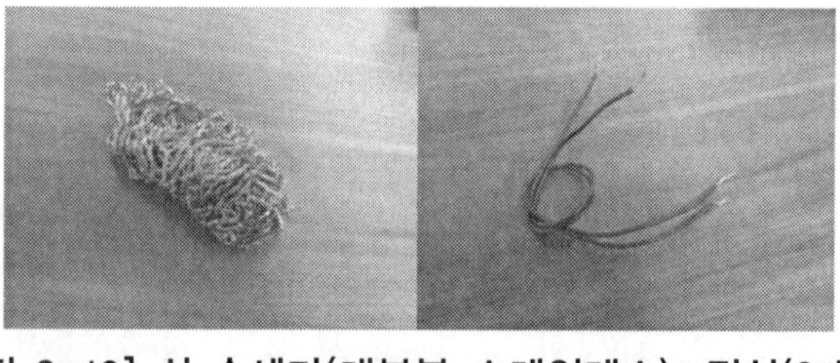

[사진 3-10] 쇠 수세미(대부분 스테인레스), 전선(2개)[25]

□ 만드는 순서

① 긴 전선을 두개로 잘라 고무를 위쪽과 아래쪽, 즉 양쪽 다 벗겨 낸다.

② 9V 배터리 (직렬 연결을 해서 9V를 만들던 12V를 쓰던 상관 없음)

③ 성냥(다른 것도 되지만 이거 제일 쉽고 간편하고 돈이 안 들고 간단함. 2개 필요(한 번 쓸 때. 하나만 써도 되지만 2개가 간단하고 만들기 간단함.)

[사진 3-11] 성냥, 자와 자른 쇠 수세미25)

④ 쇠 수세미를 자른다. 7·8cm 정도면 충분하다.(요정도면 충분하다. 테이프는 길이를 재기 위해 붙인 것)

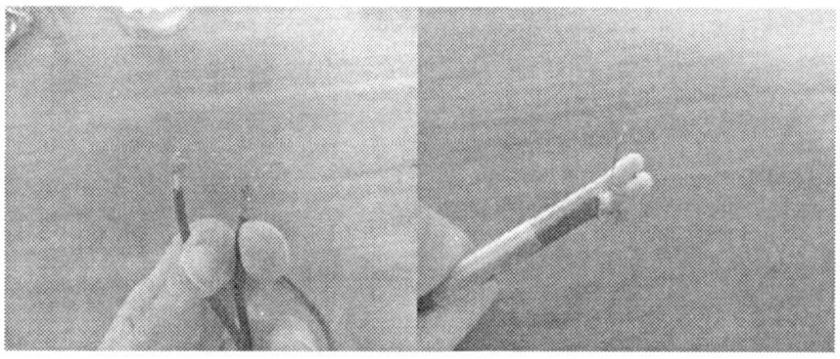

[사진 3-12] 전선과 연결, 연결작업25)

⑤ 잘라낸 쇠 수세미 한 가닥(?)을 전선과 연결하고 전선이 쇠 수세미 한 가닥을 둘러싸고 감싸듯이 단단하게 묶어준다(빠지면 안됨!)

⑥ 성냥 2개(2개피 인가?)를 테이프로 아랫부분을 붙이고 머리 사이에 쇠 수세미 한 가닥을 꽂는다.

⑦ 이제 건전지에 연결해야 하는데, 전선 2개를 한 번에 컨트롤 하기란 어렵기 때문에 한 쪽만(한쪽을) 테이프로 고정 시켜놓는다.(스위치가 있으면 더 쉽다.)

25) 출처 : Leraje's Blog blog.naver.com/f7899/150167133875

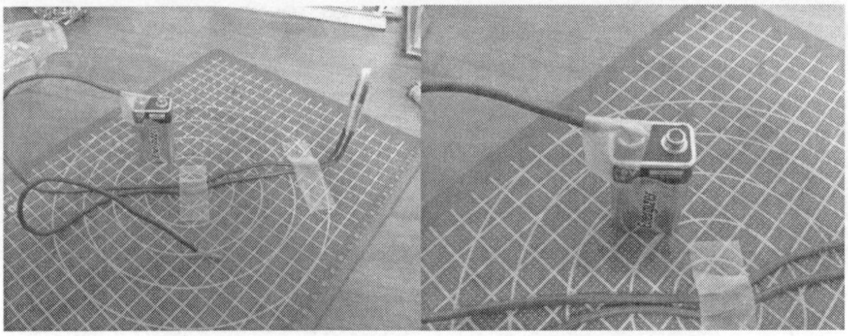

[사진 3-13] 배터리와 전선연결[26)]

배터리에 전선 하나를 테이프로 연결해 준다.(물론 접촉해야 함. 떨어지지 않게 한다. 안전을 위해 맨 책상 위에서 하기 보다는 커팅 보드와 같은 곳 위에 회로를 설치하는 것이 좋다.)

⑧ Fire! 차임벨(무선벨)이나 핸드폰, 무전기 같은 것에 연결해서 사용한다. 쓰임새는 개인이 만드는로켓(질산칼륨-솔비톨 연료 등을 사용함)이나 연막탄(질산칼륨-설탕(솔비톨과 비슷하지만 살짝 다름)-콘시럽 등으로 만듬) 등에 사용한다.(훨씬 많은 곳에 쓸 수 있다.) 안전하고 폼 나게 점화하고 싶을 때 이용하면 좋다는 것은 확신할 수 있다. 폭죽 같은 것에 연결해서 사용해도 좋다.

### 3) 비전기뇌관 발파기

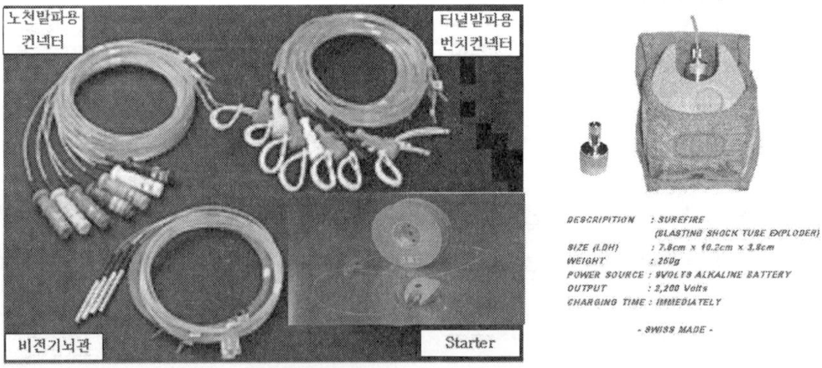


[사진 3-14] 비전기발파기 surefire·signal tube 점화기[27)]

26) 출처 : Leraje's Blog blog.naver.com/f7899/150167133875

4) **다부동 전투 뇌관:** 6.25전쟁 50주년 기념사업의 일환으로 추진한 전사자 유해발굴 과정 중 다부동 전투(1950. 8. 3~ 9. 22)지역의 유학산에서 발굴된 뇌관이다. 정부는 6.25전쟁으로 산화한 참전용사의 높은 뜻을 기리고 넋을 추모하기 위해 200년 45월부터 유해발굴을 시작하였다. 6.25전쟁의 격전지였던 경북 다부동, 경기도 용문산, 강원도 양구, 화천 등지에서 지금까지 330여 구의 유해를 발굴하여 국립현충원에 안장하였다.

F00045013

**[사진 3-15] 다부동 유학산 유류품 뇌관[28)]**

다부동전투는 국군과 유엔군이 낙동강 방어선을 형성한 직후부터 반격으로 전환할 때까지, 국군 제1사단과 미 제1기병사단이 대구 북방의 왜관과 다부동 일대에서 제105전차사단으로 증강된 북한군 제2군단(제.제13.제15사단)의 8월 공세와 9월 공세를 저지한 방어전투이다. 이 전투에서 국군 제1사단은 유학산과 다부동 일대에 주저항선을 형성하고 북한군 3개 사단(제3.제13.제15사단)과 25일 동안의 교전을 전개하였다. 이로써 북한군의 8월 공세를 저지한 후 미 제1기병사단에게 진지를 인계하고 신녕지역으로 이동하였다. 진지를 인수한 미 제1기병사단은 다부동과 지천, 도덕산 일대에서 북한군 2개 사단(제3.제13사단)과 23일 동안의 공방전을 전개한 끝에 북한군의 9월 공세를 저지하고 대구 북방의 방어선을 유지하는 데 성공하였다. 이 전투를 계기로 국군과 유엔군은 함께 반격작전을 하게 되었다.

* 다부동전투(多富洞戰鬪) : 낙동강방어선 전투 중국군 제1사단이 대구 북방 다부동에서 미군과 더불어 북한군 3개 사단을 격멸한 전투.

---

27) 출처 : 슈어파이어 코리아 blog.daum.net/blastbest/2

28) 출처 : e뮤지엄, 국립중앙박물관

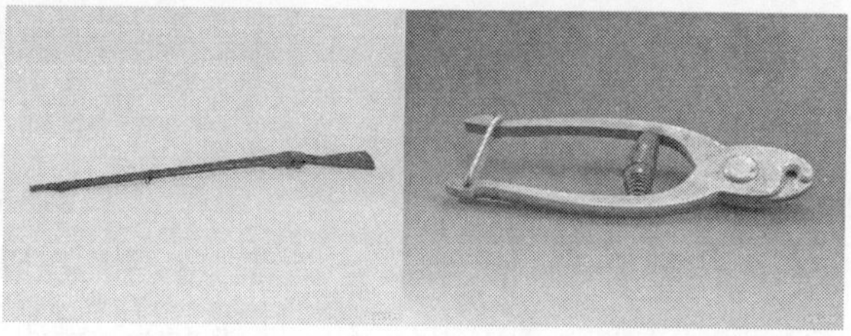

[사진 3-16] 19c 뇌관식 기병소총, 뇌관 세팅집게[29)]

1994년 8월 25일 구입한 이 총은 프랑스에서 제작된 것이다. 이 총은 총신의 길이가 101cm이고 뇌관식 소총이다. 뇌관총은 예민한 점화약이 든 뇌관을 튀어나온 화구(火口:nipple)에 씌우고 이를 강타하면 발사약에 불이 붙게된 구조의 구식총으로 관격총(管擊銃) 이라고도 한다.

5) 신관(信管, detonator): 신관은 폭발물을 폭발시키는 장치이다. 신관은 화학, 기계, 전기 등 다양한 방법으로 작동할 수 있다. 화승총에 불을 붙일 때 사용된 도화선도 일종의 원시적인 신관이라 할 수 있다.

[사진 3-17] 각종 신관[30)]

29) 출처 : 파리군사박물관 전시품

30) 출처 : http://bemil.chosun.com/nbrd/gallery/view.html?b_bbs_id.... 신관(Fuse), 말 그대로 폭탄의 폭파 형태 등을 좌우하는 장치인데, 적과 충돌 즉시 폭파하는 충격신관에서, 일정 시간 이후 폭파하게끔 작용하는 시한신관, 일정 높이에서 폭파하게끔 하는 접근신관까지 다양하다.

## 다. 폭발물 처리

(1) **폭발물 처리의 중요성**: 현대과학이 무기체계의 발전을 가속화시켰고 무기체계의 발전이 오히려 우리 국민의 생명과 재산을 앗아가는 불상사 발생을 야기하고 있다. 전 세계적으로 일어나고 있는 테러행위에 사용되고 있는 대부분이 또한 폭발물이다.

우리나라에서는 전쟁이 끝난 지 50여년이 지난 지금도 6.25 당시의 수많은 각종 불발탄, 폭발물이 경제개발, 도로건설, 주택건설, 공단조성을 하면서 발견되고 있어 많은 사람들이 직접, 간접적으로 많은 피해를 입어 왔다.

군에서는 모든 불발탄, 폭발물에 의한 피해를 최소화하기 위하여 폭발물을 안전하게 처리할 수 있는 전문부서를 전국 각지에 운영 중이다. 특히, 공군은 완벽한 폭발물 처리능력을 갖추고 있으며, 폭발물 사고예방을 위해 신고접수 즉시 출동할 수 있도록 24시간 대기태세를 갖추고 있다. 폭발물이나 이와 비슷한 형태의 의심이 가는 물건을 발견 시에는 절대로 만지거나 이동시키지 말고 즉시 가까운 경찰서나 군부대로 신고하여 빠른 시간 내에 안전하게 조치되어야 한다.

(2) **폭발물 발견 시 주의사항**: 폭발물로 우려되는 물체 발견 시 손대지 말고 즉시 신고하는 것이 제일 중요하다.

각종 폭발물은 가벼운 충격으로도 폭발이 될 수 있으므로 만약 모르고 접근했을 경우 충격은 절대 금물이다.

항공 폭탄류는 몸체 전·후방에 기폭장치가 장착되어 있으며 충격에 의해 폭발하는 구조를 가지고 있어 이동과 충격에 의해 폭발할 위험성이 매우 크다.

수류탄은 손잡이에 기폭장치가 되어 있어 손잡이 움직임에 의하여 폭발될 수 있다.

테러 폭발물은 기폭장치의 구조가 매우 복잡, 다양하여 압력, 소리, 전압 등에 의해 민감하게 작동되므로 일체 접촉을 하거나 이동을 해서는 안 된다.

(3) **폭발물 발견 시 신고요령**: 불발탄 또는 테러분자가 설치한 것으로 의심되는 폭발물 발견 시는 절대 함부로 손을 대지 말고 신속하게 경찰 및 인근부대로 발견 장소, 수량, 모양 등을 확인하여 신고해야 한다.

# 제2절 폭발물의 효과

폭발물(爆發物)이란 자극이나 충격에 의해 폭발을 일으키게 하는 물질이나 물체를 말한다. 안정성의 관점에서 불특정 다수의 사람이 들어가는 시설, 대중 교통기관에 반입이 제한될 뿐 아니라 위험도에 따라 제조와 이동도 규제한다. 이런 폭발물은 폭풍효과, 파편효과, 먼로효과, 성형작약효과, 미즈니샤딘효과, 열효과, 거품효과, 진동효과 등을 가지고 있다.

## 1. 폭풍효과 (Pressure Effect of Explosive Charges)

탄약의 폭발 시 발생하는 총에너지의 약 반 정도가 공기를 압축하는데 사용되어 폭풍효과를 발생시킨다. 탄약의 폭풍효과는 근거리 효과와 원거리 효과로 구분되는데 근거리 효과는 충격파와 가스흐름(폭풍)의 복합 작용이고, 원거리 효과는 폭발에 의한 충격파 때문에 발생되고 공기나 물을 매개체로 하여 전달된다.

이 과정에서는 폭발에 의해 발생한 가스의 흐름은 포함되지 않는다.

## 2. 진동효과 (Blasting Vibration)

폭약이 지표면 근처에서 폭발할 때 폭풍, 폭압, 폭굉 작용에 의해 지표면을 강타, 진동에 의해 암반이나 시설물을 파괴시키는 작용을 말한다.

## 3. 열 효과 (Thermal Effect)

폭발 시 발생하는 고열에 의해 나타나는 효과로서 보통 3,000~5,000℃이상의 열이 발생하여 주위의 물체를 빠르게 연소 또는 녹여 폭발의 효과를 증진시키는 효과를 말한다.

## 4. 폭풍효과 (Blast Effect)

폭굉파, 충격파라 불리며, 양압(압력 파, 폭풍 파)과 음압(역 폭풍 파, 후 폭풍 파)으로 구분한다. 양 압은 폭발 시 수반되는 가스의 팽창에 의해 압력파가 형성되어 파도처럼 외부로 밀어내는 상태로 나타나 주위의 물체가 파괴되고, 폭파지점은 순간적으로 진공상태가 유지된다. 음압은 진공상태의 대기압이 평형을 유지하기 위해 공기가 원점(폭파지점)으로 이동함으로서 나타나는 현상으로, 현장의 파편 등을 끌어들이는  역풍이 일어나 재차 시설물을 파괴하는 효과를 말한다.

## 5. 파편효과(Fragmantation Effect)

밀폐된 용기 안에 폭약이 폭발하면 팽창된 가스가 용기를 파열시키고 파편을 만들어 비산하면서 물체에 타격을 가함으로서 나타나는 효과로서 2차효과라고도 한다, 이 파편을 위해 사제 폭발물은 못이나 베어링 같은 볼을 폭탄 내부에 넣거나 표면에 부착하여 효과를 증대시키고자 하며, 군용에는 수류탄, 크레모아 등과 같이 자체용기를 분쇄시켜 효과를 나타내거나, 내부에 베어링 또는 납탄을 700~1,000여 개씩 혼합하여 효과를 나타내기도 한다.

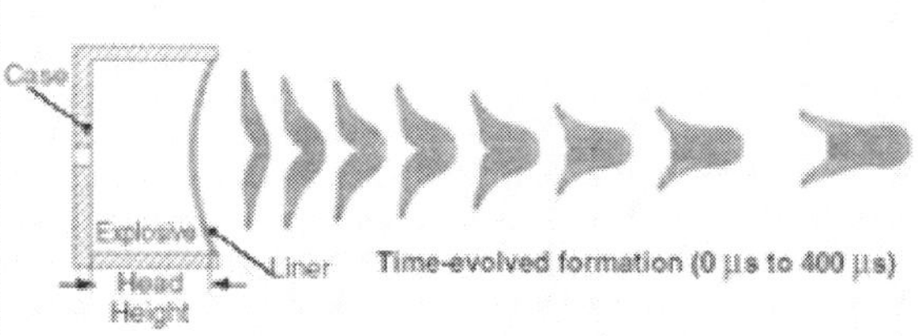


[사진 3-18] 폭풍효과,  노이만효과[31)]

31) 출처 : http://blog.naver.com/f7899/150167813676 RPG-7과 같은 성형작약탄에 쓰이는 '먼로 효과'와 '노이만 효과'Leraje

## 6. 먼로 효과(Munroe effect)

일명 관통효과(Shaped Charge)는 munroe효과, 노이만효과라고도 하며 열, 압력 등을 한 지점에 집중시켜 목표물에 대한 포탄의 관통력을 높이는 효과로서 1920년대에 미국과 독일의 학자들에 의해 발견되었다. 탄두에 작약을 충전하고, 작약 앞부분에 공간을 두면, 목표물에 충돌했을 때 포탄의 탄두에 충전된 작약이 폭발하고 이에 따라 추진방향으로 강력한 폭파 에너지가 발생하여 관통력이 크게 증가하는 효과를 말한다. 효과적인 대전차화기를 개발하기 위한 연구 중에 발견된 이 효과를 응용하면, 같은 구경의 화기라도 상대적으로 두꺼운 장갑을 관통할 수 있으며, 장갑을 관통한 폭파 에너지의 나머지는 장갑차 안의 탑승자를 살상한다. 현재 대전차화기인 106㎜무반동총이나 바주카포 등에 사용되는 거의 모든 철갑탄이 이 원리를 이용하고 있다.[32] 이 노이만효과는 폭약이 폭발하면서 폭굉파가 내장재에 도달하여 원추형의 방향으로 이동 가속되어 한 지점에 모아 힘을 집중시킨다.

2차 대전 동부 러시아 전선에서 벌어지던 독일군 4호 전차와 소련군 KV-1과의 전투에서 4호 전차의 주포로는 KV-1을 관통 시킬 수 없었다. 하지만 4호 전차에서 '특별한' 탄환을 장전하더니 KV-1을 관통해 버리는 것 아닌가!? 여기서 4호 전차가 장전한 '특별한' 탄환은 원래 토치카 파괴용의 비밀무기로 개발된 것으로, 지금은 일반화된 성형작약탄두로, 화학 에너지 (CE) 탄으로도 불린다. 성형작약탄에 대해 설명하자면 작약 앞부분을 움푹 파이게 형태를 잡은(성형) 뒤 폭발시키면 파인 쪽의 중심방향에 에너지가 집중, 구멍을 뚫는 것 같지만(훼이크 실제로는 좀 다르다. 성형작약에 설치된 금속외피가 증발, 그 금속분자가 철판을 뚫는 것이다. 훼이크를 넣기 전이 먼로 효과, 훼이크를 넣은 후가 노이만 효과이다. '성형작약탄' 하면 먼로 효과로 알려져 있지만 사실 무기로서 쓰이게 된 건 노이만 효과가 맞다.

어쨌든 먼로 효과가 시대적으로 먼저 나왔으니 먼저 설명하자면 1880년대에 미국의 기술자 먼로가 면화약(코튼 파우더)으로 실험을 했는데, 평평한 철판에 평면으로 폭약을 깔아 터뜨리자 표면에 흔적만 남았지만 표면이 파인 폭약은 철판에 패인 흔적이 발견됐다. 다음 좌측사진은 평면으로 깔은 폭약을 터뜨린 것, 아래 우측사진은 표면이 파인 폭약을 터뜨린 것으로 먼로(Munroe)는 이것을 논문으로 발

32) 브리테니커백과사전(daum.net)

표, 먼로 효과로 알려지게 되었다. 하지만 당시의 폭약 성능으로는 그 이상의 연구를 할 수 없었다. (면화약, 즉 코튼 파우더는 현대에 쓰이는 무연 화약의 시초로써 당연히 후배인 무연 화약 보다 폭발력이 약하다.) 무기로서 쓰이게 된 것은 '노이만 효과' 로 불러야 맞는데, 노이만 효과란 1920년대, 독일의 기술자 노이만이 폭약의 움푹 패인부분에 금속제 커버(라이너)를 씌우면 목표가 보다 깊게 뚫린다는 사실을 발견했다. 일반적으로 먼로 효과가 성형 작약탄의 대명사로 알려졌으나 위에서 말한대로 무기로서 쓰이게 된 것은 '노이만 효과'로 불러야 맞다. 물리의 법칙에 따라 폭발 에너지는 움푹 패인 곳, 즉 저항이 가장 약한 부분에 집중되는데(실제 폭발에 의해 집중되는 에너지는 약 20%로 추정된다.), 여기까지는 먼로 효과이지만, 노이만의 라이너는 구리로 만들어졌다. 폭발한 순간에 구리가 증발, 금속 분자의 상태가 되며 역설적이지만 부드러운 구리의 금속분자에 의한 제트 분류가 고온/고압의 가스와 함께 단단한 장갑판에 구멍을 뚫는 것이다.[33]

[사진 3-19] 먼로효과[34]

33) RPG-7과 같은 성형작약탄에 쓰이는 '먼로 효과'와 '노이만 효과' Leraje
34) 출처 : http://blog.naver.com/f7899/150167813676 RPG-7과 같은 성형작약탄에 쓰이는 '먼로 효과'와 '노이만 효과'Leraje

# 제3절 폭약[爆藥, explosive]

## 1. 화약

화약류 중에서 폭굉에 의한 충격효과를 이용하는 것. 특히 민감하여 기폭약으로 사용되는 것을 1차폭약, 그 밖의 것을 2차폭약이라 부를 때도 있다. 다이너마이트, 카아릿 등 공업용폭파에 사용되는 것을 폭파약(blasting explosive), 헥소겐, 트리니트로톨루엔(TNT)등 군용파괴에 사용되는 것을 작약(bursting explosive)이라 한다.

폭약은 화약보다는 훨씬 폭발반응이 빠르기 때문에 그 파괴작용력을 이용하여 최근 도시내의 구건물의 파괴나 인가, 도로, 철도부근의 발파용으로 사용됨. 폭약은 보편적으로 비중이 클수록 폭속도 빠르고 파괴력도 큼. 교질 다이너마이트는 대체로 비중이 1.4~1.5이고, [35]특수한 것은 1.1의 것도 있으며 분상 폭약은 0.7~1.1임. 폭약의 종류에는 다이너마이트, 카리트,[36] 암몬폭약,[37] TNT, ANFO폭약,[38] 슬러리폭약,[39] 액체산소폭약[40] 등이 있다.[41]

산업의 발달과 불가분의 관계에 있는 국내 화약산업은 1952년 주식회사 한화(전 한국화약주식회사)설립이래 기술과 물량측면에서 꾸준히 발전하여 왔다. 국내 산업용 화약의 사용은 (주)한화가 설립되기 이전에는 화약의 활용이 일부 광산에 투입되는 등 극히 제한적이며 사용량 또한 미량이었다. 일반건설현장에서 화약의 사용은 1960년대 이후에 들어서 그 사용량이 국가경제발전과 함께 괄목할 만한 신장

35) 다이너마이트 보다 발화점이 낮고 충격이 둔하므로 취급상 위험이 적다, 폭발력은 다이너마이트보다 우수, 흑색화약보다 4배 정도이다. 채석장에서 큰돌을 채석함에 효과적이고 유해가스가 많고 흡수성이 커 터널공사에는 부적합하다

36) 과염소산염 혼합화약류

37) 암몬 폭약(-爆藥) ammon blast 황산 암모늄을 다량으로 포함한 폭약. 분말상이기 때문에 흡습성이 크고 후생 가스에 주의를 요한다.

38) 질산암모늄을 연료유에 혼합시킨 폭약으로 천공내에서 직접혼합 압축공기로 장전하여 사용한다.

39) 함수폭약이라고도 함, 초안을 주성분으로 하고 TNT, 물 등을 슬러리 상으로 혼합한 것으로 경암이나 기타 ANFO 를 사용하기 곤란한 장소에 사용하면 효과적이다.

40) 목탄과 같은 가연성 물질에 액체 산소를 흡수시킨 폭약. 쉽게 만들 수 있고 성능이 강력하지만, 액체 산소를 저장하거나 운반하기가 불편하므로 토목 공사와 갱 밖에서 채석할 때만 쓴다. [비슷한 말] 액산 폭약

41) 한국환경산업기술원, 환경용어사전, 대한토목학회, 토목용어사전

세를 보였다. 산업용화약의 대명사인 폭약의 최근 10여년간 사용량을 살펴보면 1980년 19,000톤에서 82년 25,000년 그 이후 몇 년 간에 걸쳐 소폭 상승하다 90년 30,000톤에 육박하였으며 92년 50,000톤을 상회하여 현재에 이르고 있다. 향후 사용량은 탄광에서의 사용량이 줄고 있는 변수는 있다하나 현 수준에서 큰 변동 없이 증감될 것으로 예견된다.

우리가 흔히 말하고 있는 폭약은 1860년 a.nobel이 발명하였으며 ng(nitroglycerine)를 기제로 하는 폭파약의 총칭으로 널리 통용되고 있으며 일반적인 분류에 의한 종류를 살펴보면 처음 nobel이 발명한 액상 ng와 다공질의 규조토 등 불활성인 흡수제와의 혼합물인 kieselgur폭약이 있으며 규조토 대신에 산소공급염류 및 가연물의 혼합물인 흡수제를 사용하면 상호간의 반응에 의해 위력이 증대되는데 ng외에 $NaNO_3$, 목분, $CaCO_3$등을 화합하여 이를 straight폭약이라고 부른다. alkali nitrate외에 $NH_4NO_3$(ammonium nitrate) 즉 초안을 함유시켜 암모니아 폭약이라고 한다.

ng에 nc(nitrocelluose)를 가하여 제조되는 폭약을 일반적으로 gelatine(교화)폭약이라고 하는데 특히 NG+NC 성분만인 것을 폭파 gelatine 그 밖에 산소공급염류와 가연성 물질 분말을 가하여 제조되는 것을 gelatine폭약이라 하고 산소공급제로서 질산암모늄을 이용하여 만든 폭약을 암모니아 gelatine폭약이라고 부르며 현재 가장 많이 사용하고 있는 품종이다.

흔히 초안폭약이라 불리는 암모니아 폭약은 질산암모늄을 기제로 하여 제조되며 일반용과 탄광용이 있는데 탄광용은 감열소염제, 소금, 해초 등의 조성을 증가시켜 안전성을 확보하였다. 이들 폭약에 대한 종류별로 현재 국내에서 사용되어지고 있는 현황을 살펴보면 가장 많이 사용하고 있는 품종이다. 암모니아 gelatine폭약으로서 중량비로 국내 총소비량의 약 80%를 점유하고 있으며 주로 암석발파와 석회석광산, 건물발파 등에 이용된다.

다음으로 약10%의 점유율을 나타내는 폭약은 함수폭약으로서 주로 시가지, 탄광, 지하철공사 발파용으로 사용되며 상품명은 kovex로 불리며 주요성분은 입상초안, 입상 $NaNO_3$, MMAN(mono methyl amine nitrate)등이다. AN-FO(ammonium nitrate fuel oil)로 불리는 초유 폭약은 천공구경 60mm이상의 대구경 대량발파에 많이 사용되는데 약 95%의 초안과 5%정도의 경유를 주성분으로 하고 있으며 미국이나 카나다 등지에서는 주로 사용되는 품종이나 국내에서는 지형적인 여건이나 현실적인 여건에 의해 전체 소비량의 약 7%에 그치고 있다. 탄광이나 무른 암석의 발파용으로 많이 사용되고 있는 초안 폭약은 시장점유율 약 2%정도를 나타내고 있다. 턴넬 등의 마무리 발파등에 이용되는 finex로 명명되어 불리는 정밀폭약은 gelatine 폭약의 ng+nc 성분 외에 질산나트륨과 초안, 납석, white carbon 등을 가하여 제조되며 점유율은 1%미만이다.

최근 선진국에서는 EMX(emulsion explosives)라고 불리는 비교적 강도와 순폭도가 낮은 단점이 있음에도 폭약 발파시 안전성이 좋고 소음, 진동이 적다는 이유로 점차 사용량을 증대시키고 있으며 국내에서도 94년 첫선을 보인 뒤 지하철 공사현장 등에서 점차 사용 폭을 넓혀가고 있으나 아직 괄목할만한 정도의 사용 점유율을 확보하고 있지는 못하고 있다.

폭약의 대표적인 제조방법을 간략히 살펴보면 먼저 NG에 NC와 OILY DNT를 투입, 가온(45-50)하면서 반죽을 하여 pro-gelatinizing을 시키고 여기에 산소공급제, 가연물 등의 기타 원료를 첨가시켜 겔화 되지 않은 나머지 ng를 흡수시켜 본격적인 날화(kneading)를 하게 된다. 날화가 끝난 폭약은 cartriding하여 포장한다.

군용폭약의 기준이 되는것은 TNT이다 북한에서는 또뜨락이라고도 한다.

TNT의 위력계수를 1.00으로 하고 TNT보다 높은 폭약은 컴포지션 낮은것은 다이나마이트가 있다. TNT의 폭속은 7000m/sec이고 컴포지션은 처음엔 7900에서 현재는 8050m/sec로 수정되었다. 또 컴포지션의 경우엔 m5a1과 m112로 나눠지는데 전자가 구식 후자가 신식이라 하면 이해하기 편리하다. 컴포지션을 보통 C4라 많이 하는데 C4의 뜻은 플라스틱 폭약이라는 뜻이다. 컴포지션의 경우엔 A,B,C.. 등으로 또 나눠지게 된다. 이 폭약을 폭파하기 위해선 내부에 충격을 전달해주는 뇌관이 있어야만 가능하다. 컴포지션과 TNT는 불에 완전 연소가 되며 폭발하지 않는다. 1년에 2번 탄폭약 집체라는 목적 하 오래된 폭약을 처분하기도 하는데 이때는 컴포지션 몇 박스 건 그냥 터트린다.

뇌관의 종류에는 전기식과 비전기식으로 나눠지는데 전기식은 특전사에서 운용중인 벽돌형의 원격무선폭파셋이 사용되고 비전기식은 휴즈라이터와 비전기식뇌관 도화선이 필요하다. 도화선은 흰색의 줄 형태이고 지름은 약 2미리정도?, 비전기식 뇌관에 쏙 들어갈 정도이다. 이 도화선 안에는 흑색화약이 들어있어서 한쪽 끝에 불로 점화를 하면 점차 타들어가면서 비전기식 뇌관에 불꽃을 전달해주는 역할을 한다. 그래서 TNT와 비전기식뇌관 휴즈라이타 도화선이 있으면 수류탄을 만들 수도 있다. 도폭선은 도화선과 비슷하지만 아예 다른 목적이다. 도폭선은 지름 3미리정도 되고 그 안에 컴포지션 B가 들어있는데 외관의 색은 누런색과 백색이 있으며 절단을해서 보면 흰색으로 폭약이 들어있다. 그러나 도폭선은 거의 사용을 하지 않고 탄소비 때나 한번 씩 연습하고 터트리곤 한다. 도폭선도 전기, 비전기식 뇌관이 있어야지만 폭파가 되는데 밑에 구멍에 있는 폭약이 m112이고, m5a1은 저 두께의 2배 크기이다. m5a1과 m112의 위력은 700대 350이고 무게도 2배 차이가 난다. 즉 m5a1을 100파운드 써야한다면 m112는 50파운드로 동일한 효과를 얻을 수 있다.

## 가. 화약사

화약의 기원에 있어서는 여러 가지 설이 있지만, 대체적으로는 7세기경의 중국에서 서방으로 전해졌다는 것이 유력한 학설이다. 그러나 문헌상으로는 1260년 영국의 로저 베이컨이 흑색 화약의 배합률을 기록한 것이 최초이다. 어쨌건 베이컨 이전의 화약은 그다지 질적으로 우수한 것은 아니었던 것 같다.

화약을 이용한 화포가 본격적으로 사용되기 시작한 것은 1346년의 크레시 전쟁으로 알려져 있다.유럽에서는 화포의 기원을 다음과 같이 설명한다.

'독일의 어느 사원에서 흑색화약을 제조하고 있을 때 갑자기 폭발이 일어나 유봉이 창을 뚫고 튀어나갔다. 여기에서 화포의 아이디어를 얻을 수 있었다.'

진짜건 거짓이건 간에 화포의 발명이 우연에서 일어난 것을 말해주는 이야기라고 할 수 있겠다. 화포의 기원을 거슬러 올라가면 창과 활에 이르게 된다. 창과 활은 칼과 더불어 원시시대부터 인류가 사용해 온 무기이다. 창의 장점은 적과 나와의 거리를 떼어 놓을 수 있다는 점이다. 맨손이나 또는 칼로 싸운다고 하면, 상대방과 나와의 거리가 가까우므로 적도 같은 정도의 타격을 이쪽에 입힐 수 있는 것이다. 따라서 거리를 벌려놓는다는 것은 매우 중요한 일이다. 오늘날의 전쟁방식도 근본적으로는 이때와 마찬가지다. 즉, 무기를 멀리 떨어진 곳에서 적에게 명

중시킨다는 방식이다. 손으로 던지던 창은, 나무와 끈의 반발력을 이용한 활의 등장으로 자기 자리를 내 주게 되었다. 그리고 화약이 등장하자, 화약을 이용하여 더욱 센 힘을 얻은 화포가 등장한 것이다. 그러는 동안 창은 화살로, 화살은 탄환으로 점점 축소되었다. 그러나 크기에 반비례하여 위력은 더욱 강해져왔다.

초기의 화포 발달은 지지부진한 것이었다. 가장 주된 이유는 당시의 공업수준이 매우 낮았던 것에 기인한다. 정밀도가 낮은 데다 특히 포신으로 사용할만한 소재가 부적당했다. 화포가 전장에 출현한 뒤에도 한동안은 경원당하고 있었던 것이다.16세기 영국의 군사학자 스미드 경은 활이 화포보다 우월하다고 말하고 있다. 근대적인 사단 제도가 실현된 이후에도 사격전이냐 백병전이냐 하는 논쟁이 곧잘 벌어지곤 했다. 중세의 기사들은 화포는 비겁한 도구라는 인식을 가지고 있었다. 프로이센의 프리드리히2세는 근대 군사 조직을 확립하고 사관학교의 창설 등 군사면에 지대한 공헌을 했지만, 그 당시에도 보병과 기병은 귀족이 담당하고, 일반인은 포병과 공병을 담당하였다. 화포를 천하게 보던 것이었다.

초기에는 화약의 조합법은 개인의 비기로서 전쟁이 나면 경매하듯 비싸게 부르는 쪽에 기술을 팔아넘기거나 기술고문으로 종군하곤 했었다. 포병은 처음엔 민간인 취급을 받았다, 후에 군복의 착용이 허용되었지만, 오랫동안 지휘권은 부여받을 수 없었다. 포병의 지휘는 보병사관이 맡고 있었던 것이다. 프랑스에서 포병중대의 편제가 첫 탄생한 것은 1671년이었지만 포병사관이 지휘권을 갖게 된 것은 100년이 걸린 셈이었다. 포병부대의 편제의 확립은 말이 포를 끌게 함으로서 포에 기동성이 주어진 것과 관련된다. 예전에는 사람이 밧줄로 포를 끌었던 것이다.

포병부대의 편제가 확립됨에 따라 지상군인 보병, 기병, 포병을 한 병단으로 편성하는 사단제로의 개혁의 기초가 마련되었다. 오늘날에도 보병, 기병, 포병은 지상군을 구성하는 3요소이다. 지상군에 비교해 해군에 있어서 화포의 실용화는 더욱 늦다. 함포를 군함의 주무기로 채택한 것은 16세기 초인데, 그전까지는 서로 배를 근접시켜 육전마냥 백병전을 벌이는 것이 전투 패턴이었다. 물론 그 이전에도 화포가 활과 병용하여 사용되기는 했지만, 본격적으로 함포전이 전개되게 된 것은 16세기부터다. 그때부터 군함의 장갑이 가일층 견고해지고 노를 젓는 갤리선은 자취를 감추게 되었다.

한편 화포가 출현하기 전에도 화약은 소이제 등의 목적으로 전쟁에 사용되었는데, 흥미 있는 일은 이 무렵 로켓무기가 등장했다는 것이다.668년 사라센이 콘스탄티노플을 공략했을 때는 비잔틴 제국이 이른바 '그리스 불'을 사용하여 격퇴하였고, 1258년 몽고군이 바그다드를 공략할 때에도 원시적인 로켓 병기가 쓰였다. 물론 이들은 어디까지나 원시적인 병기였고, 후에 화포가 기술적으로 큰 발전을 이룩하자 자취를 감추었는데, 2차대전 당시 독일에 의하여 부활하고, 전후에는 미사일로서 명맥을 잇고 있다.

15세기까지의 화포는 앞서 말했듯 매우 불완전한 것이었다. 사정거리는 수백미터 정도이고, 탄으로서는 둥근 돌을 사용했는데, 대개는 10발쯤 쏘고 나면 포신이 파손되었다. 당시에는 주로 목제의 포신이었고, 금속제라 할지라도 나무통마냥 철판을 단접하여 테를 끼운 구조였다. 더욱이 바퀴조차 없어서 전혀 기동성이 없었다.

15세기에 접어들어 제련술이 진보됨에 따라 청동제의 포신이 쓰이게 되었고, 돌멩이가 아니라 주조한 전용의 포탄을 사용하게 되었다. 이에 따라 명중률도 높아지고 파워도 증가하게 되었다. 이 시대의 화포의 초속은 예전 시대보다 3배나 높았고, 사정거리는 근 1000미터에 달했다. 포신의 수명도 늘어 약 100발 정도 사격이 가능해졌다. 흑색화약을 충전한 폭렬탄의 착상이 생긴 것도 이 무렵이다.

그렇지만 폭탄 내의 작약에 점화하는 것이 당시의 기술로는 곤란했다. 즉 신관이 실현되지 않았으므로 폭렬탄의 실용화는 수 세기 늦어진 것이었다. 한편 수레바퀴를 달아 포에 기동성이 부여되었는데, 그렇다고는 하나 20마리 이상의 말이 견인해야 했으므로 아직은 취급이 매우 곤란한 것이었다. 전장이 악화되면 적의 손에 넘겨버리고 도망치는 일이 많았다.

화약이 출현한 지 800여 년이 지난 16세기에 들어서야 화포가 겨우 온전한 모양을 갖추게 되었는데, 육전에 있어서는 밀집대형의 적군을 격퇴할 정도로 위력이 생겼다. 해군의 주무기로 화포가 채택된 것도 역시 이 무렵으로, 영국 국왕 헨리8세가 맨 먼저 화포의 장래성에 착안했다.

그는 전 유럽에서 포신 주조의 명공들을 스카웃하여 화포공장을 확장하는 한편, 현측에 포를 나열하는 새로운 군함을 속속 건조하였다. 이런 기초 하에 훗날의 영국 해군은 세계를 제패하게 된다.

화포가 그 지위를 확립한 16세기 이후 화포의 기술적 진보는 오히려 완만해진 감이 있다. 산업혁명 이전의 주목할 만한 변혁은 규격통일의 시도이다.17세기까지의 화포는 그 양식과 치수가 각각 다 달랐다. 화포가 주력병기로 등장함에 따라 종래의 성벽은 가치를 잃고, 기동력의 발달로 인하여 광역이 하나의 주권 하에 통일되게 되었다. 통일된 군대의 훈련과 운용, 보급의 효율화 등을 위하여 화포규격의 필요성이 높아졌던 것이다.

국왕의 명령에 의하여 화포의 구경을 통일하는 등의 시도가 행해지는데, 현대적 의미의 표준화가 궤도에 오른 것은 18세기 중엽이다. 후세에 '포병의 아버지'로 일컬어진 그리보벌 정군이 새로운 공학기술을 도입한 화포 표준화 계획을 발표한 것이 1763년의 일이다. 이 계획은 포신뿐만이 아니라 탄약이나 포가, 차량, 탄약창 등의 표준화이다. 더욱이 정밀계측기수에 기초를 두고 포병기재 전반의 호환성 실현에까지 이르고 있었다. 발사약을 약포에 넣은 뒤 포탄과 조합함으로 발사속도의 증대를 꾀하고, 조준용 나사의 채용으로 정확한 사격을 실현시키며, 철제 차축을 마련하여 기동성을 높이는 등 거의 모든 분야에서의 진보였다.

그러면서도 화포 자체의 성능에 있어서는 15세기 말 이래 큰 비약은 없었다. 포탄의 발사속도는 아직 1분에 2발 정도에 지나지 않았고, 최대 사정거리가 많이 늘어났지만 아직 3천미터 남짓이었다. 18세기에 있어서 가장 큰 진보는 역시 기동성이 향상된 것이다. 그리보벌 방식은 물론 세계 1차 대전에 이르기까지 여러 마리의 말이 견인한다는 점은 거의 변함이 없었다.

### □ 나폴레옹의 전쟁삽화

나폴레옹의 전성기에도 역시 이런 화포가 사용되었는데, 나폴레옹은 그의 모든 전쟁에 있어서 포병을 최우선 시 했다. 병력수보다도 오히려 화포의 수량이 군사력의 척도가 된 것이다.당시의 유럽 제국은 앞 다투어 프랑스군을 모방하기에 이른다. 나폴레옹 시대 이후 화포기술은 새로운 변혁기에 들어간다. 그것은 탄성학을 응용하는 포신 구조 이론의 탄생이다. 야금학 및 기계공작법의 진보와 포신구조이론과의 합작에 의하여 철강제 포신이 대두되게 되는 것이다. 안쪽 관의 외경과 내경이 작은 관을 조합하고, 몇 층의 동관으로 포신을 구성하는 층성포신의 이론을 적용함으로써 몇 배나 강인한 포신이 만들어진 것이다. 탄도학이 진보된 것도 이 시기이다.

19세기에는 이 외에도 몇 가지의 중요한 진보가 있었다. 라이플링으로 탄환의 속도와 안정성을 높이고, 탄환에 에어로 다이내믹스를 응용하여 화약 가스의 누출을 방지했다. 그외에 후장포의 실현, 유탄이나 유산탄의 개발 등이 그것이다. 포가에 있어서는 강판에 못을 박아 접합하여 만들게 되었지만 형상은 별 변동이 없었다. 액체저항을 이용하는 주퇴기가 발명되어 발사할 때마다 포가째로 밀려나는 불편이 해소된 것은 19세기 말에서 20세기에 걸쳐서였다. 그러나 포신의 꼬리부분에서 탄환장전이 가능하게 됨에 따라 발사속도가 현저히 빨라지고 초속도 향상되었다. 제강기술의 발달에 따라 철제포신의 발전이 촉진되었고,1860년대에는 이미 독일 크릅사가 철강포신을 판매하고 있었다.1870년의 보불전쟁에서 철제의 포로 무장한 프로이센군은 청동포 무장의 프랑스군에 간단히 승리했다.

1880년대에는 무연화약이 널리 보급되어 흑색화약을 대체하게 되었고, 포탄 자체도 상당한 발전을 이룩하게 되었다.1885년 프랑스에서 메리나이트(황색화약)을 개발했는데, 포탄용 작약으로서 기존의 화약보다 우수한 것이었다. 이것은 러일전쟁 당시 일본 해군이 채택하여 큰 전공을 올린 바 있다.

개인화기로서 화포에서 총이 갈라져 나온 것은 16세기였다. 대포에 비교하여 늦어진 것은 총을 준비하여 목표물을 겨눈 채 장약에 점화하는 방법을 찾아야 했기 때문이다. 소총용의 화약접시와 화승협이 발명되어 휴대무기로서의 소총이 실현되었다. 화약접시는 총강의 아래 쪽에 넣은 장약의 점화용 화도와 연결되어 있는데, 화승으로 이 화약접시에 점화하면 불이 장약에 이어져 탄환이 발사된다. 이 접시에 뚜껑을 달면 화약을 총에 넣은 채로 운동성을 가지게 할 수 있다.

16세기경의 소총의 사정거리는 약 200미터라고 하지만 실제로는 더욱 짧았다. 발사속도는 2분에 1발 정도였지만 우천 때는 화승이 습해지므로 사용할 수 없었다.17세기에 독일인 얀 키퍼스가 화승총을 개량하여 부싯돌을 응용한 스프링장치를 개발하였다. 이것에 의해 발사속도는 1분에 2발 정도로 빨라지고, 불발화율도 10발에 1발 정도로 줄었는데, 우천 시에는 여전히 불 발화율이 높았다.18세기에 들어서서도 본질적인 발전은 찾아볼 수 없었다. 프랑스의 1776년식 소총은 혁명 당시부터 나폴레옹 시대까지 사용된 총으로, 당시의 대표적인 총이다.

소총의 규격화는 대포보다는 빨라, 1717년에 그 첫 시도가 행해졌다. 프랑스의 1776년식 소총은 구경17.5mm, 탄환 약 27그램에 초속은 450미터였는데, 유효거리 250미터 정도로 보통 사수가 200미터 떨어져 2층 건물을 쏘면 3발 중 2발이 빗나가는 처지였다. 더욱이 총구에서 탄환을 재야했으므로 장전시마다 사수가 일어서야만 했다.

소총의 발달을 논할 때 18세기말 미국에서의 매스프로덕션의 성공과 미국 번영의 기초가 된 대량생산 방식에 대해 언급할 필요가 있다. 에릭 휘트니는 1만정의 머스켓 총을 28개월 이내에 만들어야 했다. 당시까지 총기 제작은 숙련공이 수공업적으로 1정씩 제작했는데, 휘트니는 각부품의 표준화를 통하여 대량생산에 성공하였던 것이다. 이 방식은 곧장 다른 산업에까지 확대되어 근대적인 매스프로덕션의 시조가 되었다. 19세기에 들어서자 이른바 3대 발명이 이루어져 총이 커다란 발전을 이룩하게 되었다.

첫째로는 뇌홍뇌관의 발명이다. 격침으로 뇌관을 찔러 발화시키는 격발장치였는데, 당장에는 실용화되지 않고,1840년경에야 프랑스에서 채택되었다.

둘째로는 라이플링의 실현이다. 이미 대포에서도 실현된 기술인데 오늘날에는 소총 자체를 라이플이라고 부를 정도로 보편화되어 있다.

셋째로는 후장식 장전의 실현이다, 이 두 가지는 밀접하게 연관되어 있다. 라이플 총신을 채택하려면 후장방식으로 해야만 하기 때문이다. 최초의 후장식 총은 1844년 프로이센의 드라이제 총이다. 프랑스는 1866년까지 전장식 총에 집착하다가 후장총을 가진 프로이센군의 거듭된 승리를 보고 후장총을 채택하게 되었다.1874년에는 놋쇠제의 약협이 사용되었는데, 이는 후장총 보급의 한 요인으로, 예전까지의 종이로 된 약협은 가스가 잘 새어 후장총이 경원당하는 요인이 되었던 것이다.

프랑스제인 1886년식 레벨 소총에 이르러 대체로 근대적인 소총의 형태가 갖추어지게 되었다. 이 총은 구경 8mm,탄량은 15G,초속은 640m/s 최대사정 3000m,유효사정 1000m로서 분당 12발을 발사할 수 있었다.

이보다 앞서 18세기 말에 이미 미국은 소총의 양산시스템을 갖추었는데, 수동식 연발총을 개발한 것도 역시 미국이었다. 이 시대는 서부 개척이 왕성한 시대여서, 총기 수요가 많았던 것이다.1840년 콜트가 등장하고,1860년에 헨리 스펜서,1862년에 윈체스터 등이 등장하여 획기적인 성능을 나타내었다.

특히 콜트의 SAA(Single Action Army)는 서부를 정복한 권총이라 불리며 이 시대 최고의 인기 권총이었다. 이 총이 발표된 것은 1873년으로, 그 뒤에도 개량을 거듭하며 1백년 이상 발매되어 오고 있다. 구경은 45콜트로서, 6연발의 싱글 액션 리볼버인데, 윈체스터 라이플과 같은 44-40구경의 모델도 인기가 좋았다. 당시 미군의 제식권총이기도 했다. 연발총은 남북전쟁에서도 사용되어 효과를 발휘했지만, 유럽에서는 오랫동안 등한시되어 오다가 1877년 러시아-터키 전쟁에서 터키측이 윈체스터와 헨리 스펜서 총을 사용함으로써 그 위력을 떨쳤다. 이에 프랑스가 1886년식 레벨 총을 정식 채용한 것이다.

1883년 미국인 맥심은 기관총을 발명하였다. 의외로 처음부터 성능이 좋아 온 유럽을 돌아다니며 판매하였지만 채용은 잘 되지 않았다. 그러나 1899년의 보어전쟁과 1904년의 러일전쟁에서 기관총의 위력이 인정되어 그 이후 개발이 가속화되었다. 그렇다고는 하지만 1차대전까지 기관총에 대한 인식은 그리 높은 것이 아니었다.

### □ 맥심 기관총

20세기에 들어와서 무기의 발달을 가장 가속화시킨 것은 뭐니뭐니 해도 두 차례의 세계대전이다. 특히 1차 세계대전 때에는 총기류의 급속한 발달이 이루어졌다. 1차대전 이전까지의 보병의 전투력의 주체는 수동장전식 소총에 의한 사격과 그 총에 장착된 총검을 사용한 백병전이었다.1883년에는 기관총이 발명되어 이미 러일전쟁 때 위력을 실증해 보였지만, 보병용 장비로의 채택은 지지부진했다. 주된 이유는 두 가지로써, 첫째 중량이 50kg이나 되어 기동성이 부족했고, 둘째로는 탄환의 낭비를 염려하는 재래식 전법에 집착한 것이었다.

그러나 개전 직전에 이미 20kg정도의 경기관총이 개발되어 있었다. 개전 후의 자동화기에 대한 요구는 거의 무한정이어서 전쟁 말기에는 거개가 자동화기를 주력으로 삼게 되었다. 이에 따라 보병의 전투 대형이 변했다. 러일전쟁 당시 일본군 보병의 산개대형은 각 병사의 간격이 2보이고, 소대 전원이 가로로 일직선으로 서서 소대장의 명령으로 동시에 출발하고 동시에 정지했다. 이는 프로이센 전법을 모방한 것으로 규율이 좋았으나 기관총 상대로서는 취약했다. 따라서 이와 같은 고전적인 전투법은 자취를 감추게 되었다.

그러나 기관총이 만능은 아니다.1차 대전의 상징과 같은 참호전이 발달함에 따라 총으로는 참호 안의 적을 쓰러뜨리기 어렵게 되었다. 이에 수류탄이 등장했다. 수류탄에 대한 착상은 오래 전부터 있었지만, 메리나이트계의 안정된 화약이 1915년 등장할 때까지는 실용화되지 못하였다.

그러나 그 이후로는 보병의 기본무기가 되었다. 소총에 장착하는 이른바 총류탄이 개발된 것도 이 시기의 일이다. 이 시대의 수류탄으로서는 2차대전 때까지도 널리 쓰인 독일의 이른바 StielHandGrenate(일명 막대기 수류탄)이 유명하다.

권총의 발전은 소총보다 빨랐다. 14세기의 핸드캐넌을 소형화 한 이래 때로는 소총 이상의 스피드로 발전을 가속화 해 온 것이 권총이다. 특히 19세기의 미국에서는 남북전쟁 이후 서부 개척시기를 맞아 권총의 수요가 폭발적으로 늘어났고, 또 성능 개량도 매우 짧은 시간 내에 이루어졌다.

리볼버 권총이 첫 등장 했을 때는 격발장치를 일일이 손으로 일으켜 세우고 실린더도 손으로 돌려줘야 했으나,1835년 미국의 새뮤얼 콜트가 격철을 세우면 실린더가 회전하는 싱글액션장치를 개발하였다. 이어서 1855년에는 영국에서 방아쇠를 당기면 격철이 서고 실린더가 돌면 다시 격철이 떨어져서 모든 작동이 거의 자동으로 이루어지는 더블액션 방식이 개발되어 현재에 이르고 있다.

### □ 리볼버의 형태

한편 19세기 말에는 자동권총도 등장하기 시작했다. 자동권총과 리볼버의 가장 큰 차이는 역시 외관상의 것으로 리볼버의 특징인 실린더가 없이 샤프한 외양을 갖추고 있다는 것이 자동권총의 특징이라 할 수 있겠다. 세계 최초의 자동권총은 1887년 루드비히 레베사가 생산한 보하르트 피스톨로서, 권총이라 하기 힘들 정도로 커다란 물건이었다. 사격하자면 숄더 스톡이 필요했으며, 거의 소총에 가까운 물건이었다. 그러나 당시로서는 거의 혁명적인 8연발의 상자형 탄창을 채용하는 등 앞선 제품임에는 틀림없었다.

이어 1896년에는 마우저M1896이 등장했다. 통칭 마우저 밀리터리로 일컬어지는 이 총이 세계 최초의 자동권총의 영예를 받아야 할 것이라는 주장도 있을 정도로,

이 총은 걸출한 것이었다. 10발의 탄환을 장전할 수 있으며, 보하르트에 비교하면 '권총다운'크기였다. 특징으로서는 상자형 탄창 대신에 볼트액션 라이플과 같이 삽탄 클립을 사용했다는 점이다(후에 상자형 탄창이 등장하기는 했다).이 총은 20세기 중반까지 그 명맥이 유지되어 간다.

### □ 괴링의 루거

1908년, 독일군은 루거 P-08을 제식 권총으로 채용했다. M1900이라는 이름으로 처음 등장한 P-08은 보하르트의 계승자인 게오르그 루거리 걸작 중의 걸작이다. 보하르트와 마찬가지로 토글이 꺾여 올라가는 메커니즘을 가진 이 총은 1900년 처음 등장하여 두 차례의 세계대전에서 널리 쓰이고, 현재에도 쓰이고 있을 정도로 뛰어난 총이었다. 루거 권총은 처음으로 9mm패러베럼 탄환을 채용한 것으로도 유명한데, 이 탄환은 매그넘 탄환 등에 비교하여 그렇게 강력한 파워를 가진 것은 아니지만, 살상용으로는 최적으로 일컬어지는 탄환으로 현재에도 가장 널리 쓰이는 권총용 탄환이다(흔히 이 패러베럼 탄환을 9mm루거 탄이라고도 한다).

한편 미국도 1900년 콜트의 M1900을 채용함으로써 군용권총 자동화의 길을 걷기 시작했다. 콜트에서는 이어 M1903을 등장시켰는데,32구경의 이 총은 미 육군장성용으로도 유명한 총이다.M1903의 특징은 해머가 내장되어 있다는 점이다. 또한 그립 세이프티를 갖추어 안전성이 매우 높은 모델이 되었다.

## 나. 한국의 화약사

화약이 한국에 전래된 시기는 확실치 않으나 대체로 14세기 전반, 즉 고려 공민왕 이전으로 추측된다. 고려는 14세기말에 최무선(崔茂宣)이 화약에 대한 지식을 가지고 있는 어느 중국인의 도움을 받아, 오랜 노력 끝에 화약제조에 성공 하였다. 그는 자기가 알아낸 화약 제조법을 기술해 책으로 남겼지만 지금은 전하지 않는다.

최무선의 화약제조법은 그의 아들 최해산(崔海山)에 의하여 계승되었다. 특히 조선시대에 들어와서 왜구의 섬멸, 서북 변경의 개척 등과 관련하여 15 · 16세기에 그 제조기술은 발전을 거듭해 국가적으로 대량생산이 추진되었는데, 그 제조방법의 화학적인 공정에는 큰 변화가 없었다. 그러나 16~17세기초 조선에서는 화약제조공정에 뚜렷한 변화가 생기기 시작했다. 그것은 1638년(인조 13)에 저술된 이서(李曙)의 『신전자취염초방(新傳煮取焰硝方)』을 통해서 잘 알 수 있다.

이 책에 나오는 새로운 방법은 군관 성근(成根)이 실험을 통해서 알아낸 것인데, 그것을 병서판서로 있던 이서가 15개의 공정에 따라 서술한 것이다. 성근의 초석제조방법은 가마, 마룻바닥, 담벼락, 온돌 밑의 흙 등을 긁어내어 여기에 따로 준비한 재와 오줌을 섞고, 이를 말똥으로 덮고 나서 말똥이 마르면 태운다음, 다시 물을 붓고, 이용액을 가마에 끓여 초석을 결정시키는 것이다. 초석과 화약 제조방법의 더 뚜렷한 발전은 성근보다 약 반세기뒤의 일로 1698년(숙종 24)에 역관 김지남(金指南)이 중국에 가는 사신들을 따라다니면서 중국화약을 얻어 그 제조방법의 비밀을 연구해 『신전자초방(新傳煮硝方)』을 저술했다.

이 책은 화약 제조의 과정을 10개의 공정으로 나누어 상세히 설명했는데, 종전과 같이 특정한 흙뿐만아니라 길바닥의 흙도 이용할 수 있고, 초석 결정 방법을 간편하게 했으며, 염초. 재. 황의 비율을 새롭게 하여 흑색화약의 제조를 가능하게 했다. 즉 염초. 재. 황의 조성비를 78 : 25 : 7로 한 것인데, 이비율은 현재 화약을 만드는 6 : 1 : 1의 비율과 비교할 만하다. 이렇게 만든 화약은 10년이 지나도 습기가 끼지 않는다고 했는데, 이같은 언급으로 보아 그질이 매우 우수했음을 알 수 있다.

근대의 화약은 서양에서 수입된 기술을 기반으로 하여, 일제시대에 흥남화약공장이 설립되었고, 1952년 (주)한화 인천공장을 재건하여 현재에 이르고 있다. 현재 다아니마이트를 비롯하여 ANFO. 정밀폭약. 에멜젼폭약. 미진동파쇄기. 비전기식뇌관 및 각종 화공품이 생산되고 있다.

(1) **최무선(崔茂宣** : 태종4년 1326년경~1395): 최무선은 1326년쯤 현재의 경상북도 영천시 금호읍 원거리 마단촌에서 광흥창사(廣興倉使)를 지낸 최동순(崔東洵)의 아들로 태어났다. 광흥창사(廣興倉使)란 광흥창을 책임 맡은 관리를 말하는데, 광흥창이란 당시 고려시대 관리들의 봉급을 맡아 관리한 관청이다. 그의 집안은 영천 최씨로 그 시조 최한(崔漢)의 6세손이 바로 최동순이었으니 최무선은 7세손이 된다고 영천(永川)최씨 집안의 족보에는 기록되어있다 한다.

영천 최씨 족보에 의하면 그는 이 집안에서는 영성공파(永城公派)라는 별도의 가계를 시작한 사람으로 꼽히고 있다. 최무선이 죽고 난 다음 조선시대에 그의 화약발명에 남긴 공이 인정받아 영성군으로 높임을 받았기 때문에 영성공이라 불리게 된 것을 알 수 있다. 그의 어린 시절을 보낸 1330년대 이후 나라는 원나라의 지배간섭으로 왕자리를 놓고 서로 싸움이 심하고 또 그가 청년시절에는 왜구가 심하게 고려 연안 지방에 출몰하여 많은 피해를 주고 있었다. 한창 청년시절인 1350년대는 왜구가 전라도와 경상도 해안 지역에 나타나 막심한 피해를 주었고 이런 왜구의 피해는 해가 갈수록 줄어들 줄 모르고 반복되기 시작하였다. 그는 젊은 시절 이런 사정을 누구보다도 더 잘 알고 자라게 되었다. 아버지가 광흥창사로 일하고 있기에 아버지의 일이 바로 왜구의 피해를 가장 많이 직접 느끼는 관계로 최무선은 일찍부터 왜구의 피해에 대해 심각하게 생각하게 되었고 그래서 어떻게 하면 왜구를 물리칠 수 있을까 생각하게 되었을 것으로 본다. 여기에서 화약무기의 절실함을 깨달았다.

**(가) 최무선의 화포 발명:** 최무선의 지칠줄 모르는 노력으로 화약을 대량생산할 수 있게 된 고려는 1377년 10월 공식 화기 제조기관인 화통도감이 세웠다. 흥미롭게도 고려가 만든 화포는 시가에 만들어진 서구 대포와 그 쓰임이 달랐다. 모두 공성용으로 사용된 서양 화포와 달리 애초부터 해전용으로 만들어진 것이다.

**[사진 3-20] 세계 해전사 바꾼 최무선 화포42)**

**[사진 3-21] 화약과 화포를 만들어 왜적 격퇴42)**

1380년 6월, 드디어 왜구의 대규모 선단이 출품하자, 100척의 함대를 출전시켰다. 고려의 군선이 진포에 도착했을 때, 왜구는 일단 배를 모두 밧줄로 연결시켜 몇 첫씩 편대를 이룬 다음 반격을 시도했다. 작고 빠른 배를 앞세워 고려 함대를

42) 출처 : http://blog.naver.com/riverstar23/10184268954

휘저어 흩어 놓은 다음, 고려 군선에 뛰어올라 승부를 보겠다는 생각이다.

고려의 군선이 대소형의 포를 총동원해 포격을 가했고 주화와 불화살의 일종인 유화도 발사했다. 이때의 화약은 화력이 강하면서도 강력한 휘발성이 있는 나프타가 주원료였고, 거려군의 화약 무기에 강타당한 왜구의 함선들은 불타오르기 시작했다. 배에 남아 있던 왜구는 활의 사정거리 밖에서 사격하는 고려군의 화포 앞에 속수무책이었다.

• 전쟁세계사 중에서〈천재적인 무기 발명가 최무선이 활약한 세계 최초의 함포 전투, 진포해전〉

[사진 3-22] 세계해전사 바꾼 최무선의 화포43)

[사진 3-23] 화포의 후신인 신기전43)

### □ 화약은 명이 주었나, 발명했나?

명나라는 왜구로 인해 큰 고통을 겪고 있는 고려 조정의 부탁을 일언지하에 거절했다(1373년). 그러다가 이듬해 명나라 해안에 왜구가 창궐하기 시작하자 할 수 없이 화학 재료를 나눠주었다. 갑자기 고려가 예뻐 보여서가 아니라 고려에서 왜구를 무찌르면 명나라까지 쳐들어오지 못할 것이라는 계산 때문이었다. 더구나 중요한 원료인 염초를 불과 50근밖에 주지 않은 것을 보면 크게 인심을 쓴 것이라고 보기도 어렵다.

고려말에 최무선이 최초로 화약무기를 개발했을 당시의 대형 총통으로는 대장군(大將軍), 이장군(二將軍), 삼장군(三將軍) 등이 있었다. 태종~세종26년경의 화약무기는 천자, 지자, 현자, 황자 화포(天,地,玄,黃字 火砲)라고 불렀다. 세종27~30년(1446~1448년) 사이에 기존의 화약무기를 개량했다.

43) 출처 : http://blog.naver.com/riverstar23/10184268954

이때 개량된 천지현황 화포를 장군화통, 일총통, 이총통, 삼총통 등으로 고쳐 불렀다. 학계에서는 이처럼 세종시대에 개량되고 완성된 조선 전기의 총통들을 제1세대형 총통으로 분류하고 있다.

제일 위의 천자총통 2세대형(보물 657호)은 1555년에 제작된 것으로, 손잡이가 파손된 상태이다. 현재 육군박물관에 소장 중이다. 겉모습으로는 약실이 구분되지 않고, 약실 위에도 마디가 있다. 1세대형 총통이나 3세대형 총통과는 다른 2세대형 총통의 특징을 잘 보여주고 있다.

천자총통 3세대형은 현충사에 소장중인 것인데, 1609년 혹은 1669년에 제작된 것으로 추정되고 있다.

지자총통 2세대형(보물 863호)은 1557년에 제작된 것으로, 현재 동아대학교 박물관에 소장 중이다.

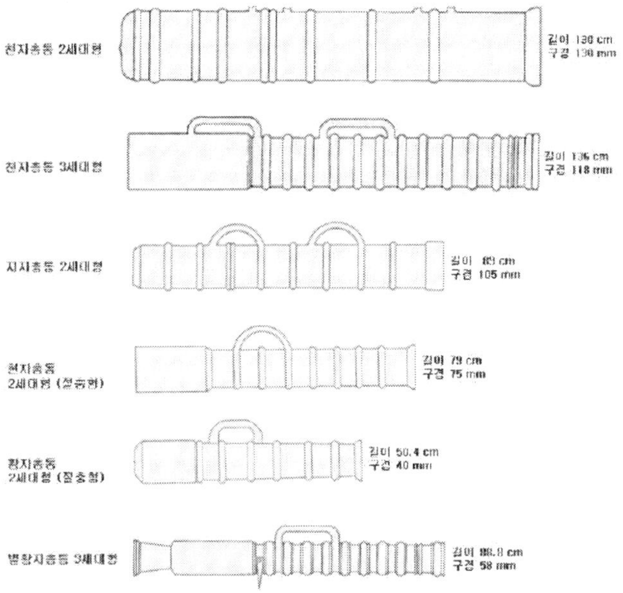


[사진 3-24] 우리나라 총통의 변천44)

현자총통 2세대 절충형(보물 885호)은 임진왜란 중인 1596년 7월 제작된 것으로

---

44) 출처 : 동아대학교 박물관 소장 http://blog.naver.com/nocleaf/90006727909

현재 해군 박물관에서 소장하고 있다. 이 총통은 거제도 앞바다에서 인양된 것이므로, 임진왜란 당시 조선 수군이 실제 사용한 총통일 가능성이 있다. 마디의 숫자와 형태는 2세대형과 유사하나, 외관상 약실이 구분된다는 점에서 3세대형의 특징도 가지고 있다.

황자총통 2세대 절충형은 1587년에 제작된 것으로, 현재 육군박물관에 소장 중이다. 같은 종류의 총통이라도 손잡이의 갯수나 위치는 조금씩 다르다.

일부 연구가들은 천자총통의 경우 무게가 296kg이고 지자총통은 무게가 73kg이므로, 천자총통 1자루를 만드는데 드는 재료가 지자총통의 4배라는 점을 이유로, 천자총통이 경제적으로 비효율적인 무기라는 점을 지적하고 있다. 나아가 이순신의 각종 기록에서 1593년부터는 천자총통이 등장하지 않은 것으로 보아 천자총통이 거의 사용되지 않았을 것이라고 주장한다. 또한, 황자총통의 경우에도 바다에서 인양된 경우가 거의 없고, 크기가 소형총통에 가까운 만큼 성능이 떨어져서 수군에서는 별로 사용하지 않았을 것이라고 주장한다. 즉, 지자총통과 현자총통이 수군의 주력무기라는 것이다.

현재 바다에서 인양된 주요 총통은 현자총통 4문, 별승자총통 3자루 뿐이다.

지자총통의 경우에도 바다에서 인양된 예가 단 한 차례도 없으므로, 그런 논리라면 지자총통도 수군에서는 거의 사용되지 않았다는 결론이 된다. 1593년 이후 이순신의 각종 기록에서 천자총통이 나오지 않는다고 하지만, 1593년 이후에는 수년간 전투기록이 거의 없어 다른 총통들도 기록에 자주 나오는 것은 아니다.

현재로선 부족한 자료를 토대로 단정적인 결론을 내리는 것은 성급해 보인다. 다만, 천자총통의 경우 제작상의 경제적 부담, 무거운 무게, 2m가 넘는 초대형 발사체를 수용할 공간 확보의 어려움, 엄청난 반동을 제어할 장치 등 배 위에서 대량으로 운용하기에는 여러 가지로 어려움이 있었을 것이다. 숫자로만 본다면 오히려 소형총통인 승자총통이 더 많았을 것이고, 지현황자 총통이 그 다음이 되고, 천자총통은 판옥선이라 할지라도 2문 이상 탑재하기는 현실적으로 어려웠을 것이다.

조선 전기와 중기의 화약무기는 이름이 비슷하여 같은 것으로 오해하기 쉽다. 하지만, 조선시대 각종 화약무기의 크기나 구경은 시대에 따라 차이가 심하다. 예를 들어 임진왜란(1592~1598년) 당시의 각종 대형 화약무기는 세종시대의 화약

무기와는 규격이 전혀 다르다. 명량해전(1597년)에 사용된 총통들은 주로 제2세대형 총통들과 제3세대형 총통들이다.

### 다. 군수업자 노벨의 폭약 발명

알프레드 베르나드 노벨은 1833년 10월 21일 스웨덴 스톡홀름에서 8남매 가운데 셋째 아들로 태어났다. 그의 부친 임마누엘 노벨 2세는 건축업자 겸 발명가였지만 연이은 사업 실패 때문에 1837년에 단신으로 고국을 등지고 말았다. 핀란드를 거쳐 러시아에 정착한 임마누엘은 니콜라이 1세 황제의 신임을 얻어 지뢰와 수뢰를 비롯한 각종 군수품을 제조하는 공장을 차렸다. 생활이 안정되자 스웨덴에 있던 나머지 가족도 1842년에 상트페테르부르크로 이주했다.

[사진 3-25] 1864, 6월, 뇌관 및 나이트로글리세린 점화법에 관한 특허를 얻기 위해 노벨이 작성한 신청서[45)]

알프레드의 정규 교육은 여덟 살 때 스톡홀름의 어느 학교에 1년간 다닌 것이 전부였다. 러시아에 와서야 그는 가정교사를 두고 공부를 재개해서 러시아어, 독일어, 영어, 프랑스어를 익혔고 특히 과학에 재능을 보였다. 부친의 사업이 확장되면서 세 아들도 각각 판매와 생산과 실험 업무를 나눠 맡게 되었다. "내 생각으로는 가장 뛰어난 재능을 가진 아이는 루드비그이고, 가장 근면한 아이는 알프레드

45) 출처 : https://ko.wikipedia.org/wiki/

이고, 투기 정신이 가장 뛰어난 아이는 로베르트라네." 부친은 이렇게 평가했다.

17세 때인 1850년부터 수년간 알프레드는 부친의 지시에 따라 유럽과 미국을 여행하며 견문을 넓히는 계기로 삼았다. 1854년에 크림 전쟁이 발발하자 임마누엘 노벨의 회사는 러시아군에 지뢰와 수뢰를 납품하며 승승장구했지만, 전쟁 중인 1855년에 니콜라이 1세가 사망하자 후계자인 알렉산드르 2세가 군수품 공급 계약을 일방적으로 파기함으로써 또다시 파산하고 말았다. 임마누엘은 19년 간 살았던 러시아를 떠나 고국 스웨덴으로 돌아왔고, 이때부터 나이트로글리세린이라는 특이한 물질에 대한 본격적인 연구에 돌입한다.

1847년에 개발된 무색투명의 액체 나이트로글리세린은 진동이나 충격에 쉽게 폭발하는 성질을 지니고 있었다. 기존의 흑색화약보다 현저하게 강력한 폭발력에 이미 많은 사람들이 매력을 느끼고 연구에 박차를 가하고 있었지만, 아직 뚜렷한 성과는 없었다. 관건은 나이트로글리세린의 폭발력을 가급적 그대로 유지하는 한편으로 안전성을 높인 실용적인 제품을 만들어내는 것이었다. 알프레드는 30세 때인 1863년부터 아버지와 함께 연구를 시작했고, 곧이어 독자적인 아이디어로 신형 뇌관과 액체 폭약을 개발해 연이어 특허를 얻었다.

1864년에 노벨 가 소유의 공장에서는 폭발 사고가 일어나 알프레드의 막내 동생을 비롯한 5명이 사망하는 비극이 일어났다. 곧이어 부친마저 뇌졸중으로 쓰러지자 알프레드는 공장의 운영을 도맡게 되었으며, 1864년 10월 22일에 투자자를 모아 나이트로글리세린 주식회사를 설립하고 그 지배인이 되었다. 회사는 곧바로 큰 성공을 거두었으며, 이듬해인 1865년에 함부르크에 지사를 세운 것으로 시작해 점차 규모를 늘려 나갔다.

### (1) 다이너마이트의 발명

1876년부터 알프레드 노벨은 나이트로글리세린을 규조토에 흡수시켜 만든 고체 폭약을 '노벨의 안전 화약'이라는 이름으로 판매했다. 그 상표명인 다이너마이트('힘'을 뜻하는 그리스어에서 비롯된 신조어)는 훗날 이 물건을 지칭하는 일반명사가 되었다. "이른바 다이너마이트라는 새로운 폭약은 나이트로글리세린과 구멍이 아주 많은 규산염의 화합물에 다름 아니다. 내가 이 폭약에 새로운 이름을 붙인 것은 그 진짜 성분을 숨기기 위함이 아니라, 이전의 것과는 아주 많은 차이가 나는 이 새로운 형태의 폭발물을 일반에게 널리 알리기 위함이다. 그러므로 이 새로운 이름은 전적으로 정당하다." 노벨의 말이다.

사고로 유출된 나이트로글리세린이 포장재인 규조토에 흡수된 사건에서 다이너마이트가 발명되었다는 일화도 전해지지만, 당사자인 노벨은 이를 단호히 부정했다. "다이너마이트의 발명은 우연의 산물이 아니었다. 나는 처음부터 액체 폭약의 단점을 알고 있었고, 그때부터 그 단점을 제거할 수 있는 방법을 찾아 나섰다." 기존의 폭약보다 훨씬 더 강력하고 안전한 다이너마이트는 1867년에 영국, 스웨덴, 미국에서 특허를 얻었고 채굴이나 건설 산업에서 널리 사용되었다. 한편으로는 인명 살상을 비롯해서 부정적인 용도로 사용되는 일도 비일비재해지며 노벨의 악명을 높이는 데 일조했다.

사업이 확장되면서 노벨은 특허 및 해외지사 관리를 위해 끝없이 출장을 다녔고, 1873년에는 아예 프랑스 파리로 이주해 유럽 전역에서의 사업을 관장했다. 1875년에는 젤라틴 형태의 폭약을 개발해서 다시 한 번 전 세계적인 명성을 얻었다. 1879년에는 여전히 러시아에서 사업을 벌이던 두 형과 함께 러시아의 바쿠 유전에 투자해서 이곳을 전 세계적인 석유 생산지로 만드는 데에 일조했다. 노벨 형제는 세계 최초의 유조선과 파이프라인을 가동하는 등의 혁신적인 조치를 통해 러시아 석유 산업의 기틀을 닦은 것으로 평가된다.

58세 때인 1891년에 노벨은 18년 동안 살았던 프랑스를 떠난다. 셀룰로이드를 이용한 신형 폭약 발리스타이트의 개발 및 특허 취득 과정에서 프랑스 정부와 알력이 생겼고, 급기야 스웨덴 출신으로 프랑스에서 활동하는 노벨을 겨냥한 국수주의적 비난과 공격이 난무했기 때문이다. 한편으로는 프랑스인 동업자가 파나마 운하 건설 관련 비리 사건에 연루되어 회사에 재정적 손실과 명예 실추를 가져온 사건도 있었다. 이래저래 환멸을 느낀 노벨은 경영 일선에서 물러나 은퇴를 선언하고 이탈리아의 산레모로 향한다.

### □ 죽음의 상인이란 오명과 말년

은퇴 중에도 노벨은 평소 일과인 연구와 실험을 결코 중단하지 않았다. 산레모에서도 그는 저택에 아예 실험실을 마련했으며, 종종 화약 관련 야외 실험을 하다가 이웃들의 항의를 받기도 했다. "1년에 1천 개의 아이디어를 생각해 내고, 그 가운데 오직 하나만이 쓸모 있는 것으로 밝혀진다 하더라도 나는 만족할 수 있다." 그는 평생 355개의 특허를 취득했으며 화약 말고도 만년필, 축음기, 전화기, 축전지, 백열등, 로켓, 인조 보석, 비행기, 수혈 등을 연구했다. "나는 중간 중간 휴식을 취하며 작업했다. 한동안 일을 놓아두었다가 다시 매달리곤 했다. 나는 자주 이런 방식으로 작업한다. 하지만 결국 해내고 말 것이란 느낌이 드는 일로 돌아가곤 했다."

막대한 부에도 불구하고 노벨은 평생 독신이었다. 43세 때에 빈에서 알게 된 20세의 소피 헤스와 18년 간 내연 관계였지만, 그녀의 사치와 방종에 실망한 나머지 결국 인연을 끊고 말았다(노벨 사후에 소피는 그의 유산을 노리고 둘 사이의 연애편지를 공개하겠다며 소동을 벌였다). 술과 담배는 물론이고 사교 모임도 멀리한 노벨은 "그 시대의 가장 소박한 갑부"로 통했다. "나는 두 가지 관점에서 경쟁자들보다 유리한 입장에 있다. 돈 긁어모으기와 아첨은 나의 흥미를 전혀 끌지 못하지요." 그는 사람을 만나거나 행사에 참석하는 것도 마다했으며, 심지어 자기 사진이나 초상화가 신문이나 잡지에 실리는 것도 싫어했다.

스웨덴에서 시상하는 네 가지 분야의 메달은 앞면(위 왼쪽)만 똑같고, 뒷면은 물리 및 화학(위 가운데), 생리 · 의학(위 오른쪽), 문학(아래 왼쪽) 분야마다 특유의 도안이 새겨져 있다. 노르웨이에서 시상하는 평화상 메달은 앞면(아래 오른쪽)과 뒷면(아래 가운데) 모두가 나머지 분야의 메달과 다르게 생겼다.

일각에서는 노벨이 다이너마이트가 무기로 사용되는 것에 죄책감을 느껴 재산을 기부하게 되었다고도 설명한다. 1888년에 루드비그 노벨이 사망하자, 그를 더 유명한 형제와 혼동한 프랑스의 한 신문이 "죽음의 상인, 사망하다"라는 표제 하에 "사람을 더 많이 더 빨리 죽이는 방법을 개발해 부자가 된 인물"이라고 폄하하는 부고 기사를 내보냈다. 이를 보고 깜짝 놀란 알프레드 노벨이 속죄를 위해 재산을 기부하기로 했다는 것인데, 그럴듯한 주장이긴 하지만 아쉽게도 확증까지는 없다. 애초부터 노벨 가문은 오랫동안 수뢰나 폭탄 등의 군수품을 제조하여 부를 축적한 이력이 있었으니, 알프레드 역시 다이너마이트가 무기로 사용되는 것에 대해 어쩌면 전혀 양심의 가책을 받지 않았을 수도 있다. "오해되거나 오용되지 않을 수 없는 것은 이 세상에 아무 것도 없다." 노벨은 다이너마이트 역시 도구에 불과하다고, 따라서 거기다가 선악의 기준을 적용할 수는 없다고 보았다.

그가 애초에 나이트로글리세린을 연구하게 된 것도 보다 안전한 취급을 위해서였음을 고려하면, 그 결과물인 다이너마이트로 인한 악명은 적잖은 아이러니다.

1896년에 노벨은 협심증 진단을 받았는데, 묘하게도 그 치료제는 혈관 확장 효과를 지닌 나이트로글리세린 성분 약품이었다. 그해 12월 10일 새벽 2시, 그는 63세로 산레모의 자택에서 사망했고, 29일에 스톡홀름으로 옮겨져 가족 묘지에 매장되었다. 며칠 뒤인 1897년 1월 2일에 그의 유언장이 공개되었고, 이를 토대로 노벨재단이 수립되어 1901년 12월 10일에 노벨상의 첫 시상식이 거행되었다.

□ 노벨상의 기원에 관하여

1895년 11월 25일 작성된 이 유언장의 내용에 따라 노벨상이 제정되었다.

알프레드 노벨은 1893년에 평화운동가 베르타 폰 주트너에게 보낸 편지에서 다음과 같이 말했다. "나는 기꺼이 내 유산의 일부를 한 재단에 기부하여 5년마다 수여되는 상을 제정하고 싶습니다. 남자이건 여자이건 유럽에서 평화의 실현에 가장 공로가 큰 인물에게 수여할 상을 말입니다." 노벨이 자신의 이름을 딴 상의 제정에 관해 언급한 것은 이때가 처음이었다. 이해 3월 14일, 그는 최초의 유언장을 작성했다. 유산 가운데 20퍼센트는 일가친척에게 나누어주고, 또 17퍼센트는 병원과 의학연구소 등 여러 단체에 나누어 기부하고 기금을 조성해 "생리학과 의학 분야에서 가장 중요하고 선구적인 발견이나 발명"에 상을 수여한다는 것이었다.

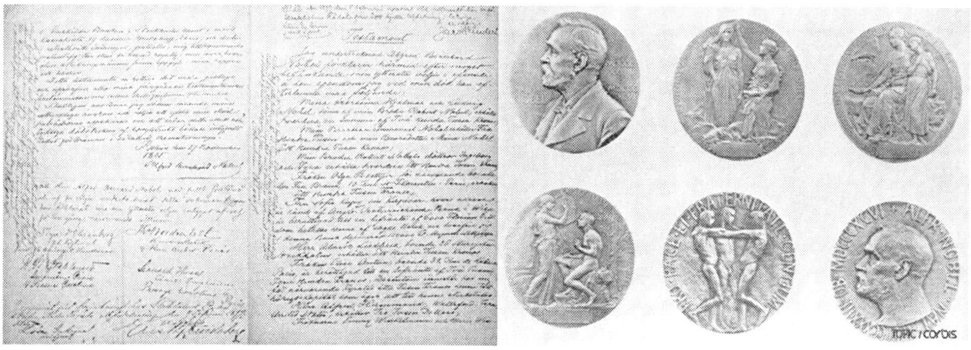

[사진 3-26] 알프레드 노벨의 마지막 유언장, 메달[46)]

46) 출처 : https://ko.wikipedia.org/wiki/

그리고 위의 37퍼센트를 제외한 나머지 금액은 이렇게 처분하도록 지시했다. "모두 기금을 만들도록 스톡홀름 학술원에 기증할 생각이다. 학술원이 매년 이 기금에서 나오는 이자를 생리학과 의학을 제외한 학문과 진보의 전 분야에 걸쳐 가장 중요하고 선구적인 발견이나 정신적인 작업에 대한 포상으로 나누어주게 할 계획이다. 이 유언장에 예고된 모든 상들이 스웨덴인 이건 외국인 이건, 또 남자이건 여자이건 조금도 차별하지 않고 가장 공로가 많은 사람에게 수여되는 것이 나의 확고한 소원이다." 1895년 11월 27일에 노벨은 유언장을 약간 수정했고, 이것이 그의 사후에 공개되어 오늘날 노벨상의 기본 취지를 표현한 문서로 공인되었다.

오늘날은 세계 최고의 영예 가운데 하나인 노벨상이지만, 노벨의 유언장이 공개된 직후에만 해도 스웨덴 내부에서는 이 상의 제정을 놓고 격렬한 비난이 일어났다. 노벨의 일가친척은 물론이고 한때 애인이었던 소피까지도 자신들의 정당한 유산을 엉뚱한 상에 빼앗기게 되었다고 생각하고 법적 대응을 고려했다. 수상자 선정에서 국적이나 성별에 구애되지 말라는 유언의 당부 때문에 스웨덴 국민 사이에서는 국부를 해외로 유출시키는 몰지각한 처사라는 비난도 나왔다. 평화상 수상자를 스웨덴이 아니라 노르웨이 국회에서 선정하게 한 것을 놓고도 논란이 일었다(그 당시에만 해도 스웨덴과 노르웨이는 연합국가 이었기 때문에 스웨덴 국왕이 노르웨이 국왕을 겸했으며, 1905년에 이르러 별개의 국가로 분리되었다).

논란의 와중에 설립된 노벨 재단은 알프레드 노벨의 유언을 실현하는 데에 본격적으로 착수했다. 총 3천 3백만 크로나(오늘날의 가치로 환산하면 대략 2억 달러 이상으로 평가된다)로 집계된 노벨의 유산 가운데 세금을 제외하자 3천 1백만 크로나가 남았다. 이 가운데 2천 8백만 크로나가 노벨상 기금이 되었고, 나머지는 운영 기금이 되었다. 재단은 노벨의 유언 중에서도 비현실적인 부분(가령 과학상 후보를 "지난해의 발견-발명"만으로 제한한 것)은 보다 유연하게 적용하기로 했고, 전반적으로 "인류에게 가장 큰 유익을 가져다 준 사람들"이라는 취지에 근거해 수상자를 결정하기로 결했다. 1900년 7월 29일, 노벨 재단은 스웨덴 정부의 공인을 받았다.

노벨은 과학자였으니 과학 분야 상들의 제정은 당연해 보이지만, 문학상과 평화상은 어딘가 의외로 보일 수도 있다. 하지만 이 두 가지 분야 역시 그의 개인적 관심이 반영된 결과였다. 노벨은 평생 문학을 가까이 하며 시와 소설을 습작했고, 당대의 여러 평화운동가 들과도 친분을 유지했다. “나는 전쟁을 완전히 불가능하게 만들 수 있을 정도로 무시무시하고 대규모의 파괴력을 가진 물질이나 기계를 만들어낼 수 있기를 바랍니다.” 노벨의 이러한 제안은 어쩌면 다이너마이트의 발명자다운 발상이라고 할 수도 있겠지만, 이는 자칫 무제한적인 군비 경쟁으로 비화될 수 있음을 최근의 역사는 잘 보여주고 있다.

1969년에 스웨덴 제국은행이 노벨 재단과는 별도의 기금을 마련해 ‘알프레드 노벨 기념 스웨덴 은행 경제과학상’을 제정함으로써, 오늘날 ‘노벨 경제학상’으로 일컬어지는 새로운 분야가 생겨났다. 한편 미국의 공학자인 헨리 페트로스키는 명색이 화학공학자였던 노벨이 제정한 상에서 줄곧 공학자들이 배제되는 것에 이의를 제기하며, 이는 노벨의 유언을 그 집행자들이 편협하게 해석한 결과라고 일리 있는 지적을 내놓기도 했다. 즉 ‘과학’에는 순수과학과 응용과학이 모두 포함되는데도, 노벨 재단 측에서 순수과학 분야만을 대상으로 시상하기 때문이라는 것이다. 실제로 노벨상의 과학 분야에서 공학자가 수상자로 선정된 것은 단 두 차례뿐이었으며, 가장 최근의 사례는 무려 100년 전인 1914년에 있었다.

그런가 하면 노벨 수학상이 없다는 사실에 관해서는 한 가지 묘한 소문이 오래전부터 떠돌고 있다. 즉 노벨의 부인이 어느 수학자와 불륜 관계였기 때문에, 이에 앙심을 품은 노벨이 수학 부문의 상을 만들지 말도록 유언했다는 것이다. 하지만 노벨이 평생 독신이었음을 고려해 보면, 이는 근거 없는 헛소문에 불과하다. 또한 노벨의 연적이라면 훗날 소피의 남편이 된 어느 군인뿐인데, 이는 차라리 평화상의 제정 근거라면 모를까 수학상과는 무관해 보인다. 따라서 그보다는 노벨이 구체적으로 지정한 분야가 어디까지나 그의 개인적 관심사를 반영했음을 근거로 삼아, 수학은 아쉽게도 그의 관심사가 아니었다고 보는 편이 더욱 타당하지 않을까.[47]본다.

## 라. 폭약의 종류

폭약은 크게 1차폭약과 2차폭약 2종류로 분리될 수 있다. 1차폭약은 폭발성능이

47) [노벨](프리츠 푀트클레 지음, 한길사, 2000)

2차폭약 보다는 낮지만, 작은 충격이나 마찰, 정전기 등에 의해 폭발하는 특성을 가지고 있다. 이에 이들은 뇌관에 이용되기도 한다.

아지드화납(PbN3),뇌산수은(Hg(ONC)2),뇌산은(AgN3),Acetone,Peroxide, HMTD(hexamethlenetriperoxidediamine),질소의3할로겐화물(NI3,NCl3),테트라진(C2H8N10O), 금속의 아세틸리드(CuC2, AgC2, HgC2) 등이 있다.

이들은 극도로 예민하고 NI3같은 경우는 깃털로 건드리기만 해도 폭발하기에 큰 사고를 불러올 수 있다. 따라서 가급적이면 만들거나 보관하지 않는 것이 좋은데 보관 방법은 정전기나 마찰이 일어나지 않는 플라스틱용기에 넣어서 보관하거나, 또한 금속제 용기에 절대 보관해서는 안 된다. 뇌산수은 같은 경우에는 물속에서 보관하기도 한다. 2차폭약은 질산암모늄(NH4NO3), 니트로글리세린(C3H5(NO2)3), TNT(tri nitro toluene C7H5N3O6), RDX(cyclotrimethylenetrinitramine C3H6N6O6), 테트릴, 니트로셀룰로오스, 피크르산, HMX(cyclotetramethylenetetranitramine C4H8N8O8), TATB, PETN 등이 있다. 이들은 폭발력은 월등히 좋은 반면 충격에 대한 예민도가 1차폭약보다 낮다. 니트로글리세린을 제외하고 이들도 금속제용기에 보관하면 안 되며 건 냉암소에 보관해야 좋다. 그리고 이것들을 제대로 폭발시키려면 1차폭약의 도움이 있어야 한다.

다음으로 우리가 흔히 보는 검은색, 흰색 등의 불꽃놀이용 화약은 대부분 산화제와 연료를 혼합한 것입니다. 산화제는 열분해하여 산소를 발생시키는 물질로, 질산칼륨, 과망간산칼륨, 염소산칼륨, 과염소산칼륨, 등이 주로 쓰이고 연료로는 황과 활성탄이 주로 쓰인다. 높은 온도를 원한다면 티타늄, 알루미늄, 마그네슘 등의 금속분말을 섞는다. 이렇게 만들면 흰 불빛은 내면서 고온으로 타오른다. 이들도 특별한 보관방법이 있는 것이 아니고 정전기, 마찰, 열을 피할 수 있는 것이 좋다.

폭발물의 보관방법은 공통적으로 마찰, 열, 정전기, 습기를 피하는 것이고 유효기간이 지난 것들은 폐기하는 것이 원칙이다.

(1) 함수폭약

질산암모늄, 물, 연료 겸 예감제(鋭感劑), 점조제(粘稠劑) 등을 성분으로 비중을 크게 하고 위력을 강화한 죽상태의 폭약, 물을 많이 함유하고 있는 것이 특징이며, 내수성(耐水性)이 뛰어나고 다이너마이트보다도 안정성이 높다.

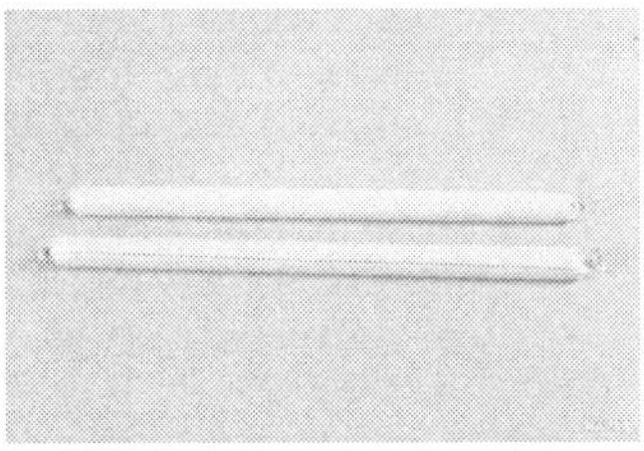

[사진 3-27] 함수폭약48)

(2) 트라이나이트로톨루엔

위는 겉보기 모습. 보다시피 모래와 구분이 잘 안 간다. 트라이나이트로톨루엔의 녹는점은 80도이고 끓는점은 240도인데 보통은 이 정도까지 올라가기 전에 폭발하게 되는데 물을 섞으면 파괴력이 약해진다. 제조법은 경유를 사다가 황산에 부으면 톨루엔이 만들어지는데 거기에 질산을 뿌린 뒤 황산을 좀 더 치고 에탄올을 뿌려 만든다. 시중에서 판매도 되고 있다.

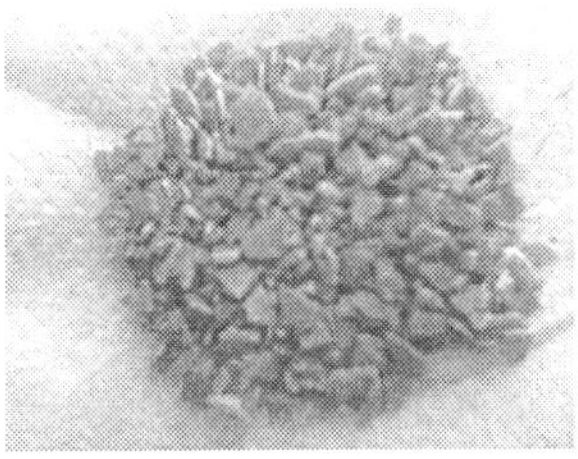

[사진 3-28] TNT49)

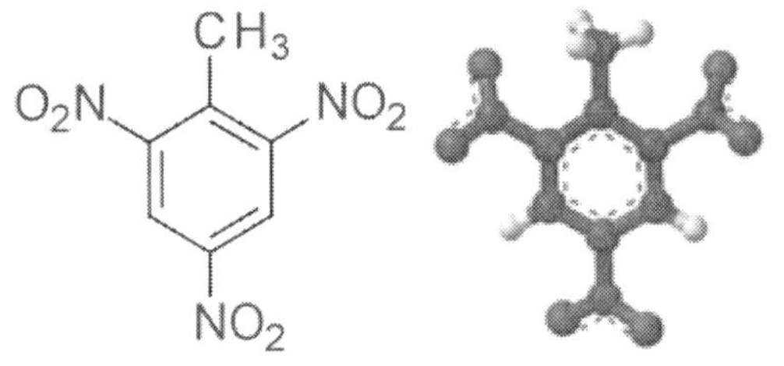


[사진 3-29] 화학식(C7H5N3O6), 구조식49)

(3) 나이트로글리세롤

니트로글리세롤이라고도 하며 단맛이 난다고 한다. 상온에서 액체이며 색깔이 없으며 불안정형과 안정형이 있는데 다이너마이트를 만들 때는 안정형을 쓴다. 또 불안정형이 더 적은 충격으로 폭발한다. 녹는점은 불안정형 2도, 안정형 14도이고 끓는점은 50도이다.(끓는점이 되면 자동으로 폭발한다)

48) 출처 : 국립중앙박물관 http://www.museum.go.kr/ http://terms.naver.com/entry.nhn?docId=2229046
49) 출처 : https://ko.wikipedia.org/wiki/트라이나이트로톨루엔

• 제조법 : 글리세롤에 황산과 질산을 섞은 다음 물을 부으면 생성된 나이트로 글리세롤이 기름 부은 것처럼 둥둥둥 뜨는데 그때 건지면 된다.

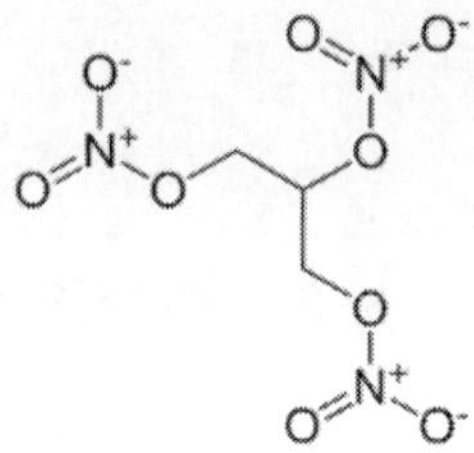

[사진 3-30] 화학식[50)]

(4) 무연화약(無煙化藥 smokeless powder)

발사약 가운데 니트로셀룰로오스·니트로글리세롤 등을 주제(主劑)로 하는 화약. 검은색 화약과 달리 발포할 때 연기의 양이 매우 적다. 1884년 프랑스의 P. 비에유는 니트로셀룰로오스를 에테르·알코올혼합액에서 교화(膠化)·성형·건조 시켜 본격적 무연화약을 만들었다. 이것은 포용(砲用) 발사약으로서 우수하여 1886년 프랑스는 육군의 제식화약(制式火藥)으로 삼고, 당시의 육군대신 G.E.J.M. 불랑제의 공적을 기려 B화약이라 명명하였다. B화약은 오늘날 싱글베이스무연화약의 선구가 되었다. 1886년 스웨덴의 A. 노벨은 질소량 약 12%인 니트로셀룰로오스와 니트로글리세롤을 섞어 반죽·성형하여 무연화약을 만들고 발리스타이트로 명명하였다. 1889년에 영국의 F.A. 아벨은 질소량 13% 이상인 니트로셀룰로오스와 니트로글리세롤의 혼합물을 아세톤으로 개어 성형하고, 용제를 증발시켜 무연화학을 만들어 코다이트라고 명명하였다. 발리스타이트와 코다이트는 니트로셀룰로오스와 니트로글리세롤로 된 오늘날의 더블베이스무연화약의 시초이다.

제2차세계대전중 독일 및 영국에서는 무연화약에 니트로구아니딘을 가하는 연구를 하여 포신 내면 소식(燒蝕)을 억제하고, 포신염을 적게 하는 데 성공하였다. 이러한 니트로셀룰로오스·니트로글리세롤·니트로구아니딘의 3성분을 주제로 하는 무연화약을 트리플베이스무연화약이라 한다.

50) 출처 : https://ko.wikipedia.org/wiki/

탄환 발사에 이용되는 발사약. 주로 질산에스테르를 기제(基劑)로 하고 있다. 예전부터 이용된 흑색 화약을 발사할 때 연기를 발생하는 일이 많아서 유연화약이라 불리나 이것은 엄밀하게는 무연은 아니지만 연기 발생이 적어서 이 이름이 붙여졌다. 질산에스테르를 기제로 하는 것에는 니트로셀룰로오스 단독을 기제로 하는 것과 거기에 니트로글리세린과 니트로디글리콜과 같은 액상 질산에스테르를 가한 것을 기제로 하는 것이 있으며, 전자를 니트로셀룰로오스 화약 또는 싱글 베이스 화약, 후자를 니트로글리세린 화약 또는 더블 베이스 화약(추진 약)이라 부른다.

무연 화약의 기제는 질산에스테르이므로 가수 분해를 일으키기 쉽고 또 니트로셀룰로오스는 아무리 정제해도 어느 정도의 자연 분해는 피할 수 없다. 그런데도 무연 화약은 상당히 긴 세월 동안 저장해 둘 필요가 있으므로 그 자연 분해를 최소로 하기 위해 분해 생성물인 산화질소 등을 포획할 목적으로 안정제가 가해진다. 또 저장 중 정기적으로 안정도를 시험할 필요가 있다. 니트로셀룰로오스는 섬유 상태에서는 상당히 빨리 연소하기 때문에 발사약으로서 사용할 수 없지만 이것을 용제에 녹여 조직을 바꾸고 또 밀도를 높이면 천천히 타게 되므로 이와 같이 하여 성형된 것을 용제 화약(英 solvent powder)이라 하며 B화약, 콜다이트가 그 예이다. 용제 화약은 제조가 쉬우므로 널리 만들어지고는 있지만, 이 용제는 성형을 위해서만 필요하고 그 후에는 불필요하며 사용 시 함량이 다르면 연소 성능도 변하므로 건조 시에 회수하여 함량을 일정하게 해야 한다. 휘발성 용제를 전혀 사용하지 않고 니트로글리세린에 용제 역할의 바리스타이트와 같은 것은 무용제 화약(英 solventless powder)이라 불리지만 이것은 연소 온도가 지나치게 높아 그다지 바람직하지 못하다. 그래서 니트로셀룰로오스의 경화제이기도 하며 동시에 안정제이기도 한 센트랄리트 같은 안정 경화제를 사용한 비휘발성 용제 화약이 제1차 세계 대전 때 독일에서 만들어지고부터 널리 이용되고 있다. 로켓 연료로서의 더블 베이스 추진 약에는 이 종류가 주로 이용된다.

특수한 무연 화약으로서는 니트로셀룰로오스 기타로 아세트산에스테르에 녹이고 교반하면서 물속에 넣어 구상(球狀)으로 굳힌 볼 화약(英 ball powder), 엽총용을 위해 상당히 빠르게 연소하도록 한 사냥용 무연 화약, 발사 시에 화염이 발생하지 않도록 한 소염 화약 등이 있으며 무연 화약의 용도로서는 발사, 추진 외에 콘크리트에 못을 박기 위한 드라이브 잇(英 drive ○ it)과 석유샘의 철관에 구멍을 파 석유를 꺼내기 쉽게 하기 위해 탄구를 집어넣는 건 퍼포레이터(gun perforator)를 위한 화약으로서 사용한다.[51)]

(가) 무연화약 개발 소사

1830년대에 프랑스에서 질산으로 처리한 나무 같은 것들이 가연성이 높아진다는 점을 발견한다. 이 현상에 대해 연구가 진행되던 중, 1846년 독일계 스위스인 화학자 쇤바인(Christian Friedrich Schoenbein)이 부엌에서 진한 질산과 황산으로 실험을 하던 중 엎지른 액체를 부엌에 있던 면직물로 닦는다. (일설에는 그 면직물이 앞치마였다고 한다) 그리고 이 면직물을 불에 말리려는데 폭발적으로 불이 붙어버리는걸 보게 된다.(부엌에서 실험 한 거나 앞치마를 홀랑 태워 먹은 거나 아마 바가지 좀 긁혔을 듯싶다.)

'네가 잘못한 거다. 그녀는 뭐든지 옳다.'

• 행복한 가정생활을 위한 조언

곧 쇤바인은 면을 질산으로 처리하는 실험을 계속하여 질산처리 된 목면을 질산과 황산의 혼산에 담 구어 뒀다. 찬물로 씻어 내면 잘 연소되는 화합물을 얻을 수 있다는 걸 발견하게 되었고 니트로셀룰로오스를 만들게 된 것이며 이렇게 등장한 니트로셀룰로오스는 새로운 화약으로 주목받게 된다.

이런 발명에 더해 1846년에는 또 다른 발견이 이뤄진다. 니트로셀룰로오스를 에테르나 아세톤에 녹인 젤상의 콜로디온(collodion, pyroxylin이라고도 불린다)이 프랑스인 메나드(Louis Menard)에 의해 발명된다. 콜로디온을 얇게 펴서 말리면 필름이 되는걸 알게 되고 이건 곧 사진 필름 제작에 응용된다. 1950년대까지 사용된 니트로셀룰로오스 필름이 이렇게 등장한 것이고 코닥이나 아그파 같은 회사들이 등장하는 배경이 된다.

1864년, 프러시아의 포병대위 슐체(Schulze)가 bulk powder라 불릴 나무의 셀룰로오스를 질산처리한 화약을 개발하게 된다. 니트로셀룰로오스 외에 질산칼륨이나 질산바륨 등이 포함되게 된 것이다. 그러나 슐체의 화약은 나무속에 들어있는 리

51) [네이버 지식백과] 무연 화약 [無煙火藥, smokeless powder, rauchloses Pulver] (화학대사전, 2001.5.20, 세화)

그닌과 같은 여러 가지 불순물로 인해 연소속도가 일정하지 못하다는 문제가 있었다.

1882년에는 영국에서 E,C powder 가 만들어 진다. 이건 나무 대신 면을 사용했고 여기에 슐체의 화약처럼 질산칼륨과 질산바륨을 혼합하여 만든다. 이 E,C 화약은 상용으로 판매됐고 주로 산탄총의 탄약에 사용되게 된다.

bulk powder란 별칭은 아마도 이런 류의 화약들이 각종 식물로 만든 터라 뭉쳐 보여서 붙여졌다고 한다. 저 때만해도 면, 나무, 짚, 방적공장에서 나온 면 찌꺼기까지 재료로 썼다하니 다른 이야기로는 흑색화약과 비슷한 양을 넣어야 제 효과가 나오기 때문에 붙여졌다는 것도 있다.

전형적인 bulk powder의 조성은 다음과 같다.

(덜 순수한) 면화약 84% + 질산칼륨 7.5% + 질산바륨 7.5% + 기타 성분(파라핀 왁스나 전분 등) 그러다 1884년 프랑스의 폴 빌레(Paul Vieille)가 더 깔끔해진 니트로셀룰로오스 화약을 내놓는다. 바로 Poudre B(Poudre Blanche, 영어로 하면 white powder)가 등장한 것이다. 빌레의 화약 또는 Poudre B 그 때까지 사용되던 bulk powder보다 순수한 니트로셀룰로오스를 사용했고 흑색화약(Poudre Noire. black powder)에 비해 다음과 같은 이점을 제공한다.

### (나) 무연화약의 특징

■ **말 그대로 무연화약;** 연기가 나긴 하지만 흑색화약에 비해서는 아주 적다. 덕분에 저 때만해도 일상적이던 일제사격 시 앞이 안보일 정도로 자욱하던 포연이 사라지게 된다. 조준이 쉬워졌고 관측당할 확률도 줄어들게 되었다.

■ **깨끗하게 연소:** 흑색화약은 연소 후 많은 잔재를 남긴다. (연소 전 부피의 20%이상의 찌꺼기 발생)이 잔재는 엄청난 총연으로 나타나며 총포의 내부를 더럽히고 부식시키는 주요인이 되기도 한다. 무연화약은 이런게 없었다.

■ **더 강력해진:** 같은 무게의 흑색화약에 대해 큰 힘을 낸다. 이 때문에 더 작으면서 강력한 힘을 가진 새로운 탄약을 만들 수 있게 되었다. 프랑스군은 빌레의 화약에 관심을 나타내고 곧 이걸 새로운 총포용 발사약으로 생산하게 된다.

(다) 만드는 방법: 에탄올과 에테르의 혼합 용제를 사용해서 콜로디온솜에 면화약(guncotton)을 혼합한 혼합물을 넓은 판에 부어놓고 롤러로 밀어 판상으로 만든 후 용제가 증발되면 가늘게 잘라 내거나 틀을 대고 찍어낸다. 만약 화약을 소화기용 발사약으로 만든다면 제조 공정 및 취급시 마찰을 줄이며 연소속도를 약간 느리게 만들어줄 흑연분말을 추가. (이 경우 발사약 자체는 검은 광택을 띄게 된다.) 화포용 발사약이라면 흑연은 사용하지 않는다. 면화약의 경우 셀룰로오스에 니트로기가 적어도 5개 이상 붙은 것을 사용한다. 콜로디온의 경우는 셀룰로오스에 니트로기가 3~4개정도 붙은 것이 사용된다.

(5) 흑색화약: 화약의 시작이자 대표적인 저속폭약. 흑색화약이란 명칭이 붙은 이유는 보통 흑색의 분말로 만들어지기 때문이다.

(가) 원리: 조성은 초석[2]+숯(탄소)+황이 일정 비율로 혼합된 형태이며, 황의 비율에 따라서 폭연(deflagration)속도가 조절된다. 복합화약이므로 장전법이나 장전밀도에 따라 다르지만 폭연 속도는 수백m/s 정도이다. 위력계수는 0.55[3] 각 조성비가 화약의 폭발에 작용하는 부문은 다음과 같다.

• 질산칼륨($KNO_3$)의 질산염($NO_3$)은 반응시 산소를 공급한다. 또한 화약의 폭발력의 근원이다. • 목탄은 연소 반응이 일어날 수 있도록 한다. • 황은 낮은 온도에서도 발화하며 폭발을 증가시킨다.

이 구성물들 중에서 질산염이 가장 중요한 위치를 차지하는데 화약의 폭발력이 질산염으로부터 나오기 때문이다. 또한 질산에 의한 지속적인 산소의 공급이 다른 구성물들의 연소와 폭발을 촉진한다. 반대로 가장 중요도가 낮은 것은 황으로, 황이 없더라도 목탄 비율만 잘 조절하면 생각보다 꽤 괜찮은 화력의 흑색화약을 만들 수 있다. 황이 없는 흑색화약은 위력은 좀 줄어들어도 연기가 덜 나는 장점이 있다. 무연화약이 개발되기 직전에 무연화약 비슷한 개념으로 황이 없는 저연 흑색화약을 개발한 적도 있을 정도. 다만 점화 온도가 100도 정도 올라간다는 문제가 있어서 플린트락 총기에 쓰기는 껄끄럽다. 하지만 캡락 총기에서는 별 상관 없는 문제점이다. 연소의 실질적인 연료는 목탄(숯)이 담당한다. 그런데 숯 대신에 순수한 탄소를 쓰면 안 된다! 순수한 탄소는 숯에 비해 점화 온도가 훨씬 높기 때문에, 순수한 탄소를 조합해서 만들면 화약이 아닌 성냥대가리마냥 느린 속도로 불타오를 뿐이다. 목질에 따라 숯의 특성도 달라지기 때문에 어떤 목탄이 좋은지에 대해서 저마다 레시피가 존재했다. 현대의 흑색화약은 정전기로 인한 폭발을 방지하기 위해 알갱이에 흑연을 도포한다.

(나) 조성비: 현재 사용되고 있는 흑색 화약은 1780년대에 불꽃제조사들이 발명한 것으로 질산칼륨 75%, 숯(탄소) 15%, 황 10%의 조성비로 이루어져 있다. 참고로 과거에는 각국마다 이러한 구성비가 달라서 조선시대에는 중국과 일본의 화약을 각각 '명화약', '왜약'이라고 부르기도 했다. 한마디로 만든 시대와 만든 나라에 따라 다 성분비가 달랐다. 조합비를 달리 하면 조금 다른 용도로 쓸 수도 있다. 예를 들어 목탄의 탄화가 덜 된 것을 조합해서 만든 경우 갈색으로 보이기 때문에 갈색화약이라고 부르는데, 연소 속도가 느려 대포의 추진제로 적합하다.

현대에도 과거와 조합비만 다르지 흑색화약은 여전히 사용되고 있다. 대표적으로 블라스팅 파우더라고 부르는, 바위를 깨트리는 등의 광산용으로 사용하는 흑색화약은 질산염 70%, 목탄 14%, 황 16% 비율을 사용한다. 질산칼륨보다 더 싼 질산나트륨을 사용하는 블라스팅 파우더의 경우, 질산염 40%, 목탄 30%, 황 30% 비율로도 만든다.

흑색화약은 그레인(알갱이의 굵음)으로 다시 용도가 나눠진다.

• F: 포탄 장약용. 느리게 탄다. • FF: 산탄총, 머스킷 등 대구경 총기에 사용. F보다 조금 빠르게 탄다. • FFF: 권총 등에 사용한다. FF보다 조금 빠르게 탄다. • FFFF: 점화용 화약으로 사용한다. 제일 빠르게 탄다.

같은 화약으로도 알갱이 굵기에 따라 연소 속도와 용도를 나눌 수 있다는 것은 흑색화약의 대표적인 장점 중 하나다. 하지만 흑색화약은 만들어질 당시부터 문제가 많았으며 특히 취급과 보관에 상당한 신경을 써야 했다.

• 발화시 금속을 부식시키는 연소생성물(특히 수산화칼륨)이 엄청나게 생성된다. 그래서 화기를 사용한 다음에는 구석구석 청소를 해주어야 하며 심지어 전투 중에 몇 발만 쏘더라도 재사용을 위해 간략한 청소를 해주어야 동작한다. 이는 흑색화약을 사용하는 화기가 자동사격을 할 수 없게 만드는 중요한 원인이었다. 만약 이걸 현용 돌격소총이나 기관총 같은 가스압이나 반동을 이용한 자동화기에

적용한다면 잘 해봐야 10○20발 쏘고 나면 총열을 포함해서 가스통로 등이 다 찌꺼기로 막혀버려 작동을 못 한다. 게다가 현장에서 수리가 거의 불가능하고 심하면 병기창에 총을 후송해야 한다.

• 연소 시에 많은 연기를 만든다. 덕분에 흑색화약을 쓴 화승총 같은 무기를 3-3발만 발사해도 사수 주변이 흑색과 회색의 연기로 휩싸이며 대포나 화차 등의 무기는 더 이상 말할 필요가 없다. 이 연기는 화기 내부에도 탄매로 낄 뿐만 아니라 시야를 막아서 조준사격을 불가능하게 만들고 심지어 질식을 일으키는 성분도 있어서 호흡기에 이상이 일어나게 만든다. 이 역시 화기 내부에 불순물이 끼는 문제와 함께 자동사격을 못하게 된 원인이었다. 설령 기술의 발전으로 화기 내부의 탄매 문제를 해결해 자동화기처럼 사용할 수 있게 만들어봤자 허구한 날 연기가 피어올라 폐를 끼친다면 다 소용없는 일일 것이다.

• 물에 매우 취약해서 비가 오면 사실상 사용이 불가능하다. 맑더라도 습기 찬 곳에서는 질산나트륨을 베이스로 한 흑색화약이 덩어리로 뭉치는 경향이 있어서 난감해진다. 질산칼륨을 베이스로 만든 흑색화약은 습기정도는 문제가 없지만 사용하기 힘들어지는 것은 마찬가지. 덩어리가 된 흑색화약을 사용해보겠다고 두들겨서 가루로 다시 만들다가 까딱하면 터져서 엄청난 인명피해가 발생할 수 있다. 실제로 명나라 말기 이렇게 굳어버린 화약을 명나라 군인들이 다시 사용해 보겠다고 도끼로 쳐보다가 폭발해서 도끼로 친 사람과 근처 사람들이 몽땅 날아가버린 사고가 있었다고 한다.

• 분말형태이므로 질산염 + 탄소 + 황이 진동에 의해 서로 분리될 가능성이 있다. 이는 곧 불발될 확률이 있다는 의미이며 기본적인 성능 또한 아주 저질이다. 브라질 땅콩 효과가 발생한 것이다. 이러한 문제를 막기 위해 흑색화약은 코닝(corning)이란 작업을 거쳐 만든다. 잘 갈아서 한데 섞어준 혼합물에 적당한 분량의 물을 뿌려 흡수시키고 일정한 틀에 넣어 굳힌 후 다시 분쇄시켜 적절한 굵기의 체로 걸러주는 작업으로, 이를 통해 물에 녹은 질산염이 다공질 숯 속으로 파고들어가 재결정화 되고 이후 분쇄된 가루를 체에 쳐서 적당한 크기의 입자로 모아 연소속도를 일정한 수준으로 보장할 수 있게 되므로 대포용 장약과 소총용 장약을 구분해서 사용할 수 있게 해 준다. 덤으로 보관성이 좋아져서 안전성도 올라간다. 하지

만 이래도 질산나트륨을 베이스로 한 흑색화약의 습기 먹는 문제는 어쩔 수 없다.

• 화력 자체는 무연화약보다 낮은데도 밀폐 공간에서 통 크기로 모아서 불을 붙이면 폭발하는 습성이 있다. 그에 반해 무연화약은 많이 모아서 태워도 폭발이 아닌 연소에 가까운 결과가 나온다. 때문에 소용량 통으로 취급할 때 무연화약보다 훨씬 위험하다. 미국에서는 리로딩을 위해 화약을 통으로도 판매하는데 무연화약보다는 흑색화약을 더 위험물로 간주한다. 밀폐공간에서 폭발하는 성질 때문에 광산업계나 벌목업계 등지에서 흑색화약을 바위 쪼개는 용도로 아직 사용하긴 한다. 본격적인 고폭약에 비해 싸기도 하다.

(다) 사용분야: 이렇듯 취급과 보관이 까다롭고 성능도 떨어진다는 이유 때문에 21세기 현재에는 군용으로도 산업용으로도 잘 사용되지 않는다. 무연화약이 개발되자 대부분 그쪽으로 갈아탔고, 특히 개인화기류에서는 무연화약의 개발로 인해 엄폐와 속사가 가능해져 전술상의 이유로도 흑색화약은 버려졌다.

제2차세계대전 당시 독일이 무연화약의 부족을 이유로 판처파우스트의 추진제를 흑색화약으로 만든 기록이 있다. 지금도 중동이나 아프리카 등지에서 만드는 사제 RPG-7 추진제는 흑색화약이 흔히 쓰인다.

현대의 대표적인 사용처는 불꽃놀이. 함유한 불순물을 조절해서 불꽃의 색상을 조절한다. 요즘에는 대체 흑색화약(또는 유사 흑색화약)이란 것도 있다. 현대 전장식 총기에 사용하기 위해 흑색화약과 비슷한 성질을 띄게 조합한 화약이다. 부피당 화력을 일부러 흑색화약과 비슷하게 조성하고 대신에 무연화약처럼 깨끗하게 타게 만들었다. 점화가 어렵지만 현대 전장식 총기는 산탄 뇌관으로 점화하니까 별 문제 없다.

• 다만 무연화약이라고 백색이거나 그런 것은 아니고 대개의 무연화약 역시 검은 색.

• 질산염. 일반적으로는 질산칼륨이 주로 쓰이는데, 질산암모늄이나 질산나트륨도 사용가능하다. 과거에는 자연에서 초석을 캐다 썼는데, 자원이 유한하여 여기저기서 초석을 찾아 헤매다 공중질소 고정법을 발견하고부터는 이제 만들어 사용한다.

• 위력계수가 0.55 임을 주의하자. 단순계산으로 TNT 1kg 보다 흑색화약 2kg의 위력이 더 세다. 폭연 또는 폭굉 속도가 낮다고 우습게 보면 안 된다.

• 물론 이정도 상황이라면 현대의 무연화약도 사용할 수 없긴 하다. 그렇지만

무연화약은 대개 총탄 형태로 만들어져 어느정도 방수성이 있는 반면 흑색화약은 그대로 사용하는 경향이 큰 탓에 영향을 쉽게 받는 것이다.

• 무연화약과 흑색화약을 동시에 불을 붙여보면 흑색화약이 훨씬 빨리 타오른다. 무연화약은 연소 시 만들어내는 압력이 강한 것이지 연소가 전이되는 속도가 빠른 것은 아니기 때문. 서부영화나 해적 영화 같은 데서 흑색화약을 한 줄로 뿌려서 기폭시키려 할 때 화약이 천천히 타들어가는 것은 순 거짓말이다. 실제론 무연화약이 그 정도 속도로 타야 정상이다.

• 위력이 너무 강하거나 계량 부피가 달라지면 흑색화약용 장비를 써서 재래식 전장총에 화약을 쟀다가는 총이 터질 위험이 있기 때문이다.

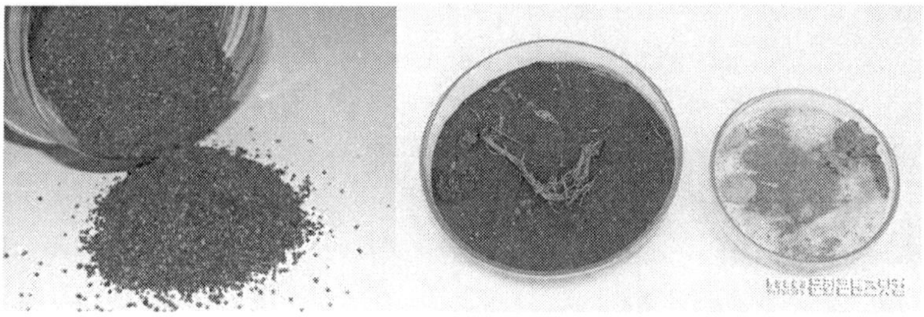

[사진 3-31] 흑색화약 사진[52]

(1) 산업용 화약의 발달

▪ **흑색 화약(유황 + 초석 + 숯(목탄))**: 검은 숯이 함유되어 있어 검은색처럼 보인다고 흑색화약이다. 암석발파로는 한계가 있다.

▪ **염소산염 폭약**: 1786년 프랑스의 베르톨레가 염소산염을 발견하지만 과민성 때문에 공업화에 실패하였고, 1896년 스웨덴의 칼슨이 안전하고 폭력이 강한 과염소산염을 원료로 하는 폭약을 창제하였다. 염소산염 폭약인 카릿트는 일제강점기 때 들어와 쓰였으나 폭파 후 유독성 가스 발생과 내습성 취약, 취급불편 등의 문제로 현재는 사용되지 않고 있다.

52) 출처 : 문화콘텐츠닷컴 (문화원형백과 첩보), 2005., 한국콘텐츠진흥원, Weapon Information Offering Center blog.naver.com/svns2/110115988746

■ **초화**: 분자 속에 있는 수소원자를 니트로기(NO2)로 바꾸어 주는 일, 에스테르화, 니트로화, 니트롤리시스 등 세 종류가 있다. 이 화합물들은 화약이나 염료 등으로 쓰인다.

■ **면약(니트로셀룰로오스,NC)과 니트로글리세린(NG)**: 1845년 스위스의 쇤바인과 독일의 보트키가 면을 초화시켰다.

브라운은 압착시킨 건면약이 뇌홍 뇌간에 기폭되고, 압축된 습면약은 소량의 건면약에 의해 기폭된다는 부스터의 원리를 알아낸다.

니트로 글리세린은 유럽의 뛰어난 과학자들의 연구가 합쳐진 결과다. 최종적으로는 1847년 이탈리아의 소브레노가 하였다.

■ **노벨 – 규조토 다이너마이트**: 노벨은 NG를 글로니온 오일이라 하고 세계 각지로 수출했지만 이름처럼 액체 상태라 폭발사고에 취약했다.

노벨은 우연히 NG가 규조토에 흡수되는 것을 보고 규조토 다이너마이트를 만들었고, 후에 교질 다이너마이트로 발전한다.

■ **노벨 – 젤라틴 다이너마이트**: 손가락을 다친 노벨이 그 때 치료제로 쓰이던 콜로디온(NC+(물+알코올))을 바르고 실험하다 콜로디온이 NG와 용해되는 것을 보고, 젤라틴 다이너마이트를 만들었다. 이후 초안과도 실험해 성공하였다.

■ **초안(AN), 초안폭약 Ammonium Nitrate Explosives** – 19세기 초 그린델과 로빈이 초안을 처음 화약에 시도하였고 1840년 라이스와 멜론이 목탄과 초안의 화합물을 170도로 가열하면 폭발한다는 사실을 알아내었다.

1867년 스웨덴의 올손과 노르바인이 초안에 소량의 가연성 물질을 혼합해 'Ammoniakkrut'이란 폭약을 발명해 내 최초로 초안을 이용한 폭약을 만들었다.

데이비스는 새로운 물질로 만든 'ammoniakkrut'의 조성을 발표하였다.

초안의 특성은 흡습성이 크고 기폭감도가 낮다. 초안폭약은 국내 폭약산업의 초창기부터 널리 사용되고 있는 폭약으로서, 질산암모늄($NH_4NO_3$)을 주성분으로 한 분상 타입의 니트로글리세린(N/G) 계열의 폭약이며 일반용과 탄광용 초안폭약 2

종류가 있다. 다이나마이트에 비하여 저폭속의 제품으로 연암발파에 적합하며, 주로 석재채취용과 채탄 발파에 사용되고 있다.

■ 초유폭약(초안 + 기름)(AN+FO), Ammonium Nitrate Fuel Oil Explosives: 1955년 미국의 아크레와 리가 만들었고 장점은 원료 확보의 용이성, 저렴한 가격 및 사용상의 편리성, 안전성을 갖추고 있으나, 단점으로 위력이 나쁘고 내수성 취약, 부스터가 필요하다. 초유폭약은 질산암모늄($NH_4$ $NO_3$)을 주성분으로 하여 연료유를 혼합한 초안폭약의 일종으로서, 폭약류 중 가격이 가장 저렴하고 안정성이 우수한 저폭속·저비중 제품으로 주로오픈(노천)발파에 이용되며, 사용처는 연암으로 형성된 현장에 매우 유리하고 특히 대형석산이나 석회석 채석장에 널리 사용되고 있다. ANFO는 세계에서 가장 널리 이용되는 폭약이며 전폭약포에 의해 기폭한다. 폭발속도 (Velocity of Detonation)는 발파공의 직경에 따라 변하며 250mm발파공에서 4,400mm/sec의 최고속도에 이르고 건조상태의 75~250mm의 공경에서 가장 적합하게 사용될 수 있다. ANFO는 내수성이 좋지 않으므로 발파공에 물이 있을 때는 방수 조치해야 하며 폭발할 때 오렌지-브라운색 연기가 발생하는 것은 물이 들어갔다는 증거이다.

■ 슬러리 폭약: 1956년 미국의 쿡 교수와 캐나다의 파르남이 만들었고 AN-FO 혼합물에 물과 가교제를 가하여, 슬러리 상태로 만든 뒤, 예감제로 알루미늄 분말과 TNT를 사용하였고 물은 화약과 상극이라는 전통적 관념을 깨기에 이르렀다. 단점은 O/W(oil in water)형으로 겨울에는 물이 얼어 불발 가능성이 늘어난다.

■ 에멀전 폭약: 슬러리 폭약의 반대인 W/O형이다. EMULITE는 유제화약으로 유중수형(Water in Oil)형 에멀젼이며 연속상은 탄화수소계 원료인 광유, 왁스 등이며 불연속상은 질산암모늄, 질산나트륨으로 구성된 산화제 수용액이다. SiO2유리질의 미소중공구체는 예감제 역할로 쓰여진다. EMULITE는 마찰, 불, 또는 기타 기계적 자극을 통한 우연한 기폭에 대해 니트로글리세린계열 폭약보다 매우 둔감하기 때문에 어떤 산업용 폭약보다 제조와 취급이 안전하다.

EMULAN은 PRILLT와 EMULITE의 혼합물로 이루어진 Bulk Explosives로써 PRILLT의 입자사이의 공간이 EMULITE로 채워지기 때문에 에너지와 밀도가 증가되어 PRILLIT

보다 더 강한 위력을 발휘한다. EMULITE/PRILLIT 배합 비는 건조상태에서 2/8, 매우 습한 상태에서 9/2로 높은 밀도가 증가된 에너지 때문에 PRILLIT와 비교하여 40% 이상의 발파효과 증대와 함께 저항선과 공간격도 20%이상 증가시킬 수 있다.

■ 하이마이트(HiMITE) Extra Gelatine Dynamite: 하이마이트는 현재 국내에서 가장 많이 사용되고 있는 폭약이며, 특히 하이마이트 6000시리즈는 그 위력을 능가하는 폭약이 없을 정도의 고 성능을 자랑하는 제품이기도 하다. 수중 발파(수중용 하이마이트 SM 시리즈)와 연암에서 극경암발파에 이르기까지 용도의 제한을 받지 않고 가장광범위하게 사용되는 폭약은 역시 하이마이트 뿐이다.

■ 뉴마이트(NewMITE) Emulsion Explosives: 뉴마이트는 에멀젼폭약의 상품명이며, 뉴마이트 역시 함수폭약의 일종으로서 내한성(-20℃)이 우수하며 코벡스(슬러리폭약)에 비해 취급이 용이하고 뉴마이트는 약상을 자유롭게 조절할 수 있기 때문에 크라프트지와 필림포장을 동시에 할 수 있다.

■ 코벡스(KOVEX) Slurry Explosives: 코벡스는 다이나마이트와 안포(AN-FO)의 단점을 일부 보완한 슬러리 폭약이며, 코벡스는 함수폭약의 일종으로서 안전성(열, 마찰, 충격 등), 내수성 및 후가스 등이 우수한 폭약이다. 1980년대부터 (주)한화에서 개발, 공급하기 시작한 본 슬러리폭약은 다이나마이트에 비해 폭속과 위력이 낮은 특성은 있지만, 특히 도심지 발파공사시 발파진동 및 소음을 최소화 하는데, 그리고 지하의 석탄 채탄용으로 적합한 제품이다.

■ 화이넥스(FINEX) Fine Explosives: 화이넥스는 조절발파에 사용되며, 이때 요구되는 모암 균열의 극소화, 여굴의 방지, 발파 마무리면의 미려함과 정밀성을 만족시키는데 사용되어 발파효율, 안전성과 경제성을 향상시킬 수 있다. 화이넥스는 합성수지 pipe로 구성되어 있으며, 발파공 중심에 고정할 수 있는 날개에 연결구가 부착되어 작업이용이하며 내수성이 우고 취급이 안전한 정밀폭약이다.

■ MS시리즈 전기뇌관(Milli◦second Delay Detonators): 각 단별 초시간격이 20ms이고 초시간격이 규칙적으로 되어 있어 파쇄석의 균질성, 비석제어, 발파진동 및 소음을 제어하는데 탁월한 효과가 있다. MS뇌관은 1단~19단까지 19종류와 순발전기뇌관(ID : Instantaneous Delay Detonator)이 있다.

■ LP시리즈 전기뇌관(Long Period Delay Detonators): 각 단별 초시간격이 비교적 긴 100~500ms이어서 저항선이 큰 벤치 발파나 터널굴착시 장공발파에 유리하며, 광범위한 현장에 사용할 수 있다.

제품은 1단~25단까지 25종류가 있다.

■ 하이넬(비전기식뇌관)MS시리즈(Milli◦second Delay Detonators): 0~380ms까지 20ms간격의 단별 지연초시를 갖는 지연 뇌관이며, 벤치, 터널 등에서 효율적인발파를 위해 사용되고 1~19단계 까지 19종류와 순발이 있다.

도폭선 크립 부착으로 Bunch Type은 물론 보다 효율적인 결선방식인 Hooking-up Type의 결선 방식으로 결선할 수 있다.

■ 하이넬 LP(Long Period Delay Deyonators)시리즈: 100~700ms까지 100~500ms 간격의 비교적 긴 단별 지연초시를 갖는 지연뇌관이며, 저항선이 큰 벤치발파나 터널 굴착 시 장공발파 등에 사용되고, 제품의 1~25단가지 25종류가 있다. 발파공수가 많은 경우 발파효율 증대와 진동제어를 위한 MS시리즈와 조합하여 사용 시 42단계까지 가능하며,TLD를 이용 시 무한단수로 확장이 가능하다.

도폭선 크립 부착으로 Bunch Type은 물론 보다 효율적인 결선방식인 Hooking-up Type의 결선방식으로 결선할 수 있다.

■ 정밀폭약: KINEX-Ⅰ,Ⅱ는 조절발파용 정밀 폭약으로 모암 균열의 최소화, 여굴방지, 미려한 발파면의 확보에 사용됩니다. Presplitting, Smooth Blasting, Cushion Blasting의 조절발파방법에 안전하게 사용하실 수 있으며 내용물이 Gel상으로써 순폭도가우수하고 내수성이 뛰어나며 목적하는 효과가 확실히 발휘된다.

■ 도폭선: 뇌관류와 더불어 산업용 폭약을 기폭 시키는 화공품류로 각종 제어발파 및 ANFO장전 시 정전기에 의한 위험개소 및 기타 전기뇌관을 사용할 수 없는 곳에서 기폭용 및 폭약 대체용으로 사용된다.

■ Koryo NPED Electric detonator (전기식뇌관): KONEL뇌관은 NPED방식을 채용한 8호 뇌관으로써 전기뇌관 중 세계에서 가장 안전하고 기폭력이 우수한 뇌관이며, 1차 기폭약의 예감성 때문에 발생 할 수 있는 사고위험으로부터 해방되며

원인 불명의 뇌관사고를 사전에 예방할 수 있는 유일한 뇌관이다. KONEL뇌관의 점화옥은 재래식 뇌관에 비해 각선의 길이와 상관없이 많은 발화 전류가 필요하므로 미주전류에 의한 예기치 않은 기폭에 대해 안전성이 증가된 뇌관이다.

■ Non-Electric detonator(비전기식뇌관): NONEL뇌관은 어떤 전기적 위험에도 안전하며 전기뇌관의 장점을 유지하면서 단점을 보완한 가장 우수한 뇌관이다. NONEL뇌관은 L/P(터널용)와 Unidet(노천용)으로 대별되며 세계에서 가장 품질이 뛰어나고 초시오차율이 가장 적은 디노 노벨의 품질 그대로 생산하고 있다.

국내에 제일먼저 비전기식 뇌관의 체계를 도입 보급한 고려화약에서는 품질과 안전성을 더욱 증가시킨 NPED 및 Three Layers Tube(3겹 튜브)를 채용한 NPED 8호 NONEL뇌관을 공급하고 있다. 화약 powder들은 완성 화약류라고 하는데 폭발(폭연deflagration) 속도가 300m/s이하인 화약류 이다. 화약에는 흑색 화약 black powder(75% KNO3-15%C−10%S황sulfur), 면화약(NC, nitrocellulose, gun cotton(총 면)), rocket의 composite propellant이 있고 총포의 발사약, rocket의 추진제 propellant 등으로 이용된다. 폭약 explosive들은 맹성 화약류라고 하는데 폭발 explosion, (폭굉 detonation) 속도 velosity가 2000m/s 이상(~9100m/s)인 화약류 이다.

폭굉(의) 속도 VOD(Velocity Of Detonation)가 클수록 동적인 (파괴)효과dynamic effect가 크며 대체로as a rule 폭발력도 강해집니다. 폭약으로 쓰이는 폭발성(의) 유기(의 화합)물 explosive organic compound들의 종류를 폭속이 큰(폭발력이 강한) 순서로 나열한다.

1. HMX, High Melting point eXplosive(고융점 폭약), octol, cyclo (tetramethylene) tetranitroamine, (CH2NNO2)4, 9100m/s
2. RDX, Research Department eXplosive(연구부(서)폭약), hexogen헥소겐, cyclonite 사이클로나이트, cyclo(trimethylene )trinitroamine, (CH2NNO2)3, 떡처럼 주무를 수 있는 성질인 가소성 plasticity이 있어서 plastic 폭약이라고 불리는 composition C4(90%RDX- 10%가소제 plastcizer)의 주성분, K400 수류탄의 작약 bursting charge인 composition B( COMPO-B, RDX와 TNT의 혼(합하여 용)융(한) 폭약)에도 이용, 8500m/s
3. PETN피이티엔, PentaErythrite TetraNitrate, CH(CH2ONO2)4, 8300m/s

4. NG, nitroglycerine, CH2ONO3-CH0N03-CH2ONO2, 8000m/s
5. Ng, nitroglycol, CH2ONO3-CH2ONO2, 7800m/s
6. tetryl테트릴, 2,4,6-trinitrophenylmethylnitroamine트리니트로페닐메틸니트로아민, (NO2)3C6H2N(CH3)-NO2, C7H5N5O8, N,N-dimethylaninine을 진한 질산과 진한 황산의 혼(합된 )산mixed acid으로 nitration니트로화하여 제조, 7800m/s
7. picric acid피크르산, (2, 4, 6)trinitrophenol, C6H2(NO2)3OH, 7300m/s
8. ammonium picrate피크르산암모늄C6H2(NO2)3ONH3, 충격에 비교적 민감한 피크르산은 물론이고 충격에 둔감한 TNT보다도 한결 더 둔감하여 포신의 내부에서 폭발할 위험danger이 적으므로 포탄projectile(, 고폭탄)에 작약으로 이용.
9. TNT티엔티, (2, 4, 6-)TriNitr-Toluene, C6H2(NO2)3CH3, 가장 널리 알려진 고성능 폭약 high explosive으로 군용의 표준(의)standard 폭약이며 핵무기의 위력을 나타내는 데에 기준이 되는 폭약, 1Mt(1메가톤, 백만톤)의 TNT와 위력이 같은 핵(의 )무기 nuclear weapon가 1 Mt메가톤 급의 핵무기, 7000m/s
10. DDNP디디엔피, DiazoDiNitroPhenol, (기폭시키는 )가장 성능이 우수한 기폭약으로 뇌관에 이용, 기폭약들 가운데에서 폭속(, 폭발력, 위력)이 가장 큰 기폭약, 6800m/s
11. trinitrobebzen, C6H3(NO2)3, 6100m/s?
12. trinitroanisole 트리니트로아니솔 TNA, C6H2(NO2)3OCH3
13. trinitrophenetol 트리니트로페네톨
14. nitroguanidine, ng, NH2-CNH-NHNO2, CH4N4O2
15. nitromethane, 가장 대표적인 representitive 액체 폭약 liquid explosive으로 충격 shock과 마찰 friction에 둔감하여 안전하고 폭발력이 커서 군용으로 비행장의 폭파demolition?(발파blasting, 내파implosion)나 대전차anti · tank구의 설치에 사용, CH3NO2
16. tricinate트리시네이트, (lead )tri(nitroresor)cinate, 관용명trivial name인 레조르신(올)resorci(ol)은 학명(, IUPAC 명칭, International Union of? Pure and Applied Chemistry국제 순수 응용 화학 협회 명칭)으로 1,3(m, meta)-dihydroxybenzene 디히드록시벤젠

17. tetracene테트라센, nitrosoaminoguanyltetracene?
18. hexanitromannite헥사나이트로만니트, mannite hexanitrate, $CH_2ONO_2$-$CHONO_2$-$CHNO_3$-$CHONO_3$-$CHONO_3$-$CH_2NO_2$, mannitol [매너토-올], mannite[매나이트] n. 화학약학】 마니톨 (만나당(糖)
19. nitrostarch질산전분
20. nitrosugar질산당
- tetranitronaphthalene
- trinitronaphthlene
- DNN, DiNitr-Naphthalene, 1,8-dinitronaphthalene과 1,4-dinitronaphthalene의 혼합물, 질산암모늄 폭약의 예감제로 가장 우수
- dinitrobenzene
- dinitrotoluene
- cyanuric triazide
- BPO, (di)BenzoylPerOxide, C6H5-O-O-C6H5
- (diethyl)ether(디에틸)에테르C2H5-O-C2H5가 공기 중의 산소와 오랫동안 접촉했을 때에 생성되는 유기(의) 과산화물organic peroxide은 폭발성이 크며 증류distillation하면 폭발할 위험(성)이 있음
- ethylene oxide산화에틸렌C2H4O
- acetylene아세틸렌C2H2, ethyne에틴, 흡열endothermic 화합물로서 15기압atm(, fifteen atmospheres) 이상으로 압축하면 분해 폭발C2H3-〉2C+H2을 일으키는 기체, 은(, 구리, 수은)과 접촉 contact하면 작은 불티만 닿아도 즉시 강하게 폭발AgC3-〉Ag+2C하는 아세틸라이드들을 생성 formation

□ **코닝기법:** 입자형 흑색화약을 만드는 법을 (가장 쉽게 만드는 법이... 가루흑색화약을 일부러 적시고서 틀에 넣고 말려서 덩어리로 만든 다음에 그 덩어리를 분쇄하여 분별 크기별로 골라내는 것). 일명 코닝기법이라고 하는데 이를 통해서 효율을 상승시킬 수 있고 장기보관 시 불을 붙혔는데 터지지는 않고 불만 붙는다던지 지연발화가 된다거나 유폭 상황의 감소를 시킬 수 있다.

□ **자격증:** 총포 · 도검 · 화약류 등 단속법에 의한 화약류의 취급 및 관리 전반에 사항에 대하여 '화약류관리기사' 1인이 현장전체를 관리하므로 안전관리에 대한 문제점이 대두되어 화약류 발파사고가 빈번하게 발생됨에 따라 이에 대한 안전상의 기능보조자가 필요한 실정이다. 이에 따라 화약류관리기사의 직무내용 중 기술적 업무가 아닌 기능적 업무에 대해서는 기능인력이 수행할 수 있도록 자격종목을 신설하였다.

□ **수행직무:** 〈META name=GENERATOR content="TAGFREE Active Designer v3.0"〉 화약류의 판매 · 저장업무 보조, 화약류의 양수 · 양도수불 · 반납 업무 수행. 또한 전폭약포 제작 및 연소시험 보조, 천공 및 장약 작업 보조, 대피 및 경고 등 안전조치, 발파 후 계측 및 폐석처리, 그 밖의 발파에 관한 보조업무를 담당.

〈META name=GENERATOR content="TAGFREE Active Designer v3.0"〉 전문구조물해체업체, 건설업체, 토목공사업체, 채석장 등에 진출하여 구조물 해체 및 발파작업을 하거나 터널굴착, 지하공간개발, 택지조성 등의 업무를 담당할 수 있다. 또는 화약류제조 · 판매업체, 저장소, 꽃불류 등을 사용하는 이벤트 및 특수효과 사업 등에 진출한다. 보통 다이너마이트라고 하는 것을 포함해 화약은 건설 및 토목현장, 또는 채석이나 광업 분야에서 없어서는 안 될 도구이다. 그러나 높은 유용성에 비해 안전관리 소홀에 따른 대형사고 위험에 항상 노출되어 있다. 특히 최근 구조물의 발파해체에 화약을 사용하는 경우가 늘어나고 있다. 이에 따라 관련 업체에서의 취급전문가의 수요가 예상된다. 또한 자격증 취득 후 경찰청장이 발급하는 면허증을 교부받아 「총포 · 도검 · 화약류등단속법」에 의해 월중 50kg 미만의 화약 또는 폭약을 사용하는 산업현장에서 3 급 화약류관리보안책임자로 종사할 수 있다

# 제4절 폭발사례

## 1. 요인암살 환경

미국의 버락 오바마 대통령 정부가 중앙정보국(CIA)과 특수부대를 동원해 외국에서 테러 지도자를 극비리에 암살하는 작전을 대대적으로 전개하고 있다. 특히 전통적으로 인권을 중시하는 대외정책 노선을 견지해온 민주당 정부에서 조지 W 부시 전 대통령 정부 당시보다 해외 요인 암살이 크게 증가하고 있다.

부시 전 대통령 정부 시절이던 2008년에는 무인비행기를 투입해 테러리스트 은신처를 공격한 사례가 31건이었다. 그러나 오바마 대통령이 집권한 2009년에는 이 같은 작전이 50회에 달했다고 미국의 시사주간지 내셔널저널 최신호가 보도했다.

미국은 또 오바마 대통령의 행정 명령을 근거로 제3국에서 요인 암살작전을 전개하고 있어 법적인 논란이 일고 있다. 테러와의 전쟁이라는 포괄적인 전쟁 명분을 내세워 테러 분자 또는 지도자로 의심을 받는 사람을 일방적으로 살해하는 행위가 국제법적으로 용인될 수 있는지 의문이 제기되고 있다.

미국은 지난 9·11테러 사건이 발생한 직후 테러와의 전쟁을 선포했다. 최근 24개월 사이 테러범 은신처에 대한 공격이 모두 89차례 이뤄졌다고 내셔널저널이 전했다. 미국은 알 카에다[al-Qaeda] 고위급 인사들을 제1의 암살 대상으로 선정해 놓고 있다. CIA가 지목한 알 카에다 최고위 핵심인물 20명 중에서 미국의 극비 암살작전으로 사망한 사람이 14명에 이른다.

미국은 지난달 17, 18일에도 파키스탄에서 프레데터 무인비행기를 이용해 알 카에다 조직원 은신처로 추정되는 곳을 공격해 22명을 살해했다. 최근에는 미 월간잡지 '배니티 페어'가 CIA가 2004년 9·11테러범과 연계됐다는 혐의를 받고 있는 시리아계 독일인을 비밀리에 암살하려 했다는 내용을 보도해 독일 정부가 자체 조사에 착수하기도 했다. 요인 암살작전은 CIA와 특수작전부대(SOC)가 주로 수행한다. 미국은 전쟁에서 적을 살해하는 방법이 문제가 될 수는 없다는 논리로 제3국에서 테러 관련자 암살을 정당화하고 있다.

한편 이란 국영 프레스TV는 12일 테헤란대학교에서 교수로 재직 중인 핵 물리학자 마수드 알리 모하마디(50)가 테헤란 북부 케이타리예 자택에서 폭탄 공격을 받아 숨졌다고 보도했다. 모하마디 교수는 주차장에 세워진 폭탄 적재 오토바이가 원격 조종에 의해 폭발하는 바람에 사망했다. 이란 외무부는 공격 배후가 미국과 이스라엘이라며 맹비난했다. 마크 토너 미 국무부 부대변인은 이번 사건과 관련된 질문에 "미국이 개입했다는 의혹은 터무니 없다"고 말했다고 AFP통신이 전했다. 앞서 이란의 핵 과학자 샤흐람 아미리가 지난 5월 31일 성지순례차 사우디에 갔다가 메디나의 호텔에서 외출한 뒤 실종됐다. 이란은 미국이 아미리를 납치했으며 사우디가 이를 방조했다고 주장했다.

국가적인 기념식에서부터 결혼식에까지 각종 행사장에 갈 때마다 카메라 하나만 들면 시도 때도 없이 단상을 비롯한 행사장 곳곳을 맘대로 누비면서 셔터를 마구 눌러도 아무런 제지를 받지 않는 폐습이 만연돼 있다. 어느 정도 심하냐 하면 국기에 대한 경례를 하는 요인들 사진을 찍기 위해서 단상으로 우루루 몰려 올라가서 태극기를 가리고 셔터를 눌러대는가 하면 교회에서 결혼예배가 진행 중일 때 강단에 올라가서 이리저리 마음대로 다니면서 주례목사와 신랑신부의 코앞에 카메라를 바짝 들이대고 연신 사진을 찍는가 하면 아예 장의자에 올라가서 사방을 찍어대는 막가파 강심장도 있다.

디지털카메라가 대중화되다 보니 과거처럼 장비만 봐서는 프로◦아마추어의 구별이 안 되는 세상이라 웬만한 행사장에선 포토라인도 아예 없이 프로와 아마추어가 뒤엉켜 치열한 경쟁을 벌이다 보니 테러범이 사진기자로 가장하면 대통령후보 암살도 어렵지 않을 것 같다. 카메라맨을 가장한 테러범의 요인 암살 사례는 2001년 9.11 하루 전 아프카니스탄에서 발생한 아마드 샤 마수드 전 국방장관 암살 사건이다. 9.11의 충격파에 가려 잘 알려지지 않은 이 사건은 TV기자와 카메라맨으로 가장한 2인조 테러범이 아프간 북부지역의 군벌인 마수드를 상대로 인터뷰를 진행하던 중 TV카메라 속이나 허리띠에 장치한 폭발물을 터뜨려 마수드와 테러범 한 명이 폭사하고 나머지 범인 하나는 도주 중 사살당한 끔찍한 사건이다. 화란을 무대로 한 옛날 영화 '특파원'에서는 사진기자를 가장한 암살범이 폭발장치가 든 카메라를 사진을 찍는 척 폭파하여 유력 정치인을 암살하는 장면이 있었다.

최근 경찰에서도 대통령, 국무총리에 대한 경호를 대폭 강화하여 눈길을 끌고 있는데 이럴 때일수록 포토라인 정비와 취재규칙 확립과 아울러 취재기자나 사진작가에 대한 사전등록과 신원조회 및 철저한 검색·통제가 필요하다고 본다.

## 2. 국외 요인 암살 사례

### 가. 미국 "케네디"대통령 암살

○ 일 시 1963. 11. 22. 12:30경(현지시간)

○ 장 소 텍사스주 달라스시 딜리 프라자 광장 노상

○ 내 용 1963년 11월 22일 '케네디' 대통령은 달라스시 상공회의소가 주최하는 회의에 참석하기 위하여 '코넬리' 텍사스주지사와 함께 오픈카에 탑승하고 군중들의 열렬한 환영을 받으면서 시가지를 통과하고 있었다.

대통령 승용차를 선두로 한 차량대형이 딜리 프라자 광장의 3차로를 회전하려고 할 때 '케네디' 대통령은 후면에 위치한 텍사스교과서창고 6층 남동쪽 창문으로부터 괴한이 발사한 카빈 소총탄에 후두부를 맞고 병원으로 후송되었으나 사망하고 동승하였던 '코넬리' 주지사도 총상을 입었다.

당시 대통령 경호대에서는 경호원들이나 승용차운전수까지도 달라스 시내의 노변정찰을 실시하지 못하여 지리를 모르고 있었으며 연도경비를 전적으로 현지경찰에 위임하였었다.

### 나. 이스라엘 "라빈"수상 암살

○ 일 시 1995. 11. 4. 22:00

○ 장 소 텔아비브 시청앞(왕들의 광장)

○ 내 용 10만 여명이 참석한 텔아비브 시청앞의 '라빈수상의 중동평화 정착계획 지지 군중대회'를 마치고 시청 계단을 내려와 차량에 탑승하려는 순간, 범인 이갈 아미르(Yigal Amir, 25세)가 약 2~3m에서 BERETTA 9미리 권총으로 DUM○DUM 탄을 발사, 1발이 라빈총리 등에 명중되었고, 2발은 총리뒤에서 수행하던 경호원(ROOBIN 30세)이 총성직후 총리를 차안으로 밀어넣는 순간 어깨부분에 맞았으며,

수상은 곧바로 텔아비브 이칠로프 병원으로 옮겨져 수술을 받았으나 피격 1시간만에 사망함

### 다. 미국 "레이건"대통령 암살미수 사건

○ 일 시 1981. 3. 30. 14:20경

○ 장 소 워싱턴 힐튼호텔 앞

○ 내 용 힐튼호텔에서 연설을 마치고 백악관으로 이동하기 위하여 차량에 탑승하기 직전 대통령으로부터 5~6m 떨어져 있던 범인 힝클리가 로프 차단선 뒤에서 2초 동안 권총에 장전되어 있던 실탄 6발을 모두 발사하여 대통령의 가슴과 공보비서 및 경호원(2명)을 맞춘 사건

* 총성이후 10초만에 대통령이 현장을 벗어나는 신속성을 발휘

### 라. 프랑스 "죠스팽"총리 돌맹이 투척사건

○ 일 시 2000. 2. 26 (토)

○ 장 소 팔레스타인 가자지구 '비르제이트' 대학

○ 내 용 프랑스 '죠스팽' 총리는 요르단강 서안 라말라 지역의 '비르제이트' 대학에서 강연을 마치고, 학교 건물을 나와 차량을 탑승하기 위해 이동중 반 '죠스팽' 구호를 외치며 항의 시위를 벌이던 2천여명의 학생들로부터 돌멩이 세례를 받자, 경호원들이 날아드는 돌멩이를 방탄가방으로 막으며 대기중인 리무진 승용차로 대피한 사례(죠스팽 총리는 머리에 가벼운 부상)

### 마. 인도 "라지브 간디" 전총리 암살사건

○ 일 시 1991. 5. 21. 10:20경(현지시간)

○ 장 소 인도 남부 타밀 나두주의 스리페름푸두르읍

○ 내 용 국민회의당 지도자인 "라지브 간디" 전 인도총리(47세)는 총선 선거유세차 당일 오후 비행기편으로 마드라스에 가서 다시 승용차편으로 마드라스 서남쪽에서 50km 떨어진 스리페름 푸두르는 이라는 작은 마을의 연설장에 도착, 지지

자들로부터 꽃다발을 받고 1만여명의 군중들에게 둘러싸여 임시로 가설된 연단으로 걸어가던 도중 강력한 폭발물이 폭발하여 "라지브간디" 전총리 외 17명이 사망하고 50여명이 부상한 사건 간디 전총리의 머리는 잘려나간 채 다른 희생자들과 함께 쓰러져 있었으며, 그의 복장으로 신원이 확인 되었다.

### 바. 이집트 “사다트”대통령 암살사건

○ 일 시 1981. 10. 6

○ 장 소 카이로 전쟁기념식장

○ 내 용 이집트의 수도 카이로에서 사다트 이집트 대통령등이 참석한 가운데 이스라엘전쟁 8주년 기념식에서 사열하던 중 참석한 사람들이 화려한 에어쇼를 바라보는 순간 사다트 대통령이 이집트군 회교 극단주의자들의 총격을 받고 사망한 사건이고 범인들은 이집트 포병 연대소속 장병 6명으로, 사다트 대통령이 일년전 이스라엘과 평화협정을 맺은데 불만을 품고 범행

## 3. 국내 요인 암살테러 사례

일리애나 로스-레티넨(공화 · 플로리다) 하원의원은 전날 북한 테러지원국 재지정에 관한 ‘2015 북한 제재와 외교적 승인 금지법안’(HR 204)을 공식으로 발의했다.

스티브 섀벗(공화 · 오하이오) 하원 외교위 아태소위원장과 제리 코널리(민주 · 버지니아) 의원 등이 공동 발의자로 참여한 이 법안은 북한을 테러지원국으로 재지정하고 북한과 외교관계를 수립하지 못하도록 하는 내용을 담고 있다. 미국은 1987년 대한항공기 폭파사건 이후 북한을 테러지원국 명단에 올렸으나, 북한과의 핵 검증 합의에 따라 2008년 테러지원국 명단에서 삭제했다. 로스 레티넨 의원은 김정은 암살을 주제로 한 영화 ‘인터뷰’ 제작사인 소니 픽처스 엔터테인먼트에 대한 해킹 사건 등을 거론하면서 “최근의 사건들은 북한의 범죄 속성을 다시 한번 잘 보여주고 있다”면서 “북한은 애초부터 테러지원국 명단에서 삭제됐으면 안 됐다”고 지적했다.

대남테러의 목적은 공산화 북한은 1987년 KAL858기 폭파테러사건 이후 테러지원

국으로 지정되어 왔다가 남북화해무드 등 국제환경 개선으로 해제 되었으나, 최근 다시 미국으로부터 「북한 테러지원국」으로 재지정 작업을 불러일으키는 계기가 되기에 이르렀다. 북한 테러의 대표적 사례는 「납북(拉北)」이다. 납북, 즉 민간인 강제납치는 「현재진행형」 테러로 불린다. 9만6013명에 달하는 전쟁(戰爭)납북자와 485명의 전후(戰後)납북자들이 돌아오지 않고 있기 때문이다.

관련 단체들이 「납북자 송환 이전에는 북한의 테러지원국 해제는 있을 수 없다」고 주장하는 이유가 여기 있다. 19명의 자국민이 북한에 납치당한 일본의 아베 수상 역시 『납치는 테러이며, 납치 문제 해결 없이 북한의 테러지원국 해제도 있을 수 없다』는 원칙을 견지하는 것으로 알려졌다. 북한의 테러는 「한반도공산화」라는 체제의 본질에서 나오는 것으로서, 체제가 바뀌지 않는 한 테러도 중단되지 않을 것이라고 전문가들은 분석한다. 여영무 남북전략연구소장은 역저 「국제테러리즘연구」에서 북한 테러지원국 해제의 부당성을 이렇게 적고 있다.

『북한의 대남테러리즘은 한국의 자유민주 체제를 폭력으로 와해하고 남한에 친북연공정부를 세운 후 연방제통일을 통해 전국토를 적화한다는데 목표를 두고 있다. 2000년 이후에도 북한은 일련의 새로운 대남테러리즘과 납북자 억류인질을 계속하고 있다. 이것만으로 북한을 테러지원국 명단에서 삭제하지 않을 이유가 되기에 충분하다. 아래는 북한의 6·25이후 주요 테러를 정리한 것이다. 무력도발의 사례는 워낙 방대하므로 제외했다.

## 가. 요인(要人)암살

○ 1968년 1월21일 ; 북한의 124군부대 소속 31명의 테러리스트들이 박정희 전 대통령 암살을 위해 청와대를 기습. 김신조 제외 전원사살.

○ 1970년 6월6일 ; 북한 간첩 3명이 현충일 방문 중인 박 전 대통령 암살을 위해 현충문에 원격 조종폭탄을 설치. 폭탄이 사전 폭발해 한명이 죽고 나머지 2명은 사살됨.

○ 1974년 8월15일 ; 서울 국립극장 기념사를 하던 박 전 대통령을 조총련이 포섭한 문세광이 권총으로 암살 기도. 육영수 여사 피살됨.

■ 한국과 일본의 수사 결과 차이점

| 한국측 수사결과 | | 일본측 수사결과 |
|---|---|---|
| 북한이 조총련을 통해 문세광에 지령 | 저격사건의 성격 | 개인적인 "과실 살인" |
| 조총련 지시로 김호용이 문세광을 선동 | 조총련계 김호룡과 문세광 관계 | 김호용이 저격을 사주했거나 공모한 확증 없어 |
| 문세광이 김호용에게서 여비, 권총 구입 자금으로 50만엔 받아 | 거사 자금 50만엔의 출처 | 야마나로부터 사업자금 명목으로 빌려 |
| 74년 5월 3일 조총련 안내로 배에 타 북한 지령원으로부터 암살 지령 | 문세광 만경봉호 승선 | 배를 방문한 것은 맞으나 정확한 날짜 확인 못해 |
| 김호용이 '한국 혁명을 위해 가일층 노력하라'며 인삼주 등 선물 | 1974년초 인삼주 · 과실주 선물의 성격 | 문세광이 인삼주 등을 받은 것은 의례적인 일이며 그 이상 알 수 없어 |
| 위장입원해 공산주의 교육과 저격요령 훈련 받음 | 문세광의 한국 입국 전 이카후도 병원 입원 | 병실이 7인실이어서 특별학습과 훈련의 적소가 아님 |

[사진 3-32] 암살사건 시 경호원 대응[53) ] [사진 3-33] 한일 수사결과 차이점[53)]

[사진 3-34]육영수 여사 활동[53)] [사진 3-35]행복했던 때 [사진 3-36 ] 문세광 재판[53)]

○ 1981년 7월 ; 친북 캐나다 교포 최중화의 전두환 전 대통령 암살계획이 사전 적발돼 캐나다 경찰에 체포됨.

○ 1983년 10월9일 아웅산 묘소 폭파테러 ; 북한이 파견한 정찰여단 정규군 소속 3명의 테러리스트가 전두환 전 대통령 등 정부요인 암살 기도. 각료 4명을 포함한 17명의 한국인이 피살됨.

[사진 3-37]아웅산 폭파 수십초 전 도열[54)] [사진 3-38] 아웅산 테러 참상[54)]

53) 출처 : blog.naver.com/kang50001/120171025457 smasus001/173800822 wxmade652/40134511494

[사진 3-49]아웅산테러현장 재현[54) ] [사진 3-40]순국한 대한민국의 인재[54)]

○ 1997년 2월15일 ; 김정일의 첫 동거녀 성혜림의 언니 성혜랑의 아들인 이한영씨가 북한이 파견한 2명의 테러리스트에 권총 암살됨.

## 나. 항공기 테러

○ 1958년 2월16일 ; 북한 간첩들이 부산에서 서울로 오던 KAL기의 전신 KNA를 납북. 32명의 승객은 송환 기체는 미송환.

○ 1969년 12월11일 ; 북한 간첩들이 강릉에서 서울로 오던 KAL기 납북. 탑승자 51명 중 39명만을 송환하고, 나머지 12명과 기체는 미송환.

○ 1970년 4월3일 ; 일본 적군파 9명이 일본JAL보잉727여객기 납북, 김포공항 거쳐 평양으로 감. 북한은 적군파들을 영웅으로 환영하고 피난처 제공.

○ 1971년 1월23일 ; 북한 간첩이 대한항공 소속 F○27 항공기 납북을 시도하다 미수에 그침. 간첩이 사살되고, 조종사는 간첩이 떨어뜨린 폭탄을 몸으로 막고 순직.

○ 1987년 11월29일 ; 김정일의 직접 지시로 김승일, 김현희가 미얀마 근해 앤다면 해역 상공에서 KAL858기 공중폭파 테러. 『88올림픽 방해와 저지가 목적이었다』고 바레인에서 체포된 김현희가 고백.

54) 출처: 박종선, 백석대학교 법정학부 국가기록원 2008.9.30 http://contents.go.kr/next/content/listsubjectDiscription.do?id=008718

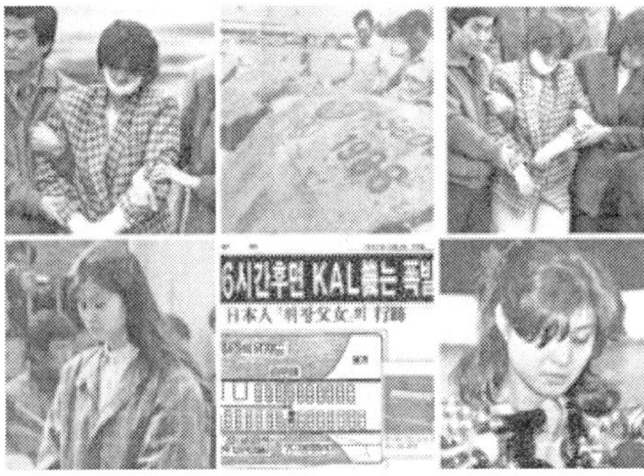


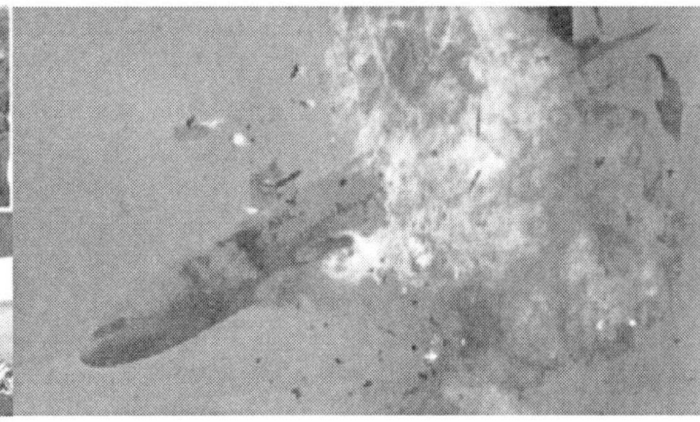

[사진 3-41] 칼기폭파 관련사진[55) ] [사진 3-42] 칼기 폭파 영상(1987.11.29.14:05)[55)]

* 1988년 1월 미국무성, 1979년 수출관리법에 따라 『북한은 국제 테러 행위에 대하여 반복적으로 지원을 제공한 국가』로 판정.

### 다. 납북

○ 1950년 6·25남침 이후 「소개(疏開)작전」 이라는 명칭 아래 9만6013명을 납치. 남침 직후 석 달(7~9월)간 전체 납북자의 88.2%인 8만4659명이 납북되고, 20~30대 전문직·기술자 등을 중심으로 남성들만 집중적으로 납북(여성은 1.9%)되는 등 철저한 사전 기획 아래 진행. 1958년 이후에는 어로 활동 중인 어부 등 485명을 납치.

○ 1969년 12월11일 KAL 기장 유병하, 여승무원 성경희씨 등 12명 납북.

○ 1977년 7월 유고슬라비아 베오그라드 남한부부(윤정희·백건우 부부) 납치 미수.

○ 1978년 2월7일. 영화배우 최은희·영화감독 신상옥 부부 납북.

○ 1978년 4월13일 유학중인 고상문씨 납북.

○ 1978~1979년 한국 홍도, 선유도 여름 해안가에서 이민교, 최승민, 김영남, 이명우, 홍진표 등 고교생 5명 납북.

○ 1987년 7월20일 미국 유학생 이재환씨 납북. 이씨는 정치범수용소에 있다가 2001년 2월16일 통일부에서 사망 통보를 받음.

○ 1995년 7월24일 안승운 목사 납북.

○ 1999년 9월17일 중국 단동에서 사업하던 장세철씨 납북.

---

55) 출처 : http://blog.naver.com/athsdmlehd/220332680394

○ 2000년 2월 중국 연길에서 선교활동 해온 한국국적의 미영주권자 김동식 목사 납북.

*1978년 일본 해안에서 다구치 아예코(이은혜. 훗날 김현희의 일본어 교사로 일함)를 납치하는 등 19명의 일본인 납북(일본 정부 공식 인정 10명 + 피랍자가족협의회 주장 9명)

## 라. 심리 테러

○ 2000년 6월23일 조선중앙통신 ; 김영삼 전 대통령에게「인간쓰레기」,「반통일역적인 김영삼놈」,「시라소니」,「추악한 민족반역자」,「인간퇴물」,「무뢰한 패륜아」등으로 비방하며『우리 인민과 인민군대는 김영삼 놈과 같이 우리 체제를 해치려는 자들에 대해서는 추호도 용납하지 않을 것이며 반드시 단단히 결산할 것이다』라고 공갈.

○ 2000년 7월10일 조선중앙통신 ; 이회창 전한나라당 총재에게「리회창 놈의 악의에 찬 망발」,「첫째가는 민족반역자」,「무지몽매」,「청맹과니」,「대권을 노리는 개꿈을 꾸고 있다」등으로 비방하며『역사는 민족대업에 훼방질하는 리회창의 천추에 용납 못할 범죄행위를 반드시 계산할 것이며 민족을 반역하는 자들은 응당한 대가를 치르게 될 것』이라고 공갈.

○ 2001년 6월10일 한민전 구국의 소리 ; 이회창 전 한나라당총재에게「역적중의 역적」,「인간추물」,「극악한 반통일분자」등으로 비방하며『조국통일의 앞길에 밝은 전망이 열리고 있는 오늘 리회창과 같은 매국역적, 통일의 걸림돌은 가차 없이 제거해버려야 한다』『비참한 파멸과 죽음뿐이라는 것을 똑똑히 보여주고 있다』고 공갈.

○ 2007년 1월4일 조국평화통일위원회 ;『한나라당의 재집권책동은 북남관계를 대결국면으로 몰아세우고 조선반도(한반도)에 전쟁의 참화를 몰아오는 등 민족적 재난을 초래할 수 있는 위험천만한 죄행...우리 민족이 핵전쟁의 참화를 입게 될 것이라는 너무도 명백하다』며『우리 민족의 누구도 이 땅에 재앙을 몰아올《한나라당》의 재집권 책동을 결코 강 건너 불 보듯 할 수 없다』고 공갈.(konas)

## 마. 황장엽 전 비서 암살 공작원까지 보내는 북한

2010년에도 변함없이 진실과 거리가 먼 거짓과 불공정 편파 왜곡된 사설과 칼럼을 통해 대한민국 사회의 건강한 여론형성에 걸림돌 역할을 하고 있는 친일 반민족 반민주 반 통일의 냉전수구적인 방상훈 사장의 조선일보 사설은 "국가정보원과 검찰은 1997년 한국에 망명한 황장엽(87) 전 조선노동당 비서를 암살하기 위해 인민무력부 정찰총국이 탈북자로 가장해 침투시킨 정찰총국 소속 소좌(소령급) 김명호(36)와 동명관(36)을 검거했다. 이들은 법원의 영장 발부에 따라 20일 구속 수감됐다. 북한 대남(대남)공작의 총괄 기관인 정찰총국은 2008년 그동안 각각 간첩남파와 대남 파괴활동을 벌여온 인민무력부 정찰국과 조선노동당 작전부 및 35호실을 통합·발족했고, 강경 노선을 주도해 온 오극렬 국방위 부위원장의 직계인 인민군 상장 김영철이 총국장을 맡고 있다."

천안함 침몰사건에 대한 이명박 정부와 한국군의 반복적인 거짓말이 국민들의 불신을 폭발적으로 증폭시키고 있는 시점에 이명박 정부와 한국군 스스로 국민 불신 때문에 미국을 비롯한 국제조사단을 참여시키기 까지 하면서 지방선거를 앞둔 시점에 국민적 불신을 받고 있는 국가정보원과 부패검찰이 1997년 한국에 망명한 황장엽(87) 전 조선노동당 비서를 암살하기 위해 인민무력부 정찰총국이 탈북자로 가장해 침투시킨 정찰총국 소속 소좌(소령급) 김명호(36)와 동명관(36)을 검거했다고 발표한 것은 시사 하는 바가 매우 크다.

상식을 지닌 국민들이라면 이 시점에서 구체적 증거도 없이 단순한 자백에 의존하는 국가정보원과 부패검찰의 정찰총국 소속 소좌(소령급) 김명호(36)와 동명관(36)을 검거했다는 발표를 믿으라고 하는 것은 무리이다. 국가정보원과 부패검찰은 정찰총국 소속 이라는 소좌(소령급) 김명호(36)와 동명관(36)사건을 국제조사단 구성해 실체적 진실 밝힐 의향 있는지 반문하지 않을 수 없다. 우리는 이명박 정부의 청와대와 조선일보가 3월말이나 4월초에 김정일 국방위원장의 중국방문이 확실시된다고 주장한 것이 거짓말로 드러난 사실을 기억하고 있다. 지난 1986년 11월 17일 조선일보는 "김일성이 사망했다"는 호외를 찍고, 세계적인 특종을 했다고 자랑했었으나 김일성 주석은 1994년 7월8일 사망했다고 한다. 조선일보의 북한관련 대표적 거짓말 사례이다.

조선사설은 "공안당국에 따르면 황 전 비서 암살책(暗殺責)인 두 공작원은 2004년부터 특수훈련을 받아오다 작년 11월 탈북자로 위장해 탈북브로커의 힘을 빌려 태국으로 갔다가 올 1월과 2월 각각 국내로 들어왔다. 이들은 국정원의 합동신문 조사 과정에서 출신지와 이름을 속인 사실이 드러나자 결국 정찰총국 특수공작원이란 사실을 자백한 것으로 알려졌다."

조선사설 주장대로 라면 황 전 비서 암살책(暗殺責)인 두 공작원이 2004년부터 특수훈련을 받아오다 작년 11월 탈북자로 위장해 탈북브로커의 힘을 빌려 태국으로 갔다가 올 1월과 2월 각각 국내로 들어왔다고 하는데 그렇다면 장장5년 동안 특수훈련을 받아오다 작년 11월 탈북자로 위장해 탈북브로커의 힘을 빌려 태국으로 갔다가 올 1월과 2월 각각 국내로 들어왔다고 하는데 그런 숙련된 공작원들이 국정원의 합동신문조사 과정에서 출신지와 이름을 속인 사실이 드러났다고 하는 것은 석연치 않다.

상식적으로 한번 생각해 보자.장장 5년동안 특수훈련을 받은 공작원들이 기본적이고 기초적인 출신지와 이름을 어수룩하게 속인 것이 드러났다는 것은 북한이 '공작원 같지 않은 공작원' 을 보내 국가정보원을 도와주었다는 얘기 밖에 안 된다. 지금까지 드러난 것은 공작원의 자백 이라는 것 밖에 없는 것으로 보이는데 왜 서둘러서 미국 핵잠수함과 천안함과 충돌해 해 천안함이 침몰했다는 얘기가 퍼지고 있는 이 시점에 천안함 침몰과 관련해 정부와 군에 대한 불신이 높아지고 있는 시점을 선택해서 수사가 진행 중인 사건을 서둘러 공개발표 했는지 국가정보원과 검찰은 설득력 있게 밝혀야 한다.

조선사설은 "원세훈 전 국정원장이 최근 "천안함 침몰이 북한 소행이라면 이 일은 정찰총국이 맡았을 것이란 이야기가 있다"고 밝혔듯이 천안함 폭침(爆沈) 사건의 가장 유력한 용의(容疑) 집단으로 주목받아 온 것이 정찰총국이다." 천안함 침몰이 기뢰나 어뢰 폭발 때문인지 선박피로에 의한 것인지 암초에 부딪혀 좌초했다가 폭발한 것인지 한미 합동 독수리 훈련 중에 미군의 오폭에 의한 버블제트 어뢰를 맞고 폭발한 것인지 지금까지 밝혀진 것은 아무것도 없다.

그런데 방상훈 사장의 조선일보 사설이 '천안함 폭침(爆沈) 사건' 이라고 단정적으로 주장하는 것은 설득력이 떨어진다. 천안함 침몰의 원인이 오리무중(五里霧

中) 가운데 원세훈 국정원장이 최근 "천안함 침몰이 북한 소행이라면 이 일은 정찰총국이 맡았을 것이란 이야기가 있다"고 밝힌 직후에 국가정보원과 검찰이 1997년 한국에 망명한 황장엽(87) 전 조선노동당 비서를 암살하기 위해 인민무력부 정찰총국이 탈북자로 가장해 침투시킨 정찰총국 소속 소좌(소령급) 김명호(36)와 동명관(36)을 검거했다고 서둘러 밝힌 것도 묘한 뉘앙스를 풍기고 있다.

천안함 침몰이 어뢰공격이나 지뢰공격 때문인지 북한 의 공격 때문인지 밝혀지지 않은 시점에서 방상훈 사장의 조선일보사 북한의 어회공격으로 단정하는 보도하고 국정원이 "천안함 침몰이 북한 소행이라면 이 일은 정찰총국이 맡았을 것이란 이야기가 있다"고 밝힌 뒤 국가정보원과 검찰이 공작원을 잡았다고 밝히자 조선일보가 이들 공작원이 속한 곳이 천안함 침몰과 관련 있다는 식으로 상상하는 논조를 이어가는 것은 다분히 공작적인 냄새가 난다.

조선사설은 "천안함 폭침 사건과 황 전 비서 암살단 파견은 북한이 남북관계를 1968년 1월 무장게릴라 청와대 습격사건, 1983년 미얀마 아웅산 국립묘지 대한민국 정부요인 폭살(爆殺) 사건, 1987년 대한항공 858기 공중 폭파 사건 등이 이어졌던 1960~80년대로 되돌리려는 신호라고도 볼 수 있다."

천안함이 북한 폭침 사건인지 미군에 의한 오폭사건인지 피로누적 때문인지 암초에 부딪혀 좌초된 사건인지에 대해서는 앞으로 실체적 진실이 밝혀질 것이다.

황 전 비서 암살단 파견의 실체적 진실여부도 수사와 재판을 통해서 실체적 진실이 밝혀질 것이다. 문제는 김대중 노무현 정권 10년 동안 1968년 1월 무장게릴라 청와대 습격사건, 1983년 미얀마 아웅산 국립묘지 대한민국 정부요인 폭살(爆殺) 사건, 1987년 대한항공 858기 공중 폭파 사건 등이 이어졌던 1960~80년대와 같은 비극적인 남북 적대적 공존이 아닌 개성공단가동과 금강산관광과 개성관광과 남북화해 협력을 통해 남북한이 상호 공존하다가 이명박 정권과 방상훈 사장의 조선일보의 권언유착으로 대한민국의 정권이 냉전적 감상주의에 젖은 냉전 수구세력에게 넘어가자마자 대북 강경정책을 불도저식으로 밀어붙이는 가운데 천안함 침몰사건을 비롯해서 남북한 사이에 전쟁의 먹구름이 드리우고 남북관계가 1968년 1월 무장게릴라 청와대 습격사건, 1983년 미얀마 아웅산 국립묘지 대한민국 정부요인 폭살(爆殺) 사건, 1987년 대한항공 858기 공중 폭파 사건 등이 이어졌던

1960~80년대로 되돌아가고 있다는 것은 이명박 정권의 대북 강경압박 제재 봉쇄 정책이 한반도의 정세를 극도로 불안정하게 하고 있다는 것을 알 수 있다.

이명박 대통령 스스로 한반도 정세의 불안정성을 증폭시켜 가뜩이나 위기에 처한 한국경제의 목을 조르고 있는 형국이다. 어처구니 없다. 오히려 북한이 대화와 타협과 개성공단 가동 활성화와 금강산관광과 개성관광과 정상회담 등을 적극적으로 요구하고 있는데 이명박 정부는 북한 붕괴를 전제로 한 비현실적이고 환상적인 북한 급변사태 훈련에만 대안 없이 올인 하다가 천언함 침몰이라는 재앙을 자초했다.

조선사설은 "2300만 북한 주민 상당수가 지금 배고픔을 참지 못해 두만강을 넘어 몸을 팔고 있고, 북한의 영아 사망률은 1000명당 48명으로 세계 최악이다. 이 상황에서 김정일은 죽은 김일성 생일을 기념한다며 폭죽을 수입해 불꽃놀이를 펼치고, 고위 간부들에게 수백대의 외제차를 나눠줬다. 2008년 여름 뇌졸중으로 쓰러졌던 김정일이 아버지 김일성 옆에서 대남파괴·전복 활동에 앞장섰던 70~80대 인물을 전면에 등장시켜 '김씨 왕조'의 붕괴를 막기 위한 극렬 행동에 나섰다."

이명박 대통령과 한나라당이 집권한 2008년 2월25일 이후 굶주리는 북한 동포들에게 인도주의적인 쌀 한톨 정부 차원에서 지원해 주지 않고 경제위기 속에서 천문학적인 국방비 낭비해 가면서 대한민국 건국이후 사상최대의 한국군 화력시범훈련 미군 끌어 들여 실시하고 남북화해협력을 통한 개성공단 가동과 금강산관광과 개성관공과 이산가족 상봉과 '국군포로'상봉과 '납북자' 상봉을 비롯해 남북정상회담과 남북 총리회담과 남북장관급 회담과 남북 민간단체 교류협력을 활성화 시킨 김대중 김정일 노무현 김정일 남북정상이 합의한 6.15 선언과 10.4 선언을 이명박 대통령과 한나라당이 무력화 시키고 미국 핵 추진 항공모함 한반도 해역에 해매다 끌어 들여 대규모의 한미 합동 군사훈련 대대적으로 실시하고 북한 붕괴에 대비하는 한미 합동 군사훈련 이례적으로 서해해상에서 미국 핵추진 항공모함까지 끌어 들여 강행하자 북한이 장거리 로켓 발사하고 2차 핵실험 강행하고 그런 가운데 이명박 정부의 2년 동한 무리한 한국군의 북한 붕괴 대비 훈련 강행의 피로증후군으로 2010년 3월과 4월에 한국군의 헬기와 군함과 전투기가 대한민국의 하늘과 바다에 땅에 곤두박질치고 한국군이 떼죽음당하는 비극이 발생했다.

2010년 3월2일 대관령 상공에서 한국공군 팬텀기 두 대가 충돌해 추락하고 조종사들이 사망했고 다음날인 2010년 3월3일 한국 육군 헬기가 경기도 양주군의 야산에 추락해 조종사 등이 사망했고 3월26일 천안함이 백령도 근해에서 침몰해 한국해군 장병 40여명이 떼죽음 당했고 4월 16 전남 진도 해상에서 한국해군 헬기 추락해 해군 조종사 등 사망실종했고 4월 18일 서해 해상에서 또다시 한국 해군 헬기 새떼 쫓다가 추락했다고 한다.

이렇듯이 이명박 정부의 대북 군사적 강경 압박조치는 남북관계를 파탄내고 북한의 공격이 아닌 한국군내부의 무리한 북한 급변사태 대비 훈련의 누적된 피로증후군으로 한국의 육해군군이 하늘과 바다에 땅에서 스스로 붕괴되는 대한민국 급변사태를 자초하고 있다. 이런 한국군 죽이는 그것도 한국군 떼죽음 당하는 이명박 대통령의 실패한 대북 정책에서 비롯된 잘못된 정치 이제 정신 좀 차려야 한다.

조선사설은 "대한민국이 이런 북한을 제압하려면 경제 번영의 일부를 희생하더라도 안보 역량을 대대적으로 강화해 북한이 도발을 계속하면 북한 체제의 종말을 앞당겨 버리겠다는 단호한 각오를 보여주는 수밖에 없다."

남북한의 적대적 대치를 통한 체제 경쟁이 한미 연합사의 재래식군사력에 압도당한 북한이 비대칭적인 체제안보를 위해 2차례에 걸친 핵심험을 강행하게 해서 북한을 핵무장 국가로 만들어 놓았다. 그런 북한을 조선일보 사설이 공격해야 한다고 주장하는 것이라면 핵전쟁을 각오해야 한다고 본다. 지금 문제는 남북한의 재래식 군사력이 아니다. 북한은 이미 핵무장을 한 국가이다. 조선사설 주장대로 북한을 제압하기위해 한미연합사의 재래식군사력을 사용한다면 북한은 체제생존을 위해 핵무기를 사용할 것이다. 그런 상황에 대한 고려가 전혀 없는 방상훈 사장의 조선일보 사설이 대북 군사적 공격을 부추기는 것은 무책임하다.

조선일보는 북한과 핵전쟁 할 준비 돼 있는가? 미국은 지구상에서 유일하게 핵무기를 군사적으로 사용한 호전적인 국가이다. 그런 미국과 휴전선을 사이에 두고 맞선 북한이 핵무장을 하고 있는 가운데 조선사설식으로 대북 군사적 공격강행한다면 북한은 생존을 위해 보유하고 있는 핵무기 사용이 필연적이고 일본에 원자탄 투하한 전과가 있는 미국은  주한미군이 북한 핵무기에 노출되는 것 차단하기 위해 북한에 대한 핵공격도 서슴치 않을 것이고 그런 북한과 국경을 접하고 있는 중국과 러시아가 미국의 북한에 대한 군사적 공격을 통해서 중국과 러시아에 압박을 가하는 것을 견제하기 위해 북한을 적극 지원할 것이다. 동북아의 대규모 전쟁으로 발전할 것이다.

그런 측면을 고려해 본다면 한국군 전시작전 통제권 가지고 있는 미국과 중국과 러시아가 조선사설식의 한국군의 북한에 대한 군사적 공격 허용하지 않을 것은 조선사설이 누구보다 잘 알고 있는데 그럼에도 불구하고 조선사설이 실현가능성도 없는 북한에 대한 군사적 공격 운운하는 것은 지방선거를 앞두고 위기에 빠진 이명박 정권의 정권안보를 위해 북풍(北風)을 조성하는  정략적 접근을 하고 있을 뿐이다. 이명박 대통령의 대북 강경정책은 북한을 움직이지도 못하고 지난 2년 동안 누적된 이명박 대통령의 대북 강경정책이 불도저식으로 밀어붙인 한국군의 북한급변사태대비 훈련의 피로증후군으로 21010년 3월과 4월 한국의 육해공군이 바다와 육지와 하늘에서 곤두박질치면서 대한민국 국군이 평시에 떼죽음당하는  자충수 속에 대한민국 급변사태가 발생하고 있다.

이명박 대통령의 실패한 대북 정책을 계속하면 제2의 한국전쟁이 발생할 것은 불을 보듯 뻔하다. 실패한 이명박 대통령의 대북정책의 전환을 통해 북한 김정일 국방위원장체제와 6.15 선언과 10.4 선언을 실천해 남북화해협력의 장을 만들어 서해 바다를 공동으로 평화적 관리하고 해주 경제 특구 조성해야 G20 정상회담과 핵정상회의 차질 없이 개최할 수 없다. 그렇지 못하면 한반도 정세 불안정으로 G20 정상회담과 핵정상회의  개최 불가능하고 한반도 코리아 디스카운트현상으로 대한민국 경제의 대외 신인도 추락으로 가뜩이나 위기의 한국경제가 더욱더 어려워 질 것이다.[56)]

### 바. 장기간에 걸친 舊소련의 '요인암살' 사례

1952년 舊소련 과학자들은 미국의 과학자들과 함께 뉴멕시코의 산디아 국립실험소(Sandia National Laboratores)에 모여 비밀회합을 가진 적이 있다. 목적은 EMR(電磁氣放射[57)], Electro-Magnetic Radiation)로 인한 생리학적 위험과 안전 문제에 관한 것이었다. 당시 소련의 과학자들은 모든 실험 자료를 공개해 서로 교환하고 안전

56) 2010년 4월21일 조선일보 [사설] 황장엽 전 비서 암살 공작원까지 보내는 북한, 재편집

57) 전자기방사(電磁氣放射, Electromagnetic Radiation): 전기 및 자기장의 진동으로 인해 생성되는 방사로 광속도로 전파된다. 감마방사, X선, 자외선, 가시광선, 적외선 및 레이더파, 무선파를 포함한다.

수치를 제정하자고 미국의 과학자들에게 제의했다.

2차 대전이후 오랫동안 '인공 지진(地震)병기'를 연구했던 소련의 EMR 연구 자료는 미국보다 훨씬 광범위하고 깊이가 있었다. 미국의 과학자들은 그러나 적국인 소련의 경고를 믿지 않았다. 이후 소련의 과학자들은 한 차례 더 미국 과학자들과 회합을 가진 뒤, 미국의 과학자들을 설득하려 했다. 그러나 미국은 이들의 주장을 묵살했다. 결국 소련은 미국을 설득하는 것을 포기하고 산디아 회합 이후 모스크바 주재 美대사관에 EMR 전자기파를 조사(照射)하기 시작했다. 미국이 이 사실을 눈치 챈 것은 1962년에 와서였다. 미국의 CIA는 밀톤 자렛 박사를 고용, 이 문제를 조사하기 시작했다.

내막을 알게 된 CIA는 소련 당국에 중지할 것을 요청하거나 EMR을 막아 자국 외무성 직원을 보호한 것이 아니라 모든 것을 비밀에 부치고 대사를 포함한 대사관 전 직원을 실험 대상으로 삼았다. 그리고 이들의 신체가 EMR에 노출된 결과를 살펴보기로 결정했다. CIA는 영국 정보기관인 MI6와 함께 이 작전을 '판도라 작전'이라고 명명하고, 비밀리에 직원들의 소련주재 미국대사관 직원들의 건강을 관찰하기 시작했다. 자렛 박사는 여러 개의 EMR 주파수가 미국 대사의 사무실을 집중적으로 겨냥하고 있는 것을 발견했다.

"판도라 작전'은 약 10년 동안 지속됐다. 美정보당국은 구소련이 미국 대사관에 조사(照射)한 EMR의 세기와 영향력이 아주 미약하다고 발표했다. 그러나 1976년 '보스턴글로브'지에 보도된 바에 따르면 스토셀 대사는 눈에 출혈이 있었으며, 백혈병의 일종인 류케미아에 걸렸다. 그리고 역시 소련의 EMR에 노출됐던 스토셀 대사의 전임자 보렌 대사와 톰슨 대사가 암으로 사망했다. '참고로 미국과 러시아의 전자기 무기는 현재 원거리에서 인간의 '심리조종'까지 가능한 것으로 알려져 있다. 눈에 보이지 않는 세계가 눈에 보이는 세계보다 훨썬 더 광대하고 깊은 법이다. 그래서 눈에 보이지 않는 세계는 눈에 보이는 세계를 늘 지배하기 마련이다.

### □ 영국 망명 뒤 사망한 리트비넨코

1978년 불가리아 反체제 인사인 게오르기 마르코프가 런던 워털루 브리지 근처에서 버스를 기다리고 있던 중 한 남자가 다가와 우산으로 찌르고는 택시를 타고 사라졌다. 며칠 후 사망한 마르코프를 부검한 의사들은 미세한 금속 파편들이 그의 허벅지에 박혀 있는 것을 발견했다. 이 파편들은 우산 끝에서 주입된 것으로 생화학 무기에 사용되는 맹독성 물질 리신(ricin)을 함유하고 있었다.

1990년대의 자유 시장경제 체제하에서는 사업가들이 암살자의 표적이 됐다. 모스크바의 기업가 이반 키벨리디는 1995년 사인이 밝혀지지 않은 채 숨졌다. 나중에 경찰은 화학무기에서 추출된 것으로 보이는 독성물질이 그의 전화기에 묻어져 있음을 발견했다. 2000년 푸틴 집권 이후 반체제 인사들에 대한 암살이 다시 시작됐다. 2000년 영국으로 망명해 줄곧 러시아의 푸틴 정권을 비판했던 알렉산드르 리트비넨코는 '폴로니움-210'에 노출되어 사망했다. 그는 죽기 전 런던의 식당에서 모 이탈리아인을 만나 식사한 뒤 귀가하자마자 쓰러져 병원으로 옮겨진 후 얼마 지나지 않아 사망했다. 2003년에는 언론인이자 의회 의원으로서 부정부패 사건을 조사 중이던 유리 쉐췌코치킨이 고열과 심한 구토 증상으로 입원한 후 2주 만에 사망했다. 살갗이 벗겨지기까지 했던 그의 죽음은 독살로 추정됐지만 입증은 되지 않았으며, 러시아 당국은 그의 의료기록을 기밀로 처리했다. 2004년 9월 푸틴의 신랄한 비판자였던 여성 언론인 안나 폴리트코브스카야는 비행기에 앉아 당시 초등학생 1,200명을 억류하고 있던 체첸 테러범들을 설득할 계획을 세우고 있었다. 비행 중 차를 한잔 마신 그녀는 의식을 잃고 쓰러졌다. 결국 그녀는 의식을 회복했지만 2년 후 자신의 아파트 엘리베이터에서 총을 맞고 사망했다.

## 제5절 폭발물 장치

폭발물 장치에는 스위치라 부르는 발화장치와 뇌관 및 폭탄 등 연쇄적 장치로 이루어져 있다. 폭발물의 심장부 역할을 하는 스위치의 종류를 간략하게 분류하면 시한장치, 원격조정장치, 동작반응장치, 감응장치로 구분할 수 있다.

### 1. 시한식 장치

시한장치는 일정한 시간경과 후 폭발하도록 조정된 장치로서 시간조절은 알람시계, 손목시계, 전자장치, 선풍기 또는 시간조절이 가능하도록 제작된 타이머 종류가 이에 해당한다. 대표적인 폭발물사례는 KAL 858기, 일명 김현희 사건에서 액체 폭약과 함께 라디오시계에 연결시켜 9시간 후에 폭발하도록 제작되었다.

## 2. 원격조정장치

원격조정장치에는 송수신장치로 전파를 이용하여 사전 폭발물을 매설, 원격제어 방법으로 폭발물을 폭파하는 장치를 말한다. 따라서 폭발물 장치에 송신기와 수신기가 내장되어 있는 몸체와 폭파기, 폭발물로 구성된다. 송신기는 일정한 주파수 대역에서 송신이 가능하도록 고주파 증폭기가 부착되어 있고, 수신기는 통상 내장되어 있어 폭발물을 폭파시킬 수 있는 뇌관 또는 기타 스위치를 작동시킬 수 있도록 구성되어 있다. 이를 이용 가능한 것은 주로 장난감, 차량, 모형비행기, 무전기 기타 원격 제어장치 등이 있다.

## 3. 동작 반응 장치

동작반응장치에는 연속적으로 폭발반응을 일으켜 주는 기계적인 힘을 말하는 것으로 전기식과 비전기식, 기계식 등으로 구분한다. 전기식에는 전기식 뇌관이 있고, 비전기식에는 압력 식, 인력 식, 압력해제 식, 인력해제 식, 가압 식 등이 있고, 기계식에는 물, 온도장치 등의 수압식, 진동 장치, 자기유도장치, 광센서장치, 탐침회로 장치 등으로 구성된 기계식이 있고, 군용으로 인력 식, 압력 식 등 기계적인 발화장치 등이 있다.

## 4. 감응장치

기타 감응장치로서 만지거나 개봉 또는 흔들릴 때 진동에 의해 폭파장치의 연결 작용을 하는 수은, 기온, 압력, 광도, 소리 또는 자장으로 폭파되는 장치 등 다양한 폭발물 장치 등이 있다.

# 제6절 폭발물 설치

폭발물은 폭발물 설치목적에 따라 설치자가 접근이 가능한 장소 어디에서나 설치가 가능하다. 다시 말하면 설치자가 폭발물을 손쉽게 그리고 사람들의 눈에 쉽게 은폐가능한 곳이 어디인지를 역으로 생각해보면 바로 그 장소가 폭발물 설치장소이다, 즉 범행목적상 범행대상자에 접근이 가능하면서 주위의 시선집중이 불필요한 곳을 선택하기 때문이다.

## 1. 폭발물 목표물

일반적으로 목표물은 행사장소, 숙박시설, 통과통로 및 위해가 가능한 주변 시설물 등이다. 이러한 관점에서 본다면 폭발물 설치장소는 실내와 실외로 구분이 가능하다.

### 가. 실외(옥외) 목표물

실외에서는 화단, 낙엽더미, 관상수, 수목지역, 쓰레기통, 재활용 쓰레기 수거용기, 우편함, 하수구, 창고, 지하 피트, 전신주, 창문화분, 주차차량, 야외 설치시설물, 도로주변의 은폐시설물 등이다.

### 나. 실내(옥내) 목표물

실내에서는 몇 가지로 구분할 수 있다. 즉, 공중지역과 방 지역, 기계시설지역이다.

(1) **공중지역**: 공중지역이라 하면 주로 사람들이 많이 왕래하면서도 주변사람에게 주의 집중이 허술한 곳, 즉 로비, 화장실, 휴지통, 자동판매기, 휴게실, 화분 등 공공장소에 있는 사물에 해당한다.

(2) **방 지역**: 방 지역은 회의장, 휴게실, 다과회, 접견실, 침실, 화장실, 주변 각 방등에 휴지통, 책상, 사물함, 응접세트 및 그 방의 천정 또는 주변 각 방을 말한다.

(3) **기계시설 지역:** 기계시설 지역은 승강기, 공조기 실, 계단실, 청소 도구함실, 기계설비 지역 즉, 보일러실, 냉동실, 변전실, 발전 실 및 위험물 저장소등이다.

(4) **기 타:** 기타 테러를 자행하고자 하는 사람은 기상천외한 발상으로 목표물을 공격하기 때문에 위에서 열거한 지역이외 미사일, 바주카포 또는 어깨 견착식 발사 장치를 이용 공격하는 경우도 있다.

제 4 장

# 경호비상 안전대책

제1절 경호 비상 안전대책의 중요성
제2절 경호 비상대책
제3절 경호 행사장 우발 대비책
제4절 기타 경호 안전대책

# 제4장 경호 비상 안전대책

## 제1절 경호 비상 안전대책의 중요성

전세계적 테러/범죄의 증가와 국가간, 국민간에 부익부 빈익빈의 극심화 현상이 심화되고 있어 경호환경은 양적 질적으로 많은 변화가 예상되고 있고 이로 인한 납치/유괴/강도/살인 등 강력범죄의 기승도 경호직무의 중요성을 말해주고 있다.

세상은 안전하다고 믿는 경우에 더욱더 안전함을 추구하게 되고, 불안하다 느낄 경우에 안전함을 요구하게 된다. 즉, 경제성장이 이루어진 강국이든 정치경제적으로 어지러운 국가든 경호직무가 요구되는 것이다. 인간의 생명권, 자유권, 재산권을 보호하고 수호하는 경호안전의 수요는 대폭 증가 할 것으로 예측된다. 가까운 일본, 대만을 경우로 예를 든다면 일본은 사회안전이 매우 높은 국가임에도 불구하고 담은 적당한 옷가게에도 경호원이 배치되어 있다. 안전한 국가인 만큼 더욱 안전함을 추구하고 이에 따른 국민의 안전요구에 부응하기 까지 이른 것이다. 안전을 확보하기 위한 대책이 마련되지 않은 공간에서는 아예 쇼핑조차 하지 않기 때문에 모든 공간에는 일정 안전을 책임지는 경호직무종사자를 채용하고 있다. 대만의 경우는 이보다 더 극단적이긴 하다. 쇼핑가, 식당, 유흥점에 이르기 까지 무장경호원이 경호대상으로 지정된 시설을 보호하고 있다. 국내에도 이러한 기류가 이미 형성되어 있으며 사용인식도 저변화 되어가고 있는 단계이다. 이 시점에서 민간분야의 경우 양적 성장이 보안경호전문회사의 개체수의 증가로 이어져 가고 있다. 과거 8년 전에 비해 양적 개체수의 증가는 500%에 가깝다. 즉, 민간분야에서 경호산업의 향후 전망과 비전이 매우 높다고 전문가들은 판단하고 있는 것이다. 현재 개체수의 증가는 일부 과잉경쟁을 불러일으키고는 있으나 반대로 경호원들의 질적 수준향상의 요구는 계속 증가하고 있다. 과도기적 현상이랄 수 있는데, 이렇게 자유경쟁에서 살아남은 전문회사들이 향후 고부가가치적 서비스를 제공할 것으로 예측된다. 향후 산업의 규모가 커질 경우 오히려 개체 수는 증가하는 것이 아니라 경쟁력과 전문성을 갖춘 업체만 살아남을 것이다. 또한, 민간경호직무분야의 경우 경호보안경비 회사 만에 의한 수요와 발전전망이 있는 것은 아니다. 즉, 기업/단체/개인이 경호원을 채용하는 시장이 민간경호경비업의 종사원 수보다 배수는 더 많다. 잘 알려지지 않고 조사가 어려운 부분이기는 하나 경호전문가 그룹 직능단체인 국제경호협회의 연구조사결과와 그간의 회원 진출분야를 종합 분석해 보면 이처럼 고용이 이루어지는 경우가 매우 많다는 것을 알 수 있다. 경호직무분야는 민간/정부 상호 협력체계가 구축되고 그간 국가치안기구의 역할로 국민의 생명과 재산에 대한 안전(치안)서비를 주로 제공하였다면 앞으로는 전문화된 민간(회사/직능단체)에 이양되어 질 것이며, 현재도 점진적으로 전면 이루어지고 있는 추세이다. 전망의 근거로는 세계적으로 이러한 시스템이 보편화 되어 가고 있다는 것과 최근 우리나라의 치안환경의 변화는 범 세계적으로 문제시 되고 있는 테러/범죄가 그대로 자행되고 있기 때문이다. 즉, 과거 우리나라식의 범죄나 테러 양상이 아니라 남미의 납치산업, 각국의 테러양상, 국제범죄화의 양상 등 모든 것이 변화되고 있기 때문이다. 경호 비상 안전대책은 정부와 민간분야 모두 필요한 분야이나 여기에서는 VIP와 그 가족 경호에 중점을 두고 주로 소방과 가스, 전기 안전에 관한 비상대책에 대하여 행사준비와 관련하여 반드시 확인되어야할 내용 중심으로 정리한다.

# 제2절 경호 비상대책

## 1. 소방안전 비상대책

### 가. 소방의 정의

소방이라는 단어의 사전적 의미는 “불이 나지 않도록 미리 막고, 불이 났을 때 불을 끄는 일”이다. 최근에는 재난, 재해 그 밖의 위급한 상황에서의 구조, 구급의 개념까지 확대함은 물론, 나아가 사회안전의 확보라는 개념까지 포괄하여 사용한다. 협의적으로는 소방기관에서 행하는 화재의 예방, 경계 및 진압활동을 의미하는 것으로서 형식적 의미의 소방을 말하고 실정법상으로는 소방기관이 수행하는 모든 사무를 의미한다. 소방기관이 수행하는 사무이면 화재의 예방, 경계, 진압 및 기타 재난, 재해 그 밖의 위급한 상황에서의 구조, 구급활동은 물론, 소방관복무규칙의 제정 등 입법적 활동 또는 소방법령 위반자에 대한 수사 활동, 과태료의 부과 등 사법적 활동도 여기에 포함된다.

광의적으로는 소방작용의 내용 및 성질을 기준으로 한 것으로서 실질적 의미의 소방을 말한다. 실정법상 소방기관은 물론 타행정기관의 국민의 생명과 신체 및 재산을 보호하기 위한 활동사무 등도 포함된다. 이러한 작용에는 법률행위는 물론 사실행위를 포함한다. 실질적 의미의 소방과 형식적 의미의 소방은 반드시 일치하지 않는다. 현재 소방의 캐릭터(로고)는 [FIRES]이다. ■ F = fire(불, 화재, 소방) ■ I = internationalization(국제화) ■ R = rescue & First-Aid(구조, 구급) ■ E = emergency management(위기 또는 비상관리) ■ S = service(봉사)

## 나. 소방의 목적

소방기본법 제1조 에서 "이 법은 화재를 예방, 경계하거나 진압하고 화재, 재난, 재해 그 밖의 위급한 상황에서의 구조, 구급활동 등을 통하여 국민의 생명, 신체 및 재산을 보호함으로써 공공의 안녕 및 질서유지와 복리증진에 이바지함을 목적으로 한다."[1)]라고 목적을 분명히 하고 있다.

## 다. 소방 업무

소방업무는 사회환경 변화에 따라서 역할이 변화되어 왔다.

고대의 소방은 불단속이나 소방순찰을 하는 금화(禁火)적인 기능만을 강화하였고 진압기능은 불 털이개나 소화용수를 비치하고 관리하는 정도의 업무에 한정되었다.

1958년 소방법 제정 당시에는 소방업무를 화제, 풍수해 또는 설해의 예방, 경계, 진압 또는 방어 까지를 소방의 업무로 규정하였으나 1967년도에 소방법 개정 시

1) 소방기본법 제1조 정의

풍수설해 업무는 풍수해법으로 이관하고 화재업무로 한정하게 되었다.

1970년대와 1980년대의 고도성장기를 거치면서 사회환경 변화에 따라 대형화재 사고가 빈번히 발생하면서 소방환경이 극도로 악화되고 취약해져 소방의 업무는 강력한 행정규제를 강화하여 사회공공의 안녕질서 유지와 사회복리 증진을 도모할 수 있는 제도로 강화되었다.

행정기관마다 주된 고유의 업무가 있다. 현행법상 소방은 화재의 예방·진압이 가장 큰 특징이지만 구조·구급활동은 물론, 지원활동으로 방역, 산불진압, 풍수해 지원 등의 활동 영역이 매우 넓다. 이러한 소방행정을 수행하기 위하여 각기 부서마다 사무분장이 명확히 구분되고 있다. 소방기관의 업무는 본연의 업무와 지원활동으로 구분된다. 소방기본법 제1조에서는 소방본연의 업무로 ■ 화재를 예방, 경계, 진압 ■ 재난, 재해 및 그 밖의 위급한 상황에 있는 사람의 구조, 구급 ■ 국민의 생명, 신체 및 재산을 보호 ■ 공공의 안녕 및 질서유지와 복리증진에 기여함을 목적으로 정하고 있으며 본연의 업무외에 지원활동으로 동법 제16조의2(소방지원활동) ① 소방방재청장·소방본부장 또는 소방서장은 공공의 안녕질서 유지 또는 복리증진을 위하여 필요한 경우 소방활동 외에 다음 각 호의 활동(이하 "소방지원활동"이라 한다)을 하게 할 수 있다.[2)]

1. 산불에 대한 예방·진압 등 지원활동
2. 자연재해에 따른 급수·배수 및 제설 등 지원활동
3. 집회·공연 등 각종 행사 시 사고에 대비한 근접대기 등 지원활동
4. 화재, 재난·재해로 인한 피해복구 지원활동
5. 119에 접수된 생활안전 및 위험제거활동(화재, 재난·재해, 그 밖의 위급한 상황에 해당되지 아니하는 것을 말한다)
6. 그 밖에 국민안전처령으로 정하는 활동

② 소방지원활동은 제16조의 소방활동 수행에 지장을 주지 아니하는 범위에서 할 수 있다.

③ 유관기관·단체 등의 요청에 따른 소방지원활동에 드는 비용은 지원요청을 한 유관기관·단체 등에게 부담하게 할 수 있다. 다만, 부담금액 및 부담방법에

2) 소방기본법 제16조의 2, 정리

관하여는 지원요청을 한 유관기관 · 단체 등과 협의하여 결정한다.

이와 같이 소방기관에서는 국민에게 무한봉사 차원에서 국민이 원하는 대부분의 요구에 대응해야 하므로 소방지원활동에 따른 본연업무 수행에 차질을 방지하기 위하여 생활안전 및 위험제거활동을 위한 전담부서를 전국적으로 확대 설치해 나가고 있는 추세에 있다.

그러나 양심 없는 국민의 요청에 거절할 수 있는 법적근거도 마련해 두고 있다.

119 구조구급에 관한 법률 시행령 제20조(구조 · 구급 요청의 거절)에 의하여 ① 구조대원은 법 제13조제3항에 따라 다음 각 호의 어느 하나에 해당하는 경우에는 구조출동 요청을 거절할 수 있다. 다만, 다른 수단으로 조치하는 것이 불가능한 경우에는 그러하지 아니하다.

1. 단순 문 개방의 요청을 받은 경우
2. 시설물에 대한 단순 안전조치 및 장애물 단순 제거의 요청을 받은 경우
3. 동물의 단순 처리 · 포획 · 구조 요청을 받은 경우
4. 그 밖에 주민생활 불편해소 차원의 단순 민원 등 구조활동의 필요성이 없다고 인정되는 경우

② 구급대원은 법 제13조제3항에 따라 구급대상자가 다음 각 호의 어느 하나에 해당하는 비응급환자인 경우에는 구급출동 요청을 거절할 수 있다. 이 경우 구급대원은 구급대상자의 병력 · 증상 및 주변 상황을 종합적으로 평가하여 구급대상자의 응급 여부를 판단하여야 한다.

1. 단순 치통환자
2. 단순 감기환자. 다만, 섭씨 38도 이상의 고열 또는 호흡곤란이 있는 경우는 제외한다.
3. 혈압 등 생체징후가 안정된 타박상 환자
4. 술에 취한 사람. 다만, 강한 자극에도 의식이 회복되지 아니하거나 외상이 있는 경우는 제외한다.
5. 만성질환자로서 검진 또는 입원 목적의 이송 요청자
6. 단순 열상(裂傷) 또는 찰과상(擦過傷)으로 지속적인 출혈이 없는 외상환자
7. 병원 간 이송 또는 자택으로의 이송 요청자. 다만, 의사가 동승한 응급환자

의 병원 간 이송은 제외한다.

③ 구조·구급대원은 법 제2조제1호에 따른 요구조자(이하 "요구조자"라 한다) 또는 응급환자가 구조·구급대원에게 폭력을 행사하는 등 구조·구급활동을 방해하는 경우에는 구조·구급활동을 거절할 수 있다.

④ 구조·구급대원은 제1항부터 제3항까지의 규정에 따라 구조 또는 구급 요청을 거절한 경우 구조 또는 구급을 요청한 사람이나 목격자에게 그 내용을 알리고, 행정안전부령으로 정하는 바에 따라 그 내용을 기록·관리하여야 한다.[3]

결론적으로 소방지원활동을 인정하는 소방기본법을 국회에서 의결한 법률이고 119구조·구급에 관한 법률 시행령은 대통령령이기 때문에 상위법인 소방기본법에 의거하여 소방 본연의 업무에는 맞지 않지만 국민으로부터 문개방, 급수, 배수, 제설이나 고양이 등 의 단순 동물포획 등 요구가 지속적으로 늘어나고 있어 소방행정력이 낭비되고 있음을 감안하여 국민 스스로 해결 할 수 있는 분야에 대하여는 불필요한 소방력 낭비를 막고 본연의 업무에 충실할 수 있도록 신고를 자제하는 수준 높은 국민정신이 절실히 요구된다.

## 라. 소방행정

소방행정은 소방조직체가 국가의 소방목적을 의미 있게 달성하기 위해 소방관계법의 테두리 내에서 자유롭게 작용하는 의식적, 인위적, 계획적인 노력에 의한 협동행위이고 소방의사결정을 하는 관리적 공행정이다.

### (1) 소방행정의 개념

소방행정의 개념은 형식적 의미와 실질적 의미로 구분할 수 있다. 실질적 의미는 소방작용을 내용으로 하는 행정영역에 국한되지만, 형식적 의미는 소방작용 외에 소방작용에 관계되는 입법적인 작용과 준 사법적인 작용까지 포함된다. 따라서 소방행정은 실질적 의미의 소방작용을 포함하는 광의의 개념이라고 할 수 있으며 일반적으로 말 할 때, 소방행정이란 형식적 의미의 소방행정을 지칭한다.

즉, 소방행정은 화재예방 조치명령, 소방검사, 건축허가 동의, 위험물 허가, 소방

3) 119구조구급에관한 법률시행령 제20조,

상 강제처분과 기타 소방법령에 따라 소방업무를 수행하기 위한 소방작용 뿐만 아니라 소방작용과 관련되는 소방법, 화재예방조례, 고시 등과 같은 법적 기능 그리고 소방행정 행위에 대한 행정심판의 심리, 재결, 결정과 같은 준 사법적인 기능도 포함하는 광의의 행정에 속한다. 소방행정의 궁극적인 목적은 소방법 제 1조에서 정하고 있는 바와 같이 '화재의 예방 · 경계 · 진압 등을 통하여 국민의 신체 및 재산보호'에 있다. 이러한 소방활동 목적을 달성하기 위해 화재의 예방, 경계를 위한 소방검사, 화재예방조치, 소방대상물의 개수명령 등과 같이 적극 행정이 있는가 하면, 구조 · 구급활동처럼 상대방의 요구에 따라 수행하는 소극적인 행정도 있다.

#### (2) 소방행정의 주체와 객체

소방행정의 주체는 소방행정권을 수행 할 수 있는 당사자를 뜻한다. 당사자에는 국가, 공공단체, 그리고 행정사무를 위임받은 사인이 있다. 국가와 공공단체와 같은 행정의 주체는 행정기관을 통하여 행정사무를 집행한다. 소방행정의 주체는 행정의 객체에 대하여 소방행정을 집행할 수 있는 행정기관으로서 국가, 시 · 도를 의미하고 있지만 실질적으로는 무형의 추상적인 존재에 불과하다. 따라서 활동능력을 가지고 있지 않기 때문에 행정의 주체를 위하여 활동하는 소방행정 관청을 설치하여 자연인을 그 직에 담당시켜 사무를 수행하고 있는 것이다.

소방행정의 객체는 행정의 주체인 국가 · 시 · 군의 피지배권이 있는 자연인 또는 단체이다. 즉, 한국 국민과 국제법상 외교특권을 가지고 있지 않는 외국인이며 자연인이나 법인을 불문한다. 또한 공공단체도 소방법상 행정의 객체에 속하는 경우도 있다.

#### (3) 소방행정 기관

소방행정 기관은 소방사무를 처리하기 위하여 설치된 인적수단과 물적시설을 총칭하고 있다. 즉, 일정한 소방사무를 담당하는 소방공무원으로서 조직된 집단을 의미하고 있으며 국가기관으로서는 국민안전처가 있고 시 · 도의 소방기관으로서는 소방본부와 소방서 및 파출소 등이 있다.

소방행정 기관은 국가소방행정조직과 지방소방행정조직으로 대별되며 간접국가소방행정조직이 있다. 소방업무는 원칙적으로 광역자치 업무이지만 국가소방행정조직으로 국민안전처에 중앙소방본부, 중앙소방학교, 중앙119구조본부, 중앙소방학교가 있고 지방소방행정조직으로 소방본부, 소방서, 지방소방학교, 119안전센터, 구조대, 소방항공대, 소방정대가 설치되어 있다. 또한 소방업무의 수행을 위하여 보조기관, 자문기관 집행기관 등이 있다. 소방의 보조기관은 행정청에 소속되어 의사 또는 판단의 결정이나 표시를 보조하는 것을 임무로 하는 행정기관으로서 국민안전처의 중앙소방본부장, 시·도의 소방본부장과 과장, 소방서의 과장 등이 이에 해당된다. 자문기관으로는 행정청에 부속되어 일정한 행정사항에 대해 자문에 응하여 회답하며 자발적으로 의견을 건의할 수 있는 권한이 부여된 기관이며 소방안전기술위원회가 여기에 속한다. 간접 국가소방행정조직으로는 한국소방산업기술원, 한국소방안전협회 등이 있다.

집행기관은 행정의 객체에 대하여 실력을 행사할 수 있는 권한을 가지고 있는 행정기관이다. 즉, 소방공무원, 경찰공무원, 세무공무원 등이 이에 속하며 소방본부장과 소방서장을 제외한 과장은 보조기관에 속하지만 화재현장 등에서의 즉시강제 처분을 할 경우에는 집행기관으로서의 지위에 서게 된다.

#### (4) 소방행정의 특수성

– 소방인의 이념

- 공직이념을 바탕으로 국가재난관리의 전문중추조직으로서의 긍지와 자부심을 가지고 서로 협동하며 화합, 단결한다.
- 정의와 평화, 안녕질서를 추구하는 가운데 경쟁력을 최대한으로 높인다.
- 위급한 상황일지라도 비상성이 넘치는 담대한 자세로 용감하고 신중하게 대응한다.

– 소방의 상징

- 불의 상징성 : 정의성(정화성), 광명성(조명성), 창의성(생산성), 화합성(단결성)
- 물의 상징성 : 필수성, 유연성, 포용성, 윤리성
- 태극의 상징성 : 주인성(국민성), 자주성(능동성)
- 월계잎의 상징성 : 경쟁성(성취성), 모범성(방향성)
- 해태의 상징성 : 조상들의 슬기(방화신수로 쓰였음), 국민과의 친밀감

- 소방행정의 특수성
  - ■ 고도의 공공행정 ■ 특수전문행정 ■ 국민생명유지행정 ■ 사회목적적 행정
- 소방행정 작용의 특성
  - ■ 우월성(지배와 복종의 법률관계) ■ 획일성, ■ 기술성, ■ 강제성(자격증)

## 마. 소방의 변천4)

### (1) 불의 발견

불은 이미 오래 전부터 사용되고 있었다. BC 9만~100만년 전 중국의 북경원인(北京原因)들이 불을 사용한 흔적이 주구점(周口店) 동굴에서 발견되었는가 하면, 우리나라에서는 공주 석장리 등에서 구석기시대에 사용한 것으로 보이는 화덕터가 발견되기도 하였다. 1만 년 전후에 있었던 우리나라의 구석기문화 유적으로는 굴포리, 덕산, 마암리 등에서 발견된 바 있으며 그 후에 발견된 신석기시대의 유적으로는 서울의 암사동과 부산의 동삼동, 평남 청호리와 궁산리, 황해도 지탑리 등지가 대표적이다.

이러한 불은 낙뢰나 산불 등에 의해 우연히 발견된 것으로 추정되고 있으며 불의 사용으로 말미암아 옛 조상들에게 가장 먼저 이점을 안겨다 준 것은 첫째로 혹독한 추위를 이겨낼 수 있게 하였고 둘째, 야간에는 들짐승으로부터 신체 보호를 보호할 수 있었으며 셋째, 식생활이 채식 위주였으나 날짐승 등을 불에 구워먹는 화식으로 바뀌게 되었으며 넷째, 철을 불에 달구어 농기구 제조로 인한 농경문화의 획기적인 발전이 이루었고 마지막으로 활자발명으로 인하여 역사기록 유지 등 물질문명의 창조를 싹트게 하였다.

이러한 불은 인류역사에 많은 이점을 안겨 주기도 했지만 사용빈도가 늘어남에 따라 그에 따른 재앙이 발생한 점에 대해서도 간과할 수 없다. 즉, 옛 조상들이 사용했던 가재도구 등의 필수품 모두가 연소성이 좋은 풀과 나무 등으로 만들어져 한 번 화재가 발생하면 거의 전소(全燒)되는 경향에 따라 화재를 진압하는 데

4) 김국래외 2인, 소방조직관리론, 도서출판 덕유, 2004, 30~88p, 재편집

있어서 역사 기록을 보면 상당한 고초가 있었음을 엿볼 수 있다. 원래 난방이나 고기를 구어 먹는 것 등에 불과 했던 원시적인 불은 농기구나 창칼을 제조하던 철물의 주조기술로 이어져 근래의 산업사회발전에 크게 이바지하였다.

에너지에는 위치·운동·기계적 등의 여러 에너지가 있지만 이 중 열에너지는 우리생활에 절대 필요한 에너지원의 하나인 반면, 화재와도 직접적인 관계가 있어 그 변천과정을 살펴보면 다음과 같다.

### (가) 제1의 불(에너지) – 원시적인 불

위와 같이 불은 아주 먼 원시시대로부터 지금까지 우리 일상생활에서 매우 유익하게 쓰이는 필수적인 것이다. 다만 열에너지 원(源)을 어떤 방법으로 얻는가 하는 점이 다를 뿐이다. 이처럼 소중한 불을 원시인들이 일상생활에서 얼마나 중요하게 다루었는가 하는 점은 근래의 우리 생활 모습에서도 어느 정도 잘 나타나 있다. 즉, 시골집의 이삿짐 속에 연탄불이나 화롯불을 담아 가는 풍습과 이사한 집에 성냥 통이나 양초를 선물하는 모습에서도 볼 수 있듯이 근래의 우리생활에는 옛 조상들이 불씨를 얼마나 소중하게 다루었는지 여실히 보여주고 있다.

불은 잘 번져나가기도 하는 반면, 비나 바람에 약해 잘 꺼지는 특성이 있다. 애써 보관해 왔던 불을 잃으면 초기에는 산불이나 화산 또는 천둥번갯불에서 얻어졌지만 불씨를 만드는 방법을 궁리한 끝에 마른 나뭇가지나 부싯돌을 마찰시켜 얻어 시용하였다.

### (나) 제2의 불(에너지)– 석탄

약 2억2천만~3억 년 전 지구상에 있는 식물이 번성하여 큰 숲을 이루었는데 그 당시 식물들은 습지나 얕은 물에서 자랐으며 오랜 기간 고사(枯死)와 성장의 반복 과정을 통해 두터운 층을 이루었다. 그 후 지각의 침강으로 식물층 위에 모래·진흙·자갈 등이 두껍게 쌓이게 되었으며 그 식물층은 높은 압력을 받게됨에 따라 이 때문에 식물을 구성하고 있는 성분 중 수소나 질소, 산소 등은 서서히 빠져나가고 탄소를 주성분으로 하는 물질이 남게되는 데 이것이 곧, 석탄층이다.

석탄은 지금으로부터 약 2천3백년 전쯤(B.C 315년경) 철학자 테오프라스터스가 남긴 기록에 의하면 그리스 지방의 대장간에서 연료로 사용한 것으로 나타나 있다. 우리나라는 신라 진평왕 31년(A.D 609년) 모지악 동토함(경상북도 영일군 갈탄 지역) 산지가 불에 탔다고 삼국사기에 기록되어 남아있는 것으로 보아 이는 여느 산불과 달리 노두탄(지표에 노출된 탄)이 불이 붙어 오랫동안 탔기 때문에 기록으로 남게 되었을 것으로 보인다.

우리나라에서 생산되고 있는 석탄은 생산물량의 대부분이 연료와 발전용으로 주로 쓰이고 있다. 석탄을 분류해 보면 연소할 때 연기가 나지 않으나 연소과정에서 일산화탄소를 많이 발생하는 무연탄과, 북한에서는 주로 생산되며 연기가 많은 유연탄, 그리고 갈탄과 토탄 등이 있다. 이러한 석탄이 세계적으로 주목받기 시작한 것은 1760년대 영국의 산업혁명과 밀접한 관련이 있다. 에너지가 없던 시절 석탄을 태워 물을 끓이고 거기에서 발생되는 증기의 힘을 이용하여 동력을 얻게 되었으며, 그 동력으로 전기생산 등 각종 산업혁명에 크게 이바지하게 되었다. 우리나라의 입장에서 본다면 가난하던 시절 연료의 대부분을 산에서 나무를 베거나 낙엽을 채취하여 연료로 사용하였고, 그로 인하여 오랫동안 벌거숭이가 되었던 산들은 난방연료를 나무에서 석탄(연탄)으로 대체하면서 강산을 푸르게 만든 가장 결정적인 역할을 수행한 것이다.

세계적으로 추정하고 있는 석탄의 매장량은 1조316억 톤 가량이며, 연간 소비량은 46.8억톤으로서 가용년수가 220년으로 석유보다 훨씬 길다.

(다) 제3의 불(에너지) – 석유

석유란 천연적으로 산출되는 액체 탄화수소의 혼합물로서 원유라고도 하며 그 가공된 제품의 총칭을 말한다. 석유가 어떻게 생성되었는가에 대해서는 여러 가지 학설이 있으나 최근에는 유기성인설로 설명되고 있다. 유기성인설은 태고적에 대량의 하등동물이나 식물의 유해가 바다나 호수 또는 늪에 퇴적되어 물의 촉매작용과 특정한 박테리아의 작용, 그리고 지하의 온도와 압력에 의해서 오랜 세월에 걸쳐 매우 복잡한 화학변화를 일으켜서 마침내 석유가 생성되었다는 것이다.

석유의 주성분은 주로 각종 액상탄화수소이지만 소량의 황화합물, 산소화합물, 질소화합물 또는 미량의 유기금속화합물을 함유하고 있으며, 천연가스를 수반하여 산출될 때가 많다. 석유개발로 말미암아 산업발전은 물론, 기계화학 및 섬유제품의 눈부신 발전을 가져다 주었고, 중공업 등에서부터 최첨단 산업발전에 이르기까지 매우획기적인 영향을 가져다 주었다. 이와 같이 다방면에서 사용되고 있는 석유의 매장량은 세계적으로 1조200억 배럴로 가용년수가 41년 정도에 지나지 않아 대체에너지 개발이 시급한 실정에 놓여 있다.

(라) 제4의 불(에너지) – 원자력

원자력이란 원자핵이 분열 또는 융합하는 과정에서 발생하는 에너지를 말한다. 핵분열은 우라늄(U-235)과 플루토늄(Pu-239)과 같은 무거운 원소의 원자핵이 중성자(n)를 흡수하여 가벼운 원소로 쪼개지면서 에너지를 발생한다. 이때, 1g의 U-235가 완전 핵분열하면 석유 9드럼과 석탄 3톤에 해당하는 열에너지를 생산한다. 핵융합은 중수소(2H ; 듀트리움)와 삼중수소(3H ; 트리튬)와 같은 가벼운 원소의 원자핵이 서로 합쳐져 새로운 원소(무거운 원소)를 만들면서 에너지를 발생하며 이러한 핵물질은 우라늄-233, 우라늄-235, 플루토늄-239, 플루토늄-241 등이 있다.

원자력에너지원인 우라늄의 세계적인 매장량(지상)은 230만 톤 정도로서 천연우라늄의 고갈 시점은 60년 정도이다. 그러나 바닷물 속에 들어있는 우라늄을 회수할 경우 엄청난 양이 지구상에 있다고 할 수 있다. 뿐만 아니라 플루토늄-239는 우라늄-235와 같이 핵분열을 하므로 이것을 재처리과정을 통해 재활용하게 되면 60배로 늘어나므로 단순 계산으로도 3,600년 정도까지 가용년수가 늘어나는 등 앞으로 수천 년 동안 사용이 가능한 무한 에너지라고 할 수 있다.

(2) 소방조직의 역사

소방조직은 신라시대 "진평왕(18년)은 불이 난 이재민을 위문하고 구제하였다."는 기록이 남아있는 것으로 보아 화재를 사회적 재앙으로 인식하여 국가에서 구휼(救恤)한 것으로 보여 지기는 하나 최초의 소방관서는 조선시대 금화도감(1426년, 조선세종 8년)이라고 볼 수 있다. 대한민국 정부가 수립되면서 미군정 당시 소방청을 포함한 자치소방 기구가 경찰 조직에 인수되어 소방업무는 경찰조직의 변화에 따라 과 또는 계 체제로 운영되어 오다가 1970년 8월 내무부에 소방기능을 삭제하여 소방사무를 자치단체에 이관하는 근거가 마련되기에 이르렀고 1975년 7월 민방위 본부가 발족되고 1977년12월 소방공무원법 제정으로 단일화 되었다.

### (가) 삼국시대

삼국시대의 농업과 어업 발전 및 수공업에 의한 의류생산은 직조기술의 발달로 이어졌다. 또한 사유재산제도의 발달과 당(唐)과 일본 등을 통한 대외 무역은 부호들이 탄생할 수 있는 밑거름이 되었으며 성도(城都) 경주가 도시의 면모를 갖추게 된 계기가 되었다. 이에 따라 도시가 번창하고 인가(人家)가 조밀해짐에 따라 화재가 자주 발생하였을 것으로 보인다. 또한 사회 구성원들 사이에 계층분화가 생기고 왕궁이나 궁촌을 포함한 왕성과 촌락까지도 포함한 외성을 쌓기도 하였으며 이런 축조술의 발전으로 민가들을 서로 인접해서 지음에 따라 화재가 발생하게 되면 연소가 확대되어 사회적인 재앙으로 등장하게 되었다. 삼국사기의 기록에 의하면 신라시대 진평왕(18년)은 불이 난 이재민을 위문하고 구제하였다는 기록이 남아있다. 이는 화재를 사회적 재앙으로 인식하여 국가에서 구휼(救恤)한 것으로 보여 지는 한 대목이다.

### (나) 고려시대

고려시대에는 삼국시대와 통일신라시대보다 많은 화재가 발생하였는데 인구가 증가하고 병란이 잦은 탓에 그 원인을 찾아볼 수 있으며 특히, 도읍지인 개성은 지역이 협소하여 건물들이 밀집된 관계로 화재 발생 시 대화재로 번지는 사례가 빈번하였다.

### (다) 조선시대의 소방조직

조선시대의 소방조직으로는 지금까지 잘 알려지지 않았던 태조 원년(1392)의 무비사(武備司)를 들 수 있다. 무비사에는 개화(改火), 금화(禁火), 부신(符信), 순작(巡綽) 등의 일을 맡았으며 구성원으로는 전서(典書)와 의랑(議郞), 정랑, 좌랑, 주사가 각 2 명씩 조직된 기록이 있다. 세종 8년(1426)에는 제조(提調), 사(使), 부사(副使), 판관(判官)이라는 직책으로 병조에 속하여 편성된 금화도감(禁火都監)을 설치하여 범인의 체포와 구금 및 화재예방을 위한 군사 및 민간인의 동원, 이재민 구호활동 등의 화재와 관련된 업무 일체를 관장하게 하였다. 같은 해 6월에는 수성금화도감(修城禁火都監)을 설치하여 성을 수리하고 화재를 금지하며 천거(川渠)를 소통시키고 길과 다리수리를 전담했으나 한달 뒤 7월에는 병조에서 공조소속으로 이관되었다.

또한 세종13년(1431)에는 화재와 치안대책의 일환으로 한성부로 하여금 각방 거리에 방호소(防護所)를 설치하고 도감으로 하여금 순찰 등을 실시한 바 있다.

세조6년(1460)에는 중앙관서의 인원과 기구 감축으로 수성(修城)은 공조로 금화는 한성부로 그 사무가 이관되어 실록에서 자취를 감추었으나 성종 12년에는 금화도감을 부활시켜 정식 관청으로서 수성금화사를 설치하여 궁성과 도성의 수축과 궁궐의 공해(公廨) 및 방리, 각 호의 화재를 구제하는 등의 일을 맡도록 하였다. 1894년 7월 14일 갑오개혁 당시에 실시한 경찰과 소방관계는 '경무청관제'가 공포됨에 따라 좌·우 포도청을 합하여 '경무청'으로 하였으며 '내무아문'에 소속시켜 한성부와 제5부내에 속한 모든 경찰사무를 관장하게 하였다. 이와 동시에 '행정경찰장정'을 규정하였는데 그 내용은 「행정경찰의 업무는 민의 재해를 막고 만약, 실화가 생기면 순검이 반드시 이재민을 도와 불을 끄고, 인민이 구호장에 모이면 질서를 유지시켜 도적을 막도록 하며 화재에 대비」하도록 되어 있다.

### 조선시대 소방조직

| 조 직 | 설치 시기 | 담당 업무 | 인원 | 기록문서 |
|---|---|---|---|---|
| 무비사 | 태조원년 (1329년) | 개화(개화), 금화(금화), 부신(부신), 순작(순작) | 10명 | 증보문헌비고 |
| 금화도감 | 세종8년 2월 29일 (1426년) | 궁성, 도성의 수축과 궁궐공해 및 방리, 각호의 화재를 구재하는 일 등 | 16명 | 증보문헌비고, 연려실기술별집, 속대전, 세종실록 |
| 수성금화도감 | 세종8년 6월 19일 (1426년) | 궁성과 도성의 수축 및 궁궐, 관청, 방리의 구화 등 | | 세종실록 |
| 수성금화사 | 성종12년 3월 30일 (1481년) | 궁성과 도성의 수축 및 궁궐, 관청, 방리의 구화 등 | 16명 | 세종실록, 속대전, 대전통편, 경국대전 |

**[표 4-1] 조선시대 소방조직의 설치시기와 담당업무(출처: 한국소방행정사 정리)**

이후 경무청이 수도경찰로 환원됨에 따라 1905년 2월 26일(광무9년) 다시 제정한 '경무청관제'에는 '경무청은 내무관할에 속하여 한성부내의 경찰·소방에 관한 사무를 관장한다'라고 소방에 관한 규정을 명문화 한 것이다. 그 내용을 살펴보면, 제1조에서는 경찰청은 한성부내 경찰소방에 관한 사무를 관장하고, 제10조에서는 수화·소방에 관한 사항은 경무청 경찰국에서 관장하게 되어 있다.

(다) 근대의 소방체제와 소방법 제정

1945년 광복 이후 미국의 군정에 의한 기구 개편에 따라 자치소방체제로 전환되었다. 따라서 소방행정은 총독부 경무국 경비과에서 담당하였는데 미군청정에서 인수한 후에는 소방업무와 통신업무를 통합하여 경무부에 '소방과'를 두어 소방업무를 수행하게 된 것이다. 1948년 대한민국 정부가 수립되자 군정시대의 소방에 관한 모든 업무는 경찰기구에 통합됨에 따라 경찰에서 다시 소방업무를 관장하게 되었다. 광복 이후 소방법이 최초로 제정되기 이전에는 단순한 화재 진압 등이 주된 업무였으나 1950년대 중반을 거치면서 화재의 예방경계를 강화하고자 제정한 법률이 곧, 우리나라의 최초 소방법(1958년. 3월 11일 공포, 법률 제485호)인 것이다.

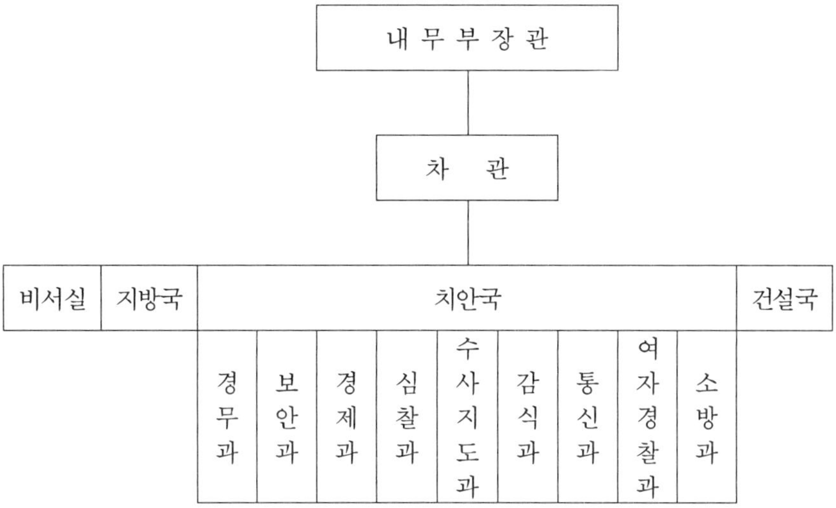


**[그림 4-1] 정부수립 직후의 내무부 기구표(김국래외 2인, 소방조직관리론, 도서출판)**

(라) 소방체제 변천사

소방업무는 경찰행정의 일환으로 꾸준히 지속되어 오다가 소방사무를 지방자치단체의 고유사무로 하는 등의 정부조직법 개정(1970. 8. 30 법률 제2249호)에 따라 내무부에서 소방기능을 삭제한 것이다. 그러나 같은 법 부칙에 서울특별시와 부산시를 제외한 지방자치단체의 재정 상태를 고려하여 대통령령으로 정하는 시기까지 내무부 장관이 관장하도록 하였다. (道)와 부산시 행정기구에 관한 규정 개정으로 서울특별시와 부산은 소방본부로 각 도는 민방위국을 설치하여 민방위과와 소방과를 두어 업무를 전담하도록 하였다.

1995. 10. 19일 대통령령 제14791호에 의거 민방위본부를 민방위재난통제본부로 확대개편 하면서 재난관리국을 신설하고 재난총괄과, 재난관리과, 안전지도과를 개편하고 소방국에 구조구급과, 장비통신과를 신설하였다.

1998. 7. 22일 대통령령 제15481호에 의거 소방국의 소방과는 소방행정과로 명칭이 변경되었으며 장비통신과는 폐지되었다. 그 후 1975년 7. 25일 정부조직법 개정과 민방위기본법 제정(법률 2772 및 제2776호)으로 민방위본부가 발족되면서 소방국으로 편입되었고 동년 8월 26일 대통령령 제7766호로 서울특별시 행정기구에 관한 규정과 대통령령 제7767호로 1999. 5. 24일 정부조직법을 개정 국가소방업무를 부활하여 지방자치단체 소방기관에 대한 기획, 지도, 조언, 권고, 조정, 교육, 구조, 구급 등 사무를 실질적으로 수행하게 되었고 지방은 광역체제별 상이(서울, 경기, 충남, 제주 등 민방위 · 재난 · 가스안전 등 흡수)하게 조직 편제가 개편되었다.

2004. 6. 1일 대구 지하철 전동차 화재 참사와 태풍 매미의 막대한 피해를 전기로 정부조직법을 개정(법률 제7186호), 소방방재청을 설립(행자부 외청)하여 화재, 재난, 민방위 업무 포괄, 재난의 예방, 준비, 대응, 복구의 중추역할을 담당하는 기관으로 자리매김하게 되었다.

2014, 4, 16일 새월호 참사를 전기로 국민적 공감대가 형성되어 동년 11, 19일 국민안전처가 출범하면서 소방방재청이 폐지되고 중앙소방본부로 축소 개편되었다.

#### (마) 국민안전처 출범

2014년 4월 16일 발생한 세월호 참사로 국민안전처가 출범하면서 해양경찰청과 소방방재청이 해체되고 산하에 중앙소방본부와 해양경비안전본부로 조직이 편제되면서 조직구성원과 국민의 반발 등을 이유로 본부장의 직급을 각각 소방총감, 치안총감으로 보하게 되었다. 대한민국의 정부조직은 현재 17부 5처 16청이다.

국민안전처 발족 전 17부 3처 18청 이었으나 지난달 정부조직이 개편되면서 11월 19일부터 해양경찰청과 소방방재청이 해체되면서 재난관리와 민방위 업무가 일반부서로 전환되고 국민안전처로 통합, 인사혁신처가 신설되면서 현재의 17부 5처 16청이 되었다.

- '부' - 정책수립 및 집행의 기본단위. 기능별 또는 행정대상별로 설치한 기관.
- '청' - 행정각'부' 소속으로 설치된 중앙행정기관으로써, '부'의 소관사무 중 독자성이 높고 집행적인 사무를 독자적으로 관장. 업무의 범위가 전국에 미치는 일이 대부분임. 주로 정책을 수립하기보다 집행하는 일을 수행.

예) 사법기관인 법무부의 경우 수사 등의 업무를 수행하는 검찰청을 두고 있고, 기획재정부는 세금과 관련된 국세청과 관세청, 입찰 및 계약업무를 하는 조달청, 국가통계를 담당하는 통계청을 두고 있음.

- '처' - 국무총리 소속으로, 여러 '부'에 관련되는 기능을 통합적으로 관할하는 참모적 업무를 맡으면서 정책수립을 주로 수행.
- '원' - 대통령 직속기관으로 국가 안보 · 안위와 관련된 업무를 수행.
- '실' - 대통령 또는 국무총리를 보좌하기 위한 기관.
- '위원회' - 행정기관이 담당하는 사무에 관하여 자문을 하거나 조정, 협의, 심의 또는 의결 등을 수행. 단수가 아닌 복수의 구성원으로 이루어진 합의제 기관. 방송통신위원회, 공정거래위원회, 금융위원회 등
- 17부 : 기획재정부, 교육부, 미래창조과학부, 외교부, 통일부, 법무부, 국방부, 안전행정부, 문화체육관광부, 농림축산식품부, 산업통상자원부, 보건복지부, 환경부, 고용노동부, 여성가족부, 국토교통부, 해양수산부
- 5처 : 국민안전처, 인사혁신처, 법제처, 국가보훈처, 식품의약품안전처
- 16청 : 국세청, 관세청, 조달청, 통계청, 검찰청, 병무청, 방위사업청, 경찰청, 문화재청, 농촌진흥청, 산림청, 중소기업청, 특허청, 기상청, 행정중심복합도시건설청, 새만금개발청
- 원은 부와 청의 심의 감시기구로써 법률상 기능때문이며 부는 내각이며 정책심의기관이고, 청은 심의기관이 아니고 집행기관이다.
- 처는 의결기관이다. 부와 청 처는 직급이 다르다. 부는 장관급 정1품 청과 처는 은 차관급 원은 장관급이지만 부총리급이라하여 다소 상위직이다.
- 처는 국무총리 산하인데 국민안전처는 여타 4처와는 다르게 장관급이다.

박근혜 정부의 정부조직개편에 안전행정부가 국민안전처로 식품의약품안전청이 '식품의약품안전처'로 바뀌었는데, 국민안전문화 체제 확립과 식품 및 의약품과 관련된 행정 각 '부' 의 정책을  종합적으로 지원하고 조정하겠다는 박근혜정부의 의지를 보여준 것이라 할 수 있다.

## 소방의 연혁

| 시기 | 구분 | 내용 |
|---|---|---|
| 〈조선시대〉 | 조선 ~한말 | • 1426 금화도감, 수성금화도감<br>• 1481 수성금화사<br>• 1925 경성소방서(현 종로소방서) |
| 〈과 도 기〉 | 미군정시대 ('46~'48) / 자치소방체제 | • 중앙 : 소방위원회(소방청)<br>• 지방 : 도 소방위원회(지방소방청)<br>시 · 읍 · 면 : 소방부 |
| 〈초 창 기〉 | 정부수립이후 ('48~'70) / 국가소방체제 | • 기 구<br>중앙 : 내무부 치안국 소방과<br>지방 : 경찰국 소방과, 소방서<br>• 법제 : '58. 3 소방법 제정<br>• 신분 : 경찰공무원법 적용 |
| 〈성 장 기〉 | '70~'92 / 국가+자치소방 | • 체제 : 서울 · 부산 자치소방<br>• 구조 : '75. 8 내무부 소방국 설치<br>• 신분 : '78. 3 소방공무원법 제정<br>※ '78. 7. 소방학교 설치 |
| 〈발 전 기〉 | '92 이후 / 시·도(광역)자치소방 | • 체제 : 시 · 도 책임으로 일원화<br>• 기구 : '92. 4 도 소방본부 설치<br>• 신분 : 시 · 도 지방직으로 전환('95.1) |
| 〈전 성 기〉 | '04 이후 / 소방방재청 | •체제 : 소방방재청체제('04.6.1)<br>• 기구 : 18개 시 · 도소방본부<br>• 신분 : 소방방재청:국가직, 시 · 도 : 지방직 |
| 〈현 재〉 | '14 이후 / 국민안전처 內(중앙소방본부) | • 기구 : 18개 시 · 도소방본부<br>• 신분 : 중앙소방본부:국가직, 시 · 도 : 지방직 |

[그림 4-2] 소방연혁의 변천(김국래외 2인, 소방조직관리론, 도서출판)

## 국민안전처 조직체계

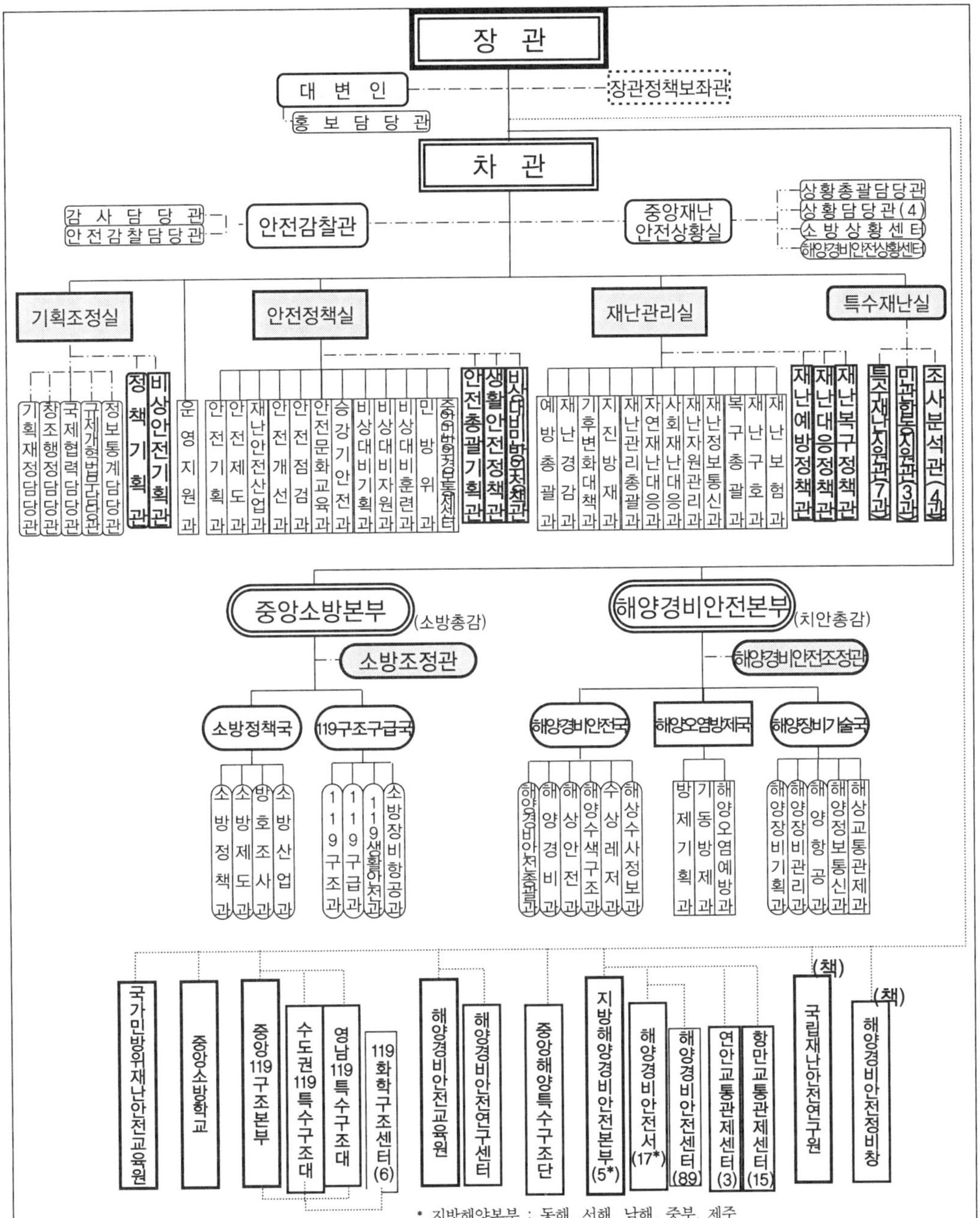


- 지방해양본부 : 동해, 서해, 남해, 중부, 제주
- 해양경비안전서 : 속초, 동해, 포항, 울산, 창원, 부산, 통영, 여수, 완도, 목포
  군산, 보령, 태안, 평택, 인천, 제주, 서귀포

◻ 조직체계

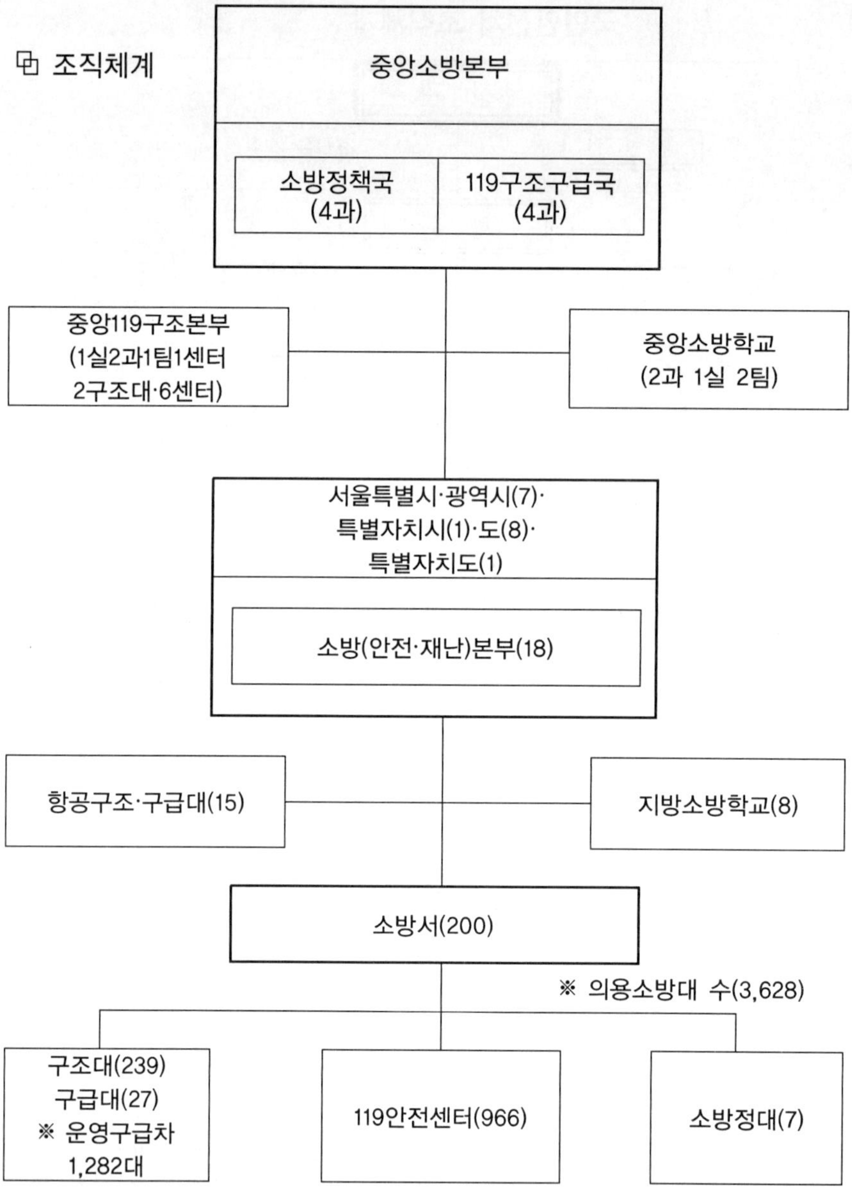


**[그림 4-3] 국민안전처 · 중앙소방본부 조직도**[5)]

5) 국민안전처 중앙소방본부, 소방행정자료 및 통계, 소방정책과 제공, 2015

### (3) 소방력

소방력의 3대 요소에는 ① 전문화된 인력 ② 잘 정비된 장비 ③ 소방용수가 있다.

전문화된 소방인력은 2014년 12월 말 현재, 소방공무원 40,406명, 의무소방원 1.180명, 의용소방대원 94,617명이 있으나, 소방력기준을 대부분 충족하지 못하고 있는 실정이고 소방은 조직이 지방공무원화 돼 있어 지방자치단체별로 예산이나 조직 인원 등에서 차이가 나타나고 있다. 지방별로 전체 시·도별 총예산에서 소방예산이 차지하는 비중은 차이가 있지만 대체로 3%정도에 불과하다.

중앙소방본부의 "소방행정자료 및 통계에 따르면 이 비율이 가장 낮은 곳은 제주로 1.7%다. 경기는 3.9%, 충남과 경북이 3.6%, 충북 3.3%, 강원은 4%로 가장 높은 수준을 보이고 그 외 지역은 2%대에 머무르고 있는 실정이다.

정부의 소방력보강 5개년 계획은 [표 4-2] 와 같다.

**소방력보강 5개년('13~'17년) 계획**

| 구분 / 대상 | 기 준 (2017년) | 보 유 ('14.12.31기준) | % | 보강계획 |
|---|---|---|---|---|
| 소 방 서 | 214 | 200 | 93.4 | 20 |
| 119안전센터 | 1,022 | 966 | 94.5 | 87 |
| 구 조 대 | 244 | 221 | 90.5 | 23 |
| 소 방 인 력 | 44,269 | 40,406 | 91.2 | 5,419 |
| 소 방 장 비 | 7,710 | 8,170 | 105.9 | 1,009 |
| 소 방 용 수 | 158,530개소 | 155,310 | 97.9 | 11,940 |

**[표 4-2] 소방력 확보 수준(소방행정자료 및 통계, 2015)**

일본은 전국911본부 중 3부제 168본부, 부분 3부제운영, 43본부로 4주 8휴무제도 정착, 주2일은 완전 휴무제 실시, 3부제를 전면 실시하는 지역은 전국의 18.4%, '94.4.1부터 주40시간이 정착되었다. 미국은 전국 평균 40~56시간, 영국은 48~56시간, 독일은 56시간 3부제, 프랑스(파리)는 군 조직에서 소방을 맡고 있음에도 주48, 72시간, 기혼대원 : 주48시간 근무, 독신대원 : 주72시간 근무체제가 정착되어 있다.[6)]

6) 김국래외 2인, 소방조직관리론, 도서출판덕유, 2004, 88~149pp, 발췌 재정리

### 3교대 근무현황

| 구분 | 정원 | 일근근무 | 교대근무 | | | |
|---|---|---|---|---|---|---|
| | | | 소계 | 2교대 | 3교대 | 비율 |
| 계 | 39,923 | 8,034 | 31,889 | 69 | 31,820 | 99.8 |
| 서울 | 6,674 | 1,341 | 5,333 | 0 | 5,333 | 100.0 |
| 부산 | 2,594 | 552 | 2,042 | 0 | 2,042 | 100.0 |
| 대구 | 1,985 | 391 | 1,594 | 0 | 1,594 | 100.0 |
| 인천 | 2,271 | 489 | 1,782 | 0 | 1,782 | 100.0 |
| 광주 | 1,126 | 233 | 893 | 0 | 893 | 100.0 |
| 대전 | 1,165 | 229 | 936 | 0 | 936 | 100.0 |
| 울산 | 853 | 209 | 644 | 0 | 644 | 100.0 |
| 세종 | 182 | 40 | 142 | 36 | 106 | 74.6 |
| 경기 | 6,426 | 1,110 | 5,316 | 0 | 5,316 | 100.0 |
| 강원 | 2,297 | 423 | 1,874 | 0 | 1,874 | 100.0 |
| 충북 | 1,552 | 367 | 1,185 | 0 | 1,185 | 100.0 |
| 충남 | 2,140 | 495 | 1,645 | 0 | 1,645 | 100.0 |
| 전북 | 1,970 | 314 | 1,656 | 0 | 1,656 | 100.0 |
| 전남 | 2,127 | 367 | 1,760 | 0 | 1,760 | 100.0 |
| 경북 | 3,059 | 648 | 2,411 | 0 | 2,411 | 100.0 |
| 경남 | 2,192 | 556 | 1,636 | 0 | 1,636 | 100.0 |
| 창원 | 631 | 126 | 505 | 0 | 505 | 100.0 |
| 제주 | 679 | 144 | 535 | 33 | 502 | 93.8 |

[표 4-3] 전국 3교대 근무현황(소방행정자료 및 통계, 2015)

### 소방기관 설치 기준(지방소방기관설치에 관한 규정 : 대통령령)

<table>
<tr><th>구 분</th><th colspan="5">설 치 및 배 치 기 준</th></tr>
<tr><td>소방서</td><td colspan="5">○ 시 · 군 · 자치구 단위<br>○ 119안전센터의 수가 5개소를 초과하는 경우 5개소 이하마다 1개서 추가 설치<br>○ 석유화학단지 · 공업단지 · 주택단지 · 관광단지의 개발 등 특별소방대책이 필요한 경우</td></tr>
<tr><td rowspan="4">119<br>안전<br>센터</td><td rowspan="2">특별시</td><td rowspan="2">광역시,<br>인구 50만<br>이상 시</td><td colspan="2">시 · 군</td><td rowspan="2">인구 5만 미만</td></tr>
<tr><td>인구 10만 이상<br>50만 미만</td><td>인구 5만 이상<br>10만 미만</td></tr>
<tr><td>인구 5만 이상,<br>면적 2㎢ 이상</td><td>인구 3만 이상,<br>면적 5㎢ 이상</td><td>인구 2만 이상,<br>면적 10㎢ 이상</td><td>인구 1만5천 이상,<br>면적 15㎢ 이상</td><td>인구 1만 이상,<br>면적 20㎢ 이상</td></tr>
<tr><td colspan="5">※ 석유화학단지 · 공업단지 · 주택단지 또는 문화관광단지 등 특별한 소방대책 필요시</td></tr>
<tr><td>소방<br>정대</td><td colspan="5">○ 「항만법」 제2조제1호의 규정에 의한 항만 관할 소방서<br>○ 항만의 이동인구 · 물류가 급격히 증가로 특별한 소방대책 필요시</td></tr>
<tr><td>119<br>지역대</td><td colspan="5">○ 읍 · 면지역 인구 3천 이상 이거나 면적 30㎢ 이상<br>○ 농공단지 · 주택단지 · 문화관광단지 등의 개발지역으로 소방서 · 119안전센터로부터 10㎞ 이상 떨어진지역<br>○ 도서 · 산악지역 등 119안전센터의 신속출동 곤란 지역</td></tr>
</table>

[표 4-4]소방관서 소방력 배치기준(소방행정자료 및 통계, 2015)

### (가) 소방공무원

소방공무원은 일반공무원과 마찬가지로 1949년 8월 국가공무원법(법률 제44호)이 제정 공포되어 일반직의 국가공무원으로 그 신분이 보장되었으나, 1969년 경찰공무원 신분으로 바뀌게 되었다. 서울특별시와 부산광역시 소방업무가 지방자치단체로 이양되면서 1973년 2월 지방소방공무원법(법률제 2502호)이 제정되면서 소방공무원의 신분은 국가소방공무원과 지방소방공무원 신분으로 이원화 되었으며 1977년 12월 31일 부로 소방공무원법이 제정 공포되고 1978년 3월부터 시행되어 국가공무원, 지방공무원 모두 소방공무원으로 신분이 일원화 되었다. 1983년 1월 소방공무원법이 개정되어 별정직 소방공무원이 특정직 소방공무원으로 신분이 바뀌어 현재에 이르고 있다.[7)]

#### 1) 소방공무원 신분법 변천

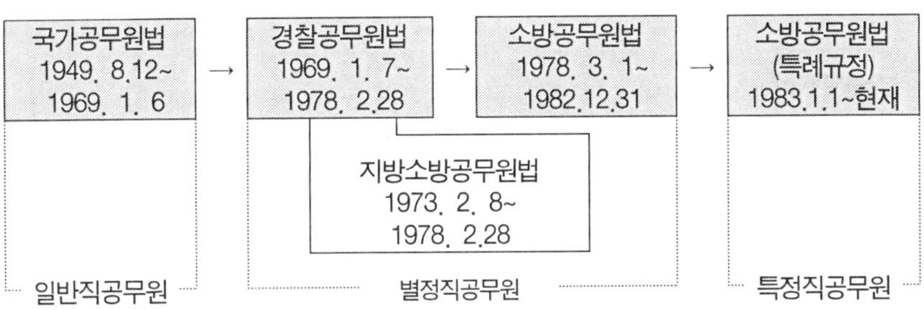


**[그림 4-4] 소방공무원 신분법의 변천**(소방행정자료 및 통계, 2015)

#### 기관별(정원)

| 계 | 본부 | 학교 | 소방서 | 119 안전센터 | 구조대 | 항공대 | 소방정대 | 방재센터 | 청와대 |
|---|---|---|---|---|---|---|---|---|---|
| 40,406 | 1,977 | 584 | 7,399 | 26,142 | 3,552 | 210 | 147 | 365 | 30 |

**[표 4-5] 소방기관별 소방공무원 현황**(소방행정자료 및 통계, 2015)

전국 소방공무원은 40,406명으로 국가직 483명, 지방직 39,923명으로 지방직 소방

7) 1949년, 국가공무원법, 법률제44호, 1973년 지방소방공무원법, 1977년·1983년, 소방공무원법, 발췌정리

공무원이 98.8를 차지하고 있는 현실로 소방기관에서는 소방직의 국가직화가 추진되어 지역별 예산 불균형에 따른 소방 복지 수혜의 문제를 해결하고자 노력하고 있으나 정부예산 부족, 소방업무의 성격 등을 이유로 추진에 많은 어려움이 있다.

**계급별(정원)**

| 구 분 | 계 | 소방총감 | 소방정감 | 소방감 | 소방준감 | 소방정 | 소방령 | 소방경 | 소방위 | 소방장 | 소방교 | 소방사 |
|---|---|---|---|---|---|---|---|---|---|---|---|---|
| 계 | 40,406 | 1 | 3 | 9 | 33 | 290 | 1,028 | 2,666 | 2,762 | 5,901 | 11,369 | 16,344 |
| 국 가 | 483 | 1 | 3 | 9 | 17 | 25 | 56 | 82 | 90 | 69 | 73 | 58 |
| 지 방 | 39,923 | 0 | 0 | 0 | 16 | 265 | 972 | 2,584 | 2,672 | 5,832 | 11,296 | 16,286 |

**[표 4-6] 소방공무원 계급별 현황**(소방행정자료 및 통계, 2015)

(나) 의용소방대원

소방본부장 또는 소방서장이 관장하는 소방업무를 보조하기 위하여 서울특별시·광역시·시·읍·면에 설치된 일선의 소방조직이다. 의용소방대의 대원은 그 지역 주민 중 희망하는 자로 구성한다. 비상근으로 함을 원칙으로 하되, 소방업무를 위하여 필요한 경우에는 상근의 대원을 둘 수 있다. 어느 사회에서나 화재가 발생하는 경우 국민이 그 진압에 참여해 왔다. 그러나 문명의 발달로 가옥, 기타 건물이 대형화되고 인구가 밀집하여 있고, 석유·가스 및 기타 위험물 종류가 많아지면서 소방업무에 전문적으로 종사하는 자가 생겨났다. 아무리 전문적으로 소방업무에 종사하는 자가 있어도 화재발생 시에는 많은 인력을 필요로 하므로 전문적인 소방조직을 보조할 조직이 필요하게 되었다. 이에 평시에는 생업에 종사하면서 특별한 화재의 경우에만 출동하는 의용소방대가 생기게 되었다. 우리나라에서 의용소방대의 조직을 최초로 공식화한 것은 1915년 8월 도지사가 소방업무와 수방업무를 위하여 필요한 경우 소방조를 구성할 수 있게 하였다. 소방조는 조두(組頭) 1인과 소두·소방수로 조직하되 필요한 경우 부조두를 두게 하고, 조두·부조두·소두는 도지사가 임명하고 소방수는 경찰서장이 임명하게 한 것이다.

1935년 5월에는 수방단(水防團)이 조직되어 소방조의 업무에서 수방업무는 제외되었고, 1939년 7월에는 소방·수방·방공업무를 하는 경방단이 설치되고 소방조와 소방단은 폐지되었다. 1958년 3월에 제정된 <소방법>에서는 서울특별시·시·읍에 의용소방대를 구성하여 소방서장의 소방·수방 업무를 보조토록 하였다. 면의 경우에도 인구가 밀집한 경우 내무부장관의 승인을 얻어 의용소방대를 구성할 수 있게 하였고, 1966년 4월에는 수방업무가 의용소방대의 업무에서 제외되었으며, 1973년 2월<소방법>의 개정으로 면에 의용소방대를 설치하는 경우에도 내무부장관의 인가를 받지 않도록 하였다. 의용소방대의 운영에 소요되는 비용은 <지방세법>에 의한 소방공동시설세를 그 재원으로 하였다. 의용소방대는 소방업무의 보조 외에도 <민방위기본법>에 의한 민방위업무를 함께 수행할 수 있고, 의용소방대의 대원은 비상대비 <자원관리법>에 의한 동원이 면제되었다. 의용소방대의 설치·명칭·위치·정원·복무 등에 관하여 필요한 사항은 각 지방자치단체의 조례로 정하고 있다. 우리나라에는 3,628개대 94,617명의 의용소방대가 있다.

의용소방대에 대장 1인과 부대장·반장·일반대원 등을 두고, 대장이 소방서장의 명을 받아 그 업무를 집행한다. 의용소방대원이 소방업무로 출동한 때에는 지방자치단체의 조례가 정하는 수당을 지급받는다. 의용소방대원이 소방업무로 인하여 질병에 걸리거나 부상, 사망하는 때에는 보상금을 지급받을 수 있다. 의용소방대는 소방업무를 효과적으로 수행하기 위하여 화재가 발생하지 아니한 경우에도 소집되어 교육·훈련을 받는다.[8)]

### 의용소방대

| 구 분 | 총 계 | 시 지 역 | 읍 지 역 | 면 지 역 |
|---|---|---|---|---|
| 대 수 | 3,628 | 1,062 | 556 | 2,010 |
| 대 원 수 | 94,617 | 27,482 | 18,925 | 48,210 |

**[표 4-7] 전국 의용소방대원 현황**(소방행정자료 및 통계, 2015)

8) 『朝鮮法令輯覽』朝鮮總督府, 1940, 『내무행정백서』내무부, 1984, 『대한민국법령연혁집』 한국법령편찬회, 2001

### (다) 의무소방원

의무소방대(義務消防隊, Conscripted Firefighters Agency;CFA])는 대한민국의 전환, 대체복무제도의 하나로, 그동안 제기되어 왔던 소방행정 수요에 비해 절대 부족한 현장활동인력을 확충하여 소방업무의 효율성을 높이고 국민의 생명과 재산을 보호하기 위하여 도입된 제도이다. 현행 의무소방원은 2006년 9월 22일 개정된 의무소방대설치법과 2006년 6월 30일 개정된 '의무소방대설치법 시행령'에 의해 선발 및 운영되고 있다.

**의무소방원**

| 구 분 | 정 원 | 현 원 | 과부족 | 배치인원('02~'14) |
|---|---|---|---|---|
| 대 원 수 | 2,000 | 1,180 | △820 | 8,284 |

**[표 4-8] 전국 의무소방원 현황**(소방행정자료 및 통계, 2015)

2001년 8월 14일 제정, 공포된 '의무소방대설치법'을 근거로 하는 의무소방대 및 의무소방원은 2001년 3월 4일 서울특별시 홍제동 화재 사고 및 3월 7일 부산광역시 연산동 빌딩화재로 7명의 소방공무원이 순직하고 5명이 부상하는 사고를 계기로 설치되었다. 사고 이후 정부차원에서 부족한 소방인력을 보충하여 화재 등 재난현장 활동의 대응력을 높이는 한편, 복리후생증진과 근무 여건 개선으로 소방공무원의 사기를 진작시키는 등 다각적인 대처방안을 검토하게 되었다.

이에 따라 소방충혼탑 건립, 격무부서 3교대 근무, 소방차량 및 개인안전장비 보강 등 다양한 시책이 추진되었다.

그 중 소방인력 부족을 대체하는 한 방안으로 소방공무원 5,000명 증원 및 국방의 의무를 전환하는 의무경찰과 같은 의무소방대을 2001년 7월 까지 도입하는 시책을 2001년 3월 12일 당시 행정자치부장관, 기획예산처장관, 새천년민주당 정책위의장이 참석한 가운데 당정 협의를 거쳐 당시 소방국 방호과에서 주관하여 추진하게 되었다.

먼저 의무소방대 법령기획단(2001.3.14, 총괄 천광철 소방감, 단장 조택희 소방정, 단원 2명)을 전격적으로 구성하고 의무소방대설치법(가칭) 제정 작업을 착수했다. 2001. 6. 14일 제222회 임시국회 회의 시 소방 발전 특별 소위원회안으로 법안을 상정하여 2001년 8월 14일 법률 제6550호로 의무소방대를 설치하였으며, 이때 당초의 4,000명 규모에서 25% 줄여 2002년과 2003년에 각 1,292명, 2004년에 416명 추가 확보 후 정원을 3,000명 유지하는 것으로 추진되었으나, 국방인력 부족을 이유로 현재는 1,180명에 불과한 실정이다.

체격기준은 신장 165 ~ 195cm, 체중 55 ~ 92kg 등으로 제한되었으며. 복무기간은 추진 당시 육군과 전·의경에 비해 2개월 긴 28개월이었다[9].

(라) 소방대응장비 및 시설현황

### 소방대응장비

| 계 | 펌프차 | 물탱크차 | 사다리차 | 화학차 | 조배연차 | 화재조사차 |
|---|---|---|---|---|---|---|
| 8,170 | 2,017 | 697 | 422 | 283 | 177 | 132 |
| **구조차** | **구급차** | **지휘차** | **행정차** | **소방정구조정** | **소방헬기** | **기타** |
| 465 | 1359 | 299 | 453 | 27 | 27 | 1,812 |

[표 4-9] 전국 소방장비 보유 현황(소방행정자료 및 통계, 2015)

### 소방용수시설

| 계 | 소 화 전 | 저 수 조 | 급 수 탑 |
|---|---|---|---|
| 155,310 | 152,149 | 1,750 | 1,411 |

[표 4-10] 전국 소방용수시설 현황(설치기준 : 소방기본법 제10조, 동법시행규칙 제6조 내지 제7조)

### 소방관서현황

| 구분 / 시도 | 소방본부 | 소방학교 | 소방서 | 119 안전센터 | 구조대 | 항공구조·구급대 | 소방정대 |
|---|---|---|---|---|---|---|---|
| 계 | 18 | 9 | 200 | 966 | 239 | 15 | 7 |
| 중앙소방본부 | | 1 | | | 1 | 1 | |
| 시 계 | 8 | 4 | 63 | 336 | 79 | 6 | 3 |
| 도 계 | 10 | 4 | 137 | 630 | 159 | 8 | 4 |

[표 4-11] 전국 소방관서 현황(소방행정자료 및 통계, 2015)

9) 의무소방대설치법, 동법 시행령 참조 발췌정리, 2014

(4) 소방관서 현황

### 총괄

| 구 분 | 소방본부 | 소방학교 | 소방서 | 119 안전센터 | 구조대 | 항공구조·구급대 | 소방정대 | 구급대 | 119 지역대 |
|---|---|---|---|---|---|---|---|---|---|
| 합 계 | 18 | 9 | 200 | 966 | 239 | 15 | 7 | 27 | 529 |
| 중앙소방본부 | | 1 | | | 1 | 1 | | | |
| 시 계 | 8 | 4 | 63 | 336 | 79 | 6 | 3 | 20 | 33 |
| 서 울 | 1 | 1 | 23 | 115 | 30 | 1 | | | |
| 부 산 | 1 | 1 | 11 | 54 | 13 | 1 | 2 | | 1 |
| 대 구 | 1 | | 7 | 46 | 9 | 1 | | 7 | 6 |
| 인 천 | 1 | 1 | 8 | 46 | 10 | 1 | 1 | 8 | 13 |
| 광 주 | 1 | 1 | 5 | 23 | 5 | 1 | | | |
| 대 전 | 1 | | 5 | 26 | 5 | | | 5 | 0 |
| 울 산 | 1 | | 4 | 21 | 6 | 1 | | | 5 |
| 세 종 | 1 | | | 5 | 1 | | | | 8 |
| 도 계 | 10 | 4 | 137 | 630 | 159 | 8 | 4 | 7 | 496 |
| 경기1 | 1 | 1 | 23 | 113 | 27 | 1 | | | 41 |
| 경기2 | 1 | | 11 | 50 | 14 | | | | 31 |
| 강 원 | 1 | 1 | 14 | 66 | 17 | 1 | | 7 | 50 |
| 충 북 | 1 | | 11 | 39 | 13 | 1 | | | 27 |
| 충 남 | 1 | 1 | 15 | 66 | 17 | 1 | 1 | | 117 |
| 전 북 | 1 | | 10 | 49 | 10 | 1 | | | 48 |
| 전 남 | 1 | | 12 | 55 | 16 | 1 | 1 | | 103 |
| 경 북 | 1 | 1 | 17 | 86 | 21 | 1 | | | 49 |
| 경 남 | 1 | | 17 | 61 | 17 | 1 | 1 | | 26 |
| 제 주 | 1 | | 4 | 22 | 4 | | | | 4 |
| 창원 | | | 3 | 23 | 3 | | 1 | | |

**[표 4-12] 소방행정조직 현황**(소방행정자료 및 통계, 2015)

(5) 소방예산

### 세출예산

※ 본청예산 : 국고보조지원금 153,420백만원, 응급의료기금 직급수행 10,083백만원 포함(직접수행 중앙119구조본부 헬기운영 9,463, 119구급대원지원 620)

※ 국고보조금 : 158,420백만원(일반회계 122,679, 특별회계 722, 기금 35,019) 포함

- 일반회계 : 노후 소방장비 한시적 지원 100,000, 대테러소방장비 및 특수장비 보강 3,290, 119시민수상구조대 429, 소방보조인력 양성 및 운영 17,160, 소방정보화 구축 1,600, 국민기념관 건립 200

- 지역발전특별회계 : 119구조장비 확충 707, 119시민수상구조대 15
- 응급의료기금 : 119구급대원지원 22,657, 119구급장비확충 12,362

| 구 분 | | 계 | 행정운영경비(인력·기본경비) | 사업비 |
|---|---|---|---|---|
| 계 | | 3,770,236 | 2,642,265 | 1,127,971 |
| 본청 (소속 기관) | 소 계 | 250,280 | 30,966 | 219,314 |
| | 소방정책국 | 29,081 | 8,727 | 20,354 |
| | 119구조구급국 | 130,449 | 485 | 129,964 |
| | 중앙소방학교 | 28,293 | 6,000 | 22,293 |
| | 중앙119구조본부 | 62,457 | 15,754 | 46,703 |
| 시·도 | 소 계 | 3,519,956 | 2,611,299 | 908,657 |
| | (국 비) | (158,420) | | (158,420) |
| | 지 방 비 | 3,519,956 | 2,611,299 | 908,657 |

**[표 4-13] 연평균(5년) 소방활동 대응현황**(소방행정자료 및 통계, 2015)

➢ 2014년 말, 담배 값 인상 시 소방안전세 신설을 통하여 부족한 소방재원을 3,000억원 이상 확보하게 됨으로써 어느 정도 해소해 나갈 수 있는 길이 열리게 되었다.

소방업무가 현장성, 신속 및 대응성, 전문성, 가외성 등의 특징을 두고 있고 소방이 미래의 불확실한 재난사고를 대비하는 조직특성에 맞게 예산확보와 조직체제가 갖추어 져야 한다.

소방재원은 국고보조금을 포함한 국가예산, 지방예산으로 편성되어 국민안전처가 국가예산 형태로 기관의 예산을 배정 받으며 지자체는 교부되어야 할 국고보조금으로 운영하고 있고 재원 일부는 보건복지부가 지원하는 응급의료기금으로 조달되어 왔으나, 이번 소방안전세 신설로 부족한 소방력 확보 등 소방기관 운영에 필요한 발판이 마련되었으므로 신설 취지에 맞게 운영될 수 있는 제도적 장치가 마련되어야 한다.

또한 2009년부터 2013년까지 지난 6년 동안 지역자원시설세 징수액 4조 1225억원 중 9091억원(22%)만이 소방장비 보강에 사용되고 나머지 78%는 다른 용도로 사용되고 있다. “소방재원이 포함된 공동시설세인 지방소방목적세가 제 기능을 수행하기 위해서는 지역개발세와 공동시설세의 특징이 적절히 반영된 명칭으로 다시 개편되어야 한다.

(6) 소방대응활동 현황

**최근 5년간('10~'14년) 소방대응활동 현황**

| 구분 | | 연평균 | '10 | '11 | '12 | '13 | '14 |
|---|---|---|---|---|---|---|---|
| 화재 | 발생건수(건) | 42,411 | 41,863 | 43,875 | 43,247 | 40,932 | 42,135 |
| | 인명피해(명) | 2,068 | 1,892 | 1,862 | 2,222 | 2,184 | 2,180 |
| | 재산피해(억) | 3,300 | 2,667 | 2,565 | 2,895 | 4,343 | 4,025 |
| | ※ 5년 연평균 증감률⇒화재건수 : 0.2% / 인명 : 4% / 재산 : 12.9%<br>▶ '14년도 1일 평균⇒화재건수 : 115.4건 / 인명 : 6.0명 / 재산 : 1,103백만원 | | | | | | |
| 구조 | 구조건수(건) | 375,478 | 281,743 | 316,776 | 427,735 | 400,089 | 451,050 |
| | 구조인원(명) | 104,201 | 92,391 | 100,660 | 102,787 | 110,133 | 115,038 |
| | ※ 5년 연평균 증감률⇒구조건수 : 12.6% / 구조인원 4.9%<br>▶ '14년도 1일 평균⇒구조건수 : 1,236 / 구조인원 316 | | | | | | |
| 구급 | 이송건수(건) | 1,443,839 | 1,428,275 | 1,405,263 | 1,494,085 | 1,504,176 | 1,631,724 |
| | 이송인원(명) | 1,493,430 | 1,481,379 | 1,453,822 | 1,543,379 | 1,548,880 | 1,678,382 |
| | ※ 5년 연평균 증감률⇒이송건수 : 4.1% / 이송인원 3.9%<br>▶ '14년도 1일 평균⇒이송건수 : 4,470 / 이송인원 4,598 | | | | | | |

[표 4-14] 연평균 소방활동 대응현황(소방행정자료 및 통계, 2015)

(7) 소방공무원 순직 · 공상자 발생현황

**'14년도 발생현황**

| 구분 | | 합계 | 화재 | 구조 | 구급 | 교육훈련 | 지원활동 | 예방활동 | 체력단련 | 출퇴근 | 기타 |
|---|---|---|---|---|---|---|---|---|---|---|---|
| 합계 | 인원 | 332 | 69 | 43 | 80 | 36 | 8 | 5 | 14 | 19 | 58 |
| | 비율 | 100% | 20.7% | 13.0% | 24.1% | 10.8% | 2.4% | 1.5% | 4.2% | 5.7% | 17.5% |
| 순직 | | 7 | 1 | 5 | | 1 | | | | | |
| 공상 | | 325 | 68 | 38 | 80 | 35 | 8 | 5 | 14 | 19 | 58 |

[표 4-15] 순직 · 공상자 발생 현황(소방행정자료 및 통계, 2015)

### 최근 5년간 발생현황

| 구 분 | 계 | 평 균 | 2010년 | 2011년 | 2012년 | 2013년 | 2014년 |
|---|---|---|---|---|---|---|---|
| 합계 | 1,629 | 325.8 | 348 | 363 | 292 | 294 | 332 |
| 순직 | 33 | 6.6 | 8 | 8 | 7 | 3 | 7 |
| 공상 | 1,596 | 319.2 | 340 | 355 | 285 | 291 | 325 |

[표 4-16] 연평균 순직 · 공상자 발생(소방행정자료 및 통계, 2015)

소방공무원의 2,013년 순직 · 공상자는 총 294명으로 순직 3명, 공상 291명이 발생하였고 5년간 평균은 331명으로 순직 5.8명, 공상 331명 정도가 발생하였다고 유형별로는 화재현장 22.8%, 구급 22.6%, 구조 10.3%, 교육훈련 중 10% 순이다.

### 유형별 공사상자

| 구 분 | 비 율 | 합 계 | '10년 | '11년 | '12년 | '13년 | '14년 |
|---|---|---|---|---|---|---|---|
| 총 계 | 100 | 1,629 | 348 | 363 | 292 | 294 | 332 |
| 화재진압 | 22.3 | 362 | 90 | 75 | 64 | 64 | 69 |
| 구 조 | 10.0 | 163 | 41 | 31 | 24 | 24 | 43 |
| 구 급 | 23.1 | 376 | 79 | 89 | 61 | 67 | 80 |
| 교육훈련 | 9.3 | 153 | 29 | 28 | 31 | 29 | 36 |
| 기 타 | 35.3 | 575 | 109 | 140 | 112 | 110 | 104 |

[표 4-17] 유형별 순직 · 공상자 발생(소방행정자료 및 통계, 2015)

## 바. 화재이론(핵심)

화재(火災)란 인간이 의도하지 않은, 또는 고의로 불을 낸 것을 의미하며, 소화시설을 이용해 끌 필요가 있거나 화학적인 폭발현상이다.

과학적으로 화재 즉 연소현상은 『빛과 열을 발생하는 산화현상』으로 정의되고, 형법상으로 화재(방화)는 불을 놓아 매개물에 독립하여 연소되는 것으로 정의되며, 민사상으로는 고의 또는 중과실 로(일반의 불법행위 요건보다 엄격)인하여 타인에게 손해를 입히는 화재를 불법행위의 요건에 해당하는 것으로 정의하고 있다.

(1) 화재의 분류

| 종 류 | 급 수 | 색 상 | 주소화 | 주요현상 |
|---|---|---|---|---|
| 일반 화재 | A급 | 백색 | 냉각 | 플레시오버, 백파이어의 현상 |
| 유류 화재 | B급 | 황색 | 질식 | 보일오버, 슬롭오버, 후로스오버의 현상 |
| 전기 화재 | C급 | 청색 | 질식 | 통전중인 화재로, 합선(단락), 과부하, 누전 등 |
| 금속 화재 | D급 | 무색 | 질식 | 물을 주수시에는 가연성 수소가스 발생 위험 |
| 가스 화재 | E급 | 황색 | 제거 | 액화가스 분출인 블레비 현상의 위험 |

**[표 4-18] 화재의 분류**(김국래, 소방관리론, 말과글, 2015.)

(2) 플래시오버(Flash over)와 백 드래프트(Back draft)

실내에서 화재가 발생하는 경우 온도변화는 화원의 크기, 종류, 내장재의 종류, 실내의 개구부의 크기에 따라 좌우되지만, 일반적으로 다음과 같이 변화한다.

발화점은 담배를 이불속에 방치하거나 쓰레기통에 던져 버린다든가, 점화되고 있는 석유스토브에 급유를 하다가 인화되거나, 튀김기름에 불이 붙어 화재가 발생했을 때 등이 해당된다. 그 후 발화원인인 화원이나 착화물의 종류에 따라 시간적 경과는 각기 다르며, 비교적 낮은 온도에서 번져가지만 일단 벽체의 내장재나 가구 등에 착화하여 불이 커져 천장에 이르면 급속도로 수평방향으로 불이 번져 연소면적이 넓어짐과 동시에 복사열에 의해 실내에 있는 가연물의 열분해가 한층 촉진되어 가연성가스와 공기가 혼합되면서 연소범위에 들어가게 되며 연소중의 불에 인화하여 급속히 화재가 확대, 실내 전체가 불길에 휩싸여 온도는 상승하기 시작한다. 이 현상을 플래시오버(FO)라 부르며 이후 화재장소의 온도는 상승하여 최고점에 도달하게 된다.[10)]

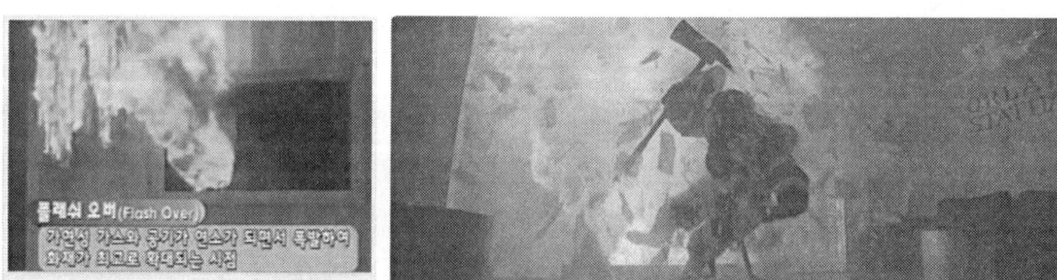


**[사진 4-1] 플래시오버와 백 드래프트**[11)]

10) 김국래, 이정일 공편저, 소방학, 한국고시회, 2001, 23p 재편집

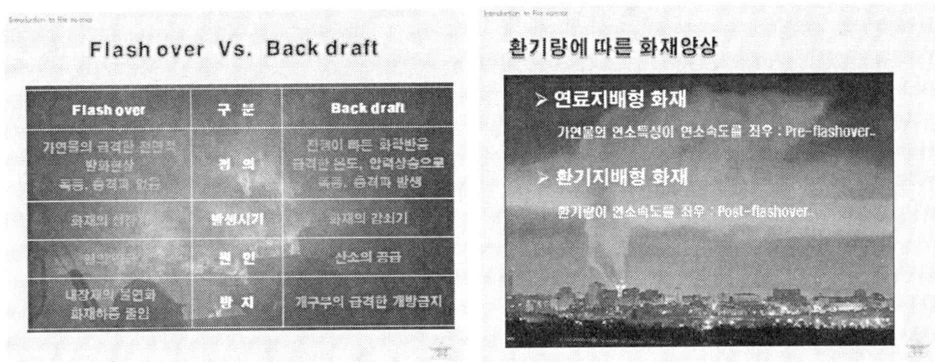


[사진 4-2] 플래시오버와 백 드래프트 비교, 환기량에 따른 화재양상[11)]

발화원이 성장하여 내장재에 착화된 후 이 FO가 발생할 때까지의 시간은 방의 창이나 개구부의 크기, 내장재, 화원의 크기에 따라 다소 달라지겠으나 내장재가 가연성 재료인 경우에는 3~4분, 난연재료인 경우에는 5~6분, 준불연재료일 경우에는 7~8분으로 화재 실험 등에 의해 밝혀져 있다.

FO가 실내에서 발생했다면 그 실내는 불꽃 때문에 사람이 생존할 수 없고, 유독가스를 포함한 짙은 연기가 분출되어 복도는 검은 연기로 가득 차게 되어 복도를 통한 피난이 불가능해지며 화재는 최성기를 맞아 더더욱 많은 연기를 뿜어댄다. 즉 플래시오버란 폭발적인 착화현상 또는 순발적인 연소확대 현상으로 조건은 ㉠ 화원의 크기 ㉡ 내장재료 ㉢ 개구율에 따라 영향을 받는다.

백드래프트 현상은 화재가 발생한 공간에서 연소에 필요한 산소가 부족할 때 발생한다. 백드래프트는 화염이 폭풍을 동반하여 산소가 유입된 곳으로 갑자기 분출되기 때문에 폭발력 또한 매우 강하다. 주로 지하실이나 폐쇄된 공간에서 화재가 발생한 경우에는 산소가 부족해지면서 불꽃이 보이지 않고 타들어가는 훈소상태에 접어들며, 일산화탄소와 탄화된 입자, 연기 및 부유물을 포함한 가스가 공간에 축적되게 된다. 이러한 조건에서 건물 내부로 진입하기 위해 문을 열거나 창문을 부수게 되면 산소가 갑자기 공급되고 백드래프트 현상이 발생한다. 백드래프트의 징후를 관찰할 수 있는 특징은 연기가 균열된 틈이나 작은 구멍을 통하여 건물

11) 출처 : 서울소방학교 교수팀제공 cafe.daum.net/standby119/pSWn/222 네이버블로그 dper2000.blog.me/70094912084

안으로 연기가 빨려 들어가는 현상이 발생된 경우, 화염은 보이지 않으나 창문이나 문이 뜨거운 경우, 유리창의 안쪽으로 타르와 유사한 기름성분의 물질이 흘러내리는 경우, 창문을 통해 보았을 때 건물 내에서 연기가 소용돌이 치고 있는 경우 등이다. 그리고 건물의 내부에서 관찰할 수 있는 징후로는 압력의 차이로 인해 공기가 내부로 빨려 들어가는 듯한 특이한 소리가 들리는 경우, 연기가 건물 내부에서 소용돌이치거나 맴도는 경우를 들 수 있다.

(3) 건축화재

목조(고온단기)화재는 30~40분, 1100~1300℃ 온도, 내화구조(고온장기)는 2~3시간, 900~1100℃ 온도(목재에 비해 저온장기형)가 상승하는 특성이 있다.

(4) 이상연소

리프팅, 라이팅백, 블로우오프가 있는데 리프링(선화)은 연소속도보다 가스분출속도가 클 때, 플래시백(라이팅백, 백파이어, 역화)은 선화의 반대현상을 말한다.

(5) 화재 손실 : 즉소(10% 미만), 부분소(10~30%), 반소(30~70%), 전소(70% 이상)

(6) 주 소화작용 : 질식 · 냉각 · 억제(부촉매) · 제거소화 등이 있다.

| 질식소화 | 산소를 15% 이하로 낮춤 |
|---|---|
| 냉각소화 | 물의 기화잠열 539[cal/g] 이용함(물의 효과 : 냉각, 질식, 유화, 희석). |
| 억제(부촉매)소화 | 화학적 소화로서, 할론, 분말, 무상의 강화액 소화가 있음. |
| 제거소화 | 가연물, 이연물 등을 제거하여 소화하는 방법(산불진화, 가스밸브차단 등) |

**[표 4-19] 소화작용의 종류**(김국래, 소방관리론, 말과글, 2015.)

(7) 주 소화약제

화재 현장에서 주로 사용되는 소화약제는 다음과 같다.

- 물 : 봉상(막대), 적상(방울), 무상(안개)주수,  무상주수는 유류, 전기화재
- 포(거품)단백포, 수성막포(효과 가장우수, 비행기격납고 등)유류화재(전기화재금지)
- 이산화탄소 : 냉각, 피복작용  ㅇ 적응화재 : 전기, 유류 등

• 할로겐 : 할론 1301－무독성, 지하층, 무창층 사용. 오존층 파괴지수 가장 큼.
• 분말 : 1종(나트륨), 2종(칼륨), 3종(인산암모늄), 4종(2종＋요소) 3종 분말 : A, B, C급소화, 주차장 적합

## 사. 연소이론(핵심)

• 연소란 : 빛과 열을 수반하는 산화반응

연소(燃燒)는 열이 발생하는 화학반응이다. 주로 물질이 산소와 화합할 때 다량의 열을 내며 동시에 빛을 발하는 현상을 말한다. 설탕이나 에탄올 등은 공기 중에서 가열하면 연소하지만 소금은 아무리 가열해도 타지 않는다.

이와 같이, 물질에는 가열하면 타는 것과 타지 않는 것이 있다. 1630년에는 페리고르 지방의 의사인 장레가 납과 주석을 불에 태우면 산화되어서 이 금속들의 양이 증가한다는 것을 설명했는데, 이것은 라부아지에보다 한 세기 앞서는 것이었다.[12)]

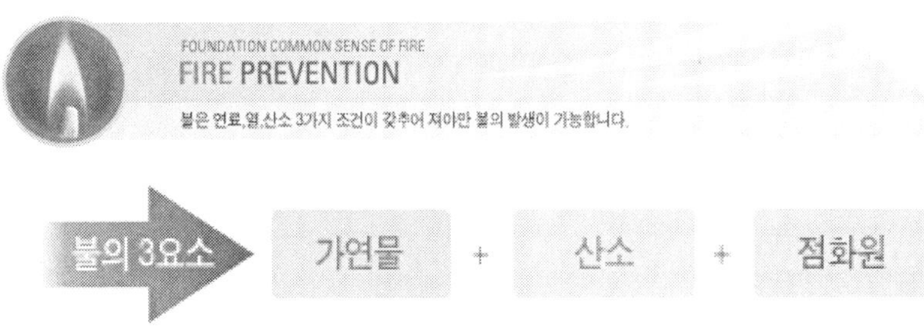


**[그림 4-5] 불(연소)의 3요소**(국민안전처 홈, 서울시민안전체험관 홈페이지)

불은 연료(가연물), 열(점화원), 산소 등 3가지 조건이 갖추어 져야만 불의 발생이 가능한 것이다. 그래서 우리는 이 3가지를 "불의 3요소"라 부른다. 다시 말해서 불이 일어나기 위해서는 불의 3요소 중 한 가지라도 없으면 불은 일어나지 않는다.

최근에는 순조로운 연쇄반응을 추가하여 연소의 4요소라고 부르기도 한다.

연료(가연물)는 불에 탈 수 있는 물건을 말하며 이는 고체연료로 연탄, 나무, 종이, 옷, 고무, 플라스틱 등, 액체연료 : 석유, 휘발유, 알콜, 방커C유 등, 기체연료 : 프로판가스, 메탄가스, 부탄가스 등 3가지로 분류된다. 열원(점화원)은 물질

12) 김국래 · 이정일 공편저, 소방학, 한국고시회, 2001, 11p 재편집

이 타서 불붙기 위해서는 반드시 열이 있어야 하는데, 이 열은 높은 열이어야 하며 그 양도 적당히 있어야 한다. 예를 들어, 성냥불의 불꽃은 보통 가연물에 불을 붙이기에는 충분한 온도를 가졌으나 그 양이 적은 까닭에 통나무와 같은 큰 부피의 물체를 태울 수는 없다. 그러나 수천 개비의 성냥불을 동시에 가져다 댄다면 그 양이 많기 때문에 통나무를 능히 태울 수 있다. 산소(공기)는 물질이 열을 받아서 타려면 산소가 있어야 하며 산소가 없으면 불이 일어 나지 않는다. 우리가 호흡할 때 들이 마시는 공기 중의 약 21%는 산소이며 연소하기 위해서 필요로 하는 산소의 양은 가연물질의 종류에 따라 서로 다르다. 대부분의 액체는 공기중 산소 함량이 15% 이하로 줄어들면 불붙기 어려우며, 고체의 경우에는 6% 이하로 줄어들지 않으면 불은 계속 붙거나 그을면서 탄다. 순조로운 연쇄반응은 연소의 4요소중 하나이다. 기본적으로 연소의 요소 하면 가연물 산소공급원 점화원 이렇게 3가지로 구성되지만 연속적으로 연소를 진행하기 위해서는 순조로운 연쇄반응이 필요하다 연속적인 연소의 연쇄반응은 가연물질에 점화원인 활성화 에너지를 공급할 결우 가연 물질 내부에 함유되어 있는 수소성분에 의해서 발생되는 수소분자가 활성화되어 H와 OH를 생성시킴으로서 활성화된 H, OH가 이웃하고 있는 가연물질에 화염을 전파시켜 계속적으로 연소상태가 유지되도록 하는 것을 말한다.

• 가연물의 구비조건: ① 열전도도가 적을 것 ② 활성화에너지(점화에너지)가 적을 것 ③ 비표면적이 클 것 ④ 화학적 활성도(산소와 친화력)이 클 것 ⑤ 연소열이 클것 ⑥ 건조도가 높을 것

• 점화원: ① 기계적 점화원 : 단열압축, 마찰, 충격 ② 전기적 점화원 : 전기불꽃(전기아크), 유도열, 유전열, 정전기, 전기저항 등

• **자연발화** : 분해, 산화, 미생물, 흡착, 중합열

• 연 소: ① 불꽃연소(발염, 확산, 혼합연소) : 가스류 ② 무염연소(작열, 표면, 응축연소) : 숯, 코크스 ○ 불꽃 + 무염연소 = 종이, 목재

• 용 어: ① 인화점 : 점화원 접촉 시 연소를 시작하는 최저 온도 ② 연소점 :

인화점 이후 지속적인 연소 작용을 일으킬 수 있는 온도 ③ 발화점 : 점화원 접촉 없이 연소를 시작할 수 있는 최저 온도

- **연소생성물** : 연소가스, 불꽃(화염), 열, 연기를 말함.

① 연소가스: ㉠ 일산화탄소 : 인체의 폐, 심장, 혈액에 독성작용, 무색, 무취, 유독성 ㉡ 이산화탄소 : 무색, 무취 ,무독성, 다량(20% 이상) 흡입시 사망

② 연소범위(= 폭발범위 = 폭발한계 = 연소한계)

○ 위험도 : 하한계가 낮을수록, 상한계가 높을수록, 연소범위가 넓을수록 증가

③ 폭발: ㉠ 화학적 폭발(분해, 화합, 중합, 산화) ㉡ 물리적 폭발(증기운) ㉢ 분진폭발 * 아닌 것 : 석회가루, 가성소다, 탄산칼슘, 생석회, 시멘트가루 ㉣ 폭광(초음속 - 디토네이션), 폭연(아음속 - 디플러그레이션)

④ 열의 전달(이동): ㉠ 전도 : 물체의 직접 접촉 ㉡ 대류 : 공기의 순환 ㉢ 복사 : 전자파 형태로 가장 크게 작용

⑤ 도시화재 확대원인: ㉠ 화염의 접촉 ㉡ 복사 ㉢ 비화 : 불똥이 튀는 것

⑥ 연기 : 처음엔 백색, 나중엔 흑색의 탄소미립자: ㉠ 수평속도 : 0.5～1m/sec ㉡ 수직속도 : 2～3m/sec ㉢ 계단속도 : 3～5m/sec

## 아. 화재폭발

밀폐공간에서 물리적, 화학적 변화의 결과로 발생한 급격한 압력상승에 의한 에너지가 외계로 전환되는 과정에서 파열, 후폭풍, 폭음 등을 동반하는 현상으로 폭발의 본질은 급격한 압력상승이다.

가스화재는 열방출속도, 에너지가 작거나 느리기 때문에 과압이 형성되지 않고 재해형태가 복사열로 나타나는 반면, 가스폭발은 열방출속도가 빠르고 에너지가 크기 때문에 과압이 형성되어 건물, 탱크 등의 붕괴나 파손을 초래하게 된다.

폭발과 연소는 발생 단계에 이르기까지 화학적으로 같다. 즉, 폭발현상은 어떤 물질로부터 발생하든지 연소가 일어날 수 있는 조건이 만족되어야 하며 폭발의 발생에 이르기까지의 과정은 연소의 과정과 차이가 없다. 화재는 연소가 인간생활에 불리한 방향으로 진행되는 경우를 말한다.

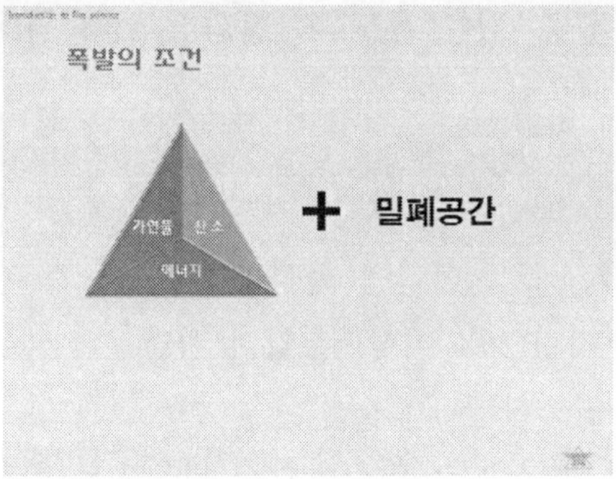


[그림 4-6] 폭발의 조건13)

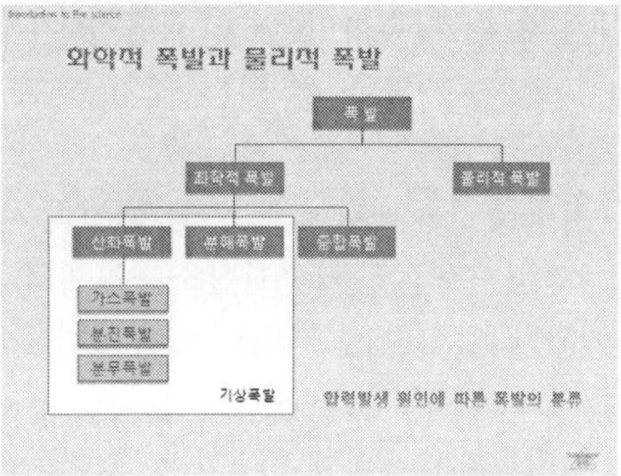


[그림 4-7] 화학적 폭발과 물리적 폭발14)

(1) 폭발과 연소

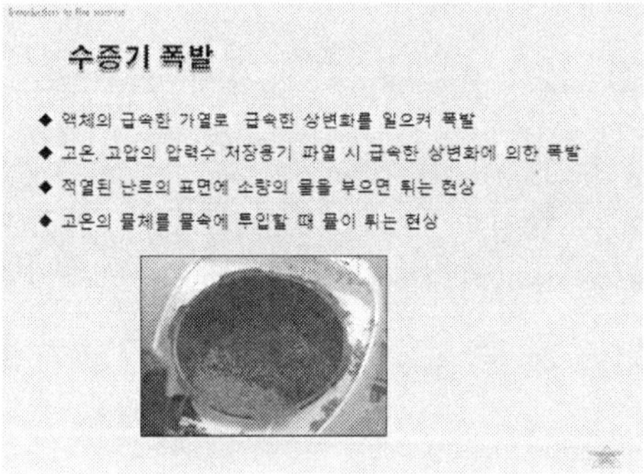


[사진 4-3] 수증기 폭발14)

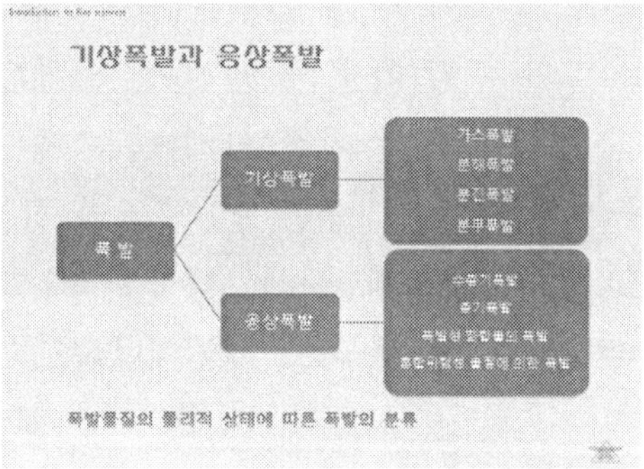


[그림 4-8] 가상폭발과 응상폭발14)

(2) 연소(화재)와 폭발

연소와 폭발이 다른 점은 착화 이후의 경과가 연소는 착화 후에 정상적인 속도로 산화반응이 진행되지만 폭발은 화염이 급속히 전파되어 강력한 압력(폭음)을 발하게 된다. 연소란 가연성물질이 공기중의 산소와 반응하여 열과 빛을 발하면서 산화하는 현상이고 폭발은 압력의 급격한 개방 또는 발생으로 격렬한 폭음을 동반하며 팽창 또는 파열하는 현상이고 순간적으로 물리적 또는 화학적 에너지가 기계에너지 또는 열에너지로 변환되어 사방으로 전달되는 거대한 에너지의 순간적인 발산 현상을 말한다.

13) 출처 : 서울소방학교 교수팀 제공(소방사 기본교육 자료)

### (3) 폭연과 폭굉

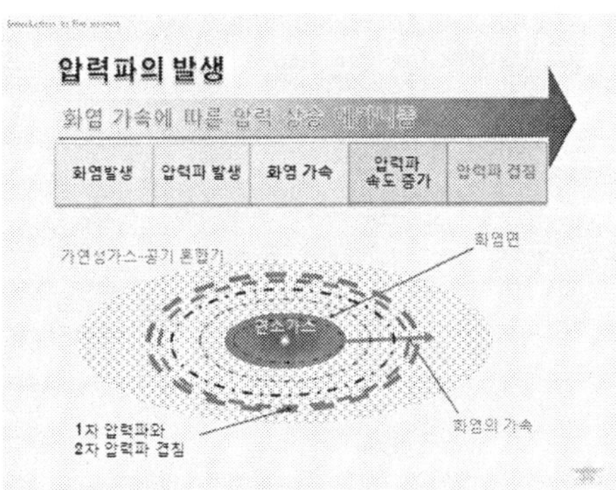


[그림 4-9] 폭연과 폭굉[14)]

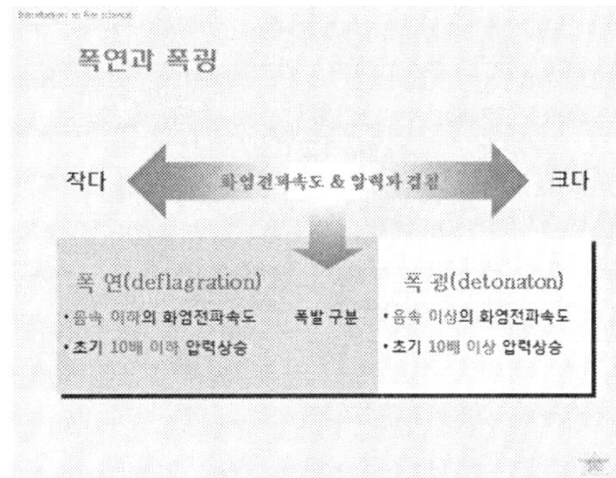


[그림4-10] 압력파의 발생[15)]

• 폭연은 압력파가 미반응 물질 속으로 음속보다 낮은 속도로 이동 할 때 압력·밀도·온도 등의 연소특성은 모두 화염면 전후에서 연속적이 되고 폭연으로 높은 압력상승을 얻으려면 용기가 밀폐되어 있어야 되며 이때의 압력은 용기 벽에 균등하게 작용한다.

• 폭굉은 압력파가 미반응 물질 속으로 음속보다 빠른 속도로 이동할 때 연소전파가 가속되었을 때 압축파가 충격파(충격파)가 되고 그것과 화염이 합쳐져 전파되는 현상으로 온도·압력·밀도 등의 특성 값은 불연속적으로 상승하며 압력전달은 방향성을 가지게 되고 강한 파괴작용을 초래한다.

### (4) 가스폭발과 가스화재

연소입장에서 발화-무염연소-화염전파인데 화염전파는 ① 기상 중의 화염전파 : 가연성 혼합기[가연성가스+공기]형성이 필요하고 이 현상이 가스폭발 ② 액상, 고상중의 화염전파 : 유류화재, 건물화재, 가스화재 폭발과 화재의 차이점을 고찰할 때 보통 가스폭발과 가스화재를 고려한다.

---

14) 서울소방학교 교수팀 제공(소방사 기본교육 자료)

(가) 가스폭발

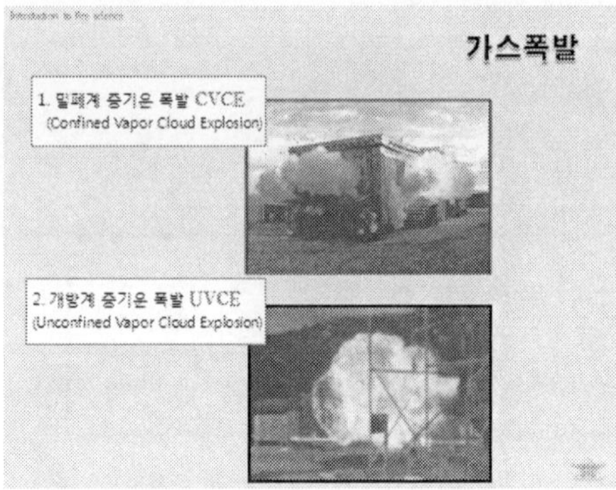


[사진 4-4] 가스폭발[15]

[사진4-5] Fire ball[17]

가스폭발과 가스화재는 에너지 방출속도가 다른데 ① 가스폭발은 메탄, 수소, 아세틸렌, 프로판 등의 가연성가스와 가솔린, 알코올 등의 인화성액체 증기가 공기 중의 산소와 산화반응에 의해 발생 하고 폭발은 혼합기의 기상부분 용적이 크고, 밀폐공간에 있을 때 착화원에 의해 발생하며 분해반응, 중합반응에 의해 다량의 가스가 공기와 함께 밀폐공간에서 축적되어 발생한다.[16]

• 가스폭발의 조건

조성조건은 밀폐공간의 혼합기체 중 가연성가스의 농도가 폭발범위 내에 들어야 하고 에너지조건은 외부에서 에너지(점화원)를 주게 되면 그 부분에서 연소반응이 시작된다.

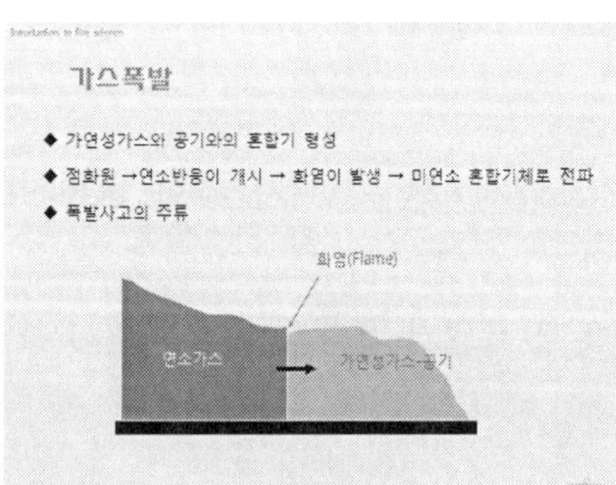


[그림 4-11]가스폭발[17]

[사진 4-6] 가스화재와 가스폭발[18]

15) 서울소방학교 교수팀 제공(소방사 기본교육 자료)
16) 김국래 · 이정일 공편저, 소방학, 한국고시회, 2001, 28p 재편집

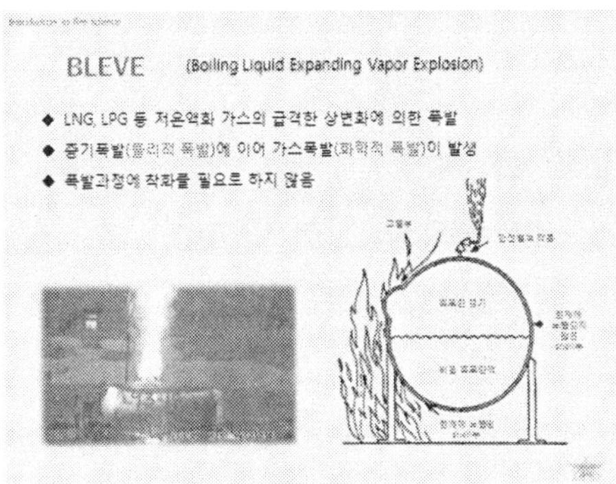


[그림4-12] BLEVE[18)]

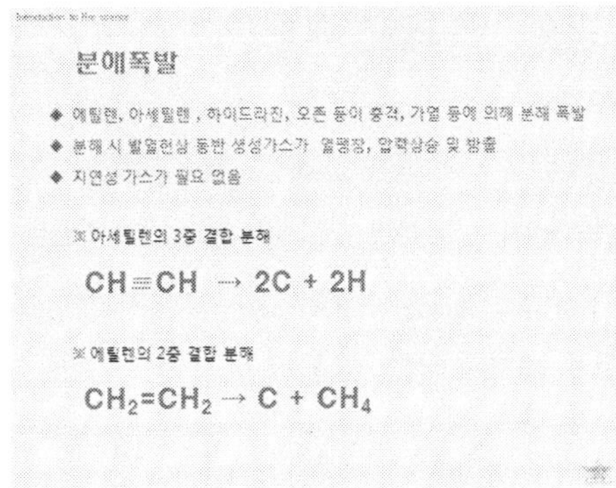


[그림4-13 분해폭발[19)]

- 가스폭발의 종류
  - i ) 혼합가스 폭발 : 가연성가스와 지연성가스의 혼합에 의한 폭발
  - ii) 분해폭발 : 분해 폭발성 가스에 의한 폭발
  - iii) BLEVE : 가열로 인한 액화가스탱크내의 폭발
  - iv) 가연성가스 폭발

(나) 가스화재

가연성가스를 포함한 가연성물질이 파괴된 구멍에서 누설되어 착화될 때 발생하며 전형적인 확산연소이므로 방출된 가연성가스와 주위공기가 혼합되면서 계속 타는 현상이다.

- 가스화재의 화염길이 : 유출구의 직경에만 의존하고 가연성 가스종류에는 무관
- 가스화재의 종류
  - i ) 플래시 화재(Flash Fire) : Flash 증발된 증기가 점화원에 의해 화재가 발생하는 것
  - ii) 풀 화재(Pool Fire) : 용기나 저장조내의 액면에서 발생한 화재
  - iii) 제트 화재(Jet Fire) : 고압LPG 누출시 주위 점화원에서 점화되어 불기둥을 이룸
- 분진폭발의 4요소 ; 가연성, 미분상태, 지연성 가스(공기) 중에 보유

※ 분진폭발을 일으키지 않는 물질 : 시멘트, 석회석, 탄산칼슘, 생석회(산화칼슘)

17) 서울소방학교 교수팀 제공(소방사 기본교육 자료)
18) 서울소방학교 교수팀 제공(소방사 기본교육 자료)

## 자. 경호 소방안전대책

### (1) 소방안전 경호활동

VIP가 참여하는 행사장에 대한 소방분야의 안전확보를 위하여 행사 성격이나 규모에 따라 국내 행사장은 하루나 이틀 전, 국외 행사장은 2주 정도 전에 검측팀을 구성하여 소방시설, 위험물, 전기, 가스 안전분야에 대한 전반적인 이상유무를 확인하여 화재 시 정상적인 작동과 활용이 이루어 질수 있도록 조치함과 동시에 각종 소방시설 내부에 폭발물이 설치되어 있는가를 철저히 검측하여 사전 봉인조치를 취하고 소방차량의 근접배치와 취약장소에 소방력 배치, 합동 비상통제소의 운영, 소방안전교육 등으로 비상대책을 강구해야한다. 또한 자동화재탐지 설비 등 경보시설에 대하여는 행사 중 오동작이나 장난, 취급부주의 등으로 인한 혼란을 방지하기 위한 안전조치를 취하여야 한다.

호텔, 컨벤션센터, 고층건물 등 대형 취약건물 행사장에서 화재가 발생 할 경우 유독성 가연물에서 발생하는 유독가스(최근 화학제품의 보급이 확산됨에 따라 화재 시에는 엄청난 유독가스가 발생하고 있고 화학제품이 탈 때는 보통 목재류가 탈 때보다 10-20배 이상의 연기가 발생하며 그 외 청산, 염화수소, 포스겐 등의 유독가스 발생)급격한 확산으로 5분 안에 심각한 인명피해를 수반하게 되므로 초기진화 태세를 완벽하게 확보하여야 한다.

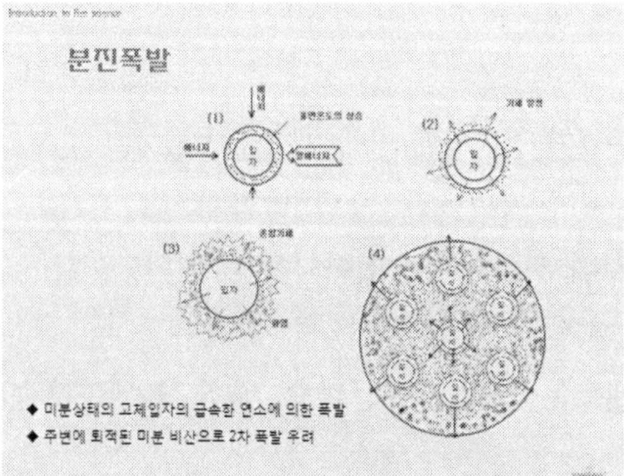


[그림 4-14]분진폭발[19)]

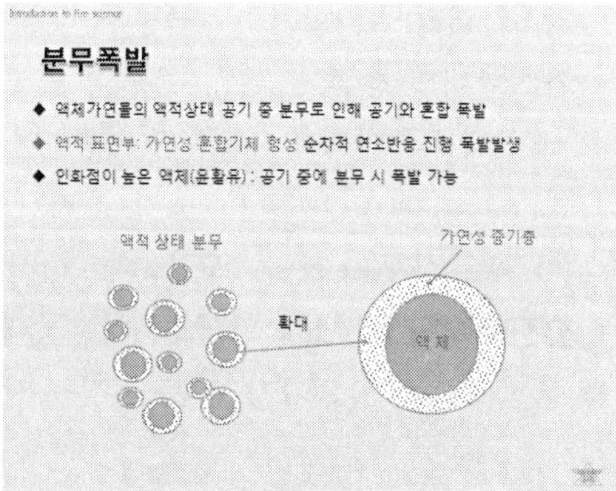


[그림 4-15]분무폭발[20)]

- 유독가스는 극히 미량으로도 호흡장애나 마비를 일으켜 죽음으로 몰고 간다. 보통사람은 일산화탄소 1% 포함한 공기를 약 2분 정도 호흡하면 질식으로 생명을 잃게 된다.
- 연기가 이동하는 속도는 수평방향으로 1초에 약 1-2m정도로 보통사람이 걷는 속도와 같고, 수직방향으로 상승하는 속도는 1초에 약 3-5m정도이다.
- 그러므로 화재 시 막혀있는 장소의 높은 곳은 극히 위험하다.

특히 방화로 인한 화재가 발생 시에는 그 피해가 엄청나고 행사자체를 망치게 되는 사태를 초래 할 수 있으므로 행사장 내 방치된 신나 등 각종 위험물이나, 가스, 소이탄, 연막탄 등은 제거 또는 안전한 장소에 일괄 보관 조치하여야 한다.

(2) 소방시설

소방시설(消防施設)은 소화설비 · 경보설비 · 피난설비 · 소화용수설비 그 밖에 소화활동설비를 말하며[20] 화재를 탐지(감지)해서 통보함으로서 사람들을 보호하거나 대피시키고 화재 초기단계에서 즉시 소화활동을 할 수 있도록 하며, 자동설비 또는 수동조작에 의해 화재진압을 할 수 있도록 하는 기계 · 기구 및 시스템을 말한다.

소방 시설의 종류는 소화설비, 경보설비, 피난설비, 소화용수설비, 소화활동설비로 분류된다. 특정소방대상물의 관계인은 특정소방대상물의 규모 · 용도 및 수용인원 등을 고려하여 갖추어야 하는 소방시설을 소방방재청장이 정하여 고시하는 화재안전기준에 따라 설치 또는 유지 · 관리하여야 한다. 특히, 화재발생 시 피해우려가 높은 다중이용업소에 대해서는 추가로 「다중이용업소의 안전관리에 관한 특별법」에 따른 소방시설, 안전시설 등을 설치 · 유지해야 한다. 소방본부장이나 소방서장은 소방시설이 화재안전기준에 따라 설치 또는 유지 · 관리되어 있지 아니할 때에는 해당 특정소방대상물의 관계인에게 필요한 조치를 명할 수 있다. 특정소방대상물의 관계인은 제1항에 따라 소방시설을 유지 · 관리할 때 소방시설의 기능과 성능에 지장을 줄 수 있는 폐쇄(잠금을 포함한다) · 차단 등의 행위를 하여서는 아니 된다. 다만, 소방시설의 점검 · 정비를 위한 폐쇄 · 차단은 할 수 있다.

19) 서울소방학교 교수팀 제공(소방사 기본교육 자료)
20)「소방시설설치유지 및 안전관리에 관한 법률」 제2조제1호

(가) 소방 시설의 종류

1) **소화설비** : 물 또는 그 밖의 소화약제를 사용하여 소화하는 기계 · 기구 또는 설비로 소화기구, 자동소화장치, 옥내소화전설비(호스릴옥내소화전설비를 포함), 옥외소화전설비, 스프링클러설비, 물분무등소화설비 등
2) **경보설비** : 화재발생 사실을 통보하는 기계 · 기구 또는 설비로 단독경보형 감지기, 비상경보설비, 시각경보기, 자동화재탐지설비, 비상방송설비, 자동화재속보설비, 통합감시시설, 누전경보기, 가스누설경보기
3) **피난설비** : 화재가 발생할 경우 피난하기 위하여 사용하는 기구 또는 설비로 피난기구, 인명구조기구, 유도등, 비상조명등 및 휴대용비상조명등,
4) **소화용수설비** : 화재를 진압하는데 필요한 물을 공급하거나 저장하는 설비로 상수도소화용수설비, 소화수조 · 저수조, 그 밖의 소화용수설비
5) **소화활동설비** : 화재를 진압하거나 인명구조활동을 위해 사용하는 설비로 . 제연설비, 연결송수관설비, 연결살수설비, 비상콘센트설비, 무선통신보조설비, 연소방지설비[21]

(3) 소방시설 경호 안전검측

위에서 살펴본 바와 같이 소방시설에는 소화 · 경보 · 피난 · 소화용수 · 소화활동설비로 대별되나, 경호행사장 안전을 위하여 중점적으로 안전을 확인해야할 사항 중심으로 기본시설과, 안전검측 요령, 안전조치 방법을 이해한다.

(가) 소화기

화재 초기에 불을 끄기 위해 사용하는 특수한 기구로 화재의 성질에 따라 각각의 용법이 다르다. 소화 약재의 종류에 따라 물소화기 · 포말소화기 · 이산화탄소소화기 · 분말소화기 · 하론소화기 · 청정소화기 등으로 분류된다.

- **물 소화기**: 물을 소화 약재로 하는 소화기를 이른다. 다양한 종류가 있으며 주로 냉각 작용으로 소화하고 일부 질식 작용을 하는 소화기도 있다. 주로 일반화재(A급, 일반화재) 진화용으로 사용되며, 유류(B급) 및 전기(C급)화재에는 부적합하다.

---

21) 소방시설 설치·유지 및 안전관리에 관한 법률 시행령 별표 1, 재편집

• **이산화탄소 소화기:** 이산화탄소를 압축·액화하여 소화 약재로 사용하는 소화기이다. 주로 질식 작용으로 소화하고 액화된 이산화탄소가 기화하면서 냉각 작용도 한다. 대부분의 화재에 모두 사용 가능하며 소화 약재의 잔재가 남지 않고 소화 대상물의 손상이 적기 때문에 박물관이나 미술관에 많이 비치된다. 그러나 질식의 우려가 있기 때문에 지하 및 일반 가정에는 비치 및 사용이 금지되어 있다. 보통 용기 안에 액화 이산화탄소를 충전하여 사용할 때 밸브를 개방하면 이산화탄소와 드라이아이스를 방출한다. 방사 거리가 짧아 화염에 접근하지 않으면 사용할 수 없으므로 화염이 커지면 사용할 수 없다. 유효 방사 범위는 1~2.5m, 방사 시간은 약 20초이다.

• **분말 소화기:** 분말형태의 소화약제를 사용하는 소화기로 다양한 화학약재로 된 미세 분말을 담아 놓았으며 일반적으로 가장 흔하게 비치된 것이 ABC분말소화기로 보통 용기에 제일인산암모늄이 약재의 주요 성분이고 방사용으로 가압된 질소가스를 이용해서 분출, 주로 냉각 및 질식, 억제 작용으로 소화가 이루어지며 사용할 때에는 봄베의 덮개를 부수면 분말은 질소가스의 압력에 의해 노즐에서 방출되고 유효 방사범위는 3~6m, 방사 시간은 약 15초이다.

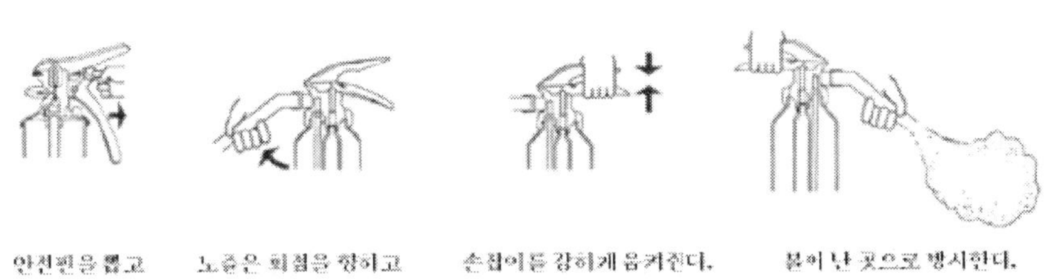


[그림 4-16] 소화기사용법[22)]

22) 출처: http://blog.naver.com/devil9513/90026798995

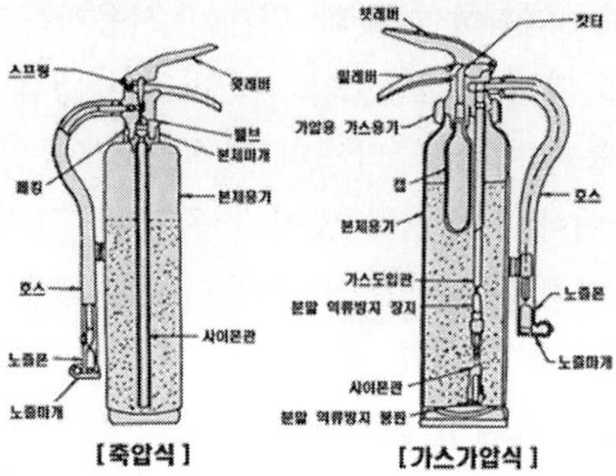


[그림 4-17] 축압식·가압식 비교[23]

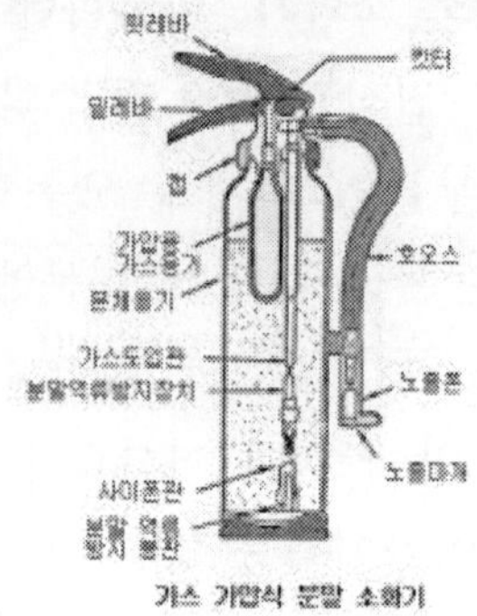


[그림 4-18] 가압식 분말소화기 구조[24]

• **포말 소화기:** 액체 상태의 화학 약재를 사용하는 소화기이다. 본체를 거꾸로 뒤집은 다음에 흔들어서 황산알루미늄 용액과 이산화탄소가 함께 혼합되어 거품 형태로 분사시켜 질식 작용으로 화재를 진압하고 주로 일반화재(A급), 유류화재(B급) 진화용으로 사용되며 소화 성능은 매우 뛰어나지만 사용방법이 번거롭고 약재에 의한 부식 가능성이 높다는 단점이 있어서 현재는 생산되지 않는다. 보통은 전도식 구조이며 용기는 내통과 외통으로 되어 있고 내통에는 황산알루미늄 용액, 외통에는 탄산수소나트륨 수용액을 넣으며, 사용할 때에는 용기를 거꾸로 하면 내통이 열려서 용액이 혼합되어 이산화탄소가 발생된다. 수산화알루미늄이 발생되기 때문에 이산화탄소를 포함한 거품이 생기고 이산화탄소의 압력으로 거품을 방사한다. ➢ 유효 방사범위는 5~9m, 방사 시간은 약 40초이다.

• **하론 소화기:** 할로겐 화합물 가스를 약재로 사용하는 소화기이다. 하론1301(브롬화삼불화메탄), 하론1211, 하론2402 등의 가스를 사용하며 주로 질식 작용으로 소화한다. 대부분의 화재(A~D급)에 모두 사용 가능하며 소화 약재의 잔재가 남지 않고 소화 대상물의 손상이 적다. 소화 효과가 매우 뛰어나지만 가격이 비싸며 하론 가스의 독성이 있어 인체에 유해할 수 있는데다 오존층을 파괴하는 물질을 포함하기 때문에 최근에는 생산 및 판매가 금지되었다.

---

23) http://blog.naver.com/oskar9/50007229690 http://blog.naver.com/oskar9/50007229690

• **청정 소화기**: 청정소화기는 기존 하론소화기와 달리 오존층을 파괴하지 않으며, 무엇보다 소형화로 개인소화기로 이용이 가능하기 때문에 하론소화기의 대체품으로 제조된 것이다. 소화기 내부를 보면 소화약제와 질소로 충압되어 있다. 오래가면 소화약제가 굳을 수도 있고, 질소가 외부로 빠져나와 압이 없을 수도 있다.

| 소화기 | 보통화재 | 기름화재 | 전기화재 | 주요소화작용 |
|---|---|---|---|---|
| 물소화기 | 최적 | 불가 | 불가 | 냉각 |
| 포말소화기 | 최적 | 최적 | 불가 | 공기차단, 냉각 |
| 이산화탄소소화기 | 작은화재만 | 최적 | 최적 | 공기차단, |
| 분말소화기 | 작은화재만 | 최적 | 최적 | 공기차단, 냉각 |
| 하론소화기 | 작은화재만 | 최적 | 최적 | 공기차단, 냉각 |
| 청정소화기 | 작은화재만 | 최적 | 최적 | 공기차잔, 냉각 |

**[표 4-20] 소화기 종류별 소화효과**(김국래, 소방관리론, 말과글, 2015.)

1) 행사장 소화기 안전검측: 행사장에는 주로 분말소화기가 비치되어 있다.

화재에는 [표4-19]와 같이 A~E급으로 분류되고 소화기에는 물 · 분말 · 포말 · 이산화탄소 · 하론 · 분말소화기 등이 있으나, 행사장에는 주로 축압식 분말소화기가 대부분이고 예외적으로 임시주방 등에는 자동식 소화기가 천정에 부착되어 있거나 하론소화기를 사용한다. 최근 일반적으로 생산되는 분말소화기는 일반화재(A급,백색), 유류화재(B급,황색), 전기화재(C급,청색)에 공통적으로 사용 할 수 있는 축압식 분말소화기가 대부분이다.

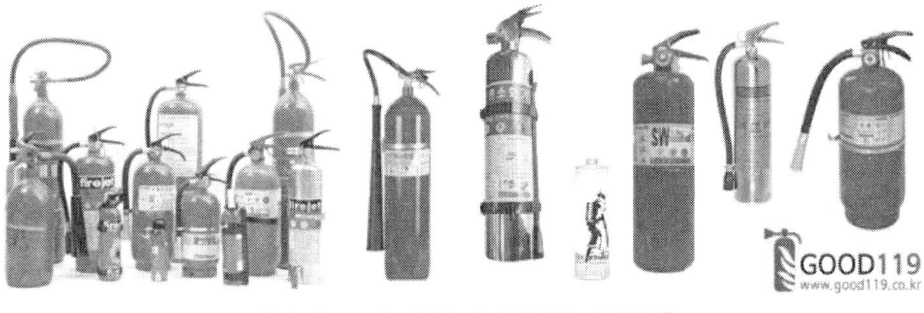


[사진 4-7] 소화기 종류별 사진[24]

• **소화기 이상유무를 확인하는 방법은:** 첫째. 소화기에 있는 질소 충전압은 소화기에 있는 동그란 압력계부분 녹색라인에 바늘이 가있으면 질소는 빠지지 않은 상태 이다. 둘째. 소화약제가 굳었는지 확인하기 위해서는 소화기를 뒤집어서 소화기를 거꾸로 들어서 귀에 대고 들어보면 소화약제가 밑으로 떨어지는 소리가 들리면(모래시계 모래 떨어지는 소리)소화약제가 굳지 않은 상태이고 툭툭 떨어지는 듯한 소리가 나면 응고된 것이므로 즉시 교체하여 비치되어야 한다.

➢ 분말 소화약제 교체에 대한 법적 내구연한은 없으나 권장은 8년이다.

2) 행사장 소화기 안전조치 소화기 내부에 폭약 장전 시 대전차지뢰와 같은 위력을 발생하므로 가압식 분말소화기의 경우에는 폭발물 설치여부를 확인하기 위하여 반드시 내부를 전량 개방하여 정밀 확인 후 이상이 없을 시 봉인 조치를 하고 행사장 내 비치될 소화기는 VIP통로 상이나 행사장 내부를 지양하고 합동비상통제소, 화기취급 주방, 위험물·가스 취급장소, 보일러실, 기계실 등 취약지역에 분산배치 만일의 화재가 발생하면 초기진화에 사용하여야 한다.

(나) 소화전

건축물 화재 시 당해 소방대상물의 관계자 또는 자위소방대원들이 이를 이용하여 화재초기에 신속하게 진화할 수 있는 초기화재 진압용 소화설비의 일종이다.

1) **소화전 종류:** 소화전은 옥내소화전과 옥외소화전이 있다. 옥내소화전은 관소방대가 현장에 도착하기 전 자위소방대에서 초기화재 진압용으로 옥외소화전은 관소방대가 소방자동차에 물을 공급받거나 화재를 진화할 때 사용되는 시설인데 자위소방대가 활용하기도 한다.

---

24) 출처: http://blog.naver.com/sjkang32/80038001065 http://blog.naver.com/bbnnv1110/220509855637

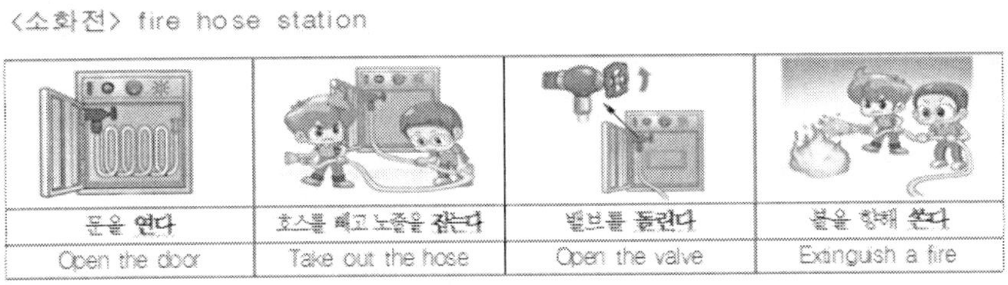


[그림 4-19] 옥내소화전 사용방법[25]

2) 소화전 설치기준

옥내소화전은 반경 25m 원 면적에 1개를 설치하도록 되어있고 설비의 수원은 그 저수량이 옥내소화전 설치개수가 가장 많은 층의 설치개수에 2,6㎡를 곱한 양 이상이 되어야 하고  옥내소화전설비의 전용으로 하여야 하며 제어반은 점검에 편리하고 화재의 위험이나 침수 등의 우려가 없는 곳에 설치하여야 하고 비상전원으로 전환될 경우 가압송수장치를 단속 운전할 수 있도록 하여야 한다.

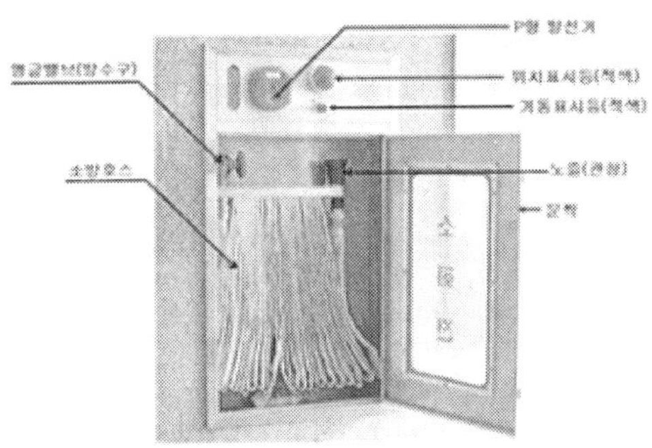

[사진 4-8] 옥내소화전[26]　　　[사진 4-9] 옥외소화전[27]

• **수원의 저수량** : 옥내소화전이 가장 많이 설치된 층의 설치 개수 × 2.6㎡이상(단 5개 이상일 경우 5개), 전용수조 1차수원 Q(L) = N × 130L/분 × 20분, 옥상수조 2차수원 Q(L) = N × 130L/분 × 20분 × 1/3,  • 호스 :  구경 45mm($1\frac{1}{2}$"), 길이 15m이상

25) 출처: http://blog.naver.com/jekalwon/220108008736
26) 출처: http://blog.daum.net/belief137/12045332 http://jpenc119.blog.me/220441101034

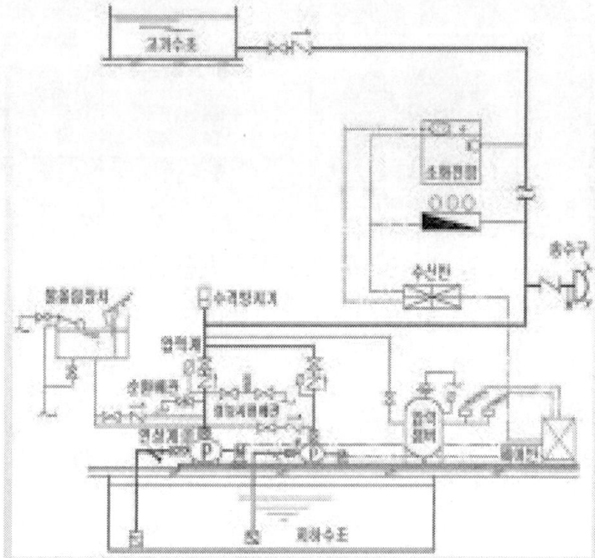

[그림 4-20] 옥내소화전 설비 계통도[27)]

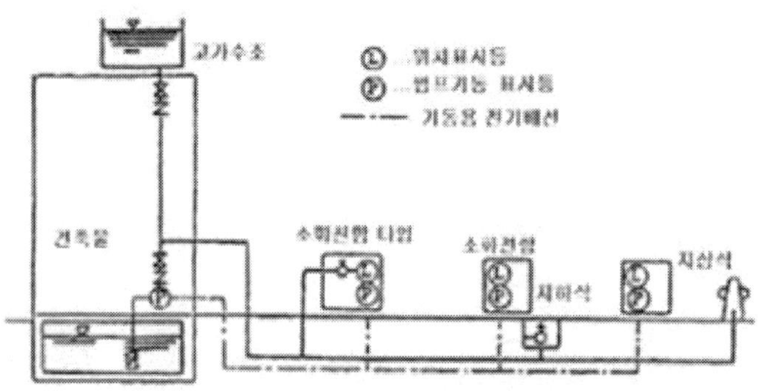


(그림) 옥외소화전설비의 계통도

[그림 4-21] 옥외소화전 설비 계통도[28)]

가) 옥상수조 설치 제외장소: ① 옥상이 없는 건축물 또는 공작물 ② 지하층만 있는 건축물 ③ 고가수조를 가압송수장치로 설치한 옥내소화전 설비 ④ 수원

27) 출처: http://jpenc119.blog.me/220441066372
28) 출처: http://dhghtjrdl.blog.me/220476891736

이 건축물 지붕보다 높은 위치에 설치된 경우 ⑤ 건축물 높이가 지면으로부터 10미터 이하인 경우

소방 대상물의 어느 층에 있어서도 당해 층의 옥내소화전을 동시에 사용할 경우 각 소화전의 노즐 선단에서의 방수압력이 1,7kg/cm² 이상이고 방수량이 일분당 130L 이상이 되는 성능의 것으로 하여야 하고 펌프는 전용으로 하며 펌프의 일분당 토출량은 옥내소화전이 가장 많이 설치된 층의 설치 개수에 130리터를 곱한 양 이상이 되어야 한다. 옥외소화전설비는 습식으로 하고 동결방지조치를 해야 하고 동결방지조치가 곤란한 경우에는 습식 외의 방식으로 할 수 있다.

수원의 수량은 옥외소화전의 설치개수(설치개수가 4개 이상인 경우는 4개의 옥외소화전)에 13.5㎥를 곱한 양 이상이 되도록 설치하여야 하고 가압송수장치는 모든 옥외소화전(설치개수가 4개 이상인 경우는 4개의 옥외소화전)을 동시에 사용할 경우에 각 노즐선단의 방수압력이 350kPa 이상, 방수량이 1분당 450L 이상의 성능이 되도록 하여야 한다. 방호대상물(당해 소화설비에 의하여 소화하여야 할 제조소등의 건축물, 그 밖의 공작물 및 위험물을 말한다)의 각 부분(건축물의 경우에는 당해 건축물의 1층 및 2층의 부분에 한한다)에서 하나의 호스 접속구까지의 수평거리가 40m 이하가 되도록 설치하되. 이 경우 그 설치개수가 1개일 때는 2개로 하여야 하며 비상전원을 설치해야 한다.

#### 3) 소화전 안전점검 및 조치

안전검측은 폭발물 설치여부를 소화전함 상하부 문을 열고 발신기 셀, 기동스위치, 관창 및 호스 내부를 확실하게 점검하고 호스를 연장, 밸브를 연 후 수동설비는 기동스위치를 작동 2인1조로 방수시험, 방사압력이 1,7kg/cm² 이상을 확인하고 안전하게 봉인 조치하여야 한다.

### (다) 자동소화설비(스프링클러설비 중심)

자동소화설비에는 스프링클러설비, Co²소화설비, 물분부 등 소화설비가 있으나, 화재 시 일반적으로 천장 근처에 설치된 파이프로부터 물을 자동 분출시킴으로써, 건물의 화재를 예방하는 수단. 최초의 스프링클러는 1800년경 영국에서 개발되었는데, 줄로 연결된 평형추에 의해 닫혀 있는 여러 개의 밸브가 장치된 파이프로

이루어져 있었다. 19세기의 건물에는 수동장치를 주로 사용했다.

현대의 스프링클러 헤드들은 상향형, 하향형, 측벽형 등이 있으나 일반적으로는 아래 방향으로 물이 분출되도록 설계된 제품이 많이 사용되고 있다. 대부분의 스프링클러 시스템은 파이프에 물이 차 있는 습식 헤드를 가지고 있는데 동결 위험이 있다. 반면 건식 헤드 소화장치는 파이프에 적당한 압력의 공기가 가득 차 있어서 장치가 작동하기 시작하면 공기가 빠져나와 물 공급 밸브를 열게 된다. 이것이 더 개량되어 공기압력 없이도 열감지 장치에 의해 작동하게 된 제품이 생산되고 있다. 극히 위험한 장소에서 사용되는 특별한 유형은 다량분사장치로 많은 양의 물을 빨리 내뿜어준다.

행사장에 가장 밀접한 시설인 스프링클러 소화설비는 화재 시 일정한 온도가 상승하면(헤드별 상이 $75^{0}$C미만~$200^{0}$C이상) 스프링클러 헤드가 자동으로 터져 선단에서 방사압력 $1kg/cm^2$ · 방사량 80L/min이상 압력으로 가압송수장치에 의거 20분 이상 방사되어 화재가 초기에 진압된다.

개방형 헤드와 폐쇄형 헤드로 나뉘고 폐쇄형 헤드 중 습식형을 많이 사용한다. 습식형이란 일반적으로 배관 내에 가압수(물)가 충수(물이 차이는 상태)되어 있어 화재발생시 헤드 앞부분의 금속이 열에 의해 녹아 물이 살수 되는 형태이고 폐쇄형 중 건식형은 배관에 기압수가 채워져 있지 않으며 콤프레샤를 이용한 압축으로 살수하는 타입이며(동결이 우려되는 경우에만 사용) 마지막으로 폐쇄형 중 준비동작식이란 것이 있는데 준비작동밸브의 1차측에 가압수를 채워 놓고, 2차측에는 대기압저압으로 있다가 대기압의 공기를 채운 상태에서 화재발생에 의해 화재감지기가 작동되면, 준비작동밸브가 개방됨과 동시에 가압펌프가 동작, 가압수를 각 헤드까지 송신 후 헤드가 열에 의하여 개방되면 즉시 살수되는 장치이다. 개방형 헤드 중에는 일제살수식이 있는데 공장, 무대의 천장고가 높은 곳에서 주로 사용되고, 폐쇄형 헤드보다는 개방형 헤드를 사용 전체 살수가 되는 방식이다. 설비의 작동원리는 가압송수장치에서 일제개방밸브 1차 측까지 배관 내에 항상 물이 가압되어 있고 2차 측에서 개방형스프링클러헤드까지 대기압으로 있다가 화재발생시 자동감지장치 또는 수동식 기동장치의 작동으로 일제개방밸브가 개방되면 스프링클러헤드까지 소화용수가 송수되는 방식의 스프링클러설비를 말한다.[29]

□ 주요용어 정의

1. "고가수조"란 구조물 또는 지형지물 등에 설치하여 자연낙차 압력으로 급수하는 수조를 말한다.
2. "압력수조"란 소화용수와 공기를 채우고 일정압력 이상으로 가압하여 그 압력으로 급수하는 수조를 말한다.
3. "충압펌프"란 배관 내 압력손실에 따른 주펌프의 빈번한 기동을 방지하기 위하여 충압역할을 하는 펌프를 말한다.
4. "정격토출량"이란 정격토출압력에서의 펌프의 토출량을 말한다.
5. "정격토출압력"이란 정격토출량에서의 펌프의 토출측 압력을 말한다.
6. "진공계"란 대기압 이하의 압력을 측정하는 계측기를 말한다.
7. "연성계"란 대기압 이상의 압력과 대기압 이하의 압력을 측정할 수 있는 계측기를 말한다.
8. "체절운전"이란 펌프의 성능시험을 목적으로 펌프토출측의 개폐밸브를 닫은 상태에서 펌프를 운전하는 것을 말한다.
9. "기동용수압개폐장치"란 소화설비의 배관내 압력변동을 검지하여 자동적으로 펌프를 기동 및 정지시키는 것으로서 압력챔버 또는 기동용압력스위치 등을 말한다.
10. "개방형스프링클러헤드"란 감열체 없이 방수구가 항상 열려져 있는 스프링클러헤드를 말한다.
11. "폐쇄형스프링클러헤드"란 정상상태에서 방수구를 막고 있는 감열체가 일정온도에서 자동적으로 파괴·용해 또는 이탈됨으로써 방수구가 개방되는 스프링클러헤드를 말한다.
12. "조기반응형헤드"란 표준형스프링클러헤드 보다 기류온도 및 기류속도에 조기에 반응하는 것을 말한다.
13. "측벽형스프링클러헤드"란 가압된 물이 분사될 때 헤드의 축심을 중심으로 한 반원상에 균일하게 분산시키는 헤드를 말한다.
14. "건식스프링클러헤드"란 물과 오리피스가 분리되어 동파를 방지할 수 있는

29) 스프링클러설비의 화재안전기준(NFSC 103)[시행 2013.7.12.], 소방방재청고시 제2013-21호, 2013.6.11.

스프링클러헤드를 말한다.

15. "유수검지장치"란 습식유수검지장치(패들형을 포함한다), 건식유수검지장치, 준비작동식유수검지장치를 말하며 본체내의 유수현상을 자동적으로 검지하여 신호 또는 경보를 발하는 장치를 말한다. <개정 2008.12.15>
16. "일제개방밸브"란 개방형스프링클러헤드를 사용하는 일제살수식 스프링클러설비에 설치하는 밸브로서 화재발생시 자동 또는 수동식 기동장치에 따라 밸브가 열려지는 것을 말한다. <개정 2008.12.15>
17. "가지배관"이란 스프링클러헤드가 설치되어 있는 배관을 말한다.
18. "교차배관"이란 직접 또는 수직배관을 통하여 가지배관에 급수하는 배관을 말한다.
19. "주배관"이란 각 층을 수직으로 관통하는 수직배관을 말한다.
20. "신축배관"이란 가지배관과 스프링클러헤드를 연결하는 구부림이 용이하고 유연성을 가진 배관을 말한다.
21. "급수배관"이란 수원 및 옥외송수구로부터 스프링클러헤드에 급수하는 배관을 말한다.
22. "습식스프링클러설비"란 가압송수장치에서 폐쇄형스프링클러헤드까지 배관 내에 항상 물이 가압되어 있다가 화재로 인한 열로 폐쇄형스프링클러헤드가 개방되면 배관 내에 유수가 발생하여 습식유수검지장치가 작동하게 되는 스프링클러설비를 말한다.

22의2. "부압식 스프링클러설비"란 가압송수장치에서 준비작동식유수검지장치의 1차측까지는 항상 정압의 물이 가압되고, 2차측 폐쇄형 스프링클러헤드까지는 소화수가 부압으로 되어 있다가 화재 시 감지기의 작동에 의해 정압으로 변하여 유수가 발생하면 작동하는 스프링클러설비를 말한다. <신설 2011.11.24>

23. "준비작동식스프링클러설비"란 가압송수장치에서 준비작동식유수검지장치 1차 측까지 배관 내에 항상 물이 가압되어 있고 2차 측에서 폐쇄형스프링클러헤드까지 대기압 또는 저압으로 있다가 화재발생시 감지기의 작동으로 준비작동식유수검지장치가 작동하여 폐쇄형스프링클러헤드까지 소화용수가 송수되어 폐쇄형스프링클러헤드가 열에 따라 개방되는 방식의 스프링클러설비를 말한다.

24. "건식스프링클러설비"란 건식유수검지장치 2차 측에 압축공기 또는 질소 등의 기체로 충전된 배관에 폐쇄형스프링클러헤드가 부착된 스프링클러설비로서, 폐쇄형스프링클러헤드가 개방되어 배관내의 압축공기 등이 방출되면 건식유수검지장치 1차 측의 수압에 의하여 건식유수검지장치가 작동하게 되는 스프링클러설비를 말한다. <신설 2008.12.15>
25. "일제살수식 스프링클러설비"란 가압송수장치에서 일제개방밸브 1차 측까지 배관 내에 항상 물이 가압되어 있고 2차 측에서 개방형스프링클러헤드까지 대기압으로 있다가 화재발생시 자동감지장치 또는 수동식 기동장치의 작동으로 일제개방밸브가 개방되면 스프링클러헤드까지 소화용수가 송수되는 방식의 스프링클러설비를 말한다. <신설 2008.12.15>
26. "반사판(디프렉타)"이란 스프링클러헤드의 방수구에서 유출되는 물을 세분시키는 작용을 하는 것을 말한다. <개정 2008.12.15>
27. "개폐표시형밸브"란 밸브의 개폐여부를 외부에서 식별이 가능한 밸브를 말한다. <개정 2008.12.15>
28. "연소할 우려가 있는 개구부"란 각 방화구획을 관통하는 컨베이어 · 에스컬레이터 또는 이와 유사한 시설의 주위로서 방화구획을 할 수 없는 부분을 말한다. <개정 2008.12.15>
29. "가압수조"란 가압원인 압축공기 또는 불연성 고압기체에 따라 소방용수를 가압시키는 수조를 말한다. <신설 2008.12.15>
30. "소방부하"란 법 제2조제1항제1호에 따른 소방시설 및 방화 · 피난 · 소화활동을 위한 시설의 전력부하를 말한다. <신설 2011.11.24>
31. "소방전원 보존형 발전기"란 소방부하 및 소방부하 이외의 부하(이하 비상부하라 한다)겸용의 비상발전기로서, 상용전원 중단 시에는 소방부하 및 비상부하에 비상전원이 동시에 공급되고, 화재 시 과부하에 접근될 경우 비상부하의 일부 또는 전부를 자동적으로 차단하는 제어장치를 구비하여, 소방부하에 비상전원을 연속 공급하는 자가발전설비를 말한다. <신설 2011.11.24, 개정 2013.6.10〉[30]

30) 스프링클러설비의 화재안전기준(NFSC 103)[시행 2013.7.12.], 소방방재청고시 제2013-21호, 2013.6.11.

스프링클러 설비의 급수관과 급수원 스프링클러 설비에 급수하는 급수관 및 급수원은 다음과 같은 조건을 갖추어야 한다.

① 수도본관 : 수압 0.35kg/㎠이상

② 고수위 저수지 : 저수량 900㎥ 이상으로 무제한 급수할 수 있어야 한다.

③ 고가 탱크 : 필요낙차 = {(배관의 마찰손실수두 )+10} ×1.15(m)

④ 압력탱크전양정 : H= {(실양정)+(마찰손실수두)+10} ×1.15(m)

⑤ 급수원의 저수량 : 헤드 하나의 규격 방수량이 80ℓ /min 이고 20분간 살수할 수 있어야 하며(80×20=1.6㎥), 여기에 동시 방수개수를 곱한 양 이상이 되어야 한다.

소방관계인의 비용절감 등 효율성을 위하여 구획된 영업실, 통로, 주방, 보일러실, 탈의실 등에는 간이스프링클러를 설치하도록 개선하였고 수원을 지하수조, 고가수조, 압력수조, 가압수조 외에 수돗물도 허용하고 방사시간을 10분으로 완화함. 수돗물을 수원으로 하는 경우에는 자동급수장치를 갖추지 아니하여도 가능하며 정격토출압력 측정 시 헤드 기준개수를 4개에서 2개로 완화하고, 헤드 선단에서의 방수압력을 1cm²당 1kg 이상으로 개선하였다.

간이스프링클러설비에도 합성수지배관을 사용할 수 있도록 하고, 설비의 성능을 확인할 수 있도록 성능시험 배관 설치와 부속품 설치의 순서를 정하였으며, 성능시험 배관의 내경은 주배관의 호칭 크기와 동일한 배관을 사용하도록 하였다.

간이헤드의 분당 방수량을 50리터 이상으로 하고 조기반응형 헤드를 사용할 경우에는 80L 이상으로 설정하였다. 화재감지기의 설치기준은 소방기술기준에관한규칙 제85조 및 제90조의 규정을 준용하도록 하였고 송수구는 65mm 이상의 단구형 또는 쌍구형으로 설치하여야하며 송수배관의 구경은 40mm 이상으로 할 수 있도록 개선하였다. 간이스프링클러설비에도 정전 등 사고에 대비하여 비상전원을 설치하도록 개선 기타 설치기준에 대해서는 스프링클러설비의 설치기준을 준용하도록 하였다.

| 표시 시험온도의 구분(℃) | 기준시험온도(℃) |
|---|---|
| 75 ℃ 미만 | 52±1 ℃ |
| 75 ℃ 이상 121 ℃ 미만 | 80±1 ℃ |
| 121 ℃ 이상 162 ℃ 미만 | 121±1 ℃ |
| 162 ℃ 이상 200 ℃ 미만 | 150±1 ℃ |
| 200 ℃ 이상 | 190±1 ℃ |

**[표 4-21] 스프링클러 헤드 표시·기준시험온도**[31)]

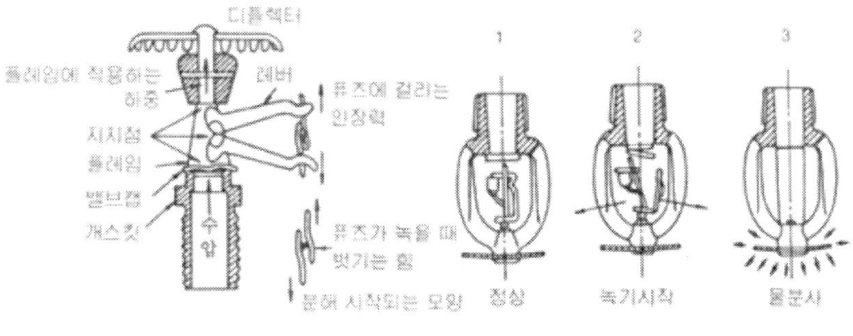


[그림 4-22] 스프링클러 헤드 작동 전, 작동 후 사진[32)]

□ **장점은** • 초기 진화에 절대적인 효과가 있다. • 소화제가 물이라서 값이 싸고 소화 후 복구가 용이하다. • 감지부의 구조가 기계적이므로 오동작이나 오보가 없다. • 조작이 간편하며 안전하다. • 완전 자동이므로 사람이 없는 야간이라도 자동적으로 화재를 감지하여 소화 및 경보를 해준다.

□ **단점은** • 초기 시설비가 많이 든다. • 시공이 타 시설보다 복잡하다. • 물로 인한 피해가 심하다.

### 1) 스프링클러설비 안전검측

스프링클러설비는 기계실에 설치되어 있는 주펌프와 보조펌프의 정상작동 여부를 시험하고 층별 설치된 알람밸브실 점검문을 개방하여 정상압이 걸려 있는지를 확인하여야 하며 비상전원이상여부와 말단 시험밸브를 개방, 정상압력으로 방사되는지를 확인하고 시설에 폭발물이 설치되어 있는지 등을 정밀 확인하고 봉인 조치한다.

31) 출처: 국가화재안전기준(스프링쿨러 설치기준)
32)

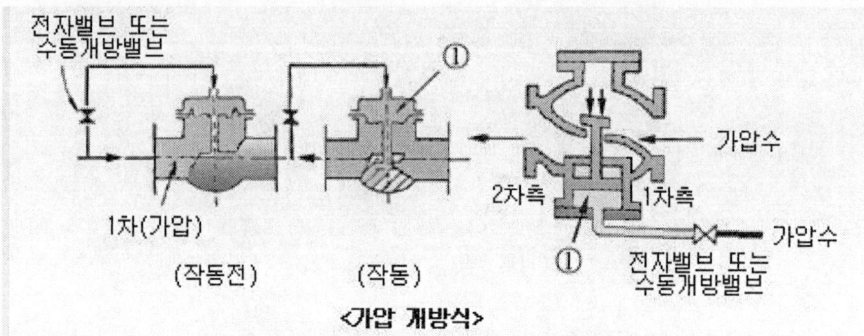


[그림 4-23] SP 가압개방식 단면도33)

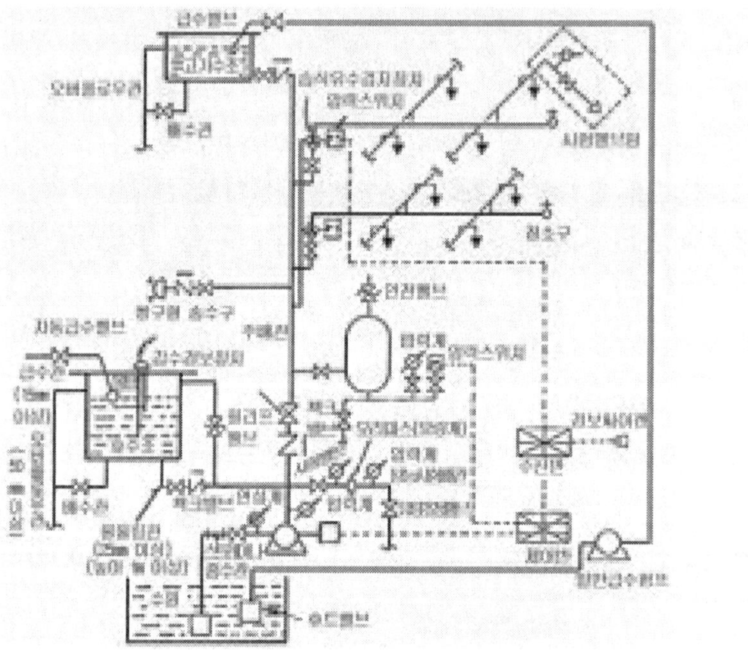

[그림 4-24] 스프링클러설비 계통도34)

2) 자동소화설비 안전조치

스프링클러·물분부 등 자동소화설비는 화재 시 자동으로 화재를 감지하여 초기

33) 출처: http://blog.daum.net/lgoeka9397/6806649
34) 출처: http://blog.daum.net/dclee3444/12744685

에 진화하는 설비이므로 자동장치가 반드시 정상위치에 있어야 함을 확인하고(단, 행사 중에는 종합방재실에 소방관을 고정배치하고 합동 비상통제소에 소방관, 전기·가스안전공사 직원 비상대기 조치) 만일의 사태 시 경보설비의 벨이 울리지 않도록 조치한 후 봉인조치

(라) 연결송수관 설비 등

- 연결송수관설비란 고층건축물, 지하건축물, 복합건축물, 아케이드용 건축물 등에 설치하여 초기소화를 목적으로 설치한 스프링클러, 물분무, 옥내소화전설비 등을 도와 소화활동을 원활하게 하기 위해서 설치하는 소화활동설비로 자체의 수원으로부터 수원을 공급받거나, 소방대로부터 건축물의 벽면에 설치된 송수구로부터 수원을 공급받아 건축물내의 화재를 소화하도록 되어 있으며 건축물의 3층부터 설치한 방수구에 소방용 호스와 방사형 노즐을 연결형으로 설치하여야 하며, 방수구가 가장 많이 설치된 층을 기준하여 3개 층마다 방수 기구함을 설치하되 그 층의 방수구마다 보행거리 5m이내에 설치하여야 한다.
- 드랜쳐설비는 건축물의 창, 외벽 등의 개구부, 처마, 지붕 등에 있어서 건축물 옥외로부터 화재로 연소하기 쉬운 곳 또는 유리창문과 같이 열에 의하여 파손되기 쉬운 부분에 드렌쳐헤드를 설치 연속적으로 물을 살수하여 수막을 형성 외부화재로부터 보호하는 자동소화설비이고 연결송수관설비는 화재 시 소방관이 현장에 도착하여 소방차와 연결하여 화재를 진압하는 소화활동설비이다.

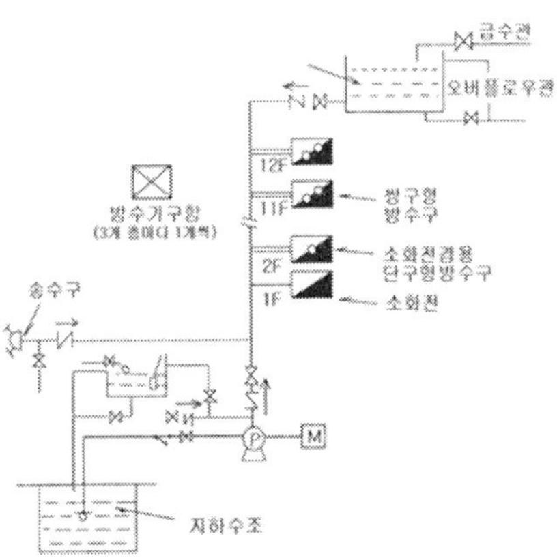


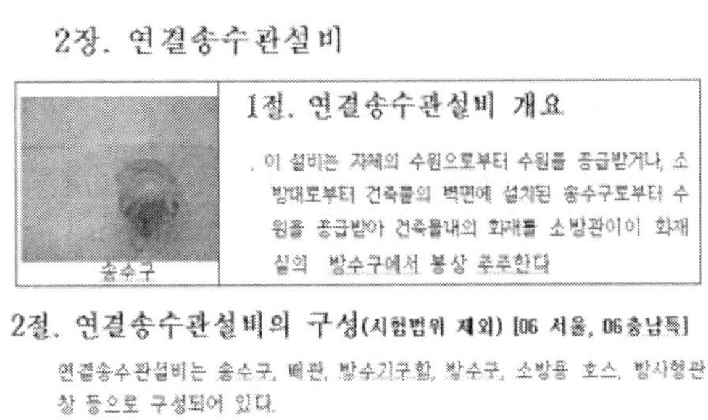


[그림 4-25] 옥내소화전 겸용 연결송수관 계통도[35] [사진 4-10] 연결송수관 송수구[36]

| 소방시설 별 | 방수 압력 | 표준방수량 | 수평거리 | 수원수량(20분) 단위 ㎥ |
|---|---|---|---|---|
| 옥내 소화전 | 1.7 kg/cm2 | 130 *l* /min | 25m | 130*20분→2.6*소화전갯수(최대5) |
| 옥외 소화전 | 2.5 kg/cm2 | 350 *l* /min | 40m | 350*20분→ 7*설치갯수(최대2) |
| 연결 송수관 | 3.5 kg/cm2 | 표준2400 *l* /min | 50m | 2,400 *l* /min(계단식1,200 *l* /min) |
| 스프링클러 | 1.0 kg/cm2 | 80 *l* /min | 1.7/2.1/2.3 m | 80*20분→헤드기준개수*1.6 |
| 드렌쳐 | 1.0 kg/cm2 | 80 *l* /min | 수평2.5,수직4m | 가장많이 설치된 헤드개수×1.6㎥이상 |

[표 4-22] 소방시설별 방수압력 · 표준방수량 · 수평거리 · 수원수량 기준37)

(마) 경보설비(자동화재탐지설비 중심)

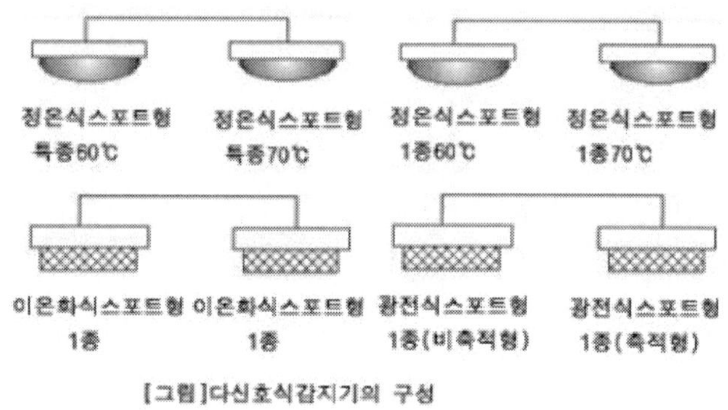


[그림 4-26] 감지기 종류38)

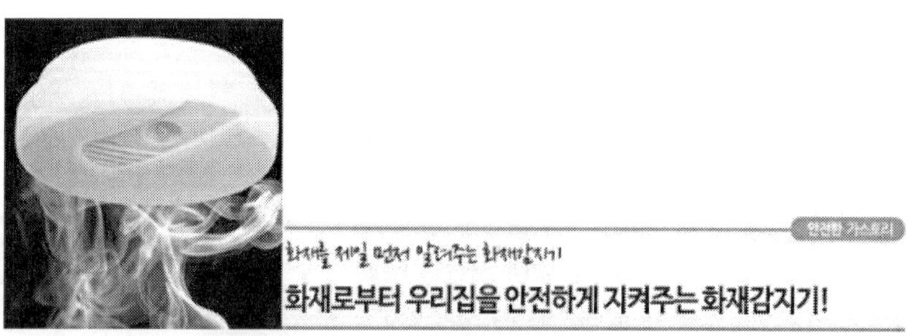


[사진 4-11] 단독형 경보 감지기39)

35) 출처: blog.naver.com/lgs5976/70028182047
36) 출처: .daum.net/pass3/IH5V/110
37) 출처: 국가화재안전기준(소방시설설치기준)
38) 출처: http://blog.naver.com/na40103/130046799248

경보설비에는 단독경보형 감지기, 비상경보설비, 시각경보기, 자동화재탐지설비, 비상방송설비, 자동화재속보설비, 통합감시시설, 누전경보기, 가스누설경보기 등이 있으나 VIP행사 시 가장 관련 있는 자동화재탐지설비는 천정에 정온식·차동식·광전식·열감지기 등이 부착되어 있어 열 감지 또는 연기 감지 등에 의하여 수신반의 주경종과 발신기의 지구경종이 울려 화재발생 사실을 자동으로 경보하는 시설이다.

#### 1) 경보설비 안전검측 및 조치

경보설비는 수신반 내부에 폭발물 설치 여부를 정밀 검측 확인한 후 감지기별 성능을 선별 테스트하고 회로가 정상인지 여부를 확인하여야 하므로 도통 및 동작 시험을 수신반에서 직접 확인함과 동시에 예비전원이 이상이 없는지를 체크하여야 하며 행사 중에는 반드시 종합수신반의 주경종과 지구경종이 정상 작동되는지를 확인 후 반드시 off위치에 두고 봉인하여 오동작으로 인한 혼란이 일어나지 않도록 조치하여야 한다.(행사 종료 후 필히 정상 복구 조치)

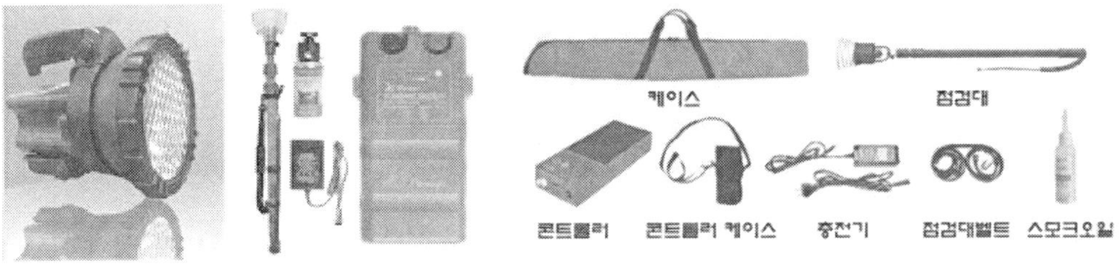


**[사진 4-12] 불꽃감지기, 열연기 감지기, 감지기 시험기 세트[40)]**

#### (바) 종합방재실

종합방재센터에는 소화설비, 자동화재탐지설비, 비상방송설비, 가스누설 경보 및 차단설비, 비상방송설비, 배연설비 등 건물 내 설치된 대부분의 소방시설을 종합 컨트롤 할 수 있는 시스템이 갖추어져 있으므로 안전검측 시 모든 설비의 정상 작동여부를 일일이 확인하고 관련된 경보시설은 행사 시작 전 정지시켜야 하며(종료 후 필 복구 조치) 행사 중에는 소방관을 상시 배치하여 비상근무체제를 확립하여야 한다.

---

39) 출처: http://blog.naver.com/hkc0929/220126368805 http://blog.naver.com/jeongseo3171/220437347941

40) 원우이에프엔지니어링(주) 홍성국 대표이사 제공, 최 영 기자 young@fpn119.co.kr

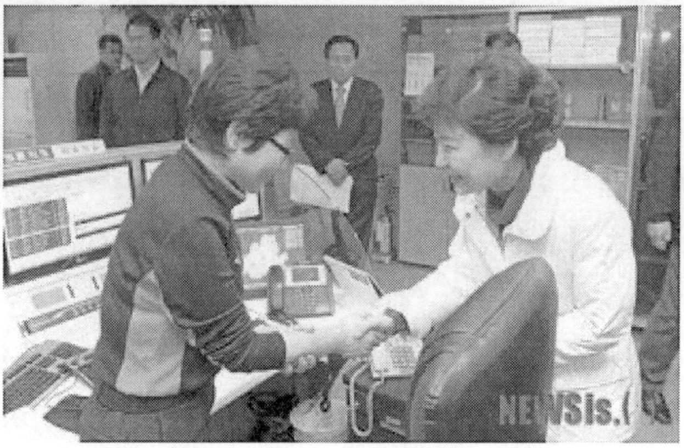


[사진 4-13] 서울종합방재센터 격려방문41)

(사) 소화용수 설비

화재발생 시 효과적인 화재진압을 위해 확보해야 하는 설비로 소화용수설비는 공설과 사설이 있으며 상수도소화용수설비와 소화수조 또는 저수조 방식 등으로 나눌 수 있다.

건물 내에는 옥상이나 지하에 소화용수설비로 수조인 물탱크를 소방시설 설치기준에 맞게 설치 유지관리 하여야 하고 상수도 소화용수설비는 특정소방대상물 수평투영면적의 각 부분으로부터 140m 이내에 직경 75mm이상 상수도배관이 지나가면 이 배관에서 직경 100mm 배관을 연결하여 설치한다.

소화용수설비 중 공설은 소화전/급수탑/저수조를 말하고 주거지역, 공업지역, 상업지역은 100m 이하이고, 기타지역은 140m 이하로 설치하여야 한다.

수조탱크 등 소화용수설비 내외부에 폭발물 설치 이상 유무와 화재 발생 시 적정하게 활용할 수 있는 소화용수가 충분히 확보되어 있는지를 체크한 후 안전하게 봉인조치 하여야 한다.

(아) 위험물

위험물은 위험물 안전관리법 상 "대통령령으로 정하는 발화성 또는 인화성 물품을 말한다. 위험물 저장소나 건물 내 방치되어 있는 석유난로, 석유통, 신나, 휘발류 등 위험물은 화재 시 급격연소 및 폭발 등을 일으킬 수 있으므로 위험물저장

41) 출처: '한국언론 뉴스허브' 뉴시스통신사 fufus@newsis.com

상태 안전관리자 선임여부, 위험시설 저장 및 보관 상태, 소방시설 적정 여부, 기타 안전관리상태를 철저히 확인, 특별한 안전조치가 필요하다.

| 구분 | 성 질 | 종 류 | 내 용 |
|---|---|---|---|
| 1류 | 산화성 고체 | 주로 끝자가 염류자+무기과산화물 | 주로 수용성이며 비중이 1보다 크다. |
| 2류 | 가연성 고체 | 첫 자 따서 철, 인, 마, 적, 황, 금, 유 | 환원성 물질이며 물에 녹지 않는다. |
| 3류 | 금수성 및 자연 발화성 | 칼륨, 나트륨, 알킬알루미늄 등 쎈발음 | 가연성 수소가스 발생, 마른모래, 팽창질석 등으로 소화 |
| 4류 | 인화성 액체 | 특수인화물, 석유류, 알콜류, 동·식물류 | 증기발생으로 인화가 된다.<br>증기는 공기보다 무겁다. |
| 5류 | 자기 반응성 | 니트로 화합물, 질산에스테르류 등 | 자체산소를 함유, 폭발성물질<br>다량의 물로 냉각소화 |
| 6류 | 산화성 액체 | 과염소산, 질산(1.49), 과산화수소(36%) | 소량화재시만 다량의 물로 세척 |

**[표4-23] 위험물의 종류 및 성질[42)]**

#### 1) 안전조치

위험물 저장소에 대하여 폭발물 설치여부를 정밀 확인하고 안전하게 봉인조치를 하여야 하며 건물 내 산재되어 있는 석유난로, 전기난로 등 난방기구와 석유통, 신나, 휘발류 등은 일괄 수거하여 안전한 장소에 보관 조치 후 봉인한다. 가스시설에 대하여는 가스누설탑지기를 활용하여 누설여부와 가스누설경보기가 정상작동 되는지를 면밀하게 확인하여야 한다. 가스안전대책에 대한 상세한 내용은 가스안전대책에서 별도로 다루기로 한다.

#### (자) 기타 방염, 건축, 전기, 가스시설 안전검측

기타 화재발생 우려가 높은 합판이나 커튼 등에 대한 방염처리 여부와 자체소방안전관리에 있어서 소방안전관리자 선임일자, 소방안전관리업무, 소방계획서 작성, 위소방대 조직, 화기취급 감독, 화재예방 경계활동, 소방훈련 실시여부 등을 철저히 확인하여야 하며 건축안전 측면에서 방화문 및 방화셔터 관리상태, 계단(직통·피난·특별피난계단) 관리상태, 옥상광장으로의 피난장애물(비상구 개방상태 유지여부), 주요 구조부 내장재 불연화상태, 비상구 및 피난통로 확보 여부(물품적

42) 출처: 위험물안전관리법령 발췌 정리

재, 잠금장치 설치 등), 방화구획, 비상용 승강기 등, 피트공간(층) 관리상, 방화구획 관통부 내화충진제 관리상태를 확인하고 전기시설에 대한 자체점검 실시 여부, 누전차단기 설치여부, 노후 배선, 문어발식 콘센트 사용여부와 가스시설관리 측면에서 가스용기, 배관관리 누설 여부 등, 가스안전시설 작동, 가스누설자동차단기, 가스누설경보기 등에 대한 안전검측을 빠짐없이 실시하여야 한다. 이 중 특히 가스검사는 아주 중요하다. 가스안전공사의 가스사고연감에 의하면 매해 45%이상이 취급부주의, 시설미비 25%, 제품불량 15%, 기타 순으로 가스폭발사고가 많이 일어나며, 이로 인한 사망자가 한해 50~100여명, 부상자가 300~500여명이나 된다. 특히 Gas는 한번 폭발 시 아래 사진과 같이 폭발물에 의한 피해만큼이나 확대되기 때문에 안전검측 작용에 있어서 가스안전 점검은 중요한 부분을 차지한다.

<등급별 사고현황>

| 구분 | 합계 | 2010 | 2011 | 2012 | 2013 | 2014.7 |
|---|---|---|---|---|---|---|
| 계 | 566 | 134 | 126 | 125 | 121 | 60 |
| 1급 | 1 | 0 | 0 | 0 | 1 | 0 |
| 2급 | 56 | 10 | 13 | 18 | 9 | 6 |
| 3급 | 331 | 86 | 71 | 71 | 73 | 30 |
| 4급 | 97 | 18 | 24 | 24 | 17 | 14 |
| 고의사고 | 81 | 20 | 18 | 12 | 21 | 10 |

[표 4-24] 등급별 가스사고 현황[43)]

[사진 4-14] 대구 대명동 LP가스 폭발사고 장면(2013. 9. 24), 가스검지기[44)]

43) 가스안전교육원 자료실

행사장안전을 위하여 안전검측 외에 검식업무가 있는데 이는 VIP 음식에 독이 들어 있는지 상한 음식이 아닌지 음식의 조리는 적절한지 등을 사전에 검식요원이 확인하는 제반 과정으로 중요사항은 다음과 같다. • 조리담당자 신원조사 • 식 재료의 유통 및 보관 안전여부 • 주방입회 하에 전문요원의 음식검사 • 운반 근접감시를 한다.

## 차. 대형화재 발생 사례 연구

### (1) 대구 지하철 화재 참사

#### (가) 요 약

☐ 날짜 : 2003년 2월 18일
☐ 시간 : 9시 53분 (KST)
☐ 위치 : 대구도시철도 1호선 중앙로역
☐ 원인 : 방화
☐ 사망자 : 192명, 부상자 : 151명, 실종자 : 21명

대구 지하철 화재 참사(大邱地下鐵火災慘事)는 2003년 2월 18일 대구 도시철도 1호선 중앙로역에서 방화로 일어난 화재이다. 대구 지하철 방화사건으로 불리기도 한다. 이로 인해 2개 편성 12량(6량×2편성)의 전동차가 모두 불타고 뼈대만 남았으며 192명의 사망자와 21명의 실종자 그리고 151명의 부상자라는, 대구 상인동 가스 폭발 사고와 삼풍백화점 붕괴 사고 이후 최대 규모의 사상자가 발생하였다.

#### (나) 사고 개요.

방화범 김대한(당시 56세, 경북 예천)은 2001년 상반기경 뇌졸중(뇌경변) 으로 쓰러져 오른쪽 상·하반신의 장애가 오게 되어 같은 해 11월 지적장애 2급 판정을 받았고 증세가 호전될 가망이 없게 되자 삶을 비관하여 다른 사람들과 함께 죽을 생각을 하고, 2003년 2월 18일 오전 8시 30분경 대구시 서구 내당동 소재 자신의 집 안방에서 1회용 가스라이터 2개를 상의 주머니에 넣고, 창고에 있던 자동차 세척용 샴푸통(용량 4리터의 흰색 플라스틱 통)을 꺼내 검은색 가방에 넣고 집을 나와 택시를 타고 가다가 지하철 송현역 부근에서 내린 다음 인근 주유소에서 휘발유 7,500원

---

44) http://blog.naver.com/pxx0209/140197755976 nam@gasnews.com 세종공업 제공

어치 상당을 구입하여 샴푸 통에 담은 후 송현역으로 들어가 안심방향 승강장에서 9시 30분경 안심역 방면으로 운행되는 1079열차의 1호차에 탑승하였다.

9시 53분경, 1079열차가 중앙로역에 도착할 무렵 2호차와 가까운 1호차 노약자석 옆 일반석에 앉아 있던 김대한은 1회용 가스라이터를 꺼내 불을 켜려고 망설이던 중 맞은편에 앉은 승객으로부터 "왜 자꾸 불을 켜려고 하느냐"는 나무라는 말을 듣자 순간적으로 불을 붙이기로 결심하고, 1회용 가스라이터를 켠 다음 샴푸 통에 들어 있는 휘발유에 불을 붙였다.

김 씨는 옷에 불이 붙자 황급하게 가방을 객실 바닥에 던졌고 불길은 순식간에 객실내로 번지면서 화재가 확산되었다. 불길이 번지자 승객들은 우왕좌왕하며 황급히 대피하는 등 혼란이 일어났다. 1079열차 기관사는 중앙로역에 도착해 출입문을 연 뒤 “불이야!”하는 소리를 듣고, 운전실 앞에 있는 CCTV 화면에 객차 쪽에서 승객들이 서둘러 빠져 나오는 모습을 보고 운전실 옆에 있는 소화기를 들고 나와 불을 끄려 했지만 가연성 소재로 가득한 전동차 객실 내부의 불을 감당할 수 없게 되어 승객들에게 대피하라고 소리쳤다.

9시 55분 30초 경 1079열차와 반대방향(대곡)으로 운행하는 1080열차가 대구역을 출발하여, 9시 56분 45초 경 현장상황을 알지 못한 채 상행선 승강장에 진입하여 정차함으로써 1079열차에서 발생한 불길이 1080열차로 옮겨 붙으면서 화재가 확산되었다.

화재 발생 20여초 만에 대구지하철공사 종합사령실에 설치되어 있던 승강장 감시용 CCTV의 화면에 아무것도 보이지 않을 정도로 검은 연기와 유독가스 분출량이 많았던 것으로 판단되며, 화재가 진행되면서 지하 3층 승강장과 1079, 1080의 두 열차 내부는 유독가스와 화재로 인한 열기로 인해서 많은 사람들이 대피하거나 우왕좌왕하는 등 아수라장이 되었다.

[사진4-15] 대구지하철 화재참사 현장상황[45]

1079열차의 승객 대부분은 정차 중으로 문이 열려 있었고 기관사가 승객들에게 대피를 지시하여 대피한 반면, 반대방향으로 운행 중이던 1080열차는 화재 상황을 잘 알지 못하는 상황에서 역에 진입, 정차함에 따라 화재가 확산되어 많은 사상자가 발생되었다. 1080열차의 경우 중앙로역에 진입할 때 이미 승강장의 연기로 인해 전동차 외부의 시야가 전혀 확보되지 않았었으며, 특히, 발화지점인 1079열차 1호차와 인접한 1080열차 5~6호차의 승객들은 전동차가 중앙로역에 정차 후 전동차 외부상황에 대해 알 수 없을 만큼 이미 화재로 인한 연기가 지하 3층 승강장에 꽉 차 있는 상태였다. 다만 불행 중 다행으로 1080열차에 타고 있던 대구선 금호역의 권춘섭 역장이 비상 개방 장치를 취급하여 문을 열고 주위 승객들을 대피시켜 피해를 다소나마 줄일 수 있었다. 훗날 권씨는 이 활동을 인정받아 2013년 6월 7일 개설된 철도안전 명예의 전당에 헌액되었다. 사고 당시 화재가 처음 화재 발생한 안심행 1079열차에는 방화범을 포함한 250여명이, 반대방향(대곡)행 1080열차에는 180여명의 승객이 탑승했었던 상태였다. 지하철에서 불이 나자 중앙로역 일대는 유독가스로 매캐한 냄새가 진동했으며, 환풍구와 출입구 등에서 나온 시커먼 연기는 시내 전체를 뒤덮어 앞을 제대로 분간할 수 없는 정도였으며, 사고소식을 접한 뒤 가족들의 생사를 확인하려는 사람들과 이를 지켜보는 시민들로 아수라장을 이뤘다.

또한, 지하철에 탔을 것으로 추정되는 승객 가족들은 현장에 나와 발을 동동 굴렀고, 일부 가족들은 경북대학교병원과 동산병원 등을 뛰어다니다 눈물을 흘리며 현장으로 되돌아오기도 하였으며, 사고수습대책본부와 언론사에는 사고경위와 사상자 명단을 알 수 없겠냐는 문의전화가 쇄도하였다. 사고가 나자 경찰관과 소방관이 긴급 출동하여 현장지휘소를 설치함과 동시에 중앙로 일대 차량출입을 전면 통제하고, 소방인력과 장비를 동원하여 화재진화와 구조작업을 펼쳤으나, 화염과 유독가스로 현장접근이 힘들어 구조가 지연되자 이를 지켜보던 많은 시민들은 안타까움을 감추지 못했다.

### (2) 인천호프집 화재 참사

1999년 10월 30일 저녁 7시경 인천광역시 중구 인현동에 위치한 4층 상가건물에

45) 출처: http://cafe.daum.net/XGDRIVER/LtsC/6403

서 발생한 화재로 건물 2층 라이브II호프집과 3층 그린당구장에 있던 10대 청소년 등 손님 55명이 불에 타거나 연기에 질식해 숨졌다. 또 78명이 연기에 질식되거나 화상을 입고 인천 길병원, 인천의료원, 인하대병원 등 인천지역 8개 종합병원에서 치료를 받았다. 사고가 난 호프집은 건물 지하에 있는 노래방 내부수리 공사장에서 처음 발생하여 계단을 타고 2층과 3층사이로 번졌다. 이 때문에 학교 가을 축제 후 뒤풀이 하던 많은 청소년들이 있지도 않은 비상구과 비상계단을 찾아 갈팡질팡 헤매다 졸지에 죽거나 부상하는 참혹한 일이 벌어졌다. 불은 출동한 소방차 15대와 구급차 19대, 소방관 180명과 경찰관 160명이 진화에 참여하여 35분만에 진화되었다.

□ 문제점

• **내부구조:** 50여평 규모의 호프집은 이날 120명이 북적였고, 내부구조는 탁자와 의자들로 빽빽이 가득 차 있어, 통로 공간이 겨우 한 사람이 다닐 수 있을 만큼 비좁게 만들어졌다. 이 때문에 화재사고 당시 미처 대피할 공간을 찾지 못한 채 서로 뒤엉켜 인명피해가 더 커졌다. 내부 구조물이 사고당일 화재 시 인화성, 유독성 물질들이라 불의 확산이 순식간이었고 매캐한 유독가스로 인한 질식한 사상자가 상당수였다. 또한 출입구가 하나뿐이어서 일단 출입구가 막히면 실내에 있던 사람들은 탈출할 방법이 없었다. 창문이 있기는 했으나 구조변경을 할 때 통유리로 바꿔 달았으며, 베니어판을 덧붙여 비상시에 쓸 수 있었던 탈출구를 막았다. (정부의 관리 및 단속 소홀)

많은 청소년들이 희생된 호프집은 문제업소로 경찰에 적발되어 업소 폐쇄 명령을 받은 상황에서 미성년자들에게 술을 파는 등 불법 영업을 계속 하다가 대형참사를 빚었다. 특히 화재가 난 상가건물은 지하 1층, 지상 5층으로 건축법상 소규모 건물로 구분돼 별도의 비상계단을 설치하지 않았으며, 유일한 출입통로인 계단의 너비가 1.2m 남짓으로 비좁았기 때문에 신속하게 대피하지 못한 것도 문제점으로 지적되었다.

• **화재 예방 소홀:** 불이 난 이 건물 지하 노래방 천정에 설치되었던 '확산소화기'가 화재 당시 공사에 방해된다는 이유로 허가 없이 모두 제거돼 있어 초기진화

에 실패하였다. 관리 당국의 소홀로 인해 평소 화재발생시 대량 인명 피해로 이어질 요인들이 있었다.

• **무책임한 호프집 주인:** 학생들이 화재로 대피하려하자 돈을 내라며 소리치다가 화재가 난 것을 알자 자신만 아는 비상구를 통해 학생들을 버리고 탈출했다.

• **경찰과의 유착관계:** 해당 호프집은 상시 미성년자 손님을 받아왔다. 그러다 보니 해당 경찰서에 신고도 자주 있었지만 경찰의 특별한 조치는 없었다. 당시 호프집 주인은 경찰과 상당히 친했다고 한다. [자세한건 기억이 않나네요!] 호프집 실제주인 유흥업소 9곳 운영 "매달 2000만원 상납", 동아일보, 1999년 11월 3일

• **기타:** SAT의 노래 〈이게 나에요〉의 뮤직 비디오는 이 사건을 바탕으로 하였다. 추모석과 위령비가 2005년 인천학생교육문화회관 앞에 세워졌다.

(3) 씨랜드 청소년수련원 화재 참사

□ 일시 : 1999. 06. 30. AM 01 : 30

□ 인명피해 : 유치원생, 교사 및 강사를 포함한 23명 사망

□ 사고원인 : 원인 불명(모기향으로 인한 원인이 유력)

1999년 6월 30일 새벽 경기도 화성군 서신면 백미리(현 경기도 화성시 서신면 백미리)에 있는 청소년 수련시설인 '놀이동산 씨랜드'에서 원인을 알 수 없는 화재가 발생하여 잠자고 있던 유치원생 19명과 인솔교사 및 강사 4명 등 23명이 숨지고 5명이 부상당하는 참사가 일어났다.

사고 당시 현장에는 서울 소망유치원생 42명, 서울 공릉미술학원생 132명, 안양 예그린유치원생 65명, 부천 열린유치원생 99명, 화성 마도초등학교 학생 42명 등 497명의 어린이와 인솔교사 47명 등 모두 544명이 있었다.

사고 원인은 모기향의 불이 주변으로 옮겨 붙으면서 일어났지만, 형식적인 안전점검으로 인한 사전 안전대비가 되어있지 않아서 사고의 피해가 더욱 커졌다. 오산소방서는 지난 98년 12월 건물준공검사에 필요한 소방시설완공필증을 교부한데 이어 지난 2월 정기소방안전점검에서 '이상없음' 판정을 내렸고 4월 화성군청과 오산소방서의 합동안전점검에서도 '이상없음' 판정을 내렸다.

그러나, 화재발생 당시 화재경보기와 비상벨이 작동하지 않았고 소화기 14개중 9개가 작동하지 않았으며, 소화전의 물도 나오지 않는 등 소방시설에 허점이 많았던 것으로 밝혀져 안전점검이 형식적으로 이뤄졌다는 지적이다. 합동점검 당시 전선들이 인화성이 강한 스티로폼과 합판 사이에 묶여있어 전기합선의 위험성이 컸고 50여대의 에어컨이 동시 가동돼 과부하로 인한 누전 위험이 있었음에도 점검 후 이상여부를 묻지 않았다. 또한 현행 소방법은 청소년수련원이 교육연구시설로 분류되어 있어 소화기와 화재경보기만 설치하면 소방기준에 합격하도록 돼있다. 점검 당시 보유한 소화기 숫자만 파악한 채 작동여부는 확인하지 않은 것으로 밝혀져 허술한 안전대비가 드러났다. 한국전기안전공사 경기지사는 수련원측에 대해 누전차단기 고장, 접지상태 불량 등의 시설개선명령을 내렸으나 수련원은 단 한차례도 개선명령을 이행한 적이 없는 것으로 밝혀져 어른들의 안전불감증에 안타까운 어린 생명들이 목숨을 잃었던 안타까운 사건이다.

□ 발화 = 30일 오전 1시30분쯤 아르바이트 대학생 22명의 숙소인 B동 전깃불이 갑자기 나갔다. 아르바이트생들이 살피러 나와 보니 어린이 숙소인 C동의 반대편 끝 301호 쪽에서 검은 연기가 올라왔고, 웅성웅성 소리도 들렸다. 씨랜드 청소년 수련원의 3층 짜리 숙소에는 모두 496명의 어린이들이 잠을 자고 있었다.

부천 E월드 원장 안응성씨는 "오전 1시30분쯤 냄새가 이상해 방 밖으로 나와 보니 301호 쪽에서 연기가 나오고 있어 [불이야] 라고 소리를 질렀다"고 말했다. 314호에서 다른 유치원 원장들과 간식을 먹던 소망유치원 원장 천경자(37)씨도 "1시30분쯤 비명 소리가 들려 나와 보니 301호 쪽에서 검은 연기가 문틈으로 뿜어져 나오고 있었다"고 말했다.

□ 구조 =아르바이트생 22명이 급히 어린이 숙소로 달려 들어가 어린이들을 구하기 시작했다. 불은 순식간에 번져 컨테이너들 사이 1.5m 폭의 복도는 연기로 가득했다. 어린이들은 "선생님, 선생님" 하며 각 방에서 울부짖었다. 아르바이트생들은 자신들 숙소 옆인 313호와 327호 방문부터 두드려 어린이들을 구해내기 시작했다. 어린이들은 대부분 방안에 웅크리고 앉아 꼼짝도 못한 채 덜덜 떨고 있었다. 한 아르바이트생은 "어린이들이 완전히 겁먹어 얼어붙어 있었다"고 말했다. 아

르바이트생들과 인솔교사들은 어린이들을 일일이 바깥 공터까지 안아 내보냈다.

불길은 점점 세져, 컨테이너 쇠 벽이 뜨거워 손 대기 힘들었다. 건물 철판 벽과 천장은 뜨거운 열기에 종잇장처럼 구부러지기 시작했다. 컨테이너와 컨테이너 사이에 단열재로 끼워져 있던 스티로폼들은 불길을 순식간에 건물 전체로 옮겨놓았다.

방안에선 어린이들이 "아야, 앗 뜨거워" 하며 울부 짓는 소리가 끊이지 않았다. 아르바이트생과 인솔교사들이 문을 열어보니 어린이들은 불길이 덜한 창가나 방구석에 모여 앉아 "엄마, 엄마" 하며 흐느끼고 있었다. 벌써 연기에 질식했는지 쓰러져 있는 어린이들도 보였다. 대부분의 방은 문이 잠겨있지 않아 아르바이트생과 인솔교사들이 문을 열고 어린이들을 구할 수 있었다. 하지만 마지막 301호와 302호는 문이 잠겨 있었다. 아르바이트생들은 먼저 302호 문을 부수고 어린이들을 구했다. 하지만 301호에 다가갔을 땐 불길이 문 전체에 날름거려 손도 대기 힘들었다.

옆 방 302호 어린이들을 구해내던 아르바이트생 김재훈(20 · 극동대 관광과 1년) 군의 귓가에 벽 너머 301호에서 "선생님, 살려주세요" 하는 어린이들 소리가 조그맣게 들려왔다. "선생님, 구해주세요"하며 벽을 긁는 소리도 들렸다. 아르바이트생들은 "곧 구해줄께"라고 울부짖으며 문을 흔들었으나, 뜨거워 곧 손을 떼야 했다.

□ 대피 후 =이때쯤 컨테이너 박스들이 찌그러지면서 3층이 2층을 누르고 무너지며 아수라장이 됐다. 복도도 무너지기 시작했다. 급히 대피한 아르바이트생들과 인솔교사들은 결국 301호 안의 어린이들이 울부짖다 하나둘 숨을 거둬 잠잠해질 때까지 어쩔 수 없이 지켜볼 수밖에 없었다. 301호는 1시간여 뒤 소방관이 오고 나서야 문이 열렸다. 숙소 앞 운동장은 잠결에 뛰어나온 어린이 400여명들로 울음바다가 됐다. 사망한 어린이들 시신은 새벽 4시25분쯤 완전 진화되고 나서야 소방관들이 발굴해냈다. 아르바이트생 하백진군은 "301호 어린이들은 거의 모두 뼈만 남았더라"며 눈물을 흘렸다.

30일 오전 1시10분쯤 경기도 화성군 서신면 백미리 '씨랜드 청소년 수련원' 입구쪽 사무실, 열흘여전부터 '유치원생 교육 담당'(캐빈 선생) 아르바이트를 시작 한 하백진(하백진 · 19 · 동원대 산업경영과 1년. 사진 오른쪽), 장희성(21 · 한신대. 사진 왼쪽), 김 재훈(김재훈 · 20 · 극동대 관광과 1년), 이정훈(이정훈 · 19 · 동원대 실내 건축과 1년)군 등 4명은 400여명의 유치원생들이 자고 있는 3층 짜리 C동 컨테이너 박스 숙소를 돌아봤다. 그런데 숙소 오른쪽 끝 언덕이 왁자지껄했다.

2층에 애들을 재우고 나온 유치원 여교사와 사진사 10여명이 모여 삼겹살에 술자리를 벌이고 있었다. 3층 유치원 교사 7~8명은 314호에 모여 회식 중이었다. "왜 빨리 안자고 저럴까." 아르바이트생들은 잠시 투덜거린 뒤, 어 린이 숙소 옆 생활관으로 가 잠을 청하며 얘기를 나눴다.

10여분 뒤인 새벽 1시30분쯤 갑자기 전깃불이 나갔다. 무슨 일인가 나와 보니 301호 쪽에서 검은 연기가 올라왔다. 이들은 "불이야" 소리를 지르며 동료 20여명을 깨웠다. 하군을 선두로 아르바이트생들이 연기를 헤치며 컨테이너 박스로 뛰어들어 갔다. 장희성군은 소방서에 전화를 했다.

컨테이너들 사이 1.5m 폭 복도는 연기로 가득했고, 301호쪽 벽은 뜨거워지기 시작했다. 소화기와 비상벨이 고장나, 22명의 아르바이트생들은 방문을 걷어차고 어린이들을 하나씩 안아 밖으로 뛰었다. 그러길 수십 차례. 울부짖는 어린이들은 눈물과 검댕 범벅이 됐지만, 450여명의 어린 이들이 아르바이트생들의 목숨을 내건 사투로 생명을 건졌다. 2층의 어린이들은 거의 모두 구출된 것 같았다. 2층 어린이들 인솔 교사들에게 "빨리 3층에 와 도와 달라"고 했으나 , 그들은 자신들이 데려온 어린이들만 챙겨내곤 저 멀리로 피해가기만 했다. 301호는 불길이 센 데다 문까지 잠겨있어 어린이들을 구하는 데 실패했다. 그 맞은편 314호에서 회식 중이던 3층 인솔 교사들은 아르바이트생 들이 내보낸 어린이들을 안은 채 발만 동동 구르고 있었다. 그 방에선 수박, 음료수병, 술병 등이 보였다.

결국 1시간여 뒤 소방관들이 오고 나서야 301호 문을 열 수 있었다. 정원 12명보다 6명 더 많은 어린이 18명이 창가에 오글오글 모여 새까맣게 타있었다. 건축물의 구조가 조립식 경량철골조로 허가 되었으나 2~3층이 콘테이너 철판과 목재 및 스치로폼이 혼재된 조립식 가건물로 연소성이 강해 불이 쉽게 번졌고 수용인원이 많은 청소년수련시설임에도 기본적인 소화장비만 겨우 갖췄으며 소방차 출동 시 진입로가 협소한 농촌길이라 초동진화에 실패했다.

유족들은 '수사당국이 화재원인을 숨진 어린이들에게 전가하고 있다'며 수사결과에 대해 문제를 제기했고, 취약한 건물구조와 지도교사 부재중에 발생한 화재로 다수의 유치원생이 목숨을 잃어야 했다는 사실 등에 분노했다.

시간을 되돌려 씨랜드 화재사건을 막는 내용이 담긴 영화 〈사이보그 그녀〉, 〈클래식〉, 〈엽기적인 그녀〉를 만든 곽재용 감독이 일본에서 100억 원 가량의 제작비를 들여 〈사이보그 그녀〉라는 영화를 제작했다. 이 작품은 감독만 한국인일 뿐 배우와 스텝은 모두 일본인이었는데, 영화 속에서 나온 2가지 재난 중 하나가 바로 1999년 씨랜드 청소년수련원 화재 참사였다. 곽재용 감독은 이렇게 말했다. "씨랜드 사건과 대구지하철 방화사건을 시간을 되돌려 막고 싶다는 개인적 소망을 담으려 했다. 지하철 화재는 일본에선 아예 불가능해 결국 뺐지만…”

88서울올림픽과 두 차례의 아시안 게임에서 모두 3개의 메달을 따내, 국가로부터 훈장과 표창을 서훈 받았던 전 필드하키 국가대표선수 김순덕 씨는 씨랜드 사건으로 큰아들을 잃었다. 속속 드러나는 어른들의 야비하고 무책임한 '짓거리'들과 사건 후의 미진한 정부의 대응에 '다른 아이들'마저 잃을 수 없다며, 대한민국 국민이라는 것이 가슴 아프다며, 모든 훈장과 표창을 반납하고 한국을 떠나 뉴질랜드에 정착했다.

### (4) 경기여자 기술학원 방화사건

□ 일반사항

○ 소 재 지 : 경기도 용인시

○ 인명피해 : 사망 37명, 부상 16명

○ 발화일시 : 1995. 8. 21. 02:08

○ 재산피해 : 7백만원

○ 발화지점 : 1층 기숙사

○ 발화원인 : 방화

□ 건물사항: 연면적 3,120㎡의 지하 2층의 철근 콘크리트 건물로 여자 기숙사로 사용하고 있었으며, 경기도지사가 대표자로 되어 있었다.

□ 화재 및 피해상황: 기숙사에 있던 원생들이 탈출하기 위해 사감을 담요로 덮어씌우고 복도로 내보낸 뒤 1층과 2층에 방화를 하고 탈출을 시도하였다. 화재

는 119수보 전화로 소방파출소로 전달되었고 다시 소방파견소로 연락되는 등 이원화된 신고체계로 소방서의 인지시간이 10분정도 지연되었다. 기숙사 1. 2층 120㎡와 집기류 등이 소실되었다. 2층 건물임에도 불구하고 37명이 사망하였는데 각 거실 창문에 쇠창살이 설치되어 밖으로 탈출하지 못하였다.

1994년 3월. 경기도여자기술학원에 수용된 스물한 살 백아무개양이 경기도를 상대로 강제수용처분 취소청구소송을 냈다. 그녀는 소장에서 '기술학원에 강제수용하고 있는 것은 불법'이라고 주장했다. 주로 윤락 소녀와 가출 소녀들이 입소한 경기도여자기술학원은 '성을 돈벌이로 생각하는 잘못된 가치관을 교정하기 위한 교육기관으로 입소 시 보호자의 동의를 받고 있다'라고 소송 과정에서 반박했다. 백양은 소송을 낸 뒤 퇴소했다. 하지만 백양의 소송은 1년 뒤 발생한 대형 화재사건의 복선이었다. 학원생 10여명이 사감을 담요로 덮어씌우고 일부러 불을 질렀다. 학원을 빠져나가기 위한 방화였다. 그러나 화재가 순식간에 퍼지고 유독가스가 발생하면서 질식 등으로 모두 37명이 숨졌다. 희생자 대부분이 10대였다.

불이난 기숙사는 1 · 2층 침실 24개 외에 예절실 · 주방 · 식당 · 양재실 · 한복실 · 세탁실 등 시설을 갖추고 있었다. 불은 침실 등 8곳에서 동시에 났다. 탈출을 위해 같은 시간에 동시다발적으로 불을 냈다. 그러나 원생들은 빠져나올 수가 없었다. 밖으로 나오는 출입문이 밖에서 잠겨 있었다. 학원생들은 안에서 불을 지르면 문을 열어 줄 것이고, 그러면 탈출 하려고 생각했다. 하지만 화재가 순식간에 퍼지고 유독가스가 발생하면서 피해를 키웠다.

사건 당시 복도와 침실 유리창 10여장이 깨져 있어 원생들이 탈출을 위해 발버둥 거렸음을 증언했다. 현장에서는 '하나님 도와주세요. 전 지금 너무 힘들어요. 엄마에게 모든 걸 말하고 싶지만 걱정하실 것 같아 말을 못하겠어요…' 라는 타다 남은 일기와 '사랑하는 딸아, 어젯밤에도 너의 꿈을 꾸었단다. 더 불행한 친구들을 감싸주며 참고 사는 지혜를 배우거라. 늘 좋은 생각 늘 좋은 말만 하고 살았으면 좋겠구나…'라는 엄마의 애틋한 편지가 발견되기도 했다.

사건 뒤 학원 측의 인권 유린 실태가 드러났다. 편지를 검열했고 기숙사는 각층 방 유리창에 개폐가 되지 않는 쇠창살로 막았다. 또 중앙 현관과 출입 비상문도 오후 8시 이후에는 자물쇠로 잠겨 화재 당시 출입문을 안에서는 열 수 없는 상태였다. 저녁 '점호'를 한 뒤 기숙사 1층과 2층에 사감 한명씩을 배치하고 자동문을 잠그는데, 이 문이 기숙사 건너편 본관 건물에 있는 숙직실 직원만 외부에서 카드로 열 수 있도록 돼 있었다. 화재 당시 카드를 가진 숙직 직원이 기숙사에 불이 난 것을 뒤늦게 발견하는 바람에 기숙사 문을 빨리 열지 못해 희생자가 더 늘어났다.

학원 쪽은 원생들이 평소 자유분방한 생활을 해와 폐쇄된 생활에 제대로 적응하지 못하는 점을 감안해 생활여건을 개선해야 하는데도, 검열 · 점호 위주의 군대식 운영방식과 외출 · 외박 · 면회 금지 등 지나친 통제로 원생들의 불만을 샀다. 참사의 원인을 제공한 것이다. 또 원생 가운데 다수가 부모들에 의해 맡겨진 미성년자들인데도 이들을 윤락녀와 함께 기숙사에 수용하는 등 주먹구구 운영을 해온 것으로 드러났다.

원래 경기여자기술학원은 지난 1962년 6월 문을 연 도립 부녀보호소가 전신이었다. 1966년 서울 상봉동에서 경기도 여자기술학원으로 이름을 바꿔 문을 다시 열었고 1983년1월1일 기독교 자선단체에 위탁 운영했다. 경기도가 동두천의 분원을 통합, 1992년 화재가 난 경기도 용인에 신축 이전했다. 매년 11억여 원을 경기도가 운영비로 지원했다. 하지만 교육기관임에도 실제로 교육의 실효성을 두고 이론이 제기되기도 했다. 교육 실효성을 두고 같은 논란을 반복한 서울시립여자기술원도 1994년 7월 문을 닫기도 했다. 37명의 희생자를 낸 경기도여자기술학원은 화재 사건 뒤 폐쇄되었다. 현재 그 자리에는 경기도의 모 기관이 운영되고 있다.

□ 문제점 및 대책

근무자를 비롯하여 원생들이 화재위험에 대한 인식이 부족하였다. 원생들이 방화를 한 후 소란을 틈타 탈출을 시도하려고 한 것으로 알려지고 있는데 불꽃이 생성된 후 몇 분 사이에 피난을 할 수 없을 정도로 확산된다는 것을 알지 못하여 많은 사상자가 발생하였다. 평소 화재특성이나 위험에 대한 교육이 있었다면 이와 같은 무모한 시도는 없었을 것이다.

원생들의 출입을 통제하기 위해 각 창문에 쇠창살을 설치한 것도 대형 인명피해의 원인이 되고 있다. 이러한 사례는 일반 가정집에서도 종종 일어나는데 방범을 위해 설치한 쇠창살로 인하여 탈출을 못하게 되거나 외부로부터의 구조가 늦어져 피해가 커지게 되는 것이다.

도심의 사고와 달리 교외에서 사고는 화재사실의 신고와 접수 그리고 소방대의 출동까지 많은 시간이 걸려 화재가 확산된 다음 현장에 도착하는 경우가 있다. 1999년 6월에 발생한 화성 청소년수련원 화재가 대표적인 예로 화재가 건물전체로 확산 된 이후에는 인명 및 재산피해를 감소시키기 어렵다. 따라서 이와 같은 장소는 자체 소방설비를 강화하는 한편 가장 인접한 소방파출소 또는 파견소와의 신속한 연락체계가 필요하다.

(5) 대한민국 대형화재 사고일지

☐ 1955년 3월 2일 = 부산역구내 화재 사망 42명 부상 48명

☐ 1957년 6월23일 = 부산진 역내 판자촌 화재 사망 49명 실종 2명 부상 22명

☐ 1960년 3월 2일 = 부산 범일동 국제고무공장화재 여공 62명 사망

☐ 1971년 12월 25일 = 서울 대연각호텔 화재(165명 사망)

☐ 1972년 12월 2일 = 서울 시민회관 전소(53명 사망, 76명 부상)

☐ 1974년 11월 3일 = 서울 대왕코너 전소(88명 사망, 31명 부상)

☐ 1984년 1월 14일 = 부산 부전동 대아관광호텔(38명 사망, 76명 부상)

☐ 1986년 8월 4일 = 충남 독립기념관 본관 화재(재산피해 19억원)

☐ 1991년 10월 17일 = 대구 나이트클럽 거성관 화재(16명 사망, 13명 부상)

☐ 1992년 10월 4일 = 강원 원주시 여호와의 증인 교회 왕국회관 화재(14명 사망, 27명 부상)

☐ 1993년 1월 7일 = 충북 청주 우암상가아파트 화재( 28명 사망)

☐ 1993년 4월 19일 = 충남 논산 서울신경정신과 의원 화재(34명 사망)

☐ 1994년 8월 17일 = 서울 중구 주교동 팔레스룸살롱 화재(14명 사망)

☐ 1995년 2월 7일 = 부산 한진중공업 영도조선소 컨테이너 운반선 화재(19명 사망, 7명 부상)

☐ 1995년 8월 21일 = 경기 용인 경기여자기술학교 기숙사 화재(37명 사망)

☐ 1996년 4월 23일 = 강원 고성 산불 발생(농가 등 130여채 소실, 산림 3천만평 소실)

☐ 1996년 9월 29일 = 서울 서대문구 창천동 지하카페 롤링스톤즈 화재(12명 사망)

☐ 1998년 10월 29일 = 부산 서구 매립지 내 냉장창고 삼동범창콜드프라자 화재(27명 사망, 부상 16명)

□ 1999년 6월 30일 = 경기 화성 씨랜드 청소년 수련원 화재(유치원생 등 23명 사망, 3명 부상)
□ 1999년 10월 30일 = 인천 중구 인현동 러브호프집 화재(57명 사망, 81명 부상)
□ 2001년 5월 17일 = 경기 광주 송정동 대입기숙학원 예지학원 화재(10명 사망)
□ 2003년 2월 18일 = 대구지하철 중앙역 방화(192명 사망, 148명 부상)
□ 2007년 2월 11일 = 전남 여수출입국관리소 외국인 보호시설 화재(외국인 10명 사망, 17명 부상)
□ 2007년 8월 9일 = 경기 의왕 화장품케이스 공장 화재(여직원 6명 사망)
□ 2007년 11월 28일 = 경기 이천 CJ공장 화재(소방관 2명 사망)
□ 2007년 12월 26일 = 경기 안산 성인오락실 화재(5명 사망, 1명 부상)
□ 2008년 1월 7일 = 경기 이천 냉동창고 화재(40명 사망, 10명 생사불명, 17명 구조)
□ 2008년 2월10일 = 국보 숭례문 전소
□ 2009년 11월14일 = 부산실내 사격장 화재 10명 사망 6명 부상
□ 2010년 11월12일 = 포항요양원 화재 10명 사상
□ 2011년 9월 6일 = 전남 여수시 삼산면 백도 해상서 여객선 설봉호 화재 승객 128명 구조
□ 2012년 3월26일 = 전남 순천 빌라 화재 가족 3명 사망
□ 2014년 5월24일 = 전주 주택화재 노모 · 장애아 2명 사망
□ 2014년 5월26일 = 경기고양종합터미널 화재 7명 사망 58명 부상
□ 2014년 5월28일 = 장성 효사랑 요양병원 화재 20여명 사상

## 2. 가스안전 비상대책

### 가. 가스사용의 역사

우리가 에너지원으로 사용하는 석유, 석탄, 천연가스는 화석연료로서 약 35억 년 전 지구에 생명이 탄생하고 육지와 바다의 지각 변동으로 인해 땅속에 유기물이 묻혀서 오랜 시간 동안 압력과 열, 화학작용을 거쳐 생성되었다. 이런 과정을 겪

고 생성된 석탄가스는 인류가 인위적인 방법을 이용하여 1609년 벨기에에서 석탄으로부터 건류된 가연성가스를 추출하는데 성공하였다. 이후 1792년에 스코틀랜드의 윌리암 머독이 석탄가스를 금속파이프로 끌어들여 집에 조명용 가스등을 밝히는 것을 성공시켜 추출한 가스를 사용하게 되었다. 집에서 가스 조명등을 켜는 것을 성공한 뒤 1816년에 미국에서 볼티모어가스등회사가 설립되면서 가스 산업이 만들어 졌고, 우리나라 가스 산업에 영향을 미친 일본은 1885년에 동경가스주식회사가 설립되면서 가스의 사용이 본격화 되었다.

우리나라는 대원군의 쇄국정책 이후 고종13년에 일본과 조일수호통상조약을 체결하면서 일본으로 수신사를 보내고 수신사 김기수가 일본에서 가스를 사용하는 것을 보고 기록으로 남겼다. 우리나라에서 실제로 가스산업이 시작된 것은 미국인들에 의해 경복궁에 전기가 최초로 공급된 1887년 보다 20년이 지난 후에 일본의 자본으로 시작된 '일한와사주식회사'의 설립으로 시작되었다. '일한와사주식회사'는 1909년 용산에서 석탄가스제조공장을 준공하고 진고개 등 일본인 상가 밀집지역과 거주지를 대상으로 최초의 가스공급을 시작했다.

LPG는 1964년에 본격적으로 시작되었는데 대한석유공사 울산정유공장이 설립되어 원유정제과정에서 LPG가 생산되면서 확대되기 시작하였다. LPG 생산이 확대되면서 1966년에는 교통부가 6개월간 LPG 버스의 시험운행을 실시하여 서울역에서 정릉을 운행하는 최초의 부탄용 버스가 등장하였다. 시험 운행을 마치고 1969년에는 LPG용 버스가 700대로 증가되어 수송용 연료로 사용되기 시작했다. 이런 수요 증가와 중화학 중심의 경제 개발 정책이 맞물려 1969년에는 호남정유, 1971년에는 경인에너지의 원유 정제시설이 추가로 건설되어 공급이 확대되었으며 1972년 하반기 부터는 영업용 택시에 LPG를 사용하기 시작하여 1974년에는 LPG를 사용하는 택시가 7,000대의 규모로 증가하였다.

우리가 집에서 사용하는 도시가스는 1970년대 LPG 대량 생산체제가 구축되면서 도시연료의 현대화를 목표로 도시가스 사업을 추진하여 1970년 10월 1일에 시범적으로 동부이촌동의 3000가구를 대상으로 LPG/AIR 혼합방식의 도시가스를 공급하기 시작했다. 이후 1980년대에 들어서서 도시가스 사업이 확대되어 지역별 도시가스 공급이 시작되고 계속 확대되어 현재 가장 대중화된 생활연료로 이용되고 있다.

오늘날 전국의 98%이상이 가정에서 가스를 쓰지만, 1970년대만 해도 가스는 중산층 이상이 사용하는 것이라고 생각되었다. 하지만 근 10년간 약 20%의 꾸준한 증가추세로 많은 사람들이 사용하게 되었다. 편리한 가스지만, 조심해서 사용하지 않으면 위험한 사고가 일어날 수 있으니 항상 조심하고 평소에 안전점검을 생활화 하여야 한다.

(1) 화석연료의 사용

화석 연료 중 석탄은 나무가 땅 속에 묻혀 오랜 시간에 걸쳐 높은 열과 압력으로 분해되어 생성된 것이고 석유와 천연가스(Natural Gas)는 다양한 생성설이 있으나 육지와 근접한 해저분지에서 플랑크톤의 일종인 규조가 퇴적되어 진흙 퇴적물에 의해 공기가 차단된 상태에서 생성된 것으로 추정된다.

우리가 사용하는 가스는 해저의 지하 암석층에서 오랜 생성과정을 거쳐 석유와 분리된 천연가스와 인위적 방법에 의해 석탄과 석유에서 분류 제조되는 석탄가스, 석유가스(Petroleum Gas)로 분류할 수 있다. 고대 문헌에 따르면 고대문명에서 자연에 노출된 가스를 이용한 것으로 추정되는 흔적을 찾아볼 수 있으며 중국에서도 기원전 200년경에 제염공업에 천연가스를 사용하기 위해 염정을 시추했다는 기록이 남아 있다.

(2) 석탄가스의 사용

인류가 인위적인 방법을 이용하여 석탄으로부터 건류된 가연성가스를 추출하는데 성공한 것은 1609년 벨기에의 화학자 장과 파스테스, 헤르몬트로 알려져 있으며 스코틀랜드의 윌리암 머독(William Murdock)은 1792년에 석탄가스를 금속파이프로 끌어들여 자기 집의 실내조명용 가스등을 밝히는데 성공하였다. 이후 1812년에 영국에서 프레드릭 윈저(Frederick Winsor)가 런던의 가로 조명을 목적으로 세계 최초의 가스회사인 '런던 앤드 웨스트민스터 가스라이트 앤드 코크스'사를 설립하였으며 1829년경에는 영국에서 200여개의 가스회사가 설립되었다.

미국에서는 1816년에 볼티모어가스 등 회사가 설립되었으며, 프랑스에는 1820년부터, 중국은 1864년에 상해에 최초의 가스회사가 설립되었습니다. 국내 가스산업의 도입에 영향을 준 일본은 1872년에 요코하마에서 최초의 가스등이 점화되었고,

조명용 석탄가스가 생산된 이래 1885년에 동경가스주식회사가 설립되면서 가스의 사용이 본격화되었다.

석탄가스는 1879년 에디슨의 전구의 발명부터 쇠퇴하기 시작하여 1930년대 석유의 이용 시기 까지 조명용과 난방용으로 이용되었다.

(3) 천연가스의 사용

석유에서 추출되는 석유 가스는 미국의 경우 1859년에 펜실바니아에서 천연가스를 이용한 드래커의 유정이 발견되었으며 1938년에는 이미 천연가스 공급을 규제하는 천연가스법이 제정되기도 하였습니다. 가스등이 최초로 사용된 영국은 1959년에 최초로 액화천연가스를 도입하여 석탄가스를 대체하기 시작했으며, 일본은 1955년부터 석탄가스에서 석유계 가스로의 전환을 시작하였습니다. 정부가 LNG 도입을 추진하기 시작한 것은 1981년이다. 2차에 걸친 석유파동을 계기로 에너지원의 다양화와 장기 안정공급이 무엇보다 시급한 정책과제로 부상한 때다. 이후 도시가스 소비는 가파르게 늘어났다.

1986년 대한, 극동, 서울, 삼천리 등 16개 회사가 공급한 도시가스량은 총 1억 2000만㎥로 전년대비 무려 58.1%나 증가했다. 수요가수도 46만 6000가구로 전년대비 22.6% 늘어났다.

1987년, 도시가스산업의 새로운 역사가 시작됐다. 서울 시내에 공급되는 도시가스가 LPG에서 값싸고 환경 친화적인 천연가스로 전환되면서 천연가스 시대가 개막을 했다. 수도권 천연가스 공급은 평택에서 인천까지 이어진 주배관로와 2개의 환상망을 통해 각 공급관리소를 거쳐 해당지역 도시가스로 이어졌다.

주배관로와 제1도시가스 공급망에 위치한 삼천리가 1987년 2월 2일부터 구산공급관리소로부터 천연가스를 받기 시작했으며, 이틀 뒤인 2월 4일에는 강남도시가스, 2월 5일 서울도시가스, 2월 16일 대한도시가스, 2월 18일 인천도시가스, 4월 1일 극동도시가스, 5월 15일 한진건설(현 대륜E&E) 순으로 공급이 이뤄졌다. 이로써 우리나라는 미국, 일본, 프랑스, 스페인, 이탈리아 등에 이어 세계에서 7번째로 천연가스를 사용하는 국가가 됐다.

이후 성장가도를 달린 도시가스산업은 외환위기에도 불구하고 2004년 수요가수 1000만 돌파라는 역사적인 기록을 세웠다. 당시 전국 도시가스사의 배관연장은

2277만 6764km에 달한다. 2013년 현재 전국 33개 도시가스회사는 강원권 일부 지역과 제주지역을 제외한 전국 대부분의 지역에 천연가스로 도시가스를 공급하고 있다. 이를 위해 그 동안 천문학적인 액수가 투자됐으며, 그 결과 총 3만 7587km의 배관망 건설이 이뤄졌다. 하지만 도시가스산업은 2000년대 중반으로 접어들며 성장체감지수가 급격히 떨어지기 시작했다. 수도권을 중심으로 수요가 포화상태를 맞았고, 그 동안의 성장전략 또한 한에 다달았다. 특히 지역난방, 벙커C유 등 타 연료와의 경쟁이 더욱 심화되면서 산업용 수요의 이탈이 가속화 되는 위기가 이어졌다. 이 밖에도 신·재생에너지 개발, 기후변화협약 등 도시가스산업은 생존을 위한 다양한 도전에 위협받고 있다. 단기간에 걸쳐 세계 천연가스 역사상 유례가 없을 정도로 성장해 온 도시가스산업은 다양한 리스크와 경영환경의 변화로 전환기를 맞고 있다.

법, 제도, 기술, 신규사업, 소비자 문제 등 다양한 현안이 급증했고, 급변하는 도시가스 경영환경에 대한 선동적, 선제적 대응이 그 어느 때보다 절실해 졌다. 이에 도시가스업계는 '2030 중장기 비전'을 설정하고, 도시가스 수요가수를 2030년까지 2800만개, 공급량은 500억㎥로 늘려나가기로 방침을 정했다. 이를 달성하기 위해 협회는 세부 추진계획을 세워 업계와 비전을 공유하고, 업무영역 재설정을 통해 전략적 사업체계로 전환하는 한편 대외협력 및 네트워크 강화를 위해 노력해 나가기로 했다. 또한 협회 내부에 심의위원회를 운영해 해당사업은 사전 심사를 거쳐 사업을 선별적으로 추진하고, 전담기관제의 운영으로 대외활동력을 강화하는 한편 상설추진단 등 별도의 조직운영을 통해 성장동력 발굴과 해외 벤치마킹 등을 지속적으로 추진해 나갈 방침이다.

2014년 현재, 도시가스는 가정에 행복과 편안함을 제공하는 대표적인 국민연료로 자리 잡았다. 업계는 그 동안의 눈부신 발전을 바탕으로 앞으로도 지속적인 성장을 이어나갈 계획이다.[46)]

□ 우리나라 도시가스의 발전사

- 1909년 11월 3일 서울 용산 소재 가스제조공장(한일가스주식회사)을 가동, 가스등용으로 첫 점화식을 가진 것이 우리나라 가스 이용의 시초이며

46) 대한민국의 힘 미래를 여는 청정에너지, 한국도시가스협회 30년사, ㈜디자인소호 사사, 2014.9

- 1972년 11월 14일 서울시영으로 강서구 염창동에 나프타 분해 방식의 도시가스를 공급한 것이 우리나라 공영도시가스사업의 효시(후에 서울도시가스 매각)
- 1980년 2월 15일 대한도시가스(주)가 민영 도시가스사업 시초로 공급개시, 이후 1982년 부산도시가스, 1983년 극동도시가스, (주)삼천리 순으로 공급개시
- 1987년 2월 2일 (주)삼천리에서 부천시 7,000여 세대에 취사용으로 천연가스(LNG) 최초 공급
- 2015년 현재 전국 33개 일반도시가스사업자가 도시가스를 공급하고 있고 2014년 도시가스사업법 개정으로 도시가스의 종류에 바이오가스 · 합성천연가스제조사업(자)이 도시가스사업(자)의 일종으로 신설 추가되었다.

이들 가스제조업은 일반도시가스사업 및 도시가스충전사업과 마찬가지로 법적 지위를 확보함으로써 관련 기업들의 사업 추진이 원활해질 것으로 기대된다.

도시가스사, 포스코, 남부발전 등의 기업들이 바이오가스 및 합성천연가스 사업을 준비하여 바이오 가스는 (주) 예스코에서 “2014년 12월말부터 시험운행을 해오며 모든 오류들을 수정해 압력이나 기타 품질을 일반 LNG와 동일한 수준에 맞추었고 금년 2월초부터 기존 도시가스 배관에 바이오가스를 혼입, 일반 가정에 공급하게 되었다. 이 사업은 서울시 중랑센터에서 발생하는 바이오가스 2만6000㎥/일을 서울시로부터 매입·정제하고 매년 580만㎥의 도시가스(약 7000세대가 사용할 수 있는 물량)를 생산해 일반가정에 공급하게 된 것이다. 합성천연가스는 2015년 6월부터 공급될 예정이다.

□ 도시가스의 장점

- 청정성 : 액화과정에서 불순물이 제거돼 연소 시 공해물질이 없는 깨끗한 연료로서 쾌적한 대기환경보전에 큰역할을 담당
- 안전성 : 천연가스의 주성분은 메탄으로 공기보다 가벼워 누출되어도 쉽게 날아가고 발화온도가 높아 폭발위험이 적은 가장 안전한 연료임
- 경제성 : 천연가스는 타 연료에 비하여 열효율이 높고 가격 또한 저렴한 에너지이다.
- 편리성 : 도시가스는 지하 배관망을 통해 공급하므로 별도의 수송수단이나 저장시설이 필요 없고, 밸브만 열기만 하면 사용이 가능함

- 풍부한 매장량 : 천연가스는 전 세계에 광범위하게 매장되어 석유대체 및 장기 안정공급이 가능한 대체에너지임 * 가채년수 : 석유 : 40~50년, 천연가스 : 65년

□ 도시가스의 활용

- 도시인의 가정연료로서 취사용과 난방 및 급탕용으로 널리 사용되어지며 영업용, 업무용, 산업용, 각종 요리시설로 활용된다.
- 건물의 난방 및 냉방용으로 사용되어 하절기 전력수요를 대체 가스터빈을 이용한 열병합 발전용으로도 이용
- 운송연료로서 도시가스를 원료로 하여 천연가스버스(CNG)를 수도권에서 운행 중에 있으며 지방 도시까지 확대 운행계획임

## 나. 고압가스의 분류

고압가스는 물리적 상태, 화학적 상태, 인체 위험성 여부에 따라 분류되나, 통상 저장해서 취급 · 저장하는 상태에 따라 압축가스 · 용해가스 · 액화가스의 3가지 종류로 나눌 수 있다.[47]

### (1) 물리적 상태에 따른 분류

가스란 기체상태의 물질을 말하는데 저장 · 취급하는 상태에 따라서 압축가스, 액화가스, 용해가스의 3가지 종류로 구분한다.

- 압축가스란 수소($H_2$), 산소($O_2$), 질소($N_2$), 메탄($CH_4$)과 같이 비점(끓는점)이 낮기 때문에 상온에서 압축하여 액화하기 어려운 가스를 단지 상태변화 없이 압축한 것을 말하는데 임계온도가 상온(常溫:14.5~15.5℃) 보다 낮아 상온에서 압축시켜도 액화되지 않고 단지 기체 상태로 압축된 가스를 말한다. 판매할 목적으로 용기에 충전할 때, 이들 압축가스의 압력은 약 12㎫ 이상이다.
- 액화가스란 프로판($C_3H_8$), 염소($Cl_2$), 암모니아($NH_3$), 탄산가스($CO_2$), 산화에틸렌($C_2H_4O$) 등과 같이 상온에서 압축하면 비점(끓는점)이 다른 가스에 비해 높아 압력을 가하면 쉽게 액화되는 가스로서, 임계온도가 상온보다 높아 상온에서 압축시

47) 한국가스안전공사, 가스안전교육원, 가스개론〉가스기초〉가스개요, 재편집

키면 비교적 쉽게 액화되는 가스로 액화시켜 용기에 충전한 것을 말하며, 용기 내에서는 액체 상태로 저장되어 있다.[48] 용기 내의 압력은 충전된 가스의 종류 · 온도에 따라서 다르지만, 가스의 종류나 온도가 변하지 않는 다면, 용기 내부에 충전된 액량에 관계없이 일정하게 유지된다. 따라서 압축가스 및 액화가스는 가스의 고유 성질에 따라서 분류한 것이 아니고 저장되어 취급되는 상태에 따라서 분류한 것이다. 액화가스 중 액화산소, 액화질소 등은 초저온에서 액화한 후에 단열조치를 하여 초저온상태로 저장한다.

• 용해가스란 아세틸렌($C_2H_2$)을 예로 들 수 있으며, 매우 특별한 경우로서 압축하면 분해폭발하는 성질 때문에 단독으로 압축하지 못하고 아세톤을 다공물질과 가스를 잘 녹이는 용제(아세톤, 디메틸포름 아미드 등)를 침투시켜 용해가스의 상태로 용기에 충전한것으로 아세틸렌을 기체상태로 압축한 것을 말한다.

(2) 화학적 상태에 따른 분류

가스는 연소(폭발)가능성에 따라서 가연성 가스, 조연성 가스, 불연성 가스로 분류한다.

• 가연성 가스란 가연성가스의 종류에는 프로판, 일산화탄소(CO), 석탄가스, 수소, 아세틸렌과 같이 공기(산소)와 혼합하면 빛과 열을 내면서 연소(폭발)하는 가스를 말한다. 암모니아의 경우 연소하기 어려운 가스이나, 조건에 따라서 연소하므로 역시 가연성가스로 취급된다. 가연성가스를 분류하는 법적인 규정을 보면 다음과 같다.

고압가스 안전관리법 시행규칙(제2조 제1항 제1호)

(1) 폭발한계(연소범위)의 하한이 10% 이하인 것

(2) 폭발한계의 상한과 하한의 차가 20% 이상의 것을 가연성가스로 정의

연소(폭발)할 수 있는 농도(연소범위 또는 폭발범위라고 한다)는 가스마다 다르다.

• 조연성가스란 산소, 공기(약 산소 21%, 질소 79%, 아르곤 1%) 염소, 오존, 불소 등으로 다른 가연성물질과 혼합되었을 때 폭발이나 연소가 일어날 수 있도록 도움을 주는 가스를 말한다. 자신은 불연성이면서 다른 가연성 물질이 잘 연소되도록 가연성 가스가 연소하는 데 없어서는 안 되는 가스이다.

---

48) 김국래. 이정일 공편저, 소방학, 한국고시회, 2001, 29p 재편집

• 불연성 가스란 질소, 아르곤, 이산화탄소, 탄산가스, 헬륨, 네온, 알곤, 크립톤 등이며, 그 특징을 보면 스스로 연소하지 못하며, 다른 물질을 연소시키는 성질도 갖지 않는 가스, 즉 연소와 무관한 가스이다. 비교적 화학적으로 안정된 가스를 말한다.

| 가 스 | 연소범위(%) | 가 스 | 연소범위(%) |
|---|---|---|---|
| 수 소 | 4~75 | 아세틸렌 | 2.5~81 |
| 일산화탄소 | 12.5~74 | 프로판 | 2.1~9.5 |
| 메 탄 | 5~15 | 부탄 | 1.8~8.4 |
| 에 탄 | 3~12.5 | 암모니아 | 15~28 |
| 에 틸 렌 | 2.7~36 | 시안화수소 | 6~41 |

[표 4-25] 주요 가연성 가스의 연소(폭발) 범위(공기중의 Vol %)[49]

(3) 인체 유해 위험성 여부에 따른 분류

인체의 위해성 여부에 따라서는 독성가스와 비독성가스로 나눈다.

• 독성가스란 법적으로 허용농도가 200ppm 이하인 가스이다. 예로는 연탄사고의 주범인 일산화탄소(CO, 50ppm), 암모니아(25ppm), 염소(1ppm), 아황산가스(5ppm) 등이 있다. 적은 양으로도 인체에 해독 미치는 가스로, 허용농도가 100만분의 200이하(200ppm-0.02%)인 가스를 말한다. 고압가스안전관리법 시행규칙 제2조 제1항 제2호에 명시된 가스를 말한다.

| 고압가스의 분류 | | 고압가스의 종류 |
|---|---|---|
| 상태에 의한 분류 | 압 축 가 스 | 산소, 수소, 질소, 아르곤, 메탄 등 |
| | 액 화 가 스 | 액화석유가스(LPG), 암모니아, 이산화탄소, 액화산소, 액화질소 등 |
| | 용 해 가 스 | 아세틸렌 가스 |
| 연소성에 의한 분류 | 가연성 가스 | 수소, 암모니아, 액화석유가스, 아세틸렌 등 고압가스안전관리법 시행규칙 제2조 제1항 제1호에 명시된 가스 |
| | 조연성 가스 | 산소, 공기, 염소 등 |
| | 불연성 가스 | 질소, 이산화탄소, 아르곤, 헬륨 등 |
| 독성에 의한 분류 | 독 성 가 스 | 염소, 일산화탄소, 아황산가스, 암모니아, 산화에틸렌, 포스겐 등 고압가스안전관리법 시행규칙 제2조제1항제2호에 명시된 가스 |

49) 가스안전교육원, 자료실, 고압가스안전관리법령 발췌정리.

[표 4-26] 고압가스의 분류[50]

➢ 염소, 일산화탄소, 아황산가스, 암모니아, 산화에틸렌, 포스겐, 벤젠, 트리메틸아민, 황화수소, 시안화수소, 석탄가스, 불소, 모노메틸아민, 반도체가스(알진, 디보레인, 실란)

• 비독성가란 독성가스 이외의 가스 즉, 인체에 유해하지 않은 산소, 수소, 질소 등을 말한다.

〈허용농도〉 : 건강한 성인이 그 분위기에서 하루 8시간 작업을 하여도 건강상 지장이 없는 독성가스의 농도를 말하며, 쓰이는 단위로는 ppm(백만분의 일)이 사용된다.

### 다. 폭발범위

가연성가스는 산소와 같은 조연성가스가 있어야 연소나 폭발로 이어질 수 있다. 따라서 순수한 천연가스나 LP가스는 점화원이 있어도 연소나 폭발이 일어나지 않는다. 그러나 이러한 가연성가스가 조연성가스와 적당히 혼합되어야만 연소,폭발이 일어날 수 있는데, 이 범위를 연소범위, 연소한계, 폭발범위라고 한다. 이 범위(한계)는 공기와 가연성가스의 혼합물 중의 가연성가스의 부피(용량)%로 표시되며, 연소할 수 있는 가장 높은 농도범위를 상한이라하며 최저농도를 하한이라 한다. 가연성가스의 연소범위를 보면 다음과 같다.

| 가 스 명 | 연 소 범 위 | | 가 스 명 | 연 소 범 위 | |
|---|---|---|---|---|---|
| | 하 한 | 상 한 | | 하 한 | 상 한 |
| 프 로 판 | 2.1 | 9.5 | 메 탄 | 5 | 15 |
| 부 탄 | 1.8 | 8.4 | 일산화탄소 | 12.5 | 74 |
| 수 소 | 4 | 75 | 황 화 수소 | 4.3 | 45 |
| 아세틸렌 | 2.5 | 81 | 시안화수소 | 6 | 41 |
| 암모니아 | 15 | 28 | 산화에틸렌 | 3.0 | 80 |

[표 4-27] 가연성가스의 연소범위[51]

50) 가스안전교육원, 자료실, 고압가스안전관리법령 발췌정리.
51) 가스안전교육원, 자료실, 고압가스안전관리법령 발췌정리.

우리가 주로 사용하는 천연가스와 액화석유가스의 주성분의 폭발범위를 보면, 메탄의 경우 5~15%, 프로판은 2.1~9.5%, 부탄은 1.8~8.4%이다. 이 경우 연소범위를 보면, 메탄의 경우 하한이 다른 가스와 비교하면 높은 쪽에 속하고, 반면에 프로판과 부탄의 경우는 하한이 낮은 쪽에 속한다. 하한이 낮을 경우 가스가 조금만 누출되어도 연소나 폭발이 쉽게 일어날 수 있으며, 하한이 높을 경우 많은 양의 가스가 누출되어야 연소나 폭발이 일어날 수 있다. 다시 말해, 프로판이나 부탄의 경우는 연소범위가 낮아 연소나 폭발이 자주 일어날 수 있으나, 그 피해범위가 좁다는 것을 뜻하며, 메탄의 하한이 높아 프로판이나 부탄보다 연소나 폭발은 자주일어나지 않으나, 피해범위는 크다는 것이다.

## 라. 압 력

(1) 압력의 정의 : 용기나 관 등의 벽에 수직으로 작용하고 있는 힘.

$$\frac{\text{힘(무게)}}{\text{면적}} \quad \text{예)}\ kg/cm^2,\ lb/in^2$$

(2) 압력의 단위 및 종류

각 분야 및 나라마다 여러 가지가 사용되고 있다. 지구 중심에서 끌어 다니는 힘, 즉 중력에 의해 공기분자들이 모여 지구주위에는 대기압(공기가 가지는 압력)이 형성되어 있다. 이러한 대기압이 기준이 되는 압력을 기압이라 하며 단위는 atm이 사용되고 있다.

이러한 대기압을 이용해 처음으로 사용한 압력이 수은주이며, 같은 원리를 이용해 수주를 측정하였다. 그림에서 보는바와 같이 공기가 누르는 힘(1atm)에 의해 수은이 올라간 높이를 수은주로 표기한다. 위의 실험을 토리첼리(torricelli)의 실험이라 하며, 이실험을 통해 공기가 누르는 1atm의 힘을 수은이 올라간 높이로 환산할 수 있다.현재 사용되고 있는 압력의 단위는 다음과 같다.

압력은 밀도×높이로 표시될 수 있으며, 수은이 올라간 높이에 수은의 밀도를 곱하거나, 물이 올라간 높이에 물의 밀도를 곱하면 kg/㎠의 압력을 얻을 수 있다.

환산 값은 1.0332이다. 일반적으로 사용되는 압력을 보면 공기중에서의 압력을 "0"으로 놓고 압력을 측정한다. 예를 들어, 그림과 같이 배관이 공기중에 관통된 경우 압력계를 보면 0㎫의 압력을 표시한다.

| 기압(atm) | ㎫ | 수은주(mmHg) | 수주($mH_2O$) |
|---|---|---|---|
| 1 | 0.101325 | 760 | 10.332 |

이렇게 공기의 압력을 "0Pa"으로 하고 측정하는 압력을 게이지압력이라하며, 공기의 압력을 "0.101325㎫"로 놓고 측정하는 압력을 절대압력이라 한다.

대기압+게이지압력=절대압력

결론적으로 게이지압력은 대기압이 빠진 압력이므로, 게이지압력에 대기압을 더한 압력이 전체적인 압력인 절대압력이 된다. 현재, 각 실무분야에 쓰이는 압력은 대부분이 게이지압력이 쓰이며, 가스분야도 마찬가지이다. 한편, 절대압력은 학문분야에 사용된다.

## 마. 가스의 종류

(1) 액화석유가스(LPG : Liqueified Petroleum Gas)

액화석유가스(LPG)는 유전에서 원유를 채취하거나 원유 정제시 나오는 탄화수소를 비교적 낮은 압력(6~7Kg/$Cm^2$)을 가하여 냉각, 액화시킨 것이다. 기체가 액체로 되면 그 부피가 약 1/250로 줄어들어 저장과 운송에 편리하게 된다(※ 액화석유가스의 사업 및 안전관리법에서는 "프로판, 부탄을 주성분으로 한 가스를 액화한 것(기화한 것을 포함)"을 액화석유가스로 정의하고 있다).

□ **주성분:** LPG의 주성분은 프로판($C_3H_8$), 부탄($C_4H_{10}$)이고, 소량의 프로필렌($C_3H_6$), 부틸렌($C_4H_8$) 등이 포함되어 있다. LPG는 발열량이 24,000Kcal/h로 다른 연료에 비해 비교적 열량이 높다.

□ **용도:** LPG의 주요 용도로는 가정용·공업용·자동차 연료용, 절단용, 비닐류 원료, 군사용 화염방사기, 가스라이터, 합성고무 연료인 부타디엔 제조 등에 쓰인

다.

□ 첨가제: 순수한 LPG는 아무런 냄새나 색깔이 없으나 공업용을 제외한 가정이나 영업소에서 사용하는 LPG에는 누출될 때 누구나 쉽게 감지해 사고를 예방할 수 있도록 마늘 썩는 듯한 불쾌한 냄새가 나는 메르캅탄류의 화학물질을 혼합하여 공급한다. LPG는 공기보다 무거워서(공기에 대한 비중 : 1.5~2배) 누출되면 낮은 곳에 머물게 되고, 연소범위도 낮아서 조금만 누출되어도 화재폭발의 위험이 있으므로 누출되지 않도록 각별히 주의하여야 한다.

(2) 액화천연가스(LNG : Liquefied Natural Gas)

액화천연가스는 가스전(田)에서 채취한 천연가스를 액화시킨 것으로, 메탄($CH_4$)이 주성분입니다. LNG도 무색 투명한 액체로, LPG와 같이 공해 물질이 거의 없고, 열량이 높아 대단히 우수한 연료이며 주로 도시가스로 사용된다.[52] LNG는 압력을 가해 액화시키면 부피가 1/600로 줄어들지만 비점이 영하 162도로 낮아 운송, 저장 시에는 특수하게 단열된 탱크나 용기에 충전하여 온도를 비점 이하로 유지시켜주어야 한다. 도시가스로 사용할 때에는 기화시켜 기체 상태로 공급하게 된다.

□ 주성분: 천연가스의 주성분인 메탄은 공기보다 가벼워(공기에 대한 비중 : 0.6) 누출되면 높은 곳에 체류하고, 공기와 혼합되면 폭발성 가스가 되므로, 이것 역시 LPG와 마찬가지로 누출되지 않도록 사용 시 각별히 주의해야 한다. 천연가스의 주성분인 메탄의 함유량은 산지에 따라 약간씩 차이가 있으며, 그 밖에 에탄, 프로판, 부탄류, 펜탄류 등의 저급지방족 탄화수소와 질소가 소량 함유되어 있다.

□ 용도: 또한 황화합물, 질소화합물이 함유되어 있지 않고 연료로 사용한 후 배출되는 가스에는 그을음 등의 발생이 적고 안정된 연소상태를 얻을 수 있어 도시가스연료 및 발전용 연료 외에도 일반 공업용으로 널리 사용되고 있다. 액화된 천연가스를 가정 및 사업장에 공급하기 위해서 기화를 시키는데, 이 때 기화기에서 얻어지는 냉열(차가운 열)을 이용하여 액화산소 및 액화질소를 제조하거나 냉동창고에 사용되기도 한다.

---

52) 김국래. 이정일 공편저, 소방학, 한국고시회, 2001, 23p 재편집

□ 공급: 세계 각지의 천연가스 생산국으로부터 LNG수송선으로 도입되는 LNG는 생산기지에서 하역되어 저장탱크에 보관되었다가 다시 기화되어 전국 배관망으로 송출된다.

각 생산기지로부터 기화된 천연가스를 공급받은 배관망은 발전소와 도시가스회사의 배관까지 천연가스를 안전하게 공급한다. 이 과정에서 중앙지령실은 전국 주배관망 계통감시 및 지령, 전국 및 지역통제소 간 계통복구 총괄지휘, 지역통제소 마비시 백업(back-up)기능을 수행하며 지역통제소에서는 관할지역 계통감시 및 통제, 사고지역 응급조치 및 비상조작을 담당한다.

□ 저장시설

- 평택 : 약 20만명, 10㎘급 저장탱크 10기, 접안설비 2선좌
- 인천 : 약 30만명, 10㎘급 저장탱크 10기, 접안설비 2선좌
- 통영 : 약 40만평, 2002년 완공 예정
- 공급배관 : 전국환산망을 목표로 건설 진행. 현재(2001년 6월 30일 기준) 총 배관 길이 2,082㎞
- 공급관리소 : 천연가스의 압력조절, 계량, 공급 및 비상시 차단기능 수행(전국 총 121개소)
- 중앙지령실 : 주요설비 : 본사(분당)
  - TM/TC SERVER : 전국 주배관망 원격감시 및 제어
  - RDBMS : SCADA Data 저장 및 가공
  - PMS : 배관망 분석 기능, 수요예측 기능
- 지역통제소 : 경인지사(안산), 충청지사(대전), 호남지사(광주), 경북지사(경산), 경남지사(김해)
  - TM/TC SERVER : 관할지역 배관망 원격감시 및 제어
  - RDBMS : SCADA Data 저장 및 가공

(3) 도시가스

도시가스는 파이프라인을 통하여 수요자에게 공급하는 연료가스로, 석유 정제시에 나오는 납사를 분해시킨 것이나, LPG, LNG를 원료로 사용한다. 현재 우리나

라에서는 사용하고 있는 도시가스의 연료는 2가지가 사용된다. 주로 천연가스(Natural Gas : NG)가 많이 사용되며 천연가스의 공급배관이 설치되지 않은 곳에서는 LPG+공기의 혼합가스가 도시가스 연료로 사용되고 있다.

강원도, 경북 북부 내륙지역, 경남 일부지역, 호남 해안지역 일부 지역에는 아직 LPG+Air 방식의 도시가스를 공급하고 있으며 이외 지역의 모든 도시가스에는 천연가스로 공급되고 있다.

(4) 산소($O_2$)

공기의 주요성분인 산소(약 21%)는 지각 중에서 가장 많은 양이 존재(약 51%)한다. 지구상에 존재하는 모든 생물의 생존과 연료의 연소에 필수불가결한 산소는 각종 산화물을 생성하며, 가연성 가스가 연소하는데 없어서는 안될 대표적인 조연성가스이다. 무색, 무미, 무취인 산소는 희가스(비활성기체)나 할로겐 원소 등을 제외한 모든 원소와 화합하여 산화물 생성하며, 수소와 화합하여 물을 생산한다.

□ 용 도: 산소가스의 주요 용도로는 용접절단용, 철강·유리공업, 로케트 추진의 산화제, 의료용, 오존($O_3$) 제조, 수성가스 제조 등에 쓰여지며, 유지류와 접촉하면 폭발적으로 연소하기 때문에 보관상 특별한 주의가 필요하고, 취급시에는 화기를 조심하여야 한다. 사람의 경우 산소 결핍에 의해 질식사하는 경우도 있으며 또한 산소과잉의 경우에는 산소중독을 일으킬 수도 있으므로 주의하여야 한다.

(5) 수 소

수소란 일반적으로 수소라고 부르는 경수소(Protium 프로튬)와 동위체인 질량수 2의 중수소, 질량수 3의 3중수소를 총칭한다. 무색, 무미, 무취의 가연성 가스인 수소는 모든 기체 중 가장 밀도가 작고(가장 가벼움) 확산속도가 가장 빠르며 산소나 공기와 혼합하여 점화되면 격렬한 폭발현상과 함께 물을 생성하고, 백금석면·파라듐 분말 등과 접촉하면 발화하는 성질이 있다. 수소와 염소가스를 혼합하면 '염소폭명기'라 부르는 혼합가스를 생성하여 점화뿐만 아니라 직사광선에 의해서도 폭발하여 염화수소로 되며 급격히 가스가 분출하면 마찰 또는 정전기로써 발화하는 수도 있다.

□ 용 도: 수소가스의 주요 용도로는 암모니아 합성, 메탄올 합성, 경화유 제조, 부양용(He으로 대체), 금속제련(환원성 이용) 등에 쓰이고, 기체 중 가장 가볍기 때문에 기구나 풍선에 충전하여 부양용 가스로 사용하여 왔으나, 수소로 이난 폭발사고 등으로 인명과 재산의 피해가 발생하여 오늘날에는 헬륨이 많이 사용되고 있다.

(6) 아세틸렌($C_2H_2$)

무색, 무미, 무독의 가연성가스인 아세틸렌은 위험한 가스 중 하나이다. 아세틸렌은 독성은 없지만, 2기압 이상으로 압축하면 탄소와 수소로 분해하여 폭발하는 "분해폭발"의 위험성이 있으므로 가스상태로 용해해서 일반적으로 사용한다. 우리가 흔히 밤낚시에 많이 사용하는 간드레 안에 카바이트와 물을 넣으면 열을 내면서 가스가 발생하는데 이 가스는 공기보다 가벼워 위로 뜨게 되며, 이 때 뚜껑을 닫고 불을 붙여 그 빛으로 낚시를 할 수 있다.

□ 용 도: 아세틸렌 가스는 용접 · 절단용, 합성수지의 연료, 합성고무 원료, 폭약제조, 인쇄용 잉크제조 등에 주로 사용된다.

(7) 대표적 독성가스

□ 겨자가스($C_4H_8Cl_2S$)

- 물리적 성질
  - 용해물질 : 알카리에 의해 가수분해 된다.
  - 상태 : 달콤한 향기
- 화학적 성질
  - 반응성 : 알카리에 의해 가수분해 된다.
- 용도 및 제법
  - 용도 : 독성가스, 유기합성, 의약
  - 제법 : 에틸렌과 2염화황으로 만들어지는 독가스. 1차 세계대전 중 벨기에의 Ypern 부근에서 독일군이 처음으로 사용하여 이페리트라고도 함.
- 인체영향 : 결막염, 호흡곤란, 메스꺼움, 구토, 피부에 수포형성

□ 일산화탄소(CO)

- 물리적 성질
  - 용해물질 : 물에는 녹기 어렵고 알코올에 녹는다
  - 상태 : 무미, 무취, 무색의 기체. 독성이 강하고 청색의 화염을 발생. 연소하여 이산화탄소를 발생. 환원성의 가연성 기체
- 화학적 성질
  - 반응성 : 금속과 반응하여 금속 카보닐을 생성. 청색의 화염을 내며 연소하여 이산화탄소가 됨. 촉매표면에 접촉하면 700~800℃에서 이산화탄소와 탄소분해
  - 기타성질 : 환원성이 강함, 산화성이 없으며 폭발성과 연소성이 있음.
- 용도 : 연료, 메탄올 등의 유기합성원료, 공업용환원제, 합성화학품 원료, 합성원료가스로서 메탄올, 인조석유 합성 등에 사용
- 위험성 : 발화점 : 608.9℃(발화온도), 폭발범위 12.5~74.2%(질소 또는 산소와 혼합)
  - 혼재금지품 : 염소산나트륨, 칼륨, 나트륨, 산화제이철, 오불화브롬, 액화산소, 삼불화질소, 산화은, 이산화염소, 불소, 일산화세슘, 삼불화브롬과 산화 비스플루오르포밀
- 소화시 주의사항 : 분말소화, 탄소가스 소화기 산소운반기능을 저해하므로 방독면 등의 사용은 피하고 필히 공기호흡기를 사용
- 허용농도 : 50ppm
- 인체영향 : 일산화탄소의 흡입에 의해서 계속해서 체내에 산소공급이 부족하게 되면 우선 산소결핍에 민감한 중추신경계가 그 영향을 받아 두통, 현기증, 귓속에서 소리가 나며 심장고동, 맥박증가, 구토가 일어나고 나중에는 마비상태가 된다. 일산화탄소의 친화력은 산소의 친화력보다 200~300배 강하므로 공기 중의 아주 적은 양의 일산화탄소라도 독성반응을 나타내게 된다.

□ 포스겐($COCl_2$)

- 물리적 성질
  - 용해물질 : 벤젠, 톨루엔에 쉽게 용해, 물에도 분해
  - 상태 : 순수한 것은 무색, 시판품은 짙은 황록색, 저비점이며 자극적인 냄새가 나는 액체

- 화학적 성질
  - 반응성 : 서서히 분해되면서 유독하고 부식성이 있는 가스를 생성
  - 부식성 : 부식성이 있음
  - 기타성질 : 300℃에서 분해하여 일산화탄소와 염소가 된다. 자체에는 폭발성 및 인화성이 없다.
- 용도 및 제법 : 염료 및 시료중간체의 원료, 이소시아네이트류의 탄성체, 접착제, 제초제, 의약품, 가소제 및 폴리카보네이트 수지의 원료 기타 화약안정제, 자외선 흡수제의 원료 합성화학제
- 위험성
  - 혼재금지품 : 염소산나트륨, 과산화수소, 과염화디벤조일, 칼륨, 나트륨, 디에틸에테르, 아세톤, 톨루엔, 헥산, 아닐린, 질산메틸, 디니트로벤젠, 피크르산, 수산화암모늄, 수산화나트륨, 아지드화납, 아지드화나트륨, 아지드화바륨, 알루미늄, 마그네슘
- 소화시 주의사항
  - 맹독성 물질이므로 진화시 농도를 측정하고 통풍환기를 충분히 행하고 반드시 공기 호흡기를 착용한 후에 작업에 임한다.
- 허용농도 : 0.1ppm
- 인체영향 : 포스겐은 강한 자극제로서 허파꽈리에 심한 손상을 입힌다. 이것이 폐수종을 생성, 질식으로 이르게 된다. 포스겐의 흡입으로 호흡정지, 숨막힘, 급속한 기침, 가슴 답답함, 눈물, 호흡곤란을 느끼며 청색증을 일으킬 수 있다.

□ 포스핀($PH_3$)

- 물리적 성질
  - 용해물질 : 알콜, 에테르, 냉수에 용해하지만 온수에는 용해하지 않는다.
  - 상태 : 무색기체로 무색의 아세틸렌과 비슷한 악취(마늘냄새)
  - 기타 성질 : 불순물로서 미량에도 디포스핀(P2H4)을 함유하는 것은 공기중에서 자연발화하기 쉽다.
- 화학적 성질
  - 반응성 : 플루오르, 염소와 반응. 수증기와도 반응하여 $H_3PO_4$, $H_3P_3O_3$, $H_2$

생성. 공기 중에서 연소하여 오산화인과 물의 생성. 산소 중에서 폭발적인 반응하여 인산을 생성한다.

- 부식성 : 구리에 부식성이 있음.
- 기타성질 : 상온의 공기 중에서 발화. 375℃이상에서 P와 H2로 분해.

- 용도 : 반도체 Dopping용 가스제, 축합촉매, 중합기폭제, 포스포늄, 할로겐화 유기처리제
- 위험성
  - 혼재금지품 : 질산은, 일산화이질소, 삼질화이질소, 질산, 아질산, 염, 일산화질소, 삼염화질소, 일산화이염소, 브롬
  - 기타 : 포스핀은 공기 중에서 연소하여 밝은 불꽃이 일어나고 인산과 적인의 혼합물이 생긴다.
- 소화시 주의사항
  - 소화약제 : 분말, 이산화탄소, 주의사항 : 초기소화, 일제히 소화
- 허용농도 : 0.3ppm
- 인체영향 : 불쾌한 냄새, 혹은 생선 썩은 냄새
- 증상 : 급성중독으로 악취로 인한 두통, 구토, 호흡곤란 등에 의한 혼수상태 후 사망한다.

□ 벤젠($C_6H_6$)

- 물리적 성질
  - 용해물질 : 에탄올, 에테르, 물에는 소량 용해
  - 상태 : 무색, 액체, 특유한 방향
- 화학적 성질
  - 반응성 : 휘발성이 높고 인화하기 쉽다. 증기는 공기보다 무겁다. 직사광선 하에서 염소가 부가되어 벤젠 헥사클로라이드(BHC)를 생성
  - 기타성질 : 염소가스 짙은 황산, 진한 질산 등에 의해 치환반응을 일으켜 클로로벤젠, 벤젠술폰산, 니트로벤젠을 생성, 백금 또는 니켈을 촉매로 수소와 작용시키면 부가반응을 일으켜 시클로헥산을 생성, 산화성은 없고 폭발성, 연소성은 있음.
- 용도 : 합성고무, 합성수지, 도료, 의약품, 폭약, 유지, 추출제등으로 사용

- 위험성 : 혼재금지품 : 화학류, 산화성물질, 유기과산화물, 독물, 방사선물질, 탱크로리에 의한 ferry운송은 금지
  - 기타 : 염소산나트륨, 과염소산나트륨, 과산화수소, 과산화나트륨, 질산암모늄, 질산나트륨, 과망간산칼륨, 질산, 황산, 무수크롬산, 아염소산나트륨, 브롬산나트륨, 중크롬산칼륨, 산소, 오존, 과염소은
- 소화시 주의사항
  - 소화약제 : 물은 효과가 없음. 탄산가스 소화기
  - 주의사항 : 공기차단에 의한 질식효과가 가장 유효함. 증기는 피부로도 흡수되어 마취작용 및 조혈기관 장애를 일으키므로 보호복 등을 착용하지 않고 작업하는 것은 절대로 삼가야 함.
- 허용농도 : 10ppm
- 인체영향 : 피부로도 흡수된다. 급성, 만성독성 모두 위험하며 피부에 닿아 탈지작용으로 염증이나 질병을 일으킨다. 또한 갈라지는 현상을 보이고 만성폭로 시 백혈병을 초래할 수 있으며 이 증기를 만성적으로 마시면 중독을 일으켜 후라후라병을 일으킨다.

□ 염화수소(HCl)

- 물리적 성질
  - 용해물질 : 비이온화용매에는 녹지 않으나 물에는 대단히 잘 녹고 알코올, 에테르에 녹는다.
  - 상태 : 순수한 것은 무색투명 또는 담황색 액체 자극적인 냄새가 있는 기체. 습한 공기 중에서 발연함.
- 화학적 성질
  - 반응성 : 강산, 금속용해, 크롬산염 등 산화제와 반응하여 염소를 발생
  - 부식성 : 인체에 대한 유독성이 강함
- 용도 : 염화비닐의 제조도료, 중간물, 향료, 의약품, 농약의 제조, 각종무기염화물, 기타 화학약품 제조, 철판, 철강 등의 녹제거, 젤라틴 및 피혁제조 석탄석의 분해에 의한 이산화탄소의 발생, 비누폐액에서 글리세린의 회수, 식품첨가용〉 글루타민산소오다의 제조, 간장, 포도주, 시럽의 제조, 물엿의 제조, 아미노산의 제조, 사당의 정제 기타 일반중화용

- 위험성
  - 인화점 : 염화수소 자체는 폭발성이 없음(금속과 반응해서 수소를 발생하고 이 수소가 공기와 혼합해서 폭발을 일으키는 일이 있다).
  - 폭발범위 : 6~88%
  - 혼재금지품 : 화약류, 독물, 방사선물질, 물 또는 공기와 작용하면 위험이 있는 물질, 산화성 물질, 가연성고체, 유기과산화물
- 소화시 주의사항
  - 소화약제 : 분말, 이산화탄소, 하론
  - 주의사항 : 공기차단의 질식효과가 큼
- 허용농도 : 5ppm
- 인체영향
  - 피부접촉 : 염증(가려움, 통증)을 일으킨다.
  - 눈 : 시력감퇴 또는 시력상실의 우려, 결막염을 일으키고 염산가스 존재하여 오랜 시간 작업하면 치아가 부식된다.

□ 아황산가스($SO_2$)

- 물리적 성질
  - 용해물질 : 물에는 쉽게 녹으며 알코올과 에테르에도 녹음 환원성이
  - 기타성질 : 건조된 아황산가스를 2~3기압으로 압축하면 액화하며, 액체 아황산가스는 철, 구리를 부식하지 않으며 냉동용으로 사용
- 화학적 성질
  - 부식성 : 온기가 있으면 금속 등을 부식
- 용도 : 살충제, 방부제(과일, 야채), 살균제(식품가공, 기구의 소독등), 표백제(제지, 섬유 및 직물, 밀짚, 젤라틴, 아교), 펄프공업(목재의 처리), 곡식껍질의 탄닝, 소독제, 각종아황산염, 기타 화학약품의 제조, 야금, 환원용, 황산제조용
- 위험성
  - 혼재금지품 : 염소산칼륨, 염소산나트륨, 염소산바륨, 질산리튬, 망간, 나트륨, 프로필렌, 수소화나트륨, 제이산 화철, 크롬, 오불화브롬, 삼불화염소, 불소, 염소산마그네슘, 산화제일주석, 리튬아세틸리드암모니아

- 소화시 주의사항
  - 작업 전 통풍환기를 충분히 행하고 작업에 임함. 고농도의 경우에는 가급적 공기호흡기를 사용
- 허용농도 : 2ppm
- 인체영향 : 아황산가스는 자극성이 심한 가스로 즉시 기도반사작용을 일으킴과 함께 눈, 코 및 기도를 강하게 자극시킨다. 1ppm이하에서 식물의 잎에 장애를 주고 사람에게는 감기, 기침을 악화시킨다.

□ 산화에틸렌($CH_2CH_2O$)

- 물리적 성질
  - 용해물질 : 알코올, 에테르, 물, 아세톤, 메틸알콜, 벤젠, 톨루엔, 사염화탄소
  - 상태 : 상온에서는 무색가스, 저온하에서는 액체. 상쾌한 향기의 유동성의 중성액체, 특징 있는 에테르 냄새, 고 농도에서 자극적 냄새가 남
  - 기타성질 : 공기보다 5배정도 무겁다. 기화하면 약 450배 팽창
- 화학적 성질
  - 부식성 : 금속에 대해 부식성이 없으며 산화에틸렌이 포함되어 있을 때에는 아세틸라이드를 형성하는 금속(예 : 구리)을 사용해서는 안 된다.
  - 기타성질 : 액체는 안정하나 증기는 폭발성, 가연성가스
- 용도 : 유기합성원료(에틸렌글리콜, 에탄올아민, 알킬에테르 등) 계면활성제, 유기합성안료, 세제의 원료, 섬유처리제, 합성수지 여러 가지 유기합성물의 유도체의 합성반응에도 사용
- 위험성
  - 인화점 : -17.8℃, 발화점 : 429℃, 폭발범위 : 3~100%
- 소화시 주의사항
  - 소화약제 : 분말소화기, 이산화탄소, 포말소화기, 물
  - 주의사항 : 소량의 경우 $CO_2$ 분말소화기, 봄베는 물로 냉각, 소화시 물은 별로 효과가 없음. 이산화탄소, 사염화탄소, 드라이케미컬이 유효하며 증기가 폭발할 경우에는 알콜 포말이 유효하다.
- 허용농도 : 1ppm

- 인체영향 : 낮은 농도라도 폭로되면 메스꺼움과 구토, 아주 낮은 농도에서 연속적 폭로에 의해 후각마비, 고농도 증기 흡입에 의해 마취효과와 함께 기침, 구토를 유발하며 눈과 기도자극에 의해 기관지염, 폐수종으로 발전된다

☐ 염소($Cl_2$)

- 물리적 성질
  - 용해물질 : 알카리에 용해, 염소가스에 물을 뿜으면 염산을 생성하고 부식성이 크므로 위험
  - 상태 : 황록색 기체. 강산성. 기체는 황록색의 무거운 가스. 자극적 냄새
  - 기타성질 : 액체 염소가 대기 중에 누설 또는 분출한 경우 급격히 주위의 열을 빼앗아 기체로 된다. 공기와의 비중 차가 크므로 분출한 가스는 지표면이나 하수구 등의 낮은 장소에 체류하여 대단히 위험하며 기화하면 제2철을 생성하고 약 460배의 기화 팽창.
- 화학적 성질
  - 반응성 : H2와 폭발적으로 반응하여 HCl생성
  - 부식성 : 수분이나 온기가 있으면 각종 금속에 대하여 부식성이 강함(수증기와 가열하면 염화수소가스 생성)
  - 기타성질 : 독가스(취급주의). 액화염소는 염소가스를 냉각·가압한 것이며 상온·상압에서는 기화되어 염소가스를 생성한다. 물과 반응하여 HClO를 생성한다. 그 반응성이 강하므로 수소 또는 탄화수소(특히 아세틸렌)와 폭발적으로 반응한다. 염소는 조연성을 가지고 있기 때문에 철, 알루미늄 등 금속물의 연소를 돕는다.
- 용도
  - 표백제, 염화비닐, 염화비닐리덴 등의 합성수지 제조, 염화파라핀, 플라스틱 및 가소제의 원료, 각종 염소계 용제 등의 유기 염소 화합물(염화물) 및 각종 무기염소 화합물 및 그 유도체의 제조, 섬유, 펄프, 펄프의 정제 및 짚, 뽕나무껍질로부터 펄프 제조, 상하수도의 물, 수영장 목욕탕의 살균소독 오물처리, 브롬 및 요오드의 제조, 도료, 향료, 의약품, 농약의 제조, 화학병기 용도가 확대되고 있다.

- 위험성
  - 혼재금지품 : 알루미늄, 마그네슘, 아연, 니켈, 게르마늄, 망간, 칼륨, 나트륨, 디에틸에테르, 이황화탄소, 벤젠, 아지리딘, tert-부탄올. 히드라진, 칼슘, 수소화칼륨, 디에틸아연, 삼염화이인, 질화칼슘, 이인화삼마그네슘, 히드록실 아민, 암모니아, 디보란, 수소, 포스겐
- 소화시 주의사항
  - 소화약제 : 분말, 이산화탄소, 하론
  - 주의사항 : 주위에 화재발생시 급히 용기를 안전한 장소로 옮긴다. 이동이 불가능한 것은 용기 및 주위에 물을 뿌려 냉각시킨다.
- 허용농도 : 1ppm
- 인체영향
  - 염소는 폐에 매우 강하게 작용한다. 2.5mg/l의 농도(833ppm)를 30~60분 정도 흡입할 경우 죽게 된다. 이보다 저 농도에 노출되면 눈, 코, 목이 따갑거나 상처를 입게 됨은 물론 비강 근처의 자극에 따른 두통을 수반하게 된다. 얼굴이 충혈되고 눈물이 흐르고 재채기, 기침이 나오며 목소리가 변하거나 말을 못하게 된다.

□ 암모니아($NH_3$)

- 물리적 성질
  - 용해물질 : 물, 알콜, 에테르
  - 상태 : 무색의 기체, 자극적 냄새 공기보다 가볍고 가압에 의하여 액화되기 쉽다. 상온에서는 강하고 특유한 자극적 냄새를 가지며 20℃, 8.8기압에서 액화되어 액체암모니아가 된다. 또 상압에서는 -33.35℃에서 액체가 된다.
  - 액화 시 특성 : 융점 : 33.5℃, 어는점 : 77.2℃, 연소범위 : 16~25%
  - 액체암모니아가 대기 중에 누설 또는 분출한 경우 급격히 주위의 열을 빼앗아 기체로 된다. 이 때 하얀 연기가 발생하는데 그것은 공기 중의 수분이 냉각 응축된 것. 액체가 기화 시 약 800배의 용적 팽창
- 화학적 성질
  - 반응성 : 공기와 혼합 폭발성 가스 생성(공기 중에서 가열하면 질소와 수

소로 분해 됨. 연소 시에는 황색의 불을 내며 질소와 물, 소량의 질산암모늄, 이산화질소를 생성

- 부식성 : 동, 동합금, 알루미늄, 알루미늄합금을 현저하게 부식시킴. 수분이 같이 있으면 그 작용이 더욱 격렬해 진다.
- 기타성질 : 유독 폭발성 가스 취급주의 요망(가연성가스).

• 용도 및 제법
  - 용도 : 질소질비료(요소, 황안, 유안, 질안), 화학섬유(레이온, 나일론), 아크릴로니트릴, 히드라진, 질산, 멜라민, 아크릴아미드, 청산, 아질산소오다, 질산소오다, 중탄산암모늄, 냉동냉매, 무기약품, 도료, 산성중화제, 고무경화제, 의약, 금속표면 질산물, 각종암모니아화합물제조, 황산암모늄소오다법에 의한 알칼리의 산성중화 알카리, 유지정제 질산 폭약, 분무기가스의 제조 공해 방지용중화제

• 소화시 주의사항
  - 소화약제 : 분말탄산가스, 물(대량살수), 분말(dry chemical)
  - 주의사항 : 주변의 화재 시 신속히 용기를 안전한 장소로 신속히 옮긴다. 이동이 불가능할 경우 용기 및 용기 주위에 물을 뿌려서 용기를 냉각시킨다.

• 인체영향(허용농도 : 25ppm)
  - 코 · 목 자극, 눈과 접촉 결막, 각막염증 - 장기폭로 : 폐렴, 기관지염
  - 흡입 : 호흡기도 점막자극, 흉통, 호흡곤란, 기관지염, 폐수종, 치아노제 등의 유발 → 신선한 곳으로 이동, 입을 헹구고 보온 안정

## 바. 가스설비

### (1) 가스설비

가스설비란 LPG용기에서 고압의 가스가 압력조정기, 배관, 가스계량기, 호스, 퓨즈 콕(중간밸브)을 통하여 가스가 공급되는 것으로써, 연소기가 파란 불꽃을 내면서 완전연소 하도록 부착되는 각종 부속품 및 기기를 총칭해서 가스설비라고 한다.

이러한 설비는 간단히 시공할 수 있는 것처럼 보여 무자격자가 시공하는 사례가

많은데 이러한 때에 대부분 설치기준에 적합하지 않는 등 불안전하게 설치하고 있어 사고의 위험이 따른다. 따라서 가정의 가스 사용 시설 시공 시에는 LPG판매점이나 도시가스관리 대행업소에 의뢰하고 가스보일러와 같은 시설의 시공은 한국가스안전공사가 실시하는 온수보일러 시공자 교육을 이수하고 행정관청에 등록한 전문업체에 의뢰하여 시공하면 안전하다.

(2) 가스용기

가스용기는 고압가스를 충전 · 저장하여 이동할 수 있는 것으로서 LPG용기에는 가정용(13kg, 20kg, 50kg 등)과 야외에서 주로 사용되는 납 붙임 접합용기(부탄캔이라고도 함)등으로 분류되어 사용된다. 특히 가정용 가스용기는 직사광선을 받지 않고 통풍이 잘 되는 옥외 용기보관실에 설치하여야 하며, 용기와 화기(火氣)와의 거리는 최소한 8m 이상을 유지하여야 한다.

용기를 2개 이상 설치할 경우에는 "T"형 호스를 위험하므로 반드시 용기 집합시설(용기 집합장치, 자동절체기 등)로 설치해야 하며 용기에 부착된 용기밸브는 왼나사이므로 왼쪽으로 돌리면 닫히고 오른쪽으로 돌리면 열리게 되므로 밸브를 취급할 때에는 특별히 주의해야 한다. 또 다 쓴 용기도 밸브를 반드시 잠가야 하는데, 그 이유는 용기밸브를 열어 놓으면 용기에 남아있던 잔 가스가 새어나와 폭발할 위험이 있기 때문이다.

□ **용기의 구분:** 고압가스를 충전하여 저장하거나 이동하도록 제조된 용기는 제작방법에 따라 용접하지 않고 제조하는 이음매 없는 용기(Seamless Cylinder)와 강판을 성형한 후 용접하여 만드는 용접용기(Welding Cylinder)로 구분된다.

- 이음매 없는 용기 : 이음매 없는 용기는 산소, 수소, 질소, 알곤, 천연가스와 같이 압력이 높은 압축가스나 상온에서 높은 증기압을 갖는 이산화탄소($CO_2$) 등의 액화가스를 충전하는데 사용한다.
- 용접용기 : 용접용기는 LPG, 프레온, 암모니아와 같은 상온에서 비교적 증기압이 낮은 액화가스를 충전하는데 주로 사용한다.
- 초저온 용기 : 초저온 용기는 임계온도가 영하 50℃보다 낮은 액화가스를 충전하는 용기로서 단열재로 피복하여 용기내의 가스온도가 상용 온도를 초과하

지 않도록 조치한 용기이며 액화산소, 액화질소, 액화천연가스 등을 충전한다.

- 납 붙임·접합 용기 : 납 붙임 또는 접합 용기는 이동식 연소기용 부탄가스를 비롯하여 살충제, 화장품, 의약품 및 도료의 분사제 등을 충전한다.
- 용기의 각인 : 고압가스 용기는 어깨부분(프로텍터)와 같이 보기 쉬운 곳에 아래와 같은 기재사항을 각인하고 용기의 외면에는 충전된 가스를 쉽게 알도록 규정된 색을 칠하며 충전가스의 명칭을 표시해야 한다. 단, 납 붙임 또는 접합 용기는 15㎜×15㎜ 크기의 필증을 부착하거나 인쇄한다.

□ 용기의 표시

- 가연성 가스(연), 독성가스(독) : LPG(회색), 액화염소(갈색), 수소(주황색), 산소(녹색), 아세틸렌(황색), 질소(회색), 액화암모니아(백색), 액화탄산가스(청색)
- 의료용 가스("의료용"이라는 글씨가 백색, 산소는 녹색으로 표시) : 산소(백색), 액화 탄산가스(회색), 질소(흑색), 아산화질소(청색), 헬륨(갈색), 에틸렌(자색), 싸이크로프로판(주황색)

(3) 압력조정기

압력조정기는 용기의 압력(0.7~15.6㎏/㎠)을 연소기에 알맞은 압력(가정용 : 230~330㎜H2O)으로 압력을 낮추어주는 기기이다. 그러므로 조정기가 고장이 나면 공급가스의 압력이 높아져서 불완전 연소되거나 불이 꺼져서 가스가 나오게 되어 사고의 원인이 될 수 있다. 조정기는 용기와 직결되어 사용하거나 또는 용기에서 고압 고무호스(측도관이라고 함)를 이용하여 조정기에 연결하는 방법 및 용기집합대에 연결하는 방법으로 설치 사용되어야 한다. 특히, 압력조정기는 연소기의 입구압력과 압력조정기의 공급압력이 일치하여야 하는데, 예를 들어 설명하면 가스레인지의 옆면 명판에 가스사용압력이 280±50㎜H2O이라고 표기되어 있고 압력조정기의 윗면 또는 뒷면에 R-280이라는 숫자가 쓰여져 있는 조정기가 부착되어 있으면 연소기와 압력조정기가 정확하게 설치된 경우이다. 또한 압력조정기를 설치할 때는 입구측 배관을 청소하여 쇳가루, 먼지, 물기 등이 없게 한 후에 설치해야 하며 한국가스안전공사 검사품 또는 KS품을 사용해야 한다. 압력조정기를 떼거나 부착하는 일은 반드시 가스 공급자가 해야 하며 임의로 압력조정기의 압력조정나사를 만지게 되면 연소기의 불꽃이 일정하지 않거나 가스누출의 위험을 초래하여 가스사고의 원인이 된다. 또한 압력조정기를 용기보관실 내부에 설치하면 유지관리에 많은 도움이 된다.

(4) 가스계량기

가스계량기는 가스의 사용량을 측정하는 기계이다. 가스계량기에는 건식 및 습식 가스계량기가 있으나 도시가스 및 LPG에는 대부분 건식가스계량기를 사용하고 있다. 가스계량기는 사용하는 가스에 따라 도시가스 및 LPG용 또는 겸용으로도 구분하고 있으며, 용량에 따라서 여러 가지가 있는데 일반적으로 가정에서는 2호와 3호가 많이 사용되고 있다. 가스계량기의 계량능력(최대유량)은 그 계량기의 호수와 같다.

즉, 2호는 1시간당 가스유량이 2㎥를 흘려보낼 수 있는 능력을 갖춘 계량기라고 할 수 있다. 가스계량기는 정밀기기이므로 화기와 2m이상의 우회거리를 유지하는 곳으로, 환기가 잘 통하는 장소에 설치하여야 하며 지면으로부터 1.6~2m 높이에 수직·수평으로 설치하고 밴드 등으로 고정시킨다. 다만, 격납상자 안에 설치할 때에는 설치 높이에 제한이 없다.

(5) 배관의 종류

배관은 용기, 조정기, 가스계량기 등을 연결하여 가스를 연소기에 공급하는 역할을 하는데, 사용되는 재료에 따라 다음과 같은 종류가 있다.

- 강관 : 배관용 탄소강관은 저압 및 중압설비 중 노출배관에 많이 사용되며 녹이 슬지 않도록 관에 아연도금을 한 백관과 아연도금을 하지 않은 흑관이 있다.
- 동관 : 이음매 없는 동 및 동합금관은 주로 저압 및 중압배관에 사용된다. 동관은 강관과 달리 이음매 없이 설치하는 경우는 매몰하여 설치할 수 있다.
- 폴리에틸렌관(PE) 및 폴리에틸렌 피복강관(PLP) : 내식성이 강해 지하 매몰배관에 사용된다. 폴리에틸렌관(PE)은 도시가스의 경우 사용압력이 4kg/㎠이하인 배관에만 사용하도록 제한되어 있으며 폴리에틸렌 피복강관(PLP)은 배관용 탄소강관에 내식성 재료인 폴리에틸렌(합성수지)을 피복한 것으로 지하매몰 배관에 주로 쓰인다.
- 호스류 : 고압부에는 측도관, 트윈호스 저압부에는 염화비닐호스, 금속 플렉시블 호스가 주로 사용된다. 측도관은 용기와 배관 사이의 고압부에 사용되며 트

원호스는 2개의 용기와 1개의 압력조정기 사이의 고압부에 사용된다. 금속 플렉시블호스 및 염화비닐호스는 중간밸브와 연소기 사이의 저압부에 사용된다.

□ 배관 설치방법: 가스배관은 일반적으로 강관을 주로 사용하며 시공시 건축물의 기초 밑이나 환기가 잘 안 되는 곳을 피하고 건축물 내의 배관은 단독피트(pit)내에 설치하거나 노출하여 시공하며 가스가 누출되더라도 체류하지 않도록 하여야 한다. 가스배관을 매몰하여 설치하는 경우에는 동관, 스테인레스강관, 가스용 금속플렉시블 호스와 같은 내식성 재료를 사용하여 설치하고 실내 바닥에 설치하는 배관은 사람이 다니다가 밟거나 부딪쳐서 배관이 손상되지 않도록 하여야 한다. 벽을 따라 설치된 배관은 움직이지 않도록 고정장치를 하여야 하는데 관경이 13㎜미만인 배관은 1m마다, 13~32㎜인 배관은 2m마다, 33㎜이상인 배관은 3m마다 고정장치를 해야 한다. 배관의 이음부는 가스가 누출되는 경우가 많으므로 전기계량기 및 개폐기와는 60㎝이상, 굴뚝, 전기점멸기, 전기접속기와는 30㎝이상, 전선과는 15㎝이상의 적정한 거리를 두어 전기 스파크 등에 의한 가스폭발(화재)이 일어나는 것을 방지해야 한다. 배관의 설계는 최단거리, 직선으로 하여야 하며 배관의 굽힘은 가스압력 손실을 초래하고 배관의 이음새가 많은 것은 가스 누출의 원인이 되므로 굴곡부와 이음새가 많은 것은 좋지 않다. 또한 배관 공사를 완료한 후 사용자는 반드시 시공자와 함께 배관 등에서 가스가 누출되는지 기밀시험을 실시하여 이상이 없음을 확인한 후 가스를 공급·사용해야 한다.

금속배관과 연소기를 연결하는 호스는 최소한의 길이로 연결해야 하는데 호스의 길이가 길면 꼬여서 가스 흐름이 막힐 수 있고 화기에 닿는 경우 녹아서 가스 누출의 직접적인 원인이 될 수도 있으므로 길이는 3m 이내로 하고 절대로 T형(호스의 중간에서 T형 연결쇠를 사용하여 다른 호스로 분리해서 2대의 연소기를 사용하기 위한 방법임)으로 연결하지 않아야 한다. T형으로 연결하면 외력에 의하여 호스가 쉽게 빠질 수 있기 때문이다. 그리고 배관과 호스의 연결에는 밸브 또는 콕이 사용되는데 이 때에는 호스를 밸브 또는 콕의 연결부에 표시된 붉은 선까지 밀어 넣고 이 부위를 호스밴드로 꼭 조여서 가스가 누출되지 않도록 해야 한다. 소기에서 발생되는 불꽃이나 화기에 의해 호스가 가열되어 손상되지 않도록 해야 하며 호스의 연결부가 손상되면 호스의 끝을 3~4㎝정도 잘라낸 후 연결하고 새 호스밴드로 다시 조여 준다. 특히 호스밴드를 장기간 사용할 때에는 부식으로 인하여 이음부분이 이완되어 가스누출 우려가 있으므로 주기적으로 연결부분의 부식상태를 점검하여야 한다. 밸브는 용기용밸브와 배관용밸브로 크게 구분되며 용기용밸브에는 LPG용기용 밸브, 압축가스용기용 밸브, 아세틸렌밸브 등이 있고, 배관용 밸브에는 볼밸브, 글로우밸브 등이 있으나 가정용 사용 시설에는 LPG용기용 밸브 및 볼(Ball)밸브가 주로 사용된다.

□ LPG용기용 밸브: 용기용 밸브는 용기 내의 가스의 흐름을 열고 닫는 중요한 역할을 한다. 핸들을 시계바늘 반대방향으로 돌리면 가스통로가 열리고, 핸들을 시계바늘 방향으로 돌리면 가스통로가 닫히게 된다. 용기밸브에 내장된 안전장치는 스프링식으로 용기내의 가스압력이 올라가 용기가 파열되는 것을 방지하기 위한 것으로서 가스압력이 올라가면 자동으로 작동되어 용기내의 압력을 외부로 방출하는 역할을 한다. 용기밸브의 충전구 나사는 왼나사이며, 충전 후에는 조정기를 이 곳에 연결하여 사용하게 된다. 몸통에는 제조업자의 명칭 또는 약호, 기호(LPG), 내압시험압력(TP : kg/㎠), 질량(W : kg), 검사 합격 년월 등이 표시되어 있다.

□ 볼밸브: 핸들을 돌리면 스핀들에 접속된 볼(Ball)이 좌우로 90도 회전하면서 가스통로를 열고 닫는 것으로 볼모양의 디스크와 밸브몸통에 끼워져 있는 링 모양의 밸브시트 구면이 맞물려 기밀을 유지하게 된다. 조작시간이 짧고 유체저항이 적으며 핸들의 위치에 따라 개폐여부를 쉽게 확인할 수 있다.

볼밸브의 구조는 시계바늘 반대방향으로 90도로 완전히 돌렸을 때 핸들방향과 유로의 방향이 평행이 되면 열리는 구조로 되어 있다. 배관 연결부는 나사식, 플렌지식, 용접식 등이 있는데 가정용 시설의 중간밸브로 사용되는 것은 주로 나사식이다. 가스용 밸브는 가스용품으로 한국가스안전공사의 검사품 및 KS규격표시 제품을 사용하여야 하며, 몸통에는 제조자명 또는 그 약호, 가스흐름방향, 호칭지름(A호칭)이 표시되어 있고, 몸통 또는 핸들에는 제조번호(롯드번호), 용도, 품질보증기간, 개폐방향이 표시되어 있다.

## 사. 가스화재와 사례

### (1) 가스화재의 특징

□ 일반적 특징: 가연성 가스, 독성가스 등은 압력, 온도 등의 조건에 따라서 압축, 액화 등 상태로 존재한다. 이러한 물질에 대하여 각각의 성상과 올바른 이해, 취급상 위험방비 및 주설, 화재(폭발)등의 긴급사태에 대처하는 게 중요하다.

① 통상 가스화재는 가연성가스가 누설 또는 분출에 의해서 공기 중에 방출되어 불꽃을 내면서 연소하게 된다.

② 공기 중에 방출된 가연성가스가 착화되지 않았을 때에는 폭발한계내의 혼합가스가 되어 체류하게 된다. 가스가 공기보다 가벼울 때에는 위쪽의 코너 및 천정 바로 밑에 떠돌아다니며 가스가 공기보다 무거울 때에는 바닥을 따라서 떠돌아다닌다. 이렇게 이동되어 멀리 떨어진 화원에 의해서 인화하게 된다.

③ 폐쇄된 장소에서 폭발한계내의 혼합기체에 착화되면 가스가 폭발한다. 이런 현상은 빈 탱크, 실내 등에서 잘 일어난다. 이 때 폭발 직후 근처의 가연물로 화재가 옮겨지는 일이 많고 또한 사상자가 많이 발생하게 된다.

④ 가스의 점화원으로 불꽃, 전기스파크, 정전기 방전, 충격불꽃 등 작은 화원이 원인이 되는 경우가 많다.

⑤ 내압용기에서 누설된 가스가 착화하면 내압용기가 가스화염에 의해서 가열되고, 또한 외부에 의해서 용기가 가열되어 결국에는 내압용기가 파열되면서 2차적 화재가 일어나게 된다.

⑥ 액화가스가 누설할 경우에는 내압에 의해서 분출하게 되고 대기 중에 급격히 증발하게 되어서 화재시 아주 심한 상태가 된다. 비점의 차가 큰 가스가 혼합될 경우는 비점이 낮은 액화가스가 이상 증발하여 폭발적 현상이 일어나게 되어 소화활동 시 접근이 어렵다.

⑦ 독성이면서 가연성인 가스의 누설은 2가지 요인으로 대단히 중요하다. 그 하나는 화재 시 그대로 끄게 되면 독성가스가 확산하게 되어 접근이 어려워지므로 원격조작에 의해서 긴급조치를 할 수 있는 사전대책이 필요하다. 또 화재가 일어난 경우 누설이 정지되지 않으면 소각의 목적으로 연소를 계속하게 하고 주위로 연소가 확대되지 않도록 한다.

### (2) 가스의 폭발

가스폭발사고가 일어나려면 다음의 3가지 요소가 충족되어야 한다.

- 가스가 누출되어 실내에 체류되어 있어야 하며

- 공기와 혼합되어 공기 중 가스농도가 LPG의 경우 2.1%이상 9.5%이내이어야 하고 LNG의 경우에는 5~15%이어야 한다.

- 이러한 조건하에서 폭발을 일으킬 수 있는 점화원 즉, 불씨가 있어야 한다.다시 말해서 가스가 실내에 누출되었다 하더라도 그 양이 적어 농도가 2.1%미만이거나 그 양이 너무 많아 9.5%를 초과하면 불씨가 있어도 가스는 폭발하지 않는다.

또 불 속에 가스가 누출되고 있는 경우에도 건물 내에서 가스호스가 녹아 가스가 누출되는 경우에는 가스는 폭발하지 않는다. 왜냐하면 누출된 가스가 폭발범위에 도달되기 전에 공기와 혼합되면서 불이 붙어 연소해 버리기 때문이다. 따라서 이 때는 불길이 더 커질 뿐 가스가 폭발하는 일은 일어나지 않는다.

앞에서도 언급했지만 LPG용기가 화염 속에 있거나 불타고 있는 건물 내에 있어도 폭발할 가능성은 적다. LPG용기가 화염 속에 가열되어 용기내의 압력이 올라가면 가스는 용기에 장착된 안전밸브를 통하여 용기 밖으로 방출되어 버리기 때문이다. 즉 안전밸브로 방출되는 구조로 되어있는 용기내의 가스가 다 소진될 때까지 방출되어 단순히 연소할 뿐 용기는 폭발하지 않는 것이다. 이상의 내용으로 살펴볼 때 가스는 공기와 혼합되어 일정한 농도가 되었을 때만 폭발한다는 것을 알 수 있다. 따라서 밀폐된 공간에서 가스가 누출되는 경우에는 폭발하기 쉽다.[53)]

가스폭발사고가 일어나면 유리창, 출입문 등이 다이너마이트와 같은 폭발물이 폭발하였을 때와 같이 파손되고 심지어는 수km밖에서도 들을 수 있을 정도의 폭음이 수반된다. 예컨대 20kg의 LPG용기에서 가스가 누출되어 공기와 혼합된 후 폭발되었을 때는 폭발지점에서부터 70m 떨어져 있는 건축물의 유리창이 파괴되고 300㎜ 이내에서 130dB의 폭음을 들을 수 있다.

---

53) 김국래.이정일 공편저, 소방학, 한국고시회, 2001, 28p 재편집

## 아. 가스 안전

### (1) 가스 안전의 기본사항

우리나라 전체 가구 수의 97% 이상이 사용하고 있는 생활에 없어서는 안 될 편리하고 공해가 없는 가스, 그러나 순간의 부주의로 엄청난 사고를 불러올 수도 있는 무서운 연료이기도 한 가스의 사고는 대부분이 사용자의 취급 부주의로 발생되고 있다.

□ 연료가스에는 어떤 것들이 있나?

가스연료는 도시화와 산업화가 이루어진 현대 우리생활에 가장 어울리는 연료이다. 사용에 편리하고 재나 매연과 같은 공해요인이 전혀 없어 날로 수요가 늘어나고 있는 가스는 공기보다 무거운 액화석유가스(LPG)와 공기보다 가벼운 천연가스(LNG)가 있으며 도시가스라 함은 배관을 통해 공급되는 모든 가스를 말한다. 주로 LNG가 도시가스 연료로 사용되며 지역에 따라서 LPG에 공기를 혼합하여 공급되기도 한다. 대부분 가스통으로 공급받는 LPG는 공기보다 무거우므로 가스가 새면 바닥 쪽에 고이게 되며, LNG는 공기보다 가벼워 가스가 새면 천정 쪽으로 올라가게 된다.

□ 가스가 조금이라도 새면 다 폭발하나?

가스사고의 발생형태를 보면 1위가 폭발, 2위가 화재, 3위가 누출, 파열, 중독, 산소결핍 순이다. 하지만 가스가 샜다고 다 화재나 폭발사고로 이어지는 것은 아니다. 일정한 가스의 농도와 불씨, 산소 세 가지 발생조건이 있을 때에만 화재나 폭발이 일어난다. 가스는 무색무취이나 냄새나는 물질을 넣어서 사용 시설에 공급되므로 가스가 샜을 때는 냄새를 맡을 수 있고 그 정도의 가스량은 0.01정도이다. 하지만 사고가 발생하려면 프로판 가스의 경우 2.1~9.5%의 가스가 누출되어야 폭발이 일어나며 그 이하 그 이상에서는 절대 폭발하지 않는다. 그리고 성냥불 같은 불씨가 아니라 보이지 않는 정전기, 창문을 열고 닫을 때의 마찰열에도 폭발이 가능하다.

□ 가스사고가 발생하는 원인은 무엇인가?

우리나라의 가스 소비는 10년 전에 비해 4배인 1200만 톤이며 각 가구당 년간 가스소비량은 평균 400kg입니다. 가스사용량과 더불어 증가하는 가스사고는 1999년 한 해 224건이며(사망 : 27명, 부상 : 349명) 계절별로는 겨울철에 가장 많이 발생한다. 가스기기별로는 가스보일러가 가장 위험하고 사고발생은 이동식 가스레인지 및 가스난로이며 사용처별로는 가정에서의 사고가 가장 많고 그 다음이 요식업소이다. 이러한 가스사고의 발생원인 대부분이 사용자와 공급자의 취급 부주의로 일어나고 있으며 가스사고의 주요 원인으로는 콕크와 밸브 조작 미숙, 실내 용기 보관, 연소기 점화 미확인, 호스와 밸브의 접속 불량 방치 등을 들 수 있다.

□ 비눗물로 가스누출을 점검해야 한다던데 어떻게 하는 것인지?

주위에서 흔히 사용하는 주방용 액체세제를 물과 섞어 비눗방울이 잘 일어나는 비눗물로 만든 후 붓이나 스펀지에 묻혀 호스의 연결부분 주위에 충분히 발라준다. 아무런 반응이 없으면 누출이 없는 것이지만 조금이라도 누출되는 경우에는 비눗방울이 생겨 판별할 수 있다. 만약 누출되는 것을 발견하면 용기밸브나 메인밸브를 잠그고 가스판매점 등에 연락하여 보수를 받은 후 사용하시면 되며 이와 같은 비눗물 점검은 2~3일에 한번 정도 하는 것이 좋다.

□ 가장 많이 사용하고 있는 가스보일러를 안전하게 사용하려면 어떻게 해야 하나?

우선 보일러실은 주거공간과 분리되어 폐 가스가 스며들지 않고 불에 타지 않는 재료로 만든 별도 공간에 설치하고 밖으로 통하는 환기창을 두어야 한다. 1M 이내에 다른 건축물이 있는 경우에는 지붕면보다 배기통이 수직으로 1M이상 높게 한다. 급 기구는 바닥에 가깝게, 상부환기구는 보일러 상단보다 위쪽에 설치하며 급기구와 상부 환기구는 지름이 10㎝이상 되어야 하고 빗물이나 찬바람이 들어온다고 환기구멍을 비닐 등으로 막으면 위험하므로 항상 주의해야 한다. 배기통은 바람이 잘 통하는 곳에 설치하고 정상부에는 배기통이나 배기 팬을 부착한다. 그리고 정기적으로 1년에 1회 이상 보일러 제조회사에 의뢰하여 안전점검을 꼭 받아야 안전하다.

□ 가스가 누출됐다면 어떻게 해야 할까?

가스냄새로 가스가 새는 것을 발견하면 먼저 연소기 점화 콕 중간밸브 용기밸브까지 가스의 공급을 차단하는 한편 창문과 출입문을 열고 누출된 가스를 밖으로 몰아내 신선한 공기로 환기시켜야 한다. 이 때 선풍기나 배기 팬을 켜서는 절대 안 되며 다른 전기기구도 켜거나 꺼서도 안 된다. 전기기구를 켜거나 끌 때 발생하는 스파크로 불이 붙어 폭발할 수 있기 때문이다. 그리고 가스공급업소에 연락 점검 후 사용해야 한다.

□ 만약 가스누출로 인해 사고가 발생했다면 응급조치는 어떻게 해야 할까?

가스보일러 등에 의한 일산화탄소 중독일 경우에는 환자를 신선하고 따뜻한 곳으로 옮겨 호흡을 하게한 후 응급차량을 불러 즉시 의사의 지시를 받아야 한다. 화재나 폭발이 있을 때에는 환자의 상태를 보아 간단한 응급조치를 실시한 후 응급차량을 불러 병원으로 호송하고 의사의 지시를 받아야 한다.

□ 일반 가정에서 설치할 수 있는 안전장치에는 어떤 것이 있나?

가정에 반드시 설치되어 있어야 하는 안전장치로는 퓨즈 콕이 있으며 퓨즈 콕은 호스이탈 등으로 가스가 다량 누출될 경우 자동으로 가스누출을 중지시키는 안전장치이다. 이 퓨즈 콕의 설치로 다량의 가스누출은 안심할 수 있으나 소량으로 누출되는 가스는 자동으로 차단시킬 수 없다. 따라서 요식업소에서는 가스누설자동차단기를 의무적으로 설치하고 있으나 가정에서는 가스누설경보기를 주로 설치하여 사용하고 있다.

□ 가스누설경보기의 오작동과 고장은 어떻게 관리해야 하나?

가스누설경보기는 반도체 센서인 검지부가 가스누출을 검지하여 경보를 울려주도록 되어 있다. 이 검지부 센서가 불량하면 오작동을 하게 되는데 오작동의 주요 원인은 습기나 이물질이 고착되는 경우이다. 오작동을 예방하기 위한 관리방법으로는 첫째, 센서의 수명이 2~3년이므로 3년 정도마다 센서를 교체하고 둘째, 검지부에 물이나 습기가 차지 않도록 바닥에서 30㎝이내의 높이의 건조한 장소에 설치해야 하며 도시가스의 경우 천장에서 30㎝이내에 설치하여야 한다.

또한 음식 찌꺼기나 기름 때 등이 내부로 들어가지 않도록 해야 하고 소량의 가스누출은 비눗물 등으로 직접 점검하여 만일의 가스누출에 대비하여야 한다.

(2) 가스화재의 방어 활동

가스 유동범위의 파악을 최우선으로 하고 경계구역을 설정하여 폭발 또는 연소 위험 등으로부터 대원의 안전을 확보하면서 건물에 연소방지와 탱크 기타 용기의 폭발방지 및 미연소가스의 연소방지에 노력함을 원칙으로 한다.

□ 일반가정에서의 방어: 일반가정의 누설가스 화재현장에 도착한 소방대는 건물화재에 준하여 행동하고 용기에 대하여는 화재의 상황에 따라 안전하게 접근할

수 있을 때에는 메인밸브에서 가스의 분출을 중지시키고 화재 때문에 가열되어 있을 경우에는 폭발할 위험이 있으므로 유효한 차단물을 이용하여 용기를 전도시키지 않도록 분무주수로 냉각시킨다.

□ **다량 취급하는 장소:** 충전되어 있는 용기를 다량으로 취급하는 장소의 화재는 차례차례로 용기가 가열되어 안전 변의 작동에 의하여 화면의 확대가 빠르고 사방으로 비산하는 것도 생각할 수 있으나 가스의 유동은 거의 없다. 방어에 있어서는 유효한 차단물을 이용하고 집적소에 대하여 다량으로 주수를 하여 냉각시키고 대원의 접근은 절대로 피하여야 하며 방수포 원격조정 방수기구 등으로 원격주수를 하여 위해 방지에 세심히 주의하여야 한다.

□ **탱크로리, 저장탱크 등의 방어:** 탱크로리, 저장탱크 등의 사고로 누설과 동시에 착화하면 가스의 유동이 거의 없는 것으로 생각할 수 있으므로 주위에 연소방지와 용기의 냉각에 중점을 둔다. 착화할 때까지 장시간이 소요되면 가스의 유동범위가 넓어지므로 여러 가지 화원으로 인해 여러 곳에 독립화재가 발생할 수 있다. 하수도 등에 유입한 가스로 인해 예기치 않은 장소에 확대 발생할 위험이 있으므로 가스측정기 또는 취기 등으로 가스의 유동범위를 제일 먼저 확인하고 경계구역을 설정하여 일반인의 출입을 금지한다.

□ **경계구역의 설정:** 풍향, 풍속, 지형, 건물상황 등을 고려하여 위험범위를 넓게 잡고 가스측정기 등으로 안전을 확인한 후에 서서히 위험구역을 좁혀간다. 가스확산의 확인에는 지상, 기타 지하시설까지 실시하고 '출입금지' 표시를 명시하고 도로를 차단, 출입금지 시킴과 동시에 필요에 따라 직원을 배치하여 차량, 주민, 통행인 등을 유도한다. 경계구역은 유출가스 뿐만 아니라 용기의 폭발, 비산 등을 고려한 범위를 잡는다. 또한 풍향의 변화를 항상 유의하여 구역변경을 놓쳐서는 안 된다.

□ **수리부서:** 수리 선정은 소방활동 상 가까운 것이 바람직하나 가스화재에 있어서는 다음사항에 유의하여 선정한다.

- 원칙적으로 풍상, 풍횡의 수리에 부서하고 경계구역내의 것은 사용하지 않는다.

- 하천, 맨홀 등은 가스의 분출점이 될 위험성이 있으므로 사용하지 않는다.
- 부서하는 수리의 부근에 지하시설물의 맨홀 등이 있는 경우에는 폭발위험에 주의한다.
- 기타 가스가 체류하기 쉬운 장소가 부근에 있는 경우에는 분무주수로 확산시키도록 한다.

(3) 가스안전기기

가스안전기기란 가스사용 시설에서 사용자의 취급부주의 · 제품불량 또는 고의에 의하여 가스가 누출되거나 누출될 우려가 있는 이상 상태를 검지하여 이를 사용자에게 알려주거나 자동으로 차단되는 기능을 보유한 제품을 말하며 퓨즈 콕, 가스누출경보기, 가스누출경보차단장치, 마이콤미터(다기능 가스안전 계량기) 등이 이에 해당된다.

□ **퓨즈 콕**: 퓨즈 콕(중간밸브)이란 옛날에 전기를 사용하는 장소의 인입부에 두꺼비집을 설치하여 그 속에 퓨즈를 설치하여 규정량 이상의 전기가 흐르는 경우 또는 전기가 합선이 되는 경우에 퓨즈가 녹아 전기를 차단하는 원리를 이용한 것으로서, 퓨즈 콕(중간밸브)은 배관에 흐르는 가스를 차단하거나 열어주는 장치이며 배관과 호스 연결부에 설치하고 연소기를 설치한 실내에 조작하기 쉬운 곳에 퓨즈 콕(중간밸브)을 설치하여야 한다.

퓨즈 콕(중간밸브)은 배관과 호스 또는 배관과 퀵카플러(세탁기의 물 배관 연결이음쇠의 기능과 동일함)의 연결부분에 설치되어 사용한다. 퓨즈 콕은 연소기에서 가스가 정상적으로 연소될 때는 작동되지 않으나 가스 사용 중 호스가 빠지거나 호스가 절단되어 규정량 이상의 가스가 흐르면 가스를 차단하는 안전장치가 작동되어 가스누출로 인한 화재와 폭발사고를 예방할 수 있는 안전장치이다.

정상적인 사용 시에는 퓨즈 볼과 실린더 사이로 가스가 흐르지만 호스가 빠져서 지나치게 많은 양의 가스가 흐르면 퓨즈 볼이 가스를 통과하는 구멍을 막아 가스를 차단한다. 퓨즈 콕의 손잡이는 닫힌 상태에서 예비동작이 없이는 열리지 않는 구조 즉, 눌러서 회전하도록 되어 있으며 핸들의 열림 방향은 시계바늘 반대방향이다. 특히 퓨즈 콕을 사용 시에는 완전히 전개(全開), 전폐(全閉)상태로 사용하여야 하며 반개(半開)상태로 사용하는 경우에는 퓨즈 콕의 기능을 상실하므로 주의하여야 한다.

□ **가스누출경보기**: 가스사고는 많은 사상자를 내고 가옥 등 재산상의 손실을 가져오는데 그 대부분은 취급부주의로 인하여 누출된 가스가 화재 또는 폭발을

일으켜 발생된다. 가스누출경보기는 이런 사고를 예방하기 위하여 가스의 농도가 폭발한계에 이르기 전에 가스를 검지하고 경보를 울려서 가스누출을 알려주는 장치이다. 가스누출경보기의 설치는 가스사용자가 안전을 확보하기 위한 가장 효과적인 방법 중 하나이다.

- **작동원리:** 경보기에는 반도체 식과 접촉연소 식(열선 식)의 2가지 방식이 있는데 반도체 식이 널리 사용되고 있다. 접촉연소 식은 촉매로 표면처리한 백금 선을 가스검지소자로 사용한 것으로 가스가 백금 선에 접촉되면 촉매 작용으로 산화 발열되어 백금선의 온도가 올라가 전기저항의 변화하는 원리를 응용한 것이다. 반도체 식은 일정한 온도로 예열된 금속산화물(산화주석, 산화아연, 산화철 등) 반도체 표면에 가스가 흡착되면 그 전기 전도도가 증가하는 원리를 응용한 것이다.

- **경보기의 종류:** 사용 시설에 설치하는 경보기에는 일체형과 분리형의 2가지 종류가 있다. 일체형 경보기는 일반가정 등에 널리 사용되는 것으로, 가스누출을 검지하는 검지부와 경보부가 같은 케이스 내에 들어있는 구조이다. 방수, 방폭 구조가 아니면 비교적 값이 싸다. 분리형 경보기는 가스검지소자가 내장된 검지부와 전기회로를 내장한 경보부가 분리되어 있고 이 두 가지를 전선으로 접속시킨 것으로 업무용, 공업용으로 사용되며 방수, 방폭 구조이다.

- **가스누출경보기 설치방법:** 검지부는 누출된 가스를 확실하게 검지할 수 있는 곳에 설치해야 한다. 따라서 연소기를 사용하는 곳으로서 쉽게 점검할 수 있고, 또한 통전표시등(通電表示燈)을 어디서나 쉽게 확인할 수 있는 위치에 설치하는데 연소기와 검지부와의 최대거리는 4m이내로 하고 공기보다 무거운 가스일 때는 바닥면에서 검지부의 최상단과의 높이는 30㎝이내가 되도록 설치하고, 공기보다 가벼운 가스일 때는 천장에서 30㎝이내에 설치한다. 그러나 환기구 등 공기의 출입구에서 1.5m이내나 출입구 부근 등 외부의 기류(공기)가 흐르는 곳이나 연소기의 폐 가스의 접촉이 쉬운 장소와 같이 누출된 가스를 정확하게 검지할 수 없는 위치는 피하는 것이 좋다. 또한 주위의 온도가 현저히 낮거나 높은 곳, 물기가 직접 닿을 수 있는 곳, 욕실 등 습기가 많은 곳은 피하여야 한다. 그리고 검지부가 손상되기 쉬운 장소나 바닥면과 검지부 사이에 가스를 차단하는 장애물이 있거나 누출된 가스가 검지부 등에 도달하기 어려운 위치도 피하여 설치한다.

□ 가스누출 자동차단장치: 가스누출 자동차단장치는 규정된 유량보다 많은 양의 가스가 흐를 때 가스를 자동 차단하는 기능(과류차단기능)과 누출여부를 점검할 수 있는 (누출점검기능)을 가진 가스누출 자동차단장치와 누출된 가스를 검지하여 경보를 울리면서 가스통로를 차단하는 가스누출 경보차단장치가 있다. 가스누출 자동차단장치는 차단부와 검지부, 제어부로 되어 있다. 차단부는 가옥 등 건물의 외부배관에 설치하며 검지부는 경보기의 검지부와 같이 사용가스의 비중에 따라 바닥면 또는 천장으로부터 30㎝이내가 되도록 설치한다. 제어부는 연소기 주위의 조작하기가 쉬운 곳에 설치한다.

□ 마이콤미터(다기능 가스안전 계량기): 마이콤미터는 가스의 사용상태를 유량과 시간으로 항상 감시하는 기기로 가스의 미량누출, 정상보다 과다한 가스의 흐름, 공급되는 가스의 압력 저하, 일반적인 가스사용 초과, 가스누출경보기 작동 등이 검지되었을 경우 가스를 자동으로 차단하고 공급자에게 이상신호를 보냄으로써 소비자의 부주의에 의한 가스누출사고를 방지하는 종합안전기기이다. 일본에 널리 보급되어 있는 마이콤미터는 현재 국산화를 위해 연구개발 중이며 2001년부터 실용화할 예정이다.

(4) 가스시설의 부적합 유형에 따른 예상재해 및 안전사용요령

□ 퓨즈 콕 미설치: 호스의 이탈 등으로 인한 가스의 다량 유출 시 차단기능이 없어 화재, 폭발사고의 위험이 높다. 퓨즈 콕은 가스의 다량 유출 시 자동차단하는 기능을 가지고 있으므로 반드시 설치하여야 한다. 퓨즈 콕은 도시가스 지역관리소나 LP가스 판매점에 신청하여 설치하실 수 있다.

□ 호스를 3m이상 또는 호스 "T"형 이음 사용: 호스를 길게 늘어뜨려 사용하는 경우 사람들의 왕래에 의한 충격 시 쉽게 이탈될 수 있으며 호스 "T"형 이음 사용 시 연결부위 이완으로 가스누출로 인한 사고를 초래할 수 있다. 연소기 입구까지 배관을 설치하여 호스는 3m 이내로 "T"형 이음이 없도록 하여야 한다.

□ 중간밸브 전단배관 미설치: 염화비닐호스는 찢어지거나 밸브에서 빠지기 쉬워 가스누출로 인한 사고의 위험성이 높다. 용기에서 중간밸브 전단까지는 배관을

설치하여야 하며 신규건축물은 건축시부터, 기존건축물은 음식점 등 업무용 건물 : 2000.12.31까지, 공동주택 : 2001.12.31까지 단독주택 : 2003.12.31.까지, 체적거래 시설로 전환하였다.

□ **중간밸브 위치불량 또는 미설치:** 호스의 이탈, 찢어짐 등으로 가스누출 시 중간밸브가 설치되어 있지 않을 경우 가스차단이 늦어져 화재, 폭발의 위험이 높다. 중간밸브는 사용자가 긴급한 상황에서 쉽게 조작할 수 있는 위치에 설치되어 있어야 한다.

□ **용기 옥내 보관 또는 통풍불량:** 용기를 통풍이 불량한 장소(옥내)에 설치할 경우 가스누출 시 체류되어 폭발의 위험이 있다. 실외에 용기보관실을 설치하고 직사광선, 눈 또는 빗물에 노출되지 않는 통풍이 원활한 곳에 보관하여야 한다.

□ **미 검사 가스용품 사용:** 미 검사 가스용품은 안전성이 확인되지 않은 제품으로 점화가 되지 않거나 불이 꺼졌을 경우 가스를 차단하는 기능이 작동되지 않아 가스누출로 인한 사고를 초래할 수 있다. 연소기는 한국가스안전공사의 검사필증이 부착되었는지 여부를 확인하고 사용하여야 한다.

□ **배관 고정, 도색 불량, 환기 불량 장소 설치:** 고정이 불량할 경우 흔들림 등에 의해 배관 간의 조임이 느슨해져 가스가 누출될 수 있다. 도색이 훼손된 경우 부식으로 배관수명이 단축될 수 있다. 벽 속 등 환기가 불량한 장소에 배관이 설치되어 있는 경우 가스누출 시 체류되어 폭발의 위험성이 있다. 배관은 도색하여 환기가 가능한 장소에 단단히 고정 설치하여야 한다.

□ **전용 가스보일러실 미설치, 환기 불량 장소 설치, 급·배기 불량:** 보일러 설치장소가 잘못되었거나 환기 또는 급·배기 불량에 의해 누출되어 실내로 유입된 보일러 폐 가스에 지속적으로 인체가 노출되었을 때 일산화탄소 중독으로 인한 심각한 뇌의 손상 또는 사망을 초래할 수 있다. 가스보일러는 전용보일러실이 필요한지 여부를 확인하신 후 필요한 보일러는 반드시 전용보일러실에 설치하고 수시로 환기상태 및 급·배기 상태를 확인하여야 한다.

□ **용기 전도(넘어짐) 방지 불량:** 용기가 넘어질 경우 용기에 부착된 조정기,

호스 등이 이탈되어 가스누출로 인한 사고를 초래할 수 있다. 체인 등으로 고정하여 넘어지지 않도록 조치하여야 한다.

□ 조정기유량 또는 압력 부적합: 가스레인지 등 연소기에 불이 뜨거나 점화되지 않아 가스누출로 인한 화재의 위험이 있다. 연소기에 적합한 유량 및 압력을 확인하고 적합한 조정기를 사용하여야 한다.

□ 마감조치 미실시: 가스배관에 마감조치가 안 된 사실을 인지하지 못한 사용자가 밸브를 개방하여 가스누출로 인한 화재나 폭발을 초래할 수 있다. 배관설치나 연소기 철거 시 배관말단에 마감조치를 철저히 하고 이사한 후 사용 전에 마감조치 여부를 반드시 확인하여야 한다.

(5) 가스누출 시 사용요령: 가스는 원래 냄새나 색깔이 없지만 누출되었을 때 쉽게 알 수 있도록 하기 위해 불쾌한 냄새가 나는 물질(메르캅탄류)을 섞어서 공급한다. 그러므로 사용자들은 가스를 사용하기 전에 반드시 냄새를 맡아 가스가 누출되지 않았는지 확인하고 점화하는 습관을 생활화 하셔야 한다.

가스를 사용하다보면 여러 가지 이유로 자칫 누출되는 경우를 당하기도 하는데 가스가 누출되거나 그 밖의 이상을 발견하였을 때에는 절대 당황하지 말고 침착하게 응급조치를 하면서 즉시 가스판매업소나 도시가스 관리 대행업소에 연락하여 적절한 조치를 받으면 된다.

□ 가스공급을 차단하고 환기를...: 가스냄새로 가스가 새는 것을 발견하면 먼저 연소기의 점화 콕과 중간밸브, 용기밸브에서 가스공급을 차단하고 창문과 출입문 등을 활짝 열어 누출된 가스를 밖으로 몰아내고 신선한 공기로 환기시킵니다. LPG의 경우에는 공기보다 무겁기 때문에 방바닥으로 가라앉으므로 침착히 빗자루 등으로 쓸어내듯 환기를 시켜야 한다.

□ 전기기구 사용은 금물: 이 때, 급하다고 환풍기나 선풍기 등을 사용하면 스위치 조작 시 발생하는 스파크에 의해서 점화되어 폭발할 가능성이 있으므로 전기기구는 절대 사용해서는 안 된다.

□ 판매점 · 도시가스관리업소에 연락하여 조치 : 그리고 아파트나 연립주택 등

에서는 이웃에 알려서 도움을 받고 만약의 사태에 대비하도록 해야 한다. 이렇게 한 후 LPG 판매점이나 도시가스 관리 대행업소에 연락하여 필요한 조치를 받고 안전함을 확인한 후 다시 사용해야 한다.

□ LPG 사용 시설: 가스누출로 인해 화재가 발생했을 경우에는 일단 가스기구의 점화 콕을 잠근 후 가스용기의 밸브까지 차단해야 한다. 그래야만 가스용기와 가스기구를 연결하는 염화비닐호스가 열로 인해 녹더라도 가스에 불길이 옮겨 붙지 않게 됨으로써 화재의 확대를 방지할 수 있다.

가스용기가 직사광선이나 다른 원인에 의해 열을 받았을 경우에는 용기 내의 압력이 높아져 용기가 폭발할지도 모른다고 우려하는 사람이 많으나 그렇지 않다. 가스용기 밸브에는 안전장치가 설치되어 있어 용기의 내압이 올라가면 자동적으로 안전밸브가 열려 가스를 배출해 압력을 떨어뜨려주기 때문에 폭발의 위험은 적다. 그러나 안전장치에 이상이 있을 경우 폭발할 수도 있으므로 가스용기를 불길이 닿지 않는 용기보관실이나 안전한 장소에 설치하는 것이 좋다.

□ LNG 사용 시설: 화재 발생시 도시가스 사용자는 상황을 잘 판단하여 침착하게 가스기구의 점화 콕과 중간밸브를 잠가 가스를 차단한 후 상황이 허락하면 메인밸브까지 잠그도록 한다. 그리고 대형 화재일 경우에는 도시가스회사에 즉시 연락하여 그 지역에 보내지고 있는 가스를 차단하도록 해야 한다.

(6) 평상시 안전관리

국내 가스 소비량의 증가추세와 가스사고 발생 빈도, 사고의 원인 등을 고려할 때 가스사고의 위험성은 계속 높아지고 있다. 따라서 가스의 안전한 사용요령을 바로 알아서 사고를 예방하여 평상시 안전을 지키는 지혜가 필요하다.

□ 사용 전 주의사항 : 가스를 사용하기 전에는 연소기 주변을 비롯한 실내에서 특히 냄새를 맡아 가스가 새지 않았는가를 확인하고 창문을 열어 환기시키는 안전수칙을 생활화한다. 연소기 부근에서 가연성 물질을 두지 말아야 한다. 콕, 호스 등 연결부에서 가스가 누출되는 경우가 많기 때문에 호스 밴드로 확실하게 조이고 호스가 낡거나 손상되었을 때에는 즉시 새 것으로 교체한다. 연소기구는 자주 청소하여 불꽃구멍 등에 음식찌꺼기 등이 끼어있지 않도록 유의한다.

□ 사용 중 주의사항 : 사용 중 가스의 불꽃 색깔이 황색이나 적색인 경우는 불완전 연소되는 것으로, 연소 효율이 좋지 않을 뿐 아니라 일산화탄소가 발생되므로 공기조절장치를 움직여서 파란불꽃 상태가 되도록 조절해야 한다. 바람이 불거나 국물이 넘쳐 불이 꺼지면 가스가 그대로 누출되므로 사용 중에는 불이 꺼지지 않았는지 자주 살펴본다. 불이 꺼질 경우 소화 안전장치가 없는 연소기는 가스가 계속 누출되고 있으므로 가스를 잠근 다음 샌 가스가 완전히 실외로 배출된 것을 확인한 후에 재 점화해야 한다. 폭발범위 안의 농도로 공기와 혼합된 가스는 아주 작은 불꽃에 의해서도 인화 폭발되므로 배출시킬 때에는 환풍기나 선풍기 같은 전기제품을 절대로 사용하지 말고 방석이나 빗자루를 이용함으로써 전기스파크에 의한 폭발을 막아야 한다. 사용 중에 가스가 떨어져 불이 꺼졌을 경우에도 반드시 연소기의 콕과 중간밸브를 잠그도록 해야 한다.

□ 사용 후 주의사항 : 가스를 사용하고 난 후에는 연소기에 부착된 콕은 물론 중간밸브도 확실하게 잠그는 습관을 갖도록 해야 한다. 장기간 외출 시에는 중간밸브와 함께 용기밸브(LPG)도 잠그고 도시가스를 사용하는 곳에서는 가스계량기 옆에 설치되어 있는 메인밸브까지 잠가 두어야 밀폐된 빈 집에서 가스가 새어나와 냉장고 작동 시 생기는 전기불꽃에 의해 폭발하는 등의 불의의 사고를 예방할 수 있다. 가스를 다 사용하고 난 빈 용기라도 용기 안에 약간의 가스가 남아 있는 경우가 많으므로 빈 용기라고 해서 용기밸브를 열어놓은 채 방치하면 남아있는 가스가 새어나올 수 있으므로 용기밸브를 반드시 잠근 후에 화기가 없는 곳에 보관하여야 한다.

□ 평상시 누설점검 : 가스가 새었을 때는 냄새로써 누구나 누출을 쉽게 알 수 있게 하였으나 적은 양이 누출되는 경우나 후각기능에 장애가 있으면 누출을 알아차리기가 쉽지 않다. 때문에 사용 시설에서 가스가 누출되는지 여부를 자주 점검하는 습관을 갖는 것이 사고 예방을 위해서 최선의 방법이라고 할 수 있다. 누출점검 방법은 아주 간단해서 가스가 누출될 위험이 있는 부위에 비눗물이나 점검액을 발라 기포가 일어나는지를 알아보는 것만으로 충분하다. 일반가정의 시설은 호스가 아주 낡았다든가 연소기가 고장난 경우를 제외하고는 호스와 배관의

연결부와 같은 접속부위를 중점적으로 점검하면 된다. 점검할 때는 가정에서 많이 사용하는 주방용 액체세제를 물과 1:1 정도의 비율로 섞어서 비눗방울이 잘 일어나도록 한 다음 붓이나 스펀지에 묻혀서 호스의 연결부분 주위에 충분히 발라준다. 아무런 반응이 없으면 누출이 없는 것이지만 조금이라도 누출되는 경우에는 비눗방울이 생겨 쉽게 판별할 수 있다. 만약 누출되는 것을 발견하면 용기밸브나 메인밸브를 잠그고 판매점 등에 연락하여 보수를 받은 후 다시 사용해야 한다. 이와 비눗물 점검은 점검하는 요일을 정해놓고 수시로 실행하는 습관을 길러두시는 것이 좋다.

(7) 봄철 가스안전관리

겨우내 얼었던 도로나 축대, 교량 등이 해빙기를 맞아 파손되거나 붕괴되면 설치된 가스시설물이 손상될 위험이 높기 때문에 시설물에 대한 안전사고 예방이 필요하다.

□ **해빙기 가스시설 점검은 이렇게:** 우선 LPG의 경우, 겨우내 혹한으로 손상된 부분은 없는지, 비가 들이치지는 않았는지, 또 물이 괴거나 용기받침대나 용기를 묶어놓은 체인이 녹슬지는 않았는지 살펴보시는 것이 필요하다. 조정기, 배관이나 호스의 상태, 연결부위도 점검해 준다. 호스는 3m이내의 길이로 시공하게 되어 있으나 금속배관으로 교체해주는 것이 바람직하다. 특히, 겨우내 혹한으로 호스 등의 연결부위가 헐거워지거나 손상되는 경우가 많은데 호스의 상태가 양호하면 연결부위만 잘라내고 새로 연결하면 되지만 호스상태가 좋지 않으면 새로 교체하는 것이 바람직하다. 도시가스의 경우에는 지하에 매몰된 배관이 지반이 녹으면서 손상될 우려가 있으나 이는 도시가스회사에서 전문장비를 이용해 관리하고 있으므로 사용자의 경우 집안 내의 배관 손상여부를 점검해주는 것이 좋다. LPG를 사용하는 가정과 마찬가지로 도시가스 관리사무소에 의뢰하여 배관과 호스, 호스와 연소기의 연결부위가 손상되지 않았는지 살펴보고 적절한 조치를 받도록 해야 한다.

□ **이사할 때 가스시설 철거는 전문가에게 의뢰해야...:** 봄은 이사를 많이 하는 계절로 이사로 인하여 가스기구를 옮기는 경우가 많고 가스난로와 보일러 사용을 갈무리하게 되는 계절이다. 이런 때 가스기구를 떼어내고 난 다음 호스 막음조치를 잘해 주는 것은 필수사항이다. 만약 가스배관을 고무테이프나 비닐 등을 이용

해 대충 막아두고 "이래도 되겠지?"하며 그대로 이사를 간다면 대형 가스사고로 이어질 수 있는 가능성을 제공하는 것과 마찬가지로 대단히 위험한 행동이다.

□ 이사 갈 때: 이사할 때에는 반드시 LP가스판매업소나 도시가스회사 지역관리소에 연락하여 규정된 자격을 소지한 전문가에게 의뢰, 가스시설의 마감조치를 철저하게 해야 한다.

□ 이사 와서: 사용하던 가스의 종류가 바뀌면 가스기기제조회사와 A/S 센터에 연락하시어 열량변경작업을 의뢰해야 한다(※ 열량변경작업 : 사용하는 가스가 잘 연소되도록 연소기 부품을 교체하는 작업).

(8) 여름철 가스안전관리

□ 가스용기 관리는 이렇게: LP가스 용기는 직사광선이 직접 들지 않도록 따로 보관실에 보관하도록 해야 한다. 복사열이나 외부조건에 의해 안전밸브의 폭발로 가스가 누출될 수도 있으며 불볕더위가 계속될 경우 장독대나 옥상 등 옥외에 보관중인 가스용기 등은 위험하므로 차광막을 설치해야 한다.

□ 휴가의 시작은 가스시설 점검으로부터: 휴가나 여행 등 장기간 집을 떠나는 경우에는 가스연소기의 콕은 물론 중간밸브를 잠그고 LPG는 용기밸브, 도시가스는 계량기 옆에 설치되어 있는 메인밸브까지 잠가 두는 것이 안전하다.

산과 바다를 찾아 휴가를 즐기는 기간 동안 많이 이용하는 것이 이동식 부탄연소기와 부탄가스이다. 이 때 많은 음식을 한꺼번에 조리하기 위해 삼발이 폭보다 무리하게 큰 그릇을 올려놓고 사용하면 복사열로 인해 부탄가스의 폭발위험이 있으므로 사용할 때 이점에 각별히 주의해야 하고 다 쓴 용기는 반드시 구멍을 뚫어서 버려야 한다. 휴가를 끝낸 후 집으로 돌아와 가스시설을 다시 사용하기 전에는 충분히 환기를 시키고 각 가스시설의 이음새 부분을 점검액(비눗물)으로 점검하고 나서 사용해야 안전하며 태풍이나 폭염에 가스시설이 노출되지 않았는지 체크하고 나서 사용하는 것이 안전하다. 만약 이상이 발견되면 도시가스를 사용하는 가정은 해당 지역관리소에, LP가스를 사용하는 가정에서는 판매소에 연락해 전문가의 진단을 받고 나서 사용하는 것이 사고를 미연에 방지하는 안전생활의 지름길이다.

□ 장마철 가스안전관리 요령: 장마철을 대비하여 각 가정에서 사용하는 가스 시설 중에 호스와 가스용품, 배관과 용기, 배관과 호스 등 연결부분이 잘 조여져 있는지 살펴보고 오래된 시설은 가스누출의 위험이 높으므로 미리 교체해 주어야 가스 사고를 미연에 방지할 수 있다. 특히, 장마철에는 대기의 순환이 잘 이루어지지 않아 누출된 LP가스의 경우 공기 중으로 확산되지 않고 바닥 같은 낮은 곳에 체류하므로 사고의 위험이 크다는 사실을 명심해야 한다.

□ 침수가 예상되는 지역에서의 가스안전관리 요령: 집중 호우로 인해 침수가 예상될 경우, 도시가스를 사용하는 가정은 중간밸브 뿐만 아니라 계량기 옆의 메인밸브까지 잠그고 대피해야 하고 LP가스를 사용하는 가정은 용기에 부착된 용기밸브를 잠그고 체인 등을 이용, 안전한 장소에 고정시켜 놓고 대피해야 한다.

□ 침수지역에서의 가스시설 복구할 때의 안전관리 요령: 도시가스 및 LP가스 시설 모두 한국가스안전공사나 전문가에게 의뢰하여 안전점검을 받고 사용하는 것이 안전하다. 특히, LP가스 시설의 경우 가스시설이 유실되거나 가스용기 자체가 물에 잠기게 되므로 반드시 전문가의 점검을 받은 후 사용해야 한다.

가스레인지 및 가스보일러 등 가스용품을 복구할 때는 진흙과 같은 이물질을 깨끗한 물로 씻어 완전히 말리고 난 후 전문가의 안전점검을 받고 사용해야 한다.

□ 침수되었던 가스시설 이렇게 사용하면 절대 안 된다.: LPG용기에 연결하여 사용되는 조정기가 있는데 조정기가 물에 젖었다는 사실을 생각지 못하고 LPG용기에 부착된 밸브를 돌릴 경우, 조정기 내부의 고무 패킹이 찢어지면서 제 기능을 못하여 용기 내부의 고압가스가 그대로 방출되거나 고압가스가 호스를 이탈시켜 가스 사고를 일으킬 수 있으므로 조정기를 함부로 다루어서는 안 된다.

물에 젖었던 가스보일러를 점검 받지 않은 채 전원 플러그를 꽂으면 보일러 내부의 기기판이 타 버리는 것은 물론이며 안전장치가 타서 가스사고의 위험을 초래할 수 있으므로 침수 후 점검을 받지 않은 채 가스보일러를 사용하는 것은 절대 금물이다. 가스보일러의 배기통에 물이 찬 것을 모르고 보일러를 가동시킬 경우 보일러에서 나오는 폐 가스가 실내로 유입, 일산화탄소 중독 사고를 일으킬 수 있으며 또 보일러 자체가 보일러 수명을 단축시킬 수 있으므로 반드시 보일러사의 A/S를 받고 나서 사용해야 한다.

(9) 가을철 가스안전관리

환절기인 가을철에는 먼저 가스보일러를 새로 가동하기 전에 무엇보다 배기통이 꺾여 찌그러지지 않았는지, 구멍난 곳은 없는지 외형을 주의 깊게 살펴보아야 한다. 만약 배기통 안에 이물질이 많이 쌓여 있으면 배기가 안 되어 폐 가스가 실내로 들어와 사고를 일으킬 위험이 있으므로 깨끗이 청소해주는 것이 중요하다.

□ 가스보일러 가동 전 안전관리: 가스보일러의 경우, 가동 시 사용가스의 약 25~30배 이상의 공기가 공급되어야 안전가동이 가능하다. 대부분의 가스보일러 사고원인은 거실 또는 환기가 불량한 주방이나 다용도실에 가스보일러를 설치 사용한다든지, 배기구를 유효단면적보다 터무니없이 적게 설치하여 사용하거나 배기통 연결부 접속불량에 의한 배기가스 실내 유출로 인해 발생하는 경우가 많다.

가스보일러의 구입 시에도 사용하는 가스종류에 따라 LPG 또는 도시가스용을 확인, 결정하고 가옥구조에 적합한 급·배기 방식의 가스보일러를 선택하는 것이 중요하다. 예를 들어 기존주택 또는 아파트 등 전용보일러실과 급·배기 연돌이 없거나 부실한 경우에는 FF식(강제 급·배기 식)보일러를 선택해야 하고 전용보일러실과 충분한 유효단면적을 확보한 배기통이 있을 경우에는 CF식(자연배기 식) 또는 FE식(강제 배기 식)보일러를 선택해야 한다. 가스보일러의 안전한 사용을 위해서는 설치 시에는 반드시 가스보일러 전문 시공회사에 의뢰해야 하고 반드시 전용보일러실에 설치해야 한다. 그리고 이상 상태를 발견하였을 때는 가스보일러에 부착된 시공표지판 또는 명판에 표시된 시공자 또는 제조회사에 A/S를 요청하고 반드시 수리 후 사용하도록 해야 한다.

(10) 겨울철 가스안전관리

□ 올바른 용기보관은 가스안전의 첫 걸음: 많은 가정에서 가스용기를 옥상이나 외진 구석에 아무렇게나 방치하고 있는데 이는 가스 사고를 자초하는 위험한 행위이다. 따라서 용기는 조정기의 손상을 막고 가스사고 방지를 위해 반드시 눈, 비를 피할 수 있고 환기가 잘 되는 옥외에 보관실을 지어서 보관해야 한다. 간혹 용기를 다용도실이나 주방, 지하실에 설치하는 경우가 있는데 누출된 가스가 주위

의 화기 등에 의해 폭발할 수 있으므로 이 역시 사고를 부르는 위험한 행위이다.

또한 바닥에 고일 수도 있는 수분의 영향을 받지 않도록 받침대를 만들고 체인이나 굵은 끈으로 용기 허리부분을 고정시켜 용기가 쓰러지지 않도록 하는 것이 좋다. 그리고 기온이 너무 낮아 가스가 남아 있는데도 잘 나오지 않는 경우에는 두터운 헝겊으로 용기를 감싸주어 따뜻하게 해 주어야 한다. 이 때 갑작스럽게 용기에 전열기나 불을 갖다 대거나 뜨거운 물을 붓는 행동은 다른 사고를 부를 수 있음을 명심해야 한다.

□ **가스보일러 안전관리:** 겨울철에는 보일러 등 가스난방기 사용량의 증가에 따른 가스중독 사고 발생율이 높은 계절이기도 하다. 가스보일러를 처음 가동하기 전에 반드시 배기통이 빠져 있거나 꺾인 곳은 없는 지 살펴보아야 한다. 또한 배기통 안의 이물질을 제거하여 폐 가스의 역류로 인한 일산화탄소 중독 사고를 미리 예방해야 한다.

- 배기통 : 평상시에도 가스사용자는 가스보일러 작동 시 배기통 등이 막히거나 손상되지 않았는지, 배기와 연소 가 정상적으로 되는지 자주 점검해 볼 필요가 있다.
- 보일러 : 보일러 사용 중 연소상태가 이상하거나 과열, 소음, 진동, 이상한 냄새가 날 때는 즉시 보일러를 끄고 가스밸브를 잠근 다음 전문가에게 의뢰하여 점검을 받은 후 사용하셔야 한다.
- 환기구 : 또한 빗물이나 바람이 들어온다고 천이나 비닐 등으로 환기구를 막으면 매우 위험하다. 신선한 공기유입과 폐가스가 원활히 빠져 나갈 수 있도록 환기구는 반드시 항상 열어 두어야 한다.

보일러를 새로 설치하는 경우, 시공하기 전에 시공자의 자격보유 여부를 반드시 확인하고 설치 후에는 시공자가 발행하는 시공확인서를 부착하여 이상이 발생할 경우는 가스보일러에 부착된 시공표지판 또는 명판에 표시된 시공자 또는 제조자에게 A/S를 요청할 수 있도록 해야 한다.

장기간 여행으로 집을 비우게 될 때는 순환수를 모두 빼고 중간밸브와 메인밸브 등을 모두 차단해줘야 하고 짧은 여행 시에는 전원 플러그를 꽂아 놓고 만약의 사태에 대비하여 환기창을 조금 열어두는 것이 바람직하다.

특히, 가스보일러의 동파 방지장치는 순환수의 온도강하에 의하여 작동되므로 보일러에 부착된 전원스위치만 끄고 전기콘센트와 중간밸브는 정상상태를 유지토록 하는 것이 바람직하다.

(11) LPG 자동차

국내 LPG 자동차는 1970년대부터 잉여 부탄가스의 수요를 개발하고 대중교통수단의 연료비 부담을 경감하기 위하여 사업용 자동차의 연료로 사용된 이래 경제성과 환경 친화성에 힘입어 수량이 지속적으로 증가하여 왔다. 특히 최근의 경제 사정 악화로 인하여 수량이 급격히 증가하여 현재 약 100만여 대의 LP가스 차량이 운행 중에 있으며 약 580여 개소의 LP가스 충전소가 있다. 또한 외국의 경우 LP가스 자동차는 60년 이상의 오랜 기간 자동차용 대체 연료로 사용되어 온 관계로 많은 기술과 경험이 축적되어 있으며 전 세계적으로 약 400만대 이상의 LP가스 자동차가 운행 중에 있다.

□ LPG 자동차의 장 · 단점

- 장점

- 연료비가 싸다.
- 옥탄가가 높다(노킹에 유리).
- 베이퍼록 등이 발생하지 않고 내열성이 우수하다.
- 기체연료이기 때문에 각 기통으로의 혼합기 분배성이 양호하다.
- 연료자체의 증기압을 이용하므로 연료 펌프가 필요 없다.

- 단점

- LPG 충전소가 적기 때문에 장거리 운행이 불안하다.
- 큰 용기가 필요하기 때문에 트렁크 룸이 좁다.
- 타르 제거 등 정비가 필요하다.
- 용기가 고압용이기 때문에 정기점검이 필요하다.
- 가스 누출 시 체류하여 점화원에 의해 폭발의 위험성이 있다.

□ **LPG 자동차의 종류**: LPG 자동차는 제조 방법과 연료 공급 방법에 따라 다음과 같이 구분된다. 제조 방법에 따른 구분으로서 첫 번째는, LP가스 연료를 사

용하도록 설계된 엔진과 연료장치를 부착한 자동차를 자동차 제조사에서 제조하는 제조 차량(또는 완성 차량)과, 휘발유를 사용하도록 제조된 자동차의 연료장치를 시공업소에서 LP가스 연료 사용에 적합한 장치로 구조 변경하는 차량이다. 또한 연료의 공급 방법에 따라 자동차 연료로 LP가스만을 사용하는 단일 연료 공급방식과 휘발유 또는 LP가스 중 원하는 원료를 선택적으로 사용할 수 있는 다중연료(Bi-fuel) 공급방식으로 구분할 수 있다.

□ **LPG자동차의 기본구조:** 연료 용기안의 LP가스는 내부 압력에 의해 용기밸브, 필터 및 긴급차단장치, 배관, 전자밸브를 거쳐 기화기로 전달된다.

기화기에서는 엔진 냉각수의 열을 이용하여 가스를 기화시킨 후 감압하여 혼합기로 보내며 혼기에서는 가스와 공기를 혼합하여 엔진으로 공급된다.

엔진의 시동 시에는 일반적으로 기체 연료를 사용하여 엔진을 시동하며, 시동 후 엔진의 회전에 의해 수온이 높아(15℃ 이상)지면 기체 연료 측 전자밸브가 차단되고 액체 연료가 공급된다. 따라서 휘발유 또는 LP가스를 선택적으로 사용할 수 있는 자동차는 저온에서 시동 시 휘발유를 사용하는 것이 시동성이 좋다.

이와 함께 기체 연료를 사용하여 웜업(Warm up)할 때 엔진 회전수를 급격히 증가시키거나 자동차를 출발하게 되면 엔진이 정지할 수 있으므로 주의하여야 한다.

□ **LP자동차 안전관리:** LPG자동차는 신규제조 및 구조 변경 시 한국가스안전공사의 검사를 받도록 되어 있으며 구조 변경은 자동차 종합 정비업(종전 1급 정비업) 또는 소형 자동차 정비업(종전 2급 정비업)등록을 한 자만이 가능토록 규정되어 있다. 불법으로 구조 변경을 하여 사용한 자에 대하여는 300만원 이하의 벌금이 부과된다.

- **엔진시동 전 점검사항:** 연료출구밸브는 반드시 완전히 열어준다. 비눗물을 사용 각 연결부로부터 누출이 있는가를 점검하고 만일 누출이 있다면 LPG 누설 방지용 씰 테이프를 감아준다. 연결부를 너무 과도하게 체결하면 나사부가 파손되므로 주의한다. 또한 누출을 확인할 때에는 반드시 엔진점화스위치를 'on' 위치시킨다.

- **주행 중 준수사항:** 주행 중에는 LPG 스위치에 손을 대지 않는 것이 좋다. LPG 스위치가 꺼졌을 경우 엔진이 정지되어 안전운전에 지장을 초래할 우려가 있

기 때문이다. LPG 용기의 구조 특성상 급가속, 급제동, 급선회 시 및 경사 길을 계속 주행할 경우, 연료장치 경고등이 점등될 수 있으나 이상현상은 아니다. 평탄길 주행상태에서 계속 연료장치 경고등이 점등되면 바로 연료를 충전해야 한다.

• **시동을 끄는 요령:** 적당히 공회전을 유지한다. LPG 스위치를 눌러(OFF 시켜) 자동적으로 시동이 꺼지도록 한다. 시동키를 분리한다. LPG용기에 있는 연료출구 밸브 2개(적색, 황색)를 시계방향으로 돌려 잠근다(장기간 주차 시 안전을 위하여 실시).

【주의사항】

지하 주차장 및 밀폐된 장소는 통풍이 잘 되지 않아 가스가 잘 빠져 나가지 않으므로 인화성 물질에 의해 화재가 발생할 수 있다. 따라서 장시간 주차할 경우에는 충전밸브 및 2개의 출구밸브를 반드시 잠그고 지하주차장과 밀폐된 장소는 피해야 한다.

• **LPG 충전방법:** 먼저, 시동을 끈다. 출구밸브 핸들(적색)을 잠근 후, 충전밸브 핸들(녹색)을 연다. LPG 충전 뚜껑을 열어 퀵 커플러를 통해 LPG를 충전시킨다. 충전이 끝난 다음 LPG 충전 뚜껑을 닫는다. 먼저 충전밸브 핸들을 잠근 후 출구밸브 핸들을 연다.

【주의사항】

LPG 충전 시는 반드시 시동을 끄고 충전해야 한다. 법상 LPG 용기는 85%만 충전 가능하도록 설계되었으므로, 85%를 넘지 않도록 해야 한다.

• **교통사고 발생 시:** LPG 스위치를 끈 후, 엔진을 정지하고 동행승객을 대피시키며 LPG 용기의 출구밸브를 잠근 후 누출 부위에 불이 붙었을 경우, 재빨리 소화기 또는 물로 불을 끈다. 응급조치 불가능시에는, 부근의 화기를 제거하고 경찰서, 소방서 등에 신고해야 한다. 또한 차량에서 떨어져서 주변차량의 접근을 통제해야 한다.

• **화기 주의:** 취급부주의로 인한 LPG 누출이 있더라도 화기가 없으면 화재발생이 안되므로 화기(난로, 모닥불, 담배 불, 전기 불) 옆에서 LPG 용기 및 배관 등을

점검, 분해 수리를 해서는 안 된다. 누출 부위를 확인할 때는 비눗물을 사용하는 것이 바람직하다.

### 바. 가스사고 사례 연구

한국가스안전공사 통계자료에 따르면 지난 2009년부터 2014년 9월 까지 전국 주택에서 314건의 가스 안전사고가 발생한 가운데 고의 사고가 86건으로 가장 많다.

주택 가스 사고를 원인별로 분류하면 고의 사고와 사용자 취급 부주의가 각각 86건(27.4%)과 76건(24.2%)으로 주를 이뤘고 기타 62건(19.7%), 시설 미비 50건(15.9%), 공급자 취급 부주의 24건(7.6%), 제품 노후 15건(4.8%) 등이 뒤를 이었다. 고의 사고는 방화 등 타인에게 해를 입힐 목적으로 일부러 가스를 폭발시키거나 자해를 하기 위한 가스 누출, 폭발사고나 타인이 흡입하게 하려고 가스를 누출한 행위 등이 해당된다.

한국가스안전공사의 자료에는 고의 사고 사례로 지난해 11월 경북 칠곡군의 한 5층 빌라에서 일어난 가스 폭발 사고를 들고 있다. 이 사고로 1명이 숨지고 5000만원의 재산피해가 발생한 바 있다. 누군가가 연결호스 절단으로 가스를 유출시킨 뒤 불을 붙인 것으로 파악됐다.[54]

최근 5년간 가스 사고는 끊이지 않고 발생했다. 연도별 발생 건수는 2009년 145건, 2010년 134건, 2011년 126건, 2012년 125건, 지난해 121건, 올해 1~9월 77건이다. 5년간 총 728건이 발생했고 사망자 85명, 부상자 1010명 등 1095명의 인명피해를 낸 것으로 집계됐다. 사고 장소는 주택이 314건으로 가장 많았고 식품 접객업소(111건)와 기타 가스사용 허가업소(47건), 공장(46건) 등이 뒤를 이었다. 가스 종류별 발생 건수는 LPG 522건, 도시가스 134건, 고압가스 72건 등이다.

또한, 가스안전공사에 따르면 2010년~2013년 동안 부탄가스 폭발사고는 연평균 20회 이상으로, 폭발로 인한 사상자는 4년간 총 162명에 이른다고 한다. 폭발로 인해 피해를 입은 경우, 심하면 몇 차례의 피부이식이 진행되고 화상 치료 이외에도 파편이나 폭발로 인한 고막 천공, 결막 화상, 청력 소실 등의 합병증을 남길 수 있다.

---

54) 한국가스안전공사, 2014, 국정감사 제출자료(이채익 새누리당 의원)

<연도별 사고 현황>

(단위 : 건, 명)

| 구 분 | | 계 | 2009 | 2010 | 2011 | 2012 | 2013 | 2014.9.30 |
|---|---|---|---|---|---|---|---|---|
| 사 고 건 수 | | 728 | 145 | 134 | 126 | 125 | 121 | 77 |
| 인명피해 계 | | 1,095 | 227 | 206 | 233 | 179 | 161 | 89 |
| 사망 | L P G | 35 | 14 | 1 | 2 | 8 | 5 | 5 |
| | 도시가스 | 24 | 1 | 5 | 4 | 8 | 5 | 1 |
| | 고압가스 | 26 | 5 | 4 | 4 | 4 | 7 | 2 |
| | 소 계 | 85 | 20 | 10 | 10 | 20 | 17 | 8 |
| 부상 | L P G | 743 | 176 | 128 | 162 | 99 | 113 | 65 |
| | 도시가스 | 202 | 24 | 48 | 55 | 41 | 27 | 7 |
| | 고압가스 | 65 | 7 | 20 | 6 | 19 | 4 | 9 |
| | 소 계 | 1,010 | 207 | 196 | 223 | 159 | 144 | 81 |

[표 4-28] 연도별 가스사고 현황[55)]

부탄가스 최대 생산국이자 소비국이지만 안타깝게도 부탄가스 폭발 안전장치가 설계되어 판매되고 있는 제품은 전체 제품의 10% 안 밖에 불과하다. 부탄가스 폭발은 뜨거운 열로 인해 통 안의 가스가 팽창하게 되어 압력을 버티지 못하고 터지게 되는 현상이다. 이에, 기존의 부탄가스 통에 몇 개의 구멍으로 홈을 만들어 가스가 팽창할 때 가스가 밖으로 세어나갈 수 있도록 통로를 만들어 줌으로써 내부 압력을 낮추어 가스 폭발을 방지할 수 있는 것이다.

실제로 안전장치가 부착된 부탄가스를 사용한 기간 동안 단 한건의 폭발사고도 일어나지 않았고, 가스안전공사에 집계된 사고 건수 또한 줄었다고 하니 그 정도로 폭발 방지 효과는 확실한 것 같다.

가스폭발 사고는 가정에서 발생하는 고의사고가 가장 많으나, 공사장 등에서 기본 안전수칙을 지키지 않아 발생하는 사고의 경우는 막대한 인명과 재산피해를 수반하게 된다. 상인동 도시가스 폭발사고의 경우 도시가스 배관이 무리한 공사 중 뚫림으로써 누출을 통해  공사장으로 유입돼 원인미상의 불씨에 의한 대형참사인 것이다.

55) 가스안전교육원, 자료실, 한국가스안전공사, 2014, 국정감사 제출자료(이채익 새누리당 의원)

(1) 상인동 도시가스 폭발사고

1995년 4월 28일 오전 7시 52분경 달서구 상인동 영남고교 지하철 1호선 제 1~2구간 공사장에서 발생한 폭발사고로 이 사고는 사고 발생지역에 있는 대구백화점 상인지점 그라우팅을 위한 천공작업을 위해 75mm 31개를 굴착 중 실수로 200mm 도시가스 배관이 뚫림으로써 누출가스가 공사장으로 유입돼 원인미상의 불씨에 의해 발생한 사고이다. 50여 m의 불기둥이 치솟았으며, 이 사고로 101명 사망, 202명이 부상을 입었으며, 차량 통행을 위해 공사장 위에 임시 설치한 복공판 400m가 무너졌고, 건물 346채, 차량 152대가 파손되었고 피해액은 540억원에 다다른다. 대형 공사장에서 굴착을 할 경우에는 해당관청에 도로굴착 승인을 득한 후 가스관을 매설한 회사와 연락하여 가스관이 묻힌 위치를 문의한 후 공사를 진행했어야 하나, 관계자들은 이를 무시하고 막무가내 식으로 무허가 굴착을 강행하였다. 공사를 진행했던 (주)표준개발은 가스관이 파손 된지 30분이나 지나 도시가스 측에 신고를 해 피해를 더 키우게 되었다. 학교 등교시간 대 벌어진 사고로, 학생들의 피해가 컸다. 사망자 101명 중 영남중학교 재학생이 42명이 포함되었고 부상자 202명, 차량 152대 파손, 주택 60채 파손 등 건물 346건 540억에 이른다. 사고처리를 위해 설치된 검경 합동수사본부는 상인점 공사를 맡은 (주)표준개발의 과실에 의한 사고임을 밝혀내고 관계자 9명을 과실치사상 등의 혐의로 구속 기소했으며, 징역 5년을 선고받게 되었다. 물론 운전수도 포함되었다. 이 사고로 지하매설물에 대한 전산대장의 필요성이 대두되고, 당국의 안전관리 행정에 대한 비판이 크게 일었으며, 긴급 및 통합 구조체계의 정비 필요성에 대한 정부와 국민의 목소리가 높아져, 시민단체를 중심한 대책기구가 설립되고, 도시가스사업법 등 관계 법령의 개정을 가져왔다.

□ **원인 측면**: 상설운영, 지하매설물 '매핑시스템' 조기 구성, 도로굴착 및 점유시 의무화, 가스누출 탐지를 위한 가스검지기 의무화, 작업개시 전 가스누출 확인 등

□ **수습 측면**: 현장지휘권 일원화, 보강 및 전문인력 양성, 인근병원 응급처치 후 시내병원으로 분산 후송, 신속한 프레스센터 및 체계적인 홍보대책 수립, 상황의 신속하고 정확한 피해자 신원파악 편의제공 등

□ 학산공원: 위령탑: 대구광역시 달서구 월성동 위령탑이 있다. 2005년 4월 28일 마지막 추도식이 열렸다. 유족회가 10주기 추모행사를 하였고 이날 추도식이 마지막 공식 추모행사가 됐다. 추도식에는 유족과 시민 등 500여명이 참석해 희생자들의 영혼을 달랬다.

(2) 삼척시 남양동 도시가스 폭발사고

2012년 8월 17일 오전 6시57분께 강원 삼척시 남양동의 한 노래방 건물에서 가스폭발로 추정되는 사고가 발생, 건물 일부가 붕괴됐다. 이 사고로 중상 4명을 포함해 모두 27명이 다쳤고, 상가와 주택 등 125곳, 자동차 28대 등이 크고 작은 피해를 보았다. 부상자 이모(67)씨는 "동료와 아침식사를 하던 중 맞은편 건물에서 '펑'하는 폭발음이 들리고서 식당 유리창이 깨지면서 파편이 날아들어 다쳤다"고 말했다. 사고가 난 곳은 지상 2층 지하 1층 건물로, 폭발에 의한 충격으로 건물 입구와 내·외벽이 심하게 무너져 아수라장을 방불케 했다. 이처럼 가스 폭발 사고가 잇따르면서 삼척 주민들의 불안은 커지고 있다.

삼척시 남영동의 한 생활용품 마트에서 일하는 주민 이범석(24)씨는 "가게에 나와 보니 다행히 유리창이 조금 깨진 것 외에는 큰 피해가 없었다"며 "사고 난 가게가 내가 일하는 곳이었다면 상상만 해도 끔찍하다"고 말했다. 사고 건물 인근에서 피부관리 샵을 운영하는 주민 심모(32·여)씨도 "사고 난 지 얼마 안 돼서 어안이 벙벙하고 불안하다"면서 "대형 업소가 아니더라도 일반적으로 가스를 많이 쓰는데 전문가가 아니다 보니 관리를 어떻게 해야 할지 잘 모르는 게 사실"이라고 말했다. 현재 소방시설설치유지법에 따르면 일정규모 이상의 상가 건물은 자체적으로 소방안전관리자를 두고 안전점검을 시행하게 돼 있다.

삼척 가스폭발 사고 현장 '아수라장'삼척 가스폭발 사고 현장 '아수라장' (삼척=연합뉴스) 배연호 기자 = 17일 오전 6시57분께 강원 삼척시 남양동의 한 노래방 건물에서 가스폭발로 추정되는 사고로 건물 내·외벽이 무너졌다. 이 사고로 25명이 다쳐 119구조대 등에 의해 병원으로 옮겨져 치료를 받고 있다. 〈〈지방기사 참고〉〉 2012.8.17 byh@yna.co.kr 소방안전관리대상은 ▲총넓이 20만㎡ 이상인 특급관리대상인 건물 ▲총넓이 1만 5천㎡ 이상, 11층 이상, 가연성 가스를 1천t 이상 저장·취급하는 1급 관리대상인 건물 ▲스프링클러설비, 간이스프링클러설비 또는 물 분무 등 소화설비, 옥내소화전설비 또는 자동화재탐지설비를 설치한 건물 등 3가지로 나뉜다. 그러나 이번에 폭발사고 발생한 건물 인근 상가들은 규모가 작고 소화설비를 제대로 갖추지 않아 소방안전관리자 운영 대상이 아니었던 것으로 알려졌다. 소규모 상가밀집 지역은 좁은 골목을 따라 크고 작은 가스통이 다닥다닥 설치돼 있는데다, 10년 이상 된 낡은 고무호스를 사용하는 경우가 많다. 스프링클러 등 방재시설 구축이 미흡하다 보니 취약시간대에 불이 날 경우 대형 인명사고로 이어질 위험도 크다.

삼척시 남양동에서 휴대전화 대리점을 운영하는 주민 이모(31)씨는 "이런 작은 도시에는 소규모 상가나 영세상인들 밖에 없어서 사고가 나면 일단 크게 벌어진다."며 "일차적으로는 알아서 조심해야겠지만 국가 차원에서 이런 지역을 위한 소방안전 대책을 세워줘야 한다."고 말했다.

(3) 아현동 도시가스 폭발사고

1994년 12월7일 오후 2시50분. 서울 마포구 아현 1동 도로녹지공원 지하에서 폭발이 일어났다. 한국가스공사 아현가스 공급기지 지하 저장소가 폭발한 것이다. 폭발과 함께 치솟은 불길은 인근 상가로 옮겨 붙었다. 폭발지점 30m 이내의 상가와 주택이 폭격을 맞은 듯 전소되거나 반파됐다. 왕복 8차선 도로건너편 빌딩에까지 불똥이 튀었고 상가 주택가 주민은 물론 건너편 빌딩에 근무하는 회사원 등도 대피했다. 사고당시 5~6차례의 폭발음이 울리면서 지하철 공사에 사용되는 철판 3장이 인근 고려아카데미빌딩 15층 높이까지 올라간 뒤 떨어질 만큼 도시가스 폭발은 위력적이었다. 화재가 발생하자, 소방차 80여대가 출동해 진화 작업에 들어갔다. 이날 진화를 위해 투입된 인력만 491명, 펌프, 조명차, 헬기 등 장비 107대가 총동원되었다. 아현동 도시가스 폭발 사고로 12명이 숨졌고, 65명이 부상당했다. 주택 등 75채가 불에 타 없어졌고, 70개 건물이 부분 파손 되는 등 145동이 피해를 입었다. 진화 뒤 폭발이 일어난 가스저장소 위에 조성된 2백여평 남짓 도심공원은 나무와 벤치 등 각종 시설물이 들어서 있었으나 형체도 찾아볼 수 없을 정도로 사라져 버렸다. 폭발로 5~6m 깊이의 웅덩이가 생겨나기도 했다. 이날 사고 원인은 한국가스공사 아현가스 공급기지 지하실에서 계량기 점검 때 전동밸브

틈새로 다량 방출된 가스가 환기통 주변에 피웠던 모닥불 불씨로 점화되어 폭발했다. 폭발사고에 앞서 경고가 있었다. 가스공사측이 가스관 밸브에서 가스가 새고 있는 사실을 포착했다. 가스공사는 이날 가스관의 이상을 발견하고 가스 기공 직원 2명, 서울도시가스 직원 2명, 공사감독 1명 등 7명을 투입해 밸브작동 확인 작업을 벌였다. 그러나 점검이 끝난 오후 2시11분 가스가 다시 새어나오면서 경보기가 작동됐다. 가스 누출이 자동으로 중단돼야 하는데도 계속 흘러나왔다.

가스누출 등을 자동적으로 감지할 수 있도록 설치된 첨단 장비인 가스검지기(가스 디텍터)가 작동하지 않은 것이다. 이 장치는 가스가 유출될 경우 경보음과 함께 수송관의 송출압력이 떨어지면서 자동적으로 가스공급차단 밸브를 작동시키도록 돼있었다. 결국 대량 누출된 가스가 결국 지상 가스 환기통에서 5m정도 떨어진 지점에서 있던 모닥불 불씨에 옮겨 붙으면서 대형 폭발로 이어진 것이다.

이런 직접적인 원인 외에도 예고된 참사라는 지적이 잇따랐다. 가스공급 기지가 주택가 한복판에 설치돼 있고, 하루 1천60t의 가스를 공급하고 있는데도 아현기지 상근자가 3명에 불과했다. 3교대로 근무하는 등 관리체계가 부실했던 것도 간접적인 원인으로 꼽혔다. 아현기지 뿐 아니라 군자 등 7개 기지와 1백7㎞에 달하는 서울시내 순환 수송관 점검은 당시 한국가스기술공업(주)소속 점검요원 20여명이 맡고 있었다. 3명씩 5~6개조가 하루 평균 20㎞씩을 맡고 있었던 셈이다.

이들은 수송관을 따라 미리 점찍어둔 표지판을 순찰하며 인근 작업장에서 공사도중 수송관을 건드리는 일이 없는지를 확인하는 육안으로 확인하는 수준이었다.

또 가스누출 경보 작동과 동시에 소방차가 출동할 수 있는 체제가 갖춰지지 않은 점도 문제로 지적됐다. 가스 누출 경보가 울리기 시작한 뒤 40분이나 지났지만 주변 교통 통제나 소방서와의 자동 연락, 주변 상가와 시민들에 대한 대피 안내방송 등이 전혀 이뤄지지 않아 피해가 컸다. 이와 함께 폭발 등 긴급 상황이 지하에서 발생했을 경우, 해당 지역 지하매설물의 정확한 위치와 현황을 표기한 도면이 없는 것도 심각한 문제로 떠올랐다. 아현동 도시가스 폭발사고는 가스공급설비의 개선이나 보강이 이루어져야 하고, 새로운 안전관리체제가 필요하며, 안전·운영·정비 분야 등에서 전문기술인력을 확보 등 교훈을 남겼다. 정부는 사고 직후인 12월14일 도로굴착 공사 때 관계기관 사전협의를 의무화하는 내용의 지침을 마련해 각 시·도와 시공회사 등에 지시했다. 도로 굴착으로 인한 가스배관 파손을 예방하기 위해 관계기관 사전협의를 의무화하고 원격감시체제를 도입키로 했다. 그러나 이런 지침은 공문으로만 그쳤고 이후에도 현장에서는 협의 한번 없이 공사가 강행되기 일쑤였다. 결국 1년도 안된 1995년 4월28일 '제2의 아현동 가스폭발' 사고인 대구지하철 상인동 공사장 가스폭발 사고가 또다시 일어났다

(4) 경북 구미시 주택 가스레인지 과열화재 사고

지난(2015) 1월 9일 (금) 18:05분경 경북 구미시 소재 주택에서 피해자가 가스레인지 위에 곰국을 끓이던 중 국솥이 과열되어 주방 벽지 등에 불이 붙어 화재 사고가 발생했다.[56] 전국적으로 조리 중 자리이석 등으로 가스레인지에 의한 화재가 빈발하고 있으므로 조리 시에는 자리를 비우지 않도록 특별히 주의하여야 하고 불가피하게 자리를 비워야 할 경우에는 가스레인지에 시간 셑팅이 가능한 제품을 사용하여야 하고 반드시 적정시간을 고정해 놓고 다른 일을 봐야한다.

## 3. 전기안전 비상대책

### 가. 전기(電氣)

전기는 물질 안에 있는 전자의 이동으로 인하여 생기는 에너지의 한 형태로 양전기와 음전기의 두 가지가 있는데, 같은 종류끼리는 물리치고 다른 종류끼리는 당기는 힘이 있다.

(1) 전기환경

불을 발견하고 이용하기 시작하면서부터 만물의 영장으로 첫 발을 내딛게 된 인류는 전기에너지가 실용화된 19세기 이후 전기가 갖는 조작의 편리성과 다른 에너지로의 변환 용이성, 환경 보존 및 상대적인 안전성 등의 특성으로 인하여 그 이용 영역을 무한히 확장하여 인류 문화의 급속한 변모를 가져오게 되었다.

첫째로 전기는 밤과 낮의 구분을 철폐하여 24시간 문화 형성을 가능하게 함으로써 물질적·정신적 풍요를 가져오게 하였으며, 둘째로 실내와 실외, 지상과 지하라

56) 가스사고 통계, 한구가스안전공사, 2015년 1월 29일 기준

는 구분을 철폐하여 행동반경을 넓혀 줌으로써 공간과 자원의 효율적 이용을 가져왔고, 셋째로 기계문명의 극대화를 통하여 인류의 물리적인 힘의 확장 및 감각영역의 확대로 관념문화의 변화를 창출했으며, 넷째로 통신 및 교통수단의 발달을 매개로 하여 지구촌을 형성하게 되었다. 이와 같이 전기에 의한 인류의 시간·공간 및 능력의 확장은 사회의 전 부문에 그 파급효과를 가져와 오늘날 모든 분야에서 인간의 욕망을 실현하는 견인차로, 경제 발전의 원동력으로서 전기의 중요성이 심화되고 있으며, 컴퓨터·반도체기술 등 전기 이용기술의 진보에 따른 정보화사회·고도산업사회가 진전될수록 전기는 인류 문화를 창조해 나가는 주역이 될 것이다.

(2) 전기의 개요

전기는 이제 우리 생활에서 빼놓을 수 없는 필수품이다. 문명사회에 살고 있는 우리로서는 누구나 전기의 신세를 지지 않고는 단 몇 시간도 보낼 수 없게 되었기 때문이다. 그럼 전기란 도대체 무엇인가. 이런 질문을 받으면 전문적인 교육을 받은 사람들조차도 당황하게 된다. 전등에서 전기는 빛이 되고, 전기스토브나 다리미에서는 열이 되는가 하면 또 전자석으로 이용될 경우, 쇠붙이를 끌어당기는 힘도 생긴다. 그러나 이러한 전기의 작용을 생각해 보아도 전기 자체가 어떤 것인가에 대한 규명은 되지 않는다. 전기의 정체를 규명하기 위해 인류는 오랫동안 노력해 왔다. 이미 4백여년 전부터 자연계에는 전기라는 것이 있다는 사실이 알려져 있었다. 그래서 많은 학자나 연구가들이 이에 대한 연구를 했지만, 전기가 어떻게 하면 일어나느냐에 대한 현상규명에 불과했다. 물체와 물체를 서로 문지르면 마찰전기가 일어난다거나 천둥 번개도 일종의 전기일 것 같다는 등을 알아낼 수 있었지만, 전기 그 자체의 정체는 밝혀내지 못했다. 그러나 이러한 현상을 중심으로 한 전기의 연구는 꾸준히 계속되었다. 또, 전기의 정체를 모르면서도 전기를 이용한 발명품은 계속 나왔다. 1879년 에디슨이 발명한 백열전구도 이러한 발명품 중의 하나였다. 전선을 타고 흐르는 전기의 정체는 물론 에디슨도 알지 못했었던 것이다. 전기의 전체가 처음으로 규명된 것은 1897년의 일로 에디슨이 백열전구를 발명한 이후 20년쯤이 지나서 영국의 물리학자 톰슨이란 사람에 의해서 밝혀졌다. 톰슨은 여러 가지 실험 끝에 전기라는 것이 아주 미세한 입자라는 것을 알아냈다. 그는 이 작은 입자가 빛도 만들고 열도 나게 한다는 것을 알고, 전자(일렉트론)라고 이름을 붙였던 것이다.[57)]

## 나. 전기의 역사

### (1) 세계 전기의 역사

□ BC600년 탈레스(그리스) : 전기의 발견 (마찰 정전기)

고대 그리스 철학자 탈레스가 기원전 550년경에 호박에 작은 물체가 붙는 현상을 보고 호박을 문지를 때 정전기(static electricity)가 발생한다는 것을 발견했다.

1600년 길버트(영국) : 지구가 거대한 자석임을 확인 길버트는 지구가 하나의 큰 자석이라고 했습니다. 자극을 N극, S극 이라고 명명하고 지구가 하나의 큰 자석이라는 것을 보이기 위해 지구 모양의 자석을 만들어 지구 위에 있는 나침반이 남북을 가리키는 것을 보이기도 했다. 그는 나침반의 N극 바늘이 수평보다 약간 아래를 가리키는 것을 알아내고, 지구가 자석이기 때문에 지침이 땅 속을 가리키는 것이라고 했다.

□ 1729년 그레이(영국) : '도체'와 '부도체'의 발견

그레이는 전기가 선을 타고 움직일 수 있다는 것을 보여준 최초의 실험을 진행했습니다. 부도체는 전기를 잘 전달하지 못 해서 전기를 띠고 있는 물질이고 도체는 전기를 잘 전달하므로 전기를 띠고 있지 않다는 것을 발견했다.

□ 1746년 뮈센브루크(네덜란드) : 전기를 담는 '라이덴병' 발명

뮈센브루크는 전기를 담을 수 있는 병을 만들었다. 이는 오늘날 라이덴병(Leyden jar)이라 부르는 것으로, 최초의 축전기이다. 라이덴병은 유리병 안팎에 금속을 입히고 코르크와 같은 절연 물질로 만든 뚜껑에 구멍을 뚫어 금속 봉과 금속 사슬을 단 구조로 되어 있다. 봉을 들어 올려 사슬이 바닥에서 떨어지게 하면 대전된 상태가 유지되면서 전기가 저장된다.

□ 1752년 프랭클린(미국) : '피뢰침'의 발명

라이던병에 대한 이야기를 듣고 전기에 대해 흥미를 가지게 된 프랭클린은 40의 나이에 전기에 대해 연구를 시작하게 되었다. 그리고 46세 되던 1752년 비 오는 날 연을 날려 번개로 라이덴병을 충전시키는 방법으로 번개가 전기임을 입증했다. 실험에 성공한 프랭클린은 결국 피뢰침을 발명하여 수많은 사람의 목숨을 건지게 된다.

57) 『1989전기연감』(대한전기학회, 1988), 재편집

□ 1780년 갈바니(이탈리아) : '동물 전기'의 주장

1780년 갈바니는 죽어있는 개구리 다리를 해부하던 중 수술 칼을 댈 때 개구리 다리의 근육이 움찔거리는 것을 발견했다. 이후 여러 가지 실험을 해보고 난 후 그는 생체 속에는 전기가 있고 이 전기가 근육을 움직이는 데 사용된다는 결론을 내렸다. '동물 전기'가 존재한다는 것이 그의 주장이었다. 그 당시 사람들은 전기가 물질이라고 생각하고 있었다. 하지만 갈바니의 주장은 동물은 뇌에서 전기를 만드는데, 이 전기가 온몸의 근육에 흘러 들어가 저장되어 있다가 근육을 움직일 때 사용된다는 것이다.

□ 1785년 쿨롱(프랑스) : '쿨롱의 법칙'을 발표

쿨롱은 여러 가지의 전하량을 가진 공을 만들고 비틀림 저울로 힘을 측정해본 결과 쿨롱은 두 공 사이의 힘은 전하량의 곱에 비례하고 두 공 사이의 거리의 제곱에 반비례한다는 것을 알게 되었다. 전하 사이의 힘에 대한 이 법칙은 쿨롱의 법칙이라고 불린다.

□ 1800년 볼타(이탈리아) : '전류', '볼타전지'를 발명

볼타는 구리판과 아연판 사이에 소금물에 적신 천 조각을 끼운 것을 여러 층으로 쌓아올린 것을 만들어 전기를 발생됨을 보일 수 있었다. 전지를 쌓아올린 것이라고 해서 '전퇴(electric -pile)'라고 한다. 전퇴는 전기를 계속 흘릴 수 있는 것이기 때문에 인류가 정전기의 수준 에서 벗어나서 흐르는 전기를 이용할 수 있게 되는 첫걸음이 된 중요한 발명이라고 할 수 있다. 즉 '전류'를 발명한 것이다.

이 전퇴의 원리를 이용해서 더 오래 사용할 수 있도록 만든 것을 볼타전지(Volta cell)라고 한다. V(볼트)라는 기호는 그의 이름을 따서 만들어진 것이다.

□ 1827년 옴(독일) : '옴의 법칙' 발표

1827년 옴은 '전류는 열의 흐름과 비슷하고 전압은 온도차와 비슷하다'는 말로 전압과 전류의 개념을 설명했다. 그리고 전압과 전류는 비례하는데(V=IR) 비례상수는 전압과 전류에 의해 정해지는 것이 아니라 전선의 굵기와 길이에 따라 정해진다고 했다. 저항의 단위는 옴((Ω)은 그의 이름을 따서 붙인 것이다.

□ 1831년 패러데이(영국) : '전자기 유도 법칙' 발표

패러데이는 여러 실험 후, 코일 두 개를 나란히 두고 한 코일에 전류를 흘릴 때

첫 번째 코일의 전류가 변할 때 만 두 번째 코일에 전기가 발생하는데, 첫 번째 코일의 전류가 늘어날 때와 줄어들 때의 두 번째 코일은 전류 방향은 반대가 된다는 것을 확인했다. 이것을 패러데이는 전자기유도 법칙(inducation law)이라고 한다.

□ 1840년 줄(영국) : '줄의 법칙'을 발표

줄은 발열량은 저항 값에 비례하고 전류의 제곱에 비례한다는 것($I_2R$)을 알아내고 1840년에 발표했는데, 이것이 줄의 법칙이다. 후에 열량(에너지)의 단위는 그의 이름을 따서 j(줄)로 정해졌다.

□ 1864년 맥스웰(영국) : '맥스웰 방정식' 발표

맥스웰은 5년 넘는 시간 동안 정리하는 작업을 통해 전자기를 표현하는 식을 20개의 방정식 으로 정리했다. '맥스웰 방정식'은 전자기 법칙을 정리했다는 의미가 있지만 또 한 가지의 큰 의미가 있는데, 그것은 전자기파의 존재를 예측했다는 것이다. 맥스웰은 완전히 수학적인 방법만으로 전자기파의 존재를 예측하고 빛도 전자기파의 일종이라는 것을 알아냈다.

□ 1879년 에디슨 : 백열전구 발명

에디슨의 발명품 중 가장 유명한 것을 꼽으라면 아마 백열등이 될 것이다. 백열등은 쇠를 불에 넣어 뜨겁게 하면 빨갛게 달구어지는 것과 같은 원리로 빛을 내게 된다. 에디슨은 필라멘트를 사용한 백열전구를 만들어 판매하기 시작했다.

□ 1882년 최초의 상업발전소 : 뉴욕 발전소

백열전구를 발명한 에디슨은 일반인이 널리 전등을 사용하기 위해 뉴욕에 발전소를 세웠다. 1882년 3대의 직류 발전기로 3000여 개의 백열전구에 전력을 공급하면서 시작되었다.

□ 1888년 헤르츠(독일) : '전자파'의 존재 증명

헤르츠는 1888년 전자기파의 존재를 확인하는 실험에 성공했다. 헤르츠의 발견은 공간을 통해서 전자기파로 신호를 보낼 수 있는 가능성을 보여주었다는 큰 의미도 있다.

□ 1895년 뢴트겐(독일) : X선을 발견

1895년 뢴트겐이 정체를 알 수 없는 방사선을 발견했다. 이 방사선에 'X선 (X-ray)'

이라는 이름을 붙였다. 뢴트겐이 발견해 '뢴트겐선'이라고도 불리는 X선은 실제로 고속 전자의 흐름을 물질에 충돌 시켰을 때 생기는 파장이 짧은 전자기파를 말한다.

□ 1897년 톰슨 (영국)

'전자'의 존재를 증명 (1906년 노벨 물리학상 수상) 톰슨은 음극선관 실험을 통해 원자(atom)을 이루는 입자의 하나인 전자의 존재를 알아냈다. 1803년 원자설 이후 1913년 수소 원자 모형이 나오기까지 100년 남짓한 과학사에 있어서 전자의 발견은 원자의 구조를 파헤치는데 있어서 가장 선구적인 사건이었다.

□ 1942년 페르미-세계 최초의 원자로 완성

1942년 미국 시카고 대학에서 페르미가 설계한 CP-1(원자로)가 세계 최초로 우라늄 핵분열 연쇄반응 실험을 성공하였다. 1953년에 미국의 아이젠하워 대통령이 유엔에서 "원자력의 평화적 이용"을 제창하면서 미국의 원자력 기술이 세계에 공개되었고 이로 인해 많은 국가에서 원자력에 관한 연구개발이 시작되었다.

□ 1954년 최초의 원자력 발전소 가동

1954년 소련에서 세계 최초의 원자력 발전소인 Obninsk가 가동된 것을 시작으로 1956년에는 영국의 Calder hall 원자력 발전소가 가동되었고, 1957년 미국의 Shippingport 원자력 발전소가 운전을 개시하였다.

- B.C 600년경 고대 그리스에서 호박을 마찰시키면 종이나 먼지를 끌어들이는 현상을 발견
- B.C 200년경 중국에서 자철광이 쇳조각을 흡수하는 것을 발견
- 1310 중국에서 나침반 발명
- 1492 콜럼버스(이탈리아)가 신대륙발견을 위한 항해 중 지구자기에 편각 사실발견
- 1600 길버트(영국) 『자석에 관해서』 발간
- 1660 게리케(독일) '마찰 기전기'를 발명
- 1729 그레이(영국) '도체'와 '절연체'를 발견
- 1752 프랭클린(미국) 연날리기 실험으로 벼락이 전기인 것을 증명
- 1780 갈바니(이탈리아) '동물전기'를 발표
- 1785 쿠울롱(프랑스) '쿠울롱의 법칙'을 발견
- 1800 볼타(이탈리아) '볼타 전지'를 발명

- 1815 데이비(영) '아크등'을 밝히다
- 1820 외르스테드(덴마크) '전류의 전기 작용'을 발견 앙페르(프랑스) '앙페르의 법칙'을 발표
- 1826 옴(독일) '옴의 법칙'을 발표
- 1831 패러데이(영국) '전자기 유도의 법칙'을 발견
- 1840 줄(영국) '줄의 법칙' 발견
- 1859 플랑테(프랑스) '납축전지'를 발명
- 1864 맥스웰 '빛의 전자기파설'을 발표
- 1867 그람(벨기에) 발전기를 발명
- 1868 르클랑셰(프랑스) '망간 건전지'를 발명
- 1879 지멘스(독일) 전기기관차를 발명, 에디슨(미국) '실용탄소전기'를 발명
- 1881 제1회 국제 전기 표준 회의에서 전류의 단위 결정
- 1889 브라드레(영국) 3상 교류 발전기를 발명
- 1895 플레밍(영국) '플레밍의 법칙'을 발표
- 1897 톰슨(이탈리아) '전자'의 존재를 증명(1906년 노벨 물리학상 수상)
  브라운(독일) '브라운관'을 발명(1909년 노벨 물리학상 수상
- 1899 융너(스웨덴) '니켈 카드뮴 축전지'를 발명
- 1900 에디슨(미국) '에디슨 축전지(니켈 전지)'를 발명
- 1903 아레니우스(스웨덴) 이온의 정의로 노벨 화학상 수상
- 1904 플레밍(영국) '2극 진공관'을 발명
- 1906 드 포리스트(미국) '3극 지공관'을 발명
- 1951 미국에서 원자력 발전에 성공

#### (1) 우리나라의 전기 역사[58)]

##### (가) 초창기(1898~1932)

우리나라 전력사업의 기원은 대한제국의 고종 황제가 이근배, 김두승을 앞세워 사업을 신청하는 형식을 취해 1898년 1월 26일자로 허가를 받아 설립된 한성전기 회사이다. 이 회사의 건설과 운영은 미국인 콜브란(Collbran, H.)이 맡았고, 경영은

58) 『한국전력20년사』 한국전력공사, 1988, 재편집

고종 황제가 임명한 한성부 판윤 이채연이 초대 사장을 맡았다.

한성전기회사는 설립 다음해인 1899년에 서울 흥화문(지금의 구세군회관 앞)~동대문 간의 전차 개통식을 가졌으며, 그 이듬해에는 종로에서 우리나라 민간 전등의 시초인 전등을 점화하였다.

그 뒤 이 회사는 무리하게 사업을 확장한 결과 도산하게 되어 한미주식회사로 경영권이 넘어갔으며, 1905년에 일본의 강요로 을사보호조약이 체결된 뒤로는 일본의 방해로 인하여 운영난이 더욱 가중되어 결국 경성전기주식회사의 전신인 한일와사주식회사에 매수됨으로써 일본인의 수중에 들어갔다.

1914년 1월 제1차세계대전이 일어나자 전시의 호경기를 타고 일본 자본의 한국에 대한 투자의 확대와 전력 수요의 증가에 힘입어 24개의 전기사업체가 우후죽순격으로 설립되어 운영되었다. 세계대전이 끝난 뒤 내연기관의 발달은 전기사업을 더욱 확대시켜 74개의 군소업체가 난립하는 전기사업의 춘추전국시대를 이루었다. 이 시기의 전력사업은 각 부·읍의 시내 공급을 목적으로 하는 와사 또는 소규모의 화력발전설비가 주종을 이루었으며, 부전강(20만㎾)과 운암수력(5,120㎾)이 준공됨으로써 수력에 의한 도시배전시대라는 새로운 전기가 마련되었다.

1923년에는 특고압 송전선로의 출발인 중대리(강원도~서울 간) 166.9㎞의 66㎸ 송전선이 완공되었다.

(나) 발흥기(1933~1961)

전력이 전등으로부터 사업의 원동력으로 비중이 높아지자 전기사업에 대한 행정적인 통제와 조정이 불가피하여 정부는 전력통제계획을 수립, 시행하였다. 즉, 모든 전원개발사업은 민영에 의해 개발, 운영하는 대신 발전계획 및 송전사업은 정부 주도하에 통제를 받게 함으로써 자원 개발의 효율성과 운영의 합리화를 도모하였다. 배전사업은 이전의 1지역 1사업체제도에서 전국을 4개 지역으로 분할하여 중부지방은 경성전기주식회사, 남부지방은 남선합동전기주식회사로 통폐합되었다. 이 기간 중에 전력설비는 장진강수력(33만 4300㎾)·허천강수력(33만 3800㎾)·영월화력(10만㎾)·압록강수력(30만㎾) 등이 준공됨과 동시에 화천·청평·칠보수력 등이 착공되었다. 송전 설비는 1935년 10월에 평양과 장진강 제2발전소를 연결하는 154㎸ 초고압송전선의 준공을 시점으로, 평양~서울, 영월~대구, 상주~대전 간을 연결하는

635㎞가 준공되었으며, 1941년 6월에는 허천강발전소에서 청진과 흥남 사이를 각각 연결하는 동양 최대의 220kV 송전선이 조선송전주식회사에 의하여 준공되었다.

제2차세계대전을 일으킨 일본은 우리나라를 대륙 침공의 병참기지로 이용하기 위하여 수력 및 지하자원이 풍부한 북부에 대규모의 수력발전소를 건설하는 한편, 전시사업을 진흥 육성하기 위한 전원 개발의 국가 관리가 요청되므로 1943년 조선전기주식회사를 설립하여 주요 발전 및 송전사업을 통합함으로써 전력산업은 발전과 배전의 2개 부분으로 정비되었다.

8·15광복과 더불어 풍부한 전원의 대부분을 상실하게 된 남한의 설비용량은 총전력 설비의 12. 4%에 해당하는 19만 8000㎾(수력 6만 2240㎾, 화력 13만 6500㎾)에 불과했으며, 더욱이 발전량은 총발전량의 3~4%에 지나지 않았다. 이와 같은 상황에서 미군정은 북한과의 전력협정에 의하여 총수요 전력의 60~66%를 북한으로부터 수전하는 한편, 당인리·영월·부산 등의 노후 화력을 긴급 복구하여 발전하는 동시에 설비용량 2만㎾의 발전함 자코나(Jacona)호, 6,900㎾의 일렉트라(Electra)호를 도입하여 전력 수요를 충당했으며, 1947년에는 <전기소비법>을 제정하여 절전운동을 전개하였다. 이런 와중에서 1948년 5월 14일 북한측의 일방적인 단전은 극심한 전력난을 초래하여 국민생활 전반에 막대한 타격을 주었다.

그 뒤 1949년 준공된 목포중유발전소의 가동으로 전력 사정은 상당히 호전되었으며, 정부는 발전소 운영의 일원화조처를 시행하여 당인리·부산·영월(상공부)·보성강(농림부) 발전소를 조선전업주식회사에 이관시켰다. 그러나 6·25전쟁으로 목포중유발전소와 일렉트라호가 파괴되는 등, 발전설비의 20%가 파괴되어 최악의 전력난을 가져왔으나, 화천수력(5만 4000㎾)이 수복됨으로써 전후 전력 수급에 상당한 공헌을 하였다.

전후 전력사업의 복구는 활발히 진행되어 1956년에는 당인리3호기·마산화력·삼척화력 등이 준공되었으며, 화천수력 3호기의 증설 등으로 전력난이 한편, 광복과 더불어 제기된 전기사업체의 통합론은 전력회사 모두가 부족한 시설에다 그나마 가동률의 저하, 과다한 전력 손실, 자금 사정의 악화 및 만성적인 적자운영 등 분리운영에 따른 문제점이 지속됨으로써 꾸준히 추진되어, 1961년 7월 1일에는 역사적인 3사 통합의 실현을 보게 되어 한국전력주식회사가 창립되었다.

(다) 성장기(1962~1986)

한국전력주식회사 설립 당시 총발전설비는 36만 7000㎾인 데 비해 수요는 43만 5000㎾로 추정됨으로써 심각한 전력 부족이 예상되어 전원개발 5개년계획을 수립하여 시행하기 시작하였다.

1962년을 시점으로 한 제1차 5개년계획 기간중 부산화력을 비롯한 5개의 발전소, 즉 화천과 춘천, 섬진강수력이 신규 개발되었으며 구 영월화력의 복구로 최종 연도인 1966년 말에는 설비용량이 76만 9000㎾로 늘어났다. 특기할 것은 1964년 4월 1일을 기하여 광복 후 19년 동안 되풀이되었던 제한송전이 해제된 사실이다. 그러나 산업의 급속한 발전과 가전기기의 보급 등으로 전력 수요는 해마다 30%를 상회하는 고도성장을 함으로써 1967년 하반기에서부터 1968년 상반기에 걸쳐 다시 제한송전이 실시되었다.

정부는 이와 같은 어려운 수급 사정을 타개하기 위하여 민간 자본을 동원하기로 결정하여 동해전력주식회사 · 경인에너지주식회사 · 호남전력주식회사 등 3개의 민간전력회사가 설립되었다. 이 제2차 5개년계획 기간 중에는 서울화력 5호기 등 모두 191만 1000㎾가 신규로 개발됨으로써 1971년 말의 발전설비는 262만 8000㎾로 확충되었다. 그리고 서울화력 1 · 2호기는 운전 개시 후 40년 만인 1970년에 폐지되었다.

1972년부터 시작된 3차 기간 초기에는 과잉 설비와 경기 침체로 공급 과잉현상이 초래되었으나, 후기에는 국내 수출산업의 급격한 신장(1976년 GNP 성장 15. 1%)으로 예비율이 3. 9%까지 떨어져 일부 제한송전이 실시되기도 하였다. 이 기간 중에 개발된 전원은 영동화력 · 팔당수력 등 232만 5000㎾였으며, 그 동안 전력계통 운용과 재정 부담을 가중시킨 동해전력주식회사와 호남전력주식회사를 한국전력주식회사가 인수하였다.

1973년의 석유파동은 지금까지 석유 위주의 전원개발계획을 일대 수정, 발전 연료의 다원화정책으로 전환하게 하였으며, 시설의 대용량화(30만㎾급)가 촉진되었다. 송변전설비에서는 1976년 3월에 우리나라 전역을 연결하는 154㎸ 대환상선이 준공되었고, 같은 해 10월에는 여수화력과 신옥천변전소를 연결하는 189.3㎞ 345㎸의 송전선이 개통되었다. 송변전 분야에서는 급성장하는 전력 수요에 대처하기 위하여 22.9㎸ 배전선을 확대하고 2차 배전계통로 220v로 승압함으로써 3사 통합 당시 선진국의 3배에 달하는 송배전 손실률(29.4%)을 1980년에는 6. 7%로 감소시켰으며, 가공 배전선의 공급능력 한계 및 도시 미관과 공급 신뢰도의 사회적 요청에 따라 1973년 서울 효자동과 광화문 구간의 지중화를 시점으로 서울·부산 및 경주·창원 등 관광단지와 공단 배후도시에 계속 추진하였다.

한국전력주식회사는 4차에 걸친 전원개발계획을 성공적으로 추진했으나 원리금 상환에 따른 자금압박 및 발전연료 가격의 폭등, 이익배당금의 부담 등 경영 여건의 악화로 내부적인 경영 성과에도 불구하고 재무구조는 계속 악화되어 1977년부터 5년간 민간주를 매입하여, 1982년 1월 1일부로 한국전력공사로 재발족하게 되었다.

제5차 기간에 들어서면서부터는 그 동안 추진된 탈유정책이 본격화되어 1982년 말에는 천연우라늄을 연료로 하는 중수로형 원전인 월성 1호기가 준공됨으로써 총설비용량이 1000만kW를 돌파했으며, 그 뒤를 이어 대용량 저질탄 발전소인 평택 3·4호기가 준공되었고, 1985년에는 최대 용량인 95만kW의 고리원자력 3호기를 비롯하여 삼랑진양수·섬진강수력·충주수력이 준공되었다.

1986년에는 역시 95만kW의 고리 4호기와 영광 1호기가 준공됨으로써 1986년 말 발전설비는 1961년 당시보다 49배나 증가한 1806만kW를 기록하였다. 발전 및 배전시설의 확충에 따라 중앙급전도 1986년부터는 EMS(Energy Management System)방식으로 개조했으며, 지방 배전사령실도 SCADA(Supervisory Control And Data Acquisi-tion)시스템을 전국적으로 확대하는 등 시설 현대화로 운전의 효율화를 기하고 있다. 통신 분야도 1983년 10월 국내 최초의 광섬유 통신시스템의 개통(부산전력관리본부~서면변전소 간 9.5㎞) 이후 그 영역을 점차 확대해 가고 있다.

(라) 성숙기(1987~1990.2. 기준)

세계 경제의 침체 속에서도 우리나라의 경제는 1980년부터 지속되어 온 '3저현상'에 힘입어 고도성장을 지속함에 따라 1989년 말 전력수요량은 8만 2155GWH로 연평균 12.8%가 증가했으며, 최대 수요 또한 1500만kW를 기록하였다. 발전설비는 연평균 5% 증가로 1989년 말에는 2000만kW를 돌파했으며, 원자력발전량이 총발전량의 50.1%를 기록하는 본격적인 원자력발전시대에 돌입하였다. 또한 경영합리화 노력으로 4차에 걸친 전력 요금 인하를 가져와 1984년 대비 연평균 3. 6%의 인하 효과를 지속했으며, 그 동안 지적되어 오던 누진율을 완화하는 등 요금구조를 개선했을 뿐 아니라 1987년에는 5억 6000만 달러의 외채를 조기 상환함으로써 3사 통합 이래 외채 축소의 원년을 기록하였다.

송변전설비에서는 그 동안 전원개발사업에 치중되었던 설비투자를 공급설비 부문에 집중 투자함으로써 수도권 일부 지역을 제외한 345kV 전국 환산망이 구성되었으며, 1989년 말 송전선의 회선 연장은 1만 8583C-km, 변전설비는 304개 소에 4만 3981MVA, 배전선로의 연장은 20만 5896km에 달하고 있다.

전기 품질에서는 급전설비의 컴퓨터화, SCADA시스템, 변전설비의 가스절연방식(GIS)화, 가공선설비의 지중화 등 공급설비의 단계적 현대화를 추진한 결과 1989년 말에는 송배전 손실률 5.75%, 정격주파수 유지율 98.1%, 규정전압 유지율 97.9%로 대폭 개선되었으며, 정전 시간도 연간 320분으로 크게 개선되었다. 경영에서도 공사비의 절감, 기술 향상 그리고 인력의 효율적 활용 등 경영 쇄신의 노력으로 1988년 한 해 동안 총 4조 4200억 원의 수입을 올리는 한편, 8900억 원의 순이익을 기록하였다. 그러나 국영기업체의 경영 성과를 국민에게 환원하고, 기업 체질을 강화시킨다는 정부의 민영화방침에 따라 포항제철주식회사에 이어 두번째로 기업공개가 시작되었다. 1989년 자본금의 21%에 해당하는 1억 2800만 주(6388억 원)가 국민주로 보급되었고, 1990년에도 추가로 보급되었다.

우리나라의 전력사업은 1950년대까지는 주로 수력에 의존하여 만성적인 전력 부족현상을 보였으나 1960년대 이후 고도의 경제 성장과 사회 발전에 따른 전력 수요를 충당하기 위하여 설치 기간이 짧은 화력 위주의 전력설비가 급신장하였다. 그러나 1970년대 초의 유류가격 폭등은 에너지정책을 탈유정책으로 전환하게 했으며, 공급체계에도 안정적·경제적 공급이라는 합리화의 방향으로 전환되어 원자력·유연탄·천연가스 등 탈석유 및 에너지원 다원화를 가져왔으며, 1985년을 분기점으로 원자력의 비중이 점차 증대되고 있다.

2001년도의 주요 전력사업 목표를 보면 총전력 수요는 1989년의 8만 2155GWH에서 2001년에는 15만 8808GWH로 향후 12년간 연평균 7.2%가 증가될 것으로 추정되며, 최대 수요는 2917만kW에 도달될 전망이다. 따라서 발전설비는 1989년 2,004MW에서 3,572MW로 증가되며 발전전력량의 원별 구성비는 원자력 47%, 유연탄 39%를 점유하도록 계획됨으로써 전체 전력 수요의 대부분을 유류가 아닌 원자력과 석탄으로 충당하게 될 전망이다. 전기 품질에서는 송배전 손실률 6.0%, 규정전압 유지율 99.9%, 정격주파수 유지율 99.0%, 호당 연간 정전 시간 130분대 등 선진국과 대등한 양질의 전기가 공급될 전망이다.

한편, 미래의 경제사회는 첨단산업 및 정보사회의 진전으로 양질의 전기에 대한 필요성이 증대되는 반면, 국민생활 수준이 윤택해짐에 따른 가치관의 변화, 환경 및 안전에 대한 관심도 증가, 서비스 요구의 다양화와 민주화·지방화 등 시대적 요청에 따라 전력사업을 둘러싼 외부환경은 점점 어려워질 전망이다. 그러므로 전원개발계획은 이전의 수급 위주에서 계통·안정도 향상, 설비·신뢰도 향상 및 에너지 자립으로 이어지는 질의 차원에서 종합적으로 추진될 것이며, 경영전산화 및 고객 편의 위주의 요금제도 개선 등 능동적인 봉사체제의 확립으로 지역사회와 공존공영하는 기업상을 정립하는 데 더욱더 노력해야 할 것이다.

- 1887 3월 6일 우리나라 최초의 전기 점등(경복궁 건천궁)
- 1898 1월 18일 이근배(李根培)·김두승(金斗昇) 이름으로 한성전기회사 설립
- 1904 2월 19일 고종의 대리인 이학균(李學均), 콜브란 및 보스트위크와 한미 전기설립계약
- 1931 12월 18일 조선총독부 전력통제계획 발표
- 1942 1월 1일 전력국가관리방침(電力國家管理方針) 결정
- 1943 3월 30일 조선전력관리령 공포
- 1945 9월 10일 경전, 미국군정 관리관 벌트소령 취임 남전(南電), 일인으로부터 회사전체사업 완전 접수, 얼빈 W.젠트리 중위 취임 전업, 일인으로부터 접수 완료(윤일중 사장, 김은석 부사장 취임)
- 1946 10월 대북한(對北韓) 전력대(電力代) 지불에 관한 제2차 남북전력협상 실패
- 1948 5월 14일 북한으로부터 단전(斷電)
- 1950 6월 25일 한국전쟁 발발
- 1953 5월 13일 발전시설 및 송배전선 부흥계획에 관한 협정 체결(정부 대 유엔군 사령부)
- 1954 8월 6일 상공부, 제한송전을 해제, 12월 4일 유엔총회, IAEA창설 및 원자력의 평화적 이용을 위한 국제회의 개최에 관한 결의안 채택
- 1957 8월 8일 한국, 국제원자력기구(IAEA) 회원국으로 정식 가입

  11월 22일 전국 발전 최대전력 23만 6,320kW로 해방 후 최고 기록 도달 (수력 12만 2,000kW·화력 11만 4,320kW)

- 1960 1월 5일 전력제한 실시
- 1961 6월 28일 한전(주) 창립 주주총회 개최, 박영준(朴英俊) 한전 초대 사장에 취임
  12월 31일 전기사업법 공포(1962. 3. 27 시행령 공포)
- 1964 4월 1일 해방 후 처음 제한송전 전면 해제(총 발전설비 53만 1,354kW)
- 1965 4월 23일 상공부, 65년도 농어촌전화사업 계획요강 발표 30일
- 1982 1월 1일 한국전력공사 발족(공기업)
- 1990 4월 13일 한국전기안전공사 공익법인 발족(특수공익법인으로 전환)

## 다. 전기의 작용

전기란 움직이지 않을 경우에는 별로 소용이 없지만, 일단 움직여서 전류가 되면 여러 가지 작용으로 우리들의 생활에 도움을 준다. 전류에는 세 가지 작용이 있는데 그것은 ① 발열작용 ② 자기작용 ③ 화학작용이다. 여러 가지 전기기구나 전기기계는 이 세 가지 작용을 이리저리 응용한 것이다. 그럼 이 세 가지 작용에 대해 간단히 설명하기로 한다. 우선 발열작용, 이것은 전등, 전기다리미, 전기히터 등 널리 이용되고 있어 설명이 필요 없을 정도이다. 금속에는 전류를 방해하려는 전기저항이라는 것이 있다. 이 전기저항에 대해서는 따로 설명할 기회가 나오겠지만, 아무튼 전기저항에 전류를 흘리면 열이 발생하게 된다. 일정 시간의 발생열량은 저항의 값이 크고 전류가 많을수록 커진다. 발열부분의 온도를 높게 하면 적열(赤熱)에서 백열로 바뀌어 빛이 많이 나오게 되는데 히터나 전구는 이 현상을 적절히 이용하고 있는 것이다. 다음은 자기작용. 전기가 내는 힘을 이용하는 작업은 이 작용을 응용한 것이다. 도선을 감아서 만든 코일에 전류를 흘리면 그 속에 자계(磁界)가 발생한다. 또 자계 속에서 도선에 전류를 흘리면 도선은 힘을 받는다. 이것이 바로 모터의 기본이 되는 원리이다. 세 번째 화학작용은 물의 전기분해나 전기도금에서 낯익은 작용이다. 소금물에 두 장의 극판(極板)을 넣고 전지의 양 끝에다 연결해보자. 소금은 나트륨과 염소의 화합물로 이것이 물에 녹으면 (+)전기를 가진 나트륨이온과 (-)전기를 가진 염소이온이라는 것으로 분해, 즉 전리(電離)된다. (+)극판에서는 (-)의 염소 이온이 끌려들어가 전기를 잃고 염소가스로 변한다. 한편 (-)극판에서는 (+)의 나트륨 이온이 끌려들어가 전기를 잃고 나트륨이 됨과 동시에 물과 화합에서 수산화나트륨(가성소다)이 된다. 이 때 여분으로 생긴 수소는 가스가 되어 나간다.

## 라. 전기의 흐름

그래서 전기를 흔히 물의 흐름과 비유해서 설명하는 경우가 많다. 두 개의 물탱크 A와 B를 연결해서 A에 들어 있는 물을 파이프를 통해 B로 흘려 넣는다고 하자. 파이프의 콕을 열면 수위가 높은 탱크 A로부터 수위가 낮은 탱크 B로 물이 흐른다. 그러나 물은 양쪽 탱크의 수위가 같아지면 더 이상 흐르지 않게 된다. 이처럼 물을 흐르게 하려는 힘은 A의 수위와 B의 수위 차 즉 '수압' 때문이다.

수압이 높을수록 흐르는 물은 힘이 세고 양도 많아진다. 전기의 경우도 이와 마찬가지라고 할 수 있다. (+) 전기를 가진 금속구 A와 (-)전기를 가진 금속구 B를 도선으로 연결하면 B의 전자가 A로 이동한다. 그러나 양쪽 전자의 양이 같아지면 전자의 이동은 중지된다. 전기의 양을 전하(電荷)라고 부르는데, 단위는 쿠울롱(기호는 C)으로 표시한다. 전자 한 개의 전하는 1.601×10-19C이다. 따라서 1/1.601×10-19=6.25×1018개의 전자가 모이면 1Coulomb이 된다. 앞서의 물탱크의 비유에서 수위(水位)에 해당하는 것을 전기 쪽에서는 전위(電位)라고 한다. 금속구 A의 전위는 B의 전위보다 높아져 있다. 전위의 단위로는 볼트(기호는 V)가 사용된다. 물탱크에서 수위의 기준으로 삼는 것은 탱크의 밑바닥, 그러나 전위의 기준은 대지의 전위를 zero볼트라고 보아서 정하고 있다. 수위간의 차이를 수위차라 하듯이 전위간의 차이를 전위차 또는 전압이라고 한다. 따라서 전위차 및 전압의 단위도 볼트이다. 물이 흐르는 양은 매초 ㎥로 표시하지만 전류의 크기는 매초 몇 쿠울롱의 전하 이동 했는가로 표시한다. 매초 1 쿠울롱의 전하가 이동할 때 이것을 1암페어(기호는 A)의 전류라고 한다. 물탱크에 있어서 파이프의 조건도 수량(水量)에 관계된다. 파이프가 가늘면 물이 흐르기 어렵고 당연히 수량도 적어진다. 또 파이프가 길거나 파이프 안쪽이 평탄하지 않고 굴곡이 심한 경우 물의 흐름은 저항을 받아 쉽게 흐를 수 없을 것이다. 전기의 경우도 이와 비슷해서 도선의 굵기, 길이, 재질에 따라서 흐르는 전기의 양이 변한다. 이렇게 전기가 흐르기 어렵게 되는 정도를 전기저항 또는 단순히 저항(단위는 오옴, 기호는 Ω)이라고 한다.

## 마. 전류와 자기장의 관계(플레밍의 법칙)

세 손가락을 90°로 펼치면 힘의 방향을 알기 쉽다. 우선 오른손법칙은 자기장 속에 도체(금속 막대 등)를 놓고, 어떤 방향으로 움직일 때 엄지손가락은 도체를 움직이는 방향, 둘째손가락은 자기장(자기력선)의 방향, 가운데 손가락은 전류의 방향을 나타낸다. 이것이 발전기의 원리이다. 도체(코일)를 자기장 안에서 움직일 때 전류가 흐르는 방향을 나타낸다. 왼손은 자기장 속에 있는 도선에 전류가 흐를 때 전류가 받는 힘의 방향을 나타낸다. 이 때 둘째손가락이 자기장의 방향, 가운데 손가락이 전류의 방향인 것은 오른손과 같다. 그런데 엄지손가락은 도선이 받는 힘의 방향을 나타낸다. 이 힘의 방향으로 모터가 회전한다. 이렇게 전기와 자기는 밀접한 관계가 있으므로 발전기와 모터를 비롯하여 여러 곳에 쓰인다. 런던대학의 플레밍 교수가 1895년에 이 관계를 설명하면서 플레밍의 법칙이라고 발표하였다.

## 바. 전기의 생성

### (1) 전기의 발전

#### (가) 수력발전소

수력발전소란 높은 곳에 있는 물을 낮은 곳으로 유도하여 물이 떨어지는 힘, 즉 물이 가지고 있는 위치에너지를 운동에너지로 바꿔 수차를 돌리고 수차에 연결된 발전기로 발전하여 전기에너지를 일으키는 것을 말한다. 수력발전소는 일반적으로 험한 산 속에 건설되어 전기 소비지에서 멀기 때문에 송전선이나 댐 등의 건설에 많은 비용과 기간을 필요로 한다. 발전에 이용할 수 있는 물의 에너지는 낙차와 유량의 곱이 클수록 더욱 커진다. 이 낙차를 얻는 방법에 따라 발전소의 형식이 달라진다.

- 댐식 : 강을 가로질러 높은 댐을 쌓아 물을 저장하고 이것을 수압이 걸린 터널을 통하여 바로 아래의 발전소로 물을 떨어뜨려 발전한다.
- 수로식 : 강을 상류에서 막아 취수구를 만들고 물을 수로로 유도한 다음, 본류와의 낙차를 이용하여 발전한다.
- 댐 · 수로식 : 댐으로 저장한 물은 수로에 의해 더욱 낙차를 크게 하여 발전한다.

(나) 화력발전소

화력발전소는 원유나 중유 등을 연료로 하여 보일러로 증기를 발생시킨 다음 그 압력으로 터빈·발전기를 돌려 전기 에너지로 바꾸는 곳이다. 화력 발전소에 원유나 중유 등의 연료는 보일러 내에서 연소하는데 연소한 폐가스는 굴뚝으로 방출된다. 그 열 에너지를 보일러 내의 보일러 물(水)에 가하여 고압·고온의 증기를 만든다. 이 증기는 터빈에 보내지고, 터빈에서 그 열 에너지를 회전의 기계 에너지로 바꾼다. 그리고 터빈에 직결된 발전기를 돌려 발전하면 전기 에너지로 변환되는 것이다. 화력 발전소는 연료로 사용하는 석유 등을 해외에서 운반해 오기 때문에 수송이 편리하고 운전에 필요한 대량의 물을 얻기 쉬운 해안가에 만들어진다.

(다) 원자력 발전소

원자력 발전도 증기의 압력으로 터빈이나 발전기를 돌려 발전한다는 점에서 화력 발전과 똑같다. 다만 화력 발전의 보일러를 원자로로 바꿔 놓은 것인데 증기는 원자로에서 우라늄 등의 핵분열 반응에 의해 생기는 열로 인해 발생한다.

원자력 발전소는 우라늄 235라는 물질을 2~3% 함유한 것을 핵연료로 사용하기 때문에 거의 100% 우라늄 235로 되어 있는 원자폭탄처럼 폭발할 염려는 없다.

(2) 송 전

송전선이란 전기를 발전하는 발전소와 그 전기의 전압을 바꾸는 변전소 혹은 변전소와 변전소 등을 연결하여 전기를 보내는 역할을 하는 것을 말한다. 일반적으로 송전선은 발전소에서 배전용 변전소에 이르기까지를 변전소에 의해 구분되어 1차, 2차, 3차 송전선으로 나뉘고 각각 적당한 전압을 유지한다.

(가) 송전선의 전압이 높은 이유?: 일정한 거리에 일정한 전력을 보낼 경우 전선로의 저항에 의해 발생하는 전력 손실(전선로에서 열이 되어 잃는 전력. Joule 손실이라 한다)은 전압의 2제곱에 반비례하므로 전압이 높을수록 전력 손실은 적어지며 송전 효율이 좋아진다.

또 전력은 전압과 전류의 곱으로 결정되므로 전압을 높이면 그 만큼 송전선에 흐르는 전류는 적어진다. 따라서 가늘어도 되며 전선비를 절감하는 이점이 있다.

그 때문에 송전선의 전압은 높으며, 현재는 765kV가 가장 높은 송전 전압이다.

(나) 가공 송전선과 지중 송전선: 송전선에는 가공 송전선과 지중 송전선이 있다. 하이킹 등을 할 때 산을 넘고 골짜기를 건너 여러 개의 송전 철탑이 계속되는 것을 볼 수 있는데 이것은 가공 송전선이다. 그러나 도시의 하늘에는 송전선이 눈에 띄지 않는다. 인구가 밀집되어 있는 도시에서는 송전선이 케이블로 지하에 매립되어 지중 송전선으로 시설되어 있다.

### (3) 변 전

발전소에서 발전한 전기를 경제적으로 소비지에 보내려면 송전 전압을 차례로 올릴 필요가 있다. 또 소비지에서의 안전을 위해서는 낮은 전압으로 차례로 내릴 필요가 있다. 이를 위해 송·배전 선로의 적당한 장소에 전압을 바꾸는 변전소가 설치된다. 변전소에서 전압을 바꾸려면 변압기를 이용한다.

□ 변전소의 전압을 구분하는 방법 : 발전소에서 발전된 전기(10~20kV)를 송전하기 위해 고전압(154kV, 345kV, 765kV)으로 하는 송전용 변전소와 소비지 주변에서 전압을 내리는 1차 변전소(77kV), 전압을 더욱 낮추는 2차 변전소(22kV, 33kV), 배전선에 보내기 위한 배전용 변전소(22.9kv/3.3~6.6kv)등이 있다.

### (4) 배 전

배전용 변전소에서 6,600볼트의 전압으로 떨어진 전기는 배전선을 통하여 일반 빌딩이나 공장 등으로 직접 보내지는 것 외에 전주에 부착된 주상 변압기에 의해 220볼트의 사용하기 쉬운 전압으로 낮춰져 주택이나 상점, 소규모의 공장 등에 배급된다. 이와 같이 배전선이란 배전용 변전소에서 주택이나 상점, 공장으로 보내는 전선로를 말하며 6,600볼트의 고압선과 주상 변압기에서 전압을 낮춘 110볼트, 220볼트의 저압선이 있다. 또 배전선에서 6,600볼트 이상의 고전압으로 직접 대형 공장에 보내는 것도 배전선이라 한다.

### (5) 인입선

인입선이란 전력 회사의 저압 배전선 전주에서 가정으로 끌어들여진 최초의 설치용 철물까지의 배선을 말한다. 보통 여기까지는 전력회사가 시공한다. 인입선의 부착용 철물 이후의 배선은 전기 공사업체에 의뢰하여 배선 공사를 시공한다. 그러나 인입선 설치 지점에서 옥내 분전반까지의 배선 도중에 가정에서 사용한 전기의 양을 계량하는 전기 계량기는 전력회사가 장치한다.

(가) 단상 2선식과 단상 3선식

인입선에는 2개의 전선으로 끌어들이는 단상 2선식과 3개의 전선으로 끌어들이는 단상 3선식이 있다. 단상 2선식은 2개의 전선 중 1개가 접지(일정한 저항치를 갖고 땅에 연결)되어 있다. 따라서 가정용 전기 기구는 이 2개의 전선 사이에 병렬로 연결하여 사용한다. 단상 3선식은 3개의 전선 중 중앙의 1개(중성선이라 한다)가 접지되어 있으므로 각각의 외측 전선과 중성선 사이에 110볼트로 사용하는 전기 기구를 병렬로 연결하며, 양쪽 외측 전압선에 단상 200볼트의 전기 기구를 병렬로 이을 수 있기 때문에 편리하다. 최근에는 가정용 전기 기구의 증가에 따라 전력 손실이 적은 단상 3선식이 많아지고 있다.

(나) 가정인입선

① 인입선 연결점 : 재산과 책임의 분계점 인입선은 전주와 가옥을 연결하는 전선으로 고객과 한전의 재산과 책임을 구분해주는 중요한 연결점이 됩니다. 전주에서 인입선 연결점까지는 한전의 설비이며 인입선 연결점 이후는 고객의 설비이다(다만, 계량기, 심야용 전기온수기의 타임스위치는 한전의 설비).

② 계량기 : 전력사용량의 검침 고객의 전력사용량은 계량기를 통해 계량되고 그 사용량을 기초로 전기요금이 계산된다. 계량기는 일정기간마다 검정을 받은 것으로 교환하고 있다.

③ 누전 차단기 : 누전의 감지, 차단 예컨대, 세탁기의 고장으로 세탁기 본체 등에 전기가 흐르는 것을 누전이라 하며 누전 차단기는 누전의 경우에 전기를 차단하고 감전이나 화재를 방지하는 안전장치를 말한다. 누전 차단기는 천둥 등의 충격으로도 끊어지는 경우가 있으며 이러한 경우에는 스위치를 위로 올리면 전기가 통하게 된다.

④ 커버나이프 스위치 : 옥내배선의 안전을 스위치로 전기기기나 코드 등의 고

장으로 소트가 발생하거나 휴즈의 용량(15암페어 또는 20암페어)이상의 전류가 흐르면 자동으로 전기를 차단하여 옥내배선을 보호한다. 오래된 주택에는 두꺼비집이라고 하는 사기로 만든 형태의 차단기를 볼 수 있으며, 최근에 지은 아파트나 주택에는 커버나이프 스위치 대신 브레이커라고 하는 자동 차단장치를 설치하기도 한다.

### (6) 조 명

#### (가) 조명 개요

조명이 인간에게 상쾌하고 원활하게 활동할 수 있도록 하기 위해서 물체를 보기 쉬운 밝은 상태와 시각적으로 안락한 분위기를 얻게 하기 위하여 알맞은 조명환경을 조성하는 것인데 조명환경은 주광조명과 인공조명을 적절히 연결하여 얻을 수 있다. 행사장 조명은 주로 백열등, 형광등, 수은등, 메탈할라이트등, 할로겐등을 주로 이용하여 인공조명을 얻을 수 있는데 대강당과 같은 TV녹화 또는 생중계 방송 시는 높은 수준의 조도를 요구하고 있으며 칼라 TV사용으로 인한 필요한 조도는 500룩스에서 1,500룩스 이상의 조도를 요구하고 있다. 이러한 행사장 조명은 필요한 조도뿐만 아니라 조도의 방향이나 휘도에 의해 귀빈 눈의 피로를 가져오거나 형광등 소음, 깜빡거림, 전구 파열음으로 인한 소음이 발생하여 행사에 지장이 없도록 다각적으로 강구해야 할 것이다.

##### 1) 빛

빛은 전자파로 전기 에너지와 자기 에너지가 물결 모양으로 공간을 지나가는 현상으로 전자파로서 전달되는 에너지를 방사라 하며 파장에 따라 각각 특유한 성질을 가지며 이를 구별하면 교류전력파, 방송파, 적외선, 광선, 자외선, X선, r선이라 부른다(빛의 속도는 3×1010m/sec).

##### 2) 시 각

- 눈의 구조 : 눈은 안구와 시신경으로 구분하며 안구는 지름이 21~25mm의 구체로 되어 있다.
- 시력 : 물체의 형상을 시별하는 눈의 능력이며 5m의 거리에서 지름 7.5㎟ 굵기와 잘려진 폭이 각 1.5㎟ 랜돌트(landolt)환을 식별할 수 있는 시력을 1.0의 단위

로 정상적인 한국인의 시력은 표준조도 200룩스에 1.2~1.5이다. 시력은 밝음에 따라서 크게 변동하며 밝을수록 시력이 좋아진다.

### 3) 좋은 조명의 평가

편하고 안락한 시각에 대한 평가는 심리, 생리적으로만 평가할 수 있고 시각의 요소 및 시각 효율에 미치는 조도의 영향을 실험한 결과는 다음과 같다.

- 시력 : 10, 100, 1,000룩스의 조도 아래에서 실험결과 조도가 증가함에 따라 시력이 증가할 수 있다.
- 대비감도 : 휘도의 차이를 분별할 수 있는 능력을 대비감도라 말하며 조도가 증가함에 따라 대비감도도 증가한다.
- 긴장 : 물체를 보기가 곤란할 때 긴장과 피로를 의식하게 되며 불충분한 조명 아래에서 독서할 경우 확실히 긴장이 빨라진다.
- 눈의 껌뻑이는 도수 : 눈의 껌뻑이는 도수는 시작업의 종류에 따라 다르지만 보통 독서에서 1분간 약 40회가 되며 각종 조도 아래서 측정 결과 조도가 증가됨에 따라 껌뻑이는 도수는 감소된다.
- 심장고동 : 혈액순환에 관계되는 심장고동은 정상적인 경우 1분간에 약 76고동으로 조도가 감소함에 따라서 심장고동도 감소된다.
- 안구근육의 수축 : 눈을 돌리거나 어떤 점에 맞추기 위하여 6개의 근육이 안구에 붙어 있는데 수축에 따라 피로를 알 수 있는데 조도가 밝을수록 수축이 감소하여 피로가 감소된다.
- 조명의 요소 : 물체의 보임의 제 1조건은 밝음이며, 이에 물체의 크기, 대비, 시간 등을 조명의 4가지 요소라 한다.
- 순응 : 어둡고 밝은 곳을 갑자기 통과하면 일정한 시간이 흐른 후 물체를 식별할 수 있는데 이를 순응이라 하며 밝은 곳으로 나왔을 때의 순응을 명순도(light adaptation)이라 한다.
- 눈부심 : 시야 내에 어떤 위도로 인하여 불쾌, 고통, 눈의 피로나 시력의 일시적인 감퇴를 초래하는 현상이 눈부심이며 보려는 물체가 100룩스일 때 눈부심이 시선으로부터 40°의 방향에 나타나면 조도가 40%만큼 감소되어 58룩스일 때의 보임밖에 안 된다. 이렇게 시야 내의 고르지 못한 휘도가 있으므로 순응의 평형이 깨어지는 것을 눈부심이라 말한다.

### (나) 조명등의 종류

조명용으로 사용되는 전등을 발광 원인에 따라 크게 나누면 온도 방사를 이용한 백열 전구와 루미네센스(luminescence)를 이용한 형광등, 수은등, 나트륨등, EL램프 등의 방전등으로 나눈다. 전구에서는 온도가 상승할수록 발광 효율은 증가되나 필라멘트는 증발이 심하여 수명이 짧아진다.

#### 1) 조명등

- 방열등 : 백열전등, 할로겐등, 투광기용, 영사, 섬광램프 등 특수램프
- 방전등 : 형광등, 글로우방전등, 나트륨등, 네온등, 수은등, 크세논방전등, EL램프등

#### 2) 온도 방사용 방열등

- 전구의 구조 : 1879년 에디슨이 탄소 필라멘트의 전구를 발명, 현재 전구의 모체가 되었다.
  - 유리구 : 보통 소오다석회 유리와 봉규산 유리 사용
  - 꼭지쇠(Base) : 황동이나 알루미늄 사용
  - 앵커 : 필라멘트지 지물인 앵커는 보통 몰리브덴선, 텅스텐 사용
  - 도입선 : 철, 니켈합금에 동을 피복한 듀멧선 사용
  - 필라멘트 : 텅스텐 사용하며 온도는 2,145~2,750℃이다
- 봉입가스

  - 30w 이상의 전구에는 가스를 봉입하는데 백열된 텅스텐에 화합하지 않고 열전도율이 적으며 전리전압이 높은 가스를 봉입하면 가스압력으로 텅스텐의 증발을 억제하여 수명을 길게 하고 고온으로 유지하므로 발광효율이 높아진다. 보통 봉입가스 질소와 아르곤을 혼합하여 봉입한다.
- 텅스텐전구의 특성

  - 유리구와 소켓의 온도 : 배선, 소켓의 보안 또는 유리구로부터의 직접적인 과열에 의한 위험 때문에 전구의 온도상승은 극히 중요한 문제이며 전구의 종류와 점등조건 특히 점등 방향에 따라 온도상승은 다르며 최고 온도는 일반 전구는 371℃이하, 연붕규산유리(파이렉스유리)를 사용한 것은 525℃이하가 안전하다.
  - 전압특성 : 전구는 전압이 변화하면 필라멘트의 온도가 변화하고 따라서 저항도 변화하고 전류, 전력, 광속, 효율 및 수명 등이 변화하는 것을 전압특성이

라 한다.

– 동정 : 전구의 점등시간의 경과에 따라 광속, 전류, 전력 및 효율 등이 변화하는 상태를 동정(performance)이라하며, 가스등 전구에서는 필라멘트의 변형, 봉입가스의 순도성분, 유리구의 크기, 점등위치 등에 영향을 받고 진공전구에서는 특히 제조조건 등에 영향을 받아 전구의 품질을 결정하는 중요 요소이다.

실험 결과 전구는 점등 시초에 광속이 급격히 증가된 후 안정되고 전류는 급속히 감소한 후 안정되며 안정시간은 100V에이징(ageing)에서 20분, 200V에이징에서는 10분 정도 소요된다.

– 수 명 : 전구의 수명을 좌우하는 요소는 전구의 효율, 필라멘트의 성질과 모양(굵기 등), 봉입가스의 성분 순도, 봉입 압력사용 상태(직류, 교류, 진동유무) 및 전구의 품질 등이다.

– 주변 온도의 영향 : 진공 전구에서는 200℃까지 영향 없고, 260℃에서 12% 감소되고 가스봉입전구에서는 100℃에서 40%, 200℃에서 50%, 300℃에서 60%정도 수명이 감소된다.

– 점멸의 영향 : 점멸회수가 많아지면 수명이 짧아지며 굵은 필라멘트일수록 이 영향이 크다. 점등 순간에 약 10배의 과전류가 흐르는데 이 현상은 대단히 짧아 실용상 고려할 필요가 없다.

### 3) 발광전등의 종류

- 일반 백열전구 : 60, 100, 200W와 조명용 1kW전구가 있으나 부피가 크다.
- 투광기용 전구 : 투광기에 의한 광속의 이용도를 높이기 위해서 될수록 작게 광원을 반사경에 맞추도록 되어 있다.
- 영사용 전구 : 내부에 반사경을 사용한다.
- 섬광전구 : 사진이용, 유피구 안에 알미늄 코팅, 알미늄선, 합금 세건을 넣고 산소를 채우고 착화제를 바른 필라멘트를 점화시키면 선이나 코팅면이 완전 가연소 되면서 섬광이 발생한다.
- 차색전구 : 전구 내외부에 착색, 광의 손실이 15% 정도이다.
- 할로겐전구 : 옥소, 불소, 취소 등 할로겐 계 원소를 넣은 전구를 총칭하여 할로겐전구라 하며, 옥소램프에 대하여 알아보면 옥소는 저온에서 텅스텐과 결합

하고 고온에서는 분해하는 성질을 이용한 것으로 보통 전구에 비하여 조도가 일정하다. 보통 조명용은 취소, 불소, 브롬, 염소가스를 혼합하여 미량의 가스를 봉입 일정한 압력으로 주입 사용하고 있다.

할로겐 등 전구는 유리구가 적고 온도가 높기 때문에 석영관을 사용하며 전구 내에서는 250~1,200℃이며, 전구의 외벽온도는 250℃이상이면(2kW/220V 할로겐 등 400℃) 전구가 파손될 우려가 있다. 전구의 점멸사고는 주로 생산과정에서의 불량에 의하여 발생되며 과전압, 관리상태, 주변온도 등에 의하여 발생할 수 있다. 사고시는 필라멘트가 끊어지고 내부에 공기가 함유하여 거멓게 그슬리거나 또는 봉입된 가스가 과열로 팽창하여 전구가 파열되며 파열음이 발생할 수 있고, 전구에 지문이나 유지 등이 묻으면 열에 의해 녹아 붙어 부분이 불룩하게 나오기도 한다. 주로 투광용 조명등, 헤드라이트, 사진용, 전기 히터용으로 다양하게 사용하고 있다.

#### 4) 방전등

온도 방사 이외에 발광을 루미네센스(luminescence) 혹은 냉광(cold light)이라 한다. 주로 발광은 인광, 형광으로 구분되며 형광은 자극이 작용하는 시간만 발광하고 인광은 자극을 준 후에도 계속 어느 정도 발생하는 것을 말한다.

- 방전등 현황
  - 전기 루미네센스 : 기체 또는 금속 증기 내의 방전의 발광 현상 이용, 네온관, 수은등
  - 방사 루미네센스 : 어떤 종류의 화합물이 광선, 자외선, X선 등 방사를 받아서 그 파장의 발광하는 것을 이용
  - 열 루미네센스 : 산화아연을 가열하면 심한 청색을 발산하는 것과 같이 물체를 가열할 때 같은 온도보다 대단히 강하게 방사하는 것을 이용
  - 음극선 루미네센스 : 음극선이 물체를 충격할 때 생기는 발광을 말하며 브라운관 등의 형광판에 응용
  - 화학 루미네센스 : 황린이 산화할 때 발광
  - 생물 루미네센스 : 개똥벌레, 야광충 등에 발광
- 점등의 원리
  - 방전등의 투명한 관중에 기체 또는 금속증기를 봉입하고 그 양단에 전극이 있으며, 전극이 외부회로 및 전류제한장치와 접속되어 있다. 방전에 의하여 발산되

는 빛의 성질은 봉입기체 또는 증기의 종류, 기압에 의하여 결정된다.

- 방전의 특성

  - 글로우 방전(glow discharge) : 저압 방전관에 저항 또는 인덕턴스를 직렬로 접속하여 직류전원을 가하여 적당한 전류를 흘리면 안정된 저압가스 방전이 이루어진다. 양극간의 전위차가 음극부분에 급격히 낮아지는 것 즉, 음극 강하가 크고 음극에서의 전자 방출이 주로 양이온에 의한 방전을 말한다.

  - 아아크 방전(arc discharge) : 방전전류가 증가하여 양이온의 충격에 의하여 음극이 가열되면 음극으로부터 열전자 방사가 이루어져서 음극 강하가 급격히 적어져 기체의 전리 전압 정도로 방전이 이루어진다.

- 봉입가스

  - 주로 희유가스인 헬륨, 네온, 크립톤, 크세논과 금속증기인 수은, 나트륨, 카드뮴 등을 이용한다.

- 방전등의 종류

  - 형광등 : 저압 수은램프의 발광 스펙트럼 중에서 가장 강한 자외선을 이용하여 방전관 내벽에 바른 형광물질을 자극시켜 가시부에서 형광이 나게 한 광원을 이용한 것으로 형광등의 주위온도는 20~27℃이며, 관벽온도는 40~45℃가 되도록 설계되어 있고 수명은 7,000시간으로 전구 1,000시간보다 길다.

  - 수은등 : 진공의 유리관 속에 수은 증기를 넣어 관 양쪽에 전압을 가하면 방전이 일어나 발광하는 것을 이용한 것으로 저압, 고압, 초고압 수은램프가 있다.

### 조도 기준

| 장 소 | 조도(lux) | 장 소 | 조도(lux) |
|---|---|---|---|
| 직사광선 지면위 (여름) | 10만 | 밝은 방 (맑은 날) | 200~500 |
| 약간 흐린날 (여름) | 3만~5만 | 독서에 정당한 밝음 | 〃 |
| 몹시 흐린날 (여름) | 1만~2만 | 만월시 | 0.2 |

| 조도<br>범위<br>(lx) | 공 장 | 사무실 | 병 원 | 학 교 | 주 택 | 극장,<br>영화관<br>오락장 | 호 텔<br>여 관 | 경기장 |
|---|---|---|---|---|---|---|---|---|
| 1500~<br>700 | 초정밀<br>작업 | 설계제도<br>타이프<br>계산 | 부검<br>구급처치<br>제재, 분만실 | 정밀제도<br>정밀실험<br>재봉 | 재봉 | - | - | 공식경기 |
| 700~<br>300 | 정밀<br>작업<br>권선<br>조선<br>검사 | 도서열람<br>설계사무실<br>제도실<br>제어실<br>일반사무실 | 시진,주사<br>조제<br>기공, 검사<br>수술실<br>세균검사 | 흑판면<br>도서열람<br>재봉, 미술<br>공예조작<br>정밀공작 | 공부<br>독서<br>재봉 | 소형볼을<br>사용하는<br>게임 | 회계<br>사무실 | 일반경기 |
| 300~<br>150 | 보통<br>작업,<br>도장<br>배선<br>일반 | 회의실<br>서고, 응접실<br>강당, 식당<br>화장실, 조리 | 침대의독서<br>가아제교환<br>기브스포대<br>진찰실, 처치실 | 일반교실<br>연구 및<br>실험실<br>서고,<br>회의실<br>교직원실<br>실내운동장 | 독서, 세탁<br>조리, 화장<br>식사, 오락 | 바둑<br>입장권매장<br>출입구<br>매점 | 프론트<br>사무실<br>현관, 식당<br>조리, 거울<br>책상위식탁 | 일반경기<br>레크리<br>에이션 |
| 150~<br>70 | 조작업<br>절연<br>처리 | 다방<br>욕실<br>갱의실 | 문진실<br>물료실<br>소독실<br>병실, 복도<br>암실 | 관리실<br>록커실<br>복 도<br>계 단<br>화장실<br>강 당 | 거 실<br>서 재<br>응접실<br>아동실<br>식당, 욕실 | 영사실<br>기계실<br>복도<br>계 단<br>세면실<br>화장실 | 객 실<br>욕 실<br>오락실<br>바아로비<br>복도<br>변 소 | |
| 70~30<br>30~15<br>15~7<br>7~3<br>3~1.5 | 건 조<br>-<br>-<br>- | 차고, 창고<br>석탄실 | -<br>-<br>-<br>-<br>심야의 병실<br>복도 | 바스켓<br>테니스코트<br>옥외운동장<br>-<br>구내통로<br>- | 현관, 복도<br>변 소<br>침 실,<br>차 고<br>-<br>- | 관객석<br>비상계단<br>-<br>-<br>관객석<br>(상영중) | 정원, 통로<br>비상계단<br>-<br>-<br>-<br>- | 관람석<br>관람석<br>-<br>-<br>- |

[표 4-29] 조도기준(출처: 한국전기안전공사http://www.kesco.or.kr/)

- 저압수은등
  - 살균등으로 사용하며 저압수은등에서 다량의 자외선이 방출되어 살균등으로 사용한다.
- 고압수은등(조명등)

– 수은등은 고압으로 됨에 따라 가시광선이 다량으로 방출되는 것을 이용하여 조명용으로 사용한다. 고압수은등은 점등시에는 수분이 소요되는데 이것은 시동할 때 수은 증가 압이 저압상태로 시동 후 아크의 열로 발광관내의 온도가 상승하여 수은이 증발하여 점차 고압으로 정격상태의 증기압이 도달할 때까지 수분

이 소요되기 때문이며 다시 소등했다 재 점등시에는 등의 열이 냉각되어 수은이 운집하여 저압의 상태로 재 시동 시 더욱 긴 시간(분)이 소요된다.

- 초고압수은등 : 수은 증기압이 10~200기압이며 발광효율이 높고 휘도 역시 높다.

– 메탈 할 라이트 램프 : 이 램프는 수은램프보다 더욱 할로겐계의 가스를 혼합하여 수은 램프보다 빛이 강하고 연색성도 좋은 램프로 현재 많이 사용하고 있지만 불을 켜는데 시간이 걸리고 한번 끄면 시간이 더 걸리는 결점이 있어 정전 시나 조명용 디머 스위치에 연결 사용할 수가 없다.

– 크세논램프 : 크세논램프는 초고압 수은램프나 같은 것으로 그 석영관 안에 크세논 가스를 봉입하여 점등 시에는 20~40기압으로 하고 전등은 고주파의 고전압으로 시동, 정류기를 직류 전압을 가하면 아크가 짧은 크세논램프를 얻을 수 있다.

– 기타 : 네온 전구, 나트륨등, EL램프 등이 있다.

## 사. 전기사고

### (1) 사고기기별 설비사고 발생현황

조사대상 설비사고 총 6,024건 중 저압설비에서 4,243건(70.4%)이 발생하였으며, 고압 및 특 고압 설비에서 1,781건(29.6%)이 발생하였다.

특 고압 설비사고는 파급범위가 비교적 넓은 반면 저압 설비사고는 단순 고장이 많은 것으로 나타나고 있다.

### (2) 사고원인별 설비사고 발생현황

전기설비사고는 대부분 전기설비를 장기간 사용함에 따라 발생한 사고로 2,053건이 자연열화에 의하여 발생하여 전체 설비사고의 34.1%를 점유하였다. 그리고 수해, 수분, 염해, 분진, 풍우, 빙설, 낙뢰 등 자연현상에 의해 절연이 파괴되어 발생한 사고도 1,185건(19.7%)이 발생한 것으로 나타났다.

또한 과부하에 의한 사고도 715건(11.9%)이 발생한 것으로 나타나고 있어 각 설비에 따른 사고발생 유형을 파악하여 그 특성에 맞는 보호대책이 필요한 것으로 나타났다. 설비 자체의 결함으로 발생한 사고는 전체 사고의 3.6%에 불과한 219건이나 사용자의 실수 또는 조작 미숙으로 발생한 사고는 309건이었다.

(3) 사고형태별 설비사고 발생현황

전기설비에 의한 사고의 형태를 살펴보면 전기기기의 소손과 파손에 의한 사고가 1,651건(27.4%)으로 가장 많았으며, 다른 기기의 사고영향이 아닌 단순한 차단기 등 보호 장치의 동작에 의한 1,156(19.2%)이 발생하였다.

전기설비에 이상이 발생하면 차단기, 휴즈 등 보호 장치가 동작하여 해당설비나 인명을 보호하도록 구성되어 있다. 그러나 일부 보호 장치에서는 동작을 하지 않거나 전기설비의 고장이나 사고로 진전된 후 동작되는 경우가 있으므로 각종 차단기를 수시로 점검하여 불량설비는 조속히 교체하여야 할 것이다.

(4) 전기 화재

① 과전류에 의한 발화(Joule의 법칙에 의한 과부하)

② 단락에 의한 발화(전기선 단락으로 주변 인화물질)

③ 누전에 의한 발화(누전에 의한 발화(누전에 의한 접지물 접촉))

④ 접속부 과열에 의한 발화(전선과 전선, 전선과 단자, 접촉저항)

⑤ 열 축적에 의한 발화(전등, 전열기 등)

⑥ 스파크에 의한 발화(스위치의 on-off시의 단락 스파크)

⑦ 절연 열화, 탄화에 의한 발화(옥내배선의 탄화, 비닐피복 등)

⑧ 정전기에 의한 발화(명주, 운모, 유리, 면포, 목재, 호박, 수지, 금속 등)

⑨ 낙뢰에 의한 발화(피뢰침, 이상전압, 송전선, 변압기, 변전실)

## 아. 전기 안전

(1) 전기의 위험성

일반적으로 감전재해는 다른 재해에 비하여 발생율이 낮으나 일단 재해가 발생하면 치명적인 경우가 많으며, 또한 다행히 생명을 건졌다 하더라도 일생동안 불구가 되는 예가 적지 않다. 이것은 감전되었을 때의 호흡정지, 심장마비, 근육이 수축되는 등의 신체기능 장해와 감전사고에 의한 추락 등으로 인한 2차 재해 때문에 일어난다.

### (2) 인체의 전기적 작용

전격에 의한 인체의 반응 및 사망의 한계는 그 속성상 인체 실험이 어렵고, 또 어떠한 실험결과가 나와도 그것은 검증이 어렵다는 점과 인간의 다양성, 재해 당시의 상황변수 등의 이유로 획일적으로 정하기는 어렵지만, 인체의 감전시 그 위험도는 ① 통전전류의 크기, ② 통전시간, ③ 통전경로, ④ 전원의 종류에 의해 거의 결정된다. 인체에 대한 전격의 영향은 크게 두 가지로 나눌 수 있는데

첫째는, 전기신호가 신경과 근육을 자극해서 정상적인 기능을 저해하며, 호흡정지 또는 심실세동을 일으키는 현상이며 둘째는, 전기에너지가 생체조직의 파괴, 손상 등의 구조적 손상을 일으키는 것이다.

□ 변전소의 전압을 구분하는 방법

- 최소 감지전류 : 교류(상용주파수 60[Hz])에서 이 값은 2[mA]이하로서 이 정도의 전류로서는 위험이 없다.
- 고통 한계전류 : 전류의 흐름에 따른 고통을 참을 수 있는 한계 전류로서 교류(상용주파수 60[Hz])에서 성인 남자의 경우 대략 7~8[mA]이다.
- 이탈 전류와 교착 전류(마비 한계전류) : 통전전류가 증가하면 통전경로의 근육 경련이 심해지고 신경이 마비되어 운동이 자유롭지 않게 되는 한계의 전류를 교착 전류, 운동의 자유를 잃지 않는 최대한도의 전류를 이탈 전류라고 하는데 교류(상용주파수 60[Hz])에서 이 값은 대개 10~15[mA]이다.
- 심실세동 전류 : 심장의 맥동에 영향을 주어 혈액 순환이 곤란하게 되고 끝내는 심장 기능을 잃게 되는 현상을 일반적으로 심실세동이라 하며, 심실세동을 일으킬 때 그대로 방치하면 수분 이내에 사망하게 되므로 즉시 인공호흡을 실시하여야 한다.

□ 통전경로의 영향

- 인체 감전시의 영향은 전류의 경로에 따라 그 위험성이 달라지며, 전류가 심장 또는 그 주위를 통하게 되면 심장에 영향을 주어 더욱 위험하게 된다. 즉, 인체에 전류가 통과하게 되면 심실세동이 일어날 수 있는 것은 물론이고 통전경로에 따라서는 그보다 낮은 전류에서도 심실세동의 위험성이 있다.

(3) 가정의 전기안전

(가) 옥내 · 외 설비의 점검 요령

• 습기나 물기가 많은 곳에서 전기를 사용할 때에는 기계기구가 접지시설이 되어 있어야 하고 또한 손과 발에 물기가 없어야 한다.

• 전기기기 사용을 위한 코드나 배선기구는 용량과 규격에 맞는 것을 사용한다.

• 누전으로 인한 화재나 감전사고 예방의 기본 장치인 누전차단기는 월1회 이상 시험 보턴으로 정상작동 여부를 확인한다.

• 노후 된 전기설비의 계속 사용은 누전, 합선, 감전사고의 위험이 매우 높으므로 반드시 개 · 보수하여 사용한다.

• 무자격자에게 전기설비의 개 · 보수를 의뢰하는 경우 더 위험한 결과를 불러올 수 있으므로 반드시 전문 시공업체에 의뢰한다.

(나) 가정용 전기설비별 올바른 유지·관리 요령

• 인입선

- 한전 측 지지물(전주)에서 주택으로 들어오는 전선으로 중간에 장애물 등을 제거하여 지락 및 단락사고를 방지한다.

- 지중에 매설된 케이블은 차량 등이 통과할 때 하중에 견딜 수 있도록 1.2m 이상 깊이로 매설한다.

• 배 · 분전반

- 전력량계 및 누전차단기, 개폐기(차단기) 등은 옥내 전기 공급의 첫 번째 안전장치 집합장소로서 일반적으로 지상 1.8m 이상 높이에 설치한다.

- 유사시 쉽게 조작할 수 있도록 앞에 물건을 쌓아 두거나 철사, 철 파이프 등이 닿지 않도록 한다.

• 누전차단기

- 옥내 전로 및 기계기구에서 미세한 전류라도 누전되면 짧은 시간(0.03초 내)에 전로를 자동 차단하는 고감도 기능을 갖춘 안전장치로 220V를 사용할 때는 의무적으로 부설해야 한다.

- 월 1회 이상 정상 작동 여부를 확인하여 이상 발견 시 장치의 고장인지,

옥내 누전이 있는 지 전기안전공사나 시공업체에 점검을 요청하여 적절한 조치를 취한다.

• 개폐기(차단기)

– 과전류가 흐를 때 전기를 자동적으로 끊어(차단)주거나 정전이 필요할 때 안전을 위하여 전기 공급을 차단시켜주는 안전장치로서 뚜껑 등 파손 여부를 확인하고 뚜껑 이탈, 몸체 파손 및 레바(손잡이)가 손상되면 충전부의 노출로 감전의 우려가 있으므로 즉시 새 것으로 교체하여 사용한다.

• 퓨즈

– 허용된 전류용량 한도를 초과하여 사용하면 일정시간 경과 후 끊어져 화재 및 사고를 미연에 방지하도록 규격화된 제품으로 용량에 맞는 것을 사용해야 하며 용량은 제품의 양 끝에 표시되어 있고 보통 개폐기(차단기)뚜껑, 손잡이 등에 표시되어 있는 용량의 것을 사용하면 된다.

– 퓨즈가 끊어지면 전기사용량이 많은 경우나 합선의 경우가 있으므로 전자의 경우는 상태를 파악하여 배선을 분리 조절해야 하며, 후자의 경우에는 합선 지점을 제거한 후에 퓨즈 대신 철선, 구리선 등을 사용해서는 아니된다는 점을 특히 주의한다.

• 배선

– 옥내 모든 배선은 규격전선(지름 1.6㎜ 이상)을 사용해야 하며 배선방법으로 전선 자체가 노출되면 예기치 않은 충격 등으로 합선 및 여타 사고를 초래할 수 있으므로 전선 보호용 관을 사용해야 하고

– 전선을 연결할 때는 연결지점이 헐거워지지 않도록 단단히 조이고, 고정시킬 때에는 못을 박거나 철사로 조여매는 것은 위험하므로 전선 보호용구를 이용하도록 한다.

(4) 전기설비의 유지 · 관리 요령

(가) 수전실(변전실)

• 수전실의 출입문에는 잠금장치를 하고 위험표시를 하여 관계자 외 일반인이 출입하지 못하도록 한다.

• 옥외 수전실에는 보호 울타리를 설치하여 어린이 또는 가축 등이 들어가지 못하도록 한다.

• 수전실에는 가연성 또는 인화성 물질을 두지 않도록 한다.

• 옥외 수전 설비 장소에 잡초나 수목이 있을 경우 지락사고의 위험이 있으므로 제거한다.

(나) 인입선

• 인입선 지지물(전주)은 까치가 집을 짓는 장소가 될 수 있으므로 까치집 방지 시설물 등을 설치하여 지락 및 단락사고를 방지한다.

• 전주 또는 전선에 걸린 장애물을 제거 시 추락사고 및 부주의에 의한 감전사고의 우려가 있으므로 안전관리자의 책임 하에 작업한다.

• 지중에 매설된 케이블은 차량이 통과할 때 중량물의 압력으로 손상될 우려가 있으므로 1.2m 이상 깊이로 매설한다.

• 케이블이 매설된 부근에서의 굴착작업은 케이블이 손상될 위험이 있으므로 관계자의 감독 하에 작업한다.

(다) 변압기

• 운전 중인 변압기는 전압, 전류 등을 측정하여 과부하로 운전되고 있는 지의 여부를 확인한다.

• 변압기의 붓싱에는 캡을 씌워 충전부가 노출되지 않도록 한다.

• 변압기에서 이상 음이나 냄새가 나는 지를 확인한다.

• 계절용으로 사용하는 변압기는 사용하지 않는 기간에는 차단기 또는 개폐기를 개방하여 무 부하 손실이 없도록 한다.

(라) 전력 퓨즈

• 변압기, 전동기, 콘덴서 등의 부하전류를 계산하여 과부하시 용단될 수 있는 정격전류의 퓨즈를 선정한다.

• 퓨즈 링크의 오손, 파손, 나사풀림 등의 여부 및 몸체와의 접촉상태를 확인한다.

• 충전부분과 다른 시설물과의 이격거리 및 취부상태의 적정여부를 확인한다.

(마) 수 · 배전용 차단기

• 충전부 단자의 변색, 볼트와 너트의 조임 상태, 부품의 파손, 탈락여부 등을 수시로 확인한다.

• 원활한 작동이 되지 않을 때는 기계적 구동부에 약간의 오일이나 구리스를 바른다.

• 개폐 표시기 또는 개폐 표시등이 정확하게 지시하는 지를 확인한다.
• 정전이 가능할 경우는 절연부분을 마른 걸레로 깨끗하게 닦아준다.

(바) 콘덴서

• 콘덴서는 개방할 때 잔류전하를 방전시켜야 하며 필요시 방전장치 내장형 콘덴서를 설치한다.
• 저압용콘덴서는 개개 전기기기별로 설치가 바람직하며 전기기기와 동시 개폐되는 구조로 설치한다.
• 콘덴서 외함의 접지여부 및 접지선 탈락, 붓싱커버 파손, 외함 변형 여부 등을 수시 확인한다.
• 단자 이완 및 발열, 콘덴서유의 누설여부 등을 점검하며 전선 굵기가 적정한지 확인한다.

(사) 예비 발전설비

• 디젤엔진 발전기는 최소 주 1회 20분 정도 무 부하 운전하며 매 3회 시운전마다 최소 30% 부하에서 15분 정도 운전하여 비상시 즉시 가동될 수 있도록 점검한다.
• 엔진오일은 수시로 점검하며 규격에 맞는 오일로 보충 및 교환한다(매 100~150시간마다 교환).
• 라디에이터는 항상 냉각수로 보충하여 부족하지 않도록 하며 녹물이 생겼을 때는 교환하도록 한다.
• 연료탱크 연료량은 항상 충만하게 유지한다.
• 시운전 및 운전 시 정격 회전수, 엔진오일 압력이 정상(2.5~4.0kg/㎠)인지 확인한다.
• 축전지의 전해액이 피부에 닿거나 눈에 들어가면 위험하므로 취급에 유의한다(눈에 들어갔을 때는 물로 씻고 전문의의 진료를 받을 것).
• 연축전지는 충전 중에 의한 인화 폭발성 가스가 발생하므로 화기나 정전기를 근접시켜서는 안 된다.

## 자. 전기 시설물 안전검측

(1) 조명설비: 행사장내의 조명설비는 형광등, 백열등, 메탈 할 라이트 등, 할로겐 등이 있으며 항상 조도문제(일반 행사장 200~300룩스, TV촬영 시 1,500룩스)를 고려하고 형광등 깜빡거림, 할로겐 등 파열발생요인 제거를 위하여 전등 교체 작

업 등을 확인한다. 또한 각종 전선과 할로겐 등 내부를 정밀검측 실시한다.

(2) **각종 전열기구**: 전열기구는 전기 곤로, 난로를 말하는데 봄, 가을 환절기에 야외 행사장에 설치하여 난방대책을 수립하거나 행사장 주위 각 사무실에 사용한 전기 히터를 포함한다. 각종 전열기구는 행사장 내부에 설치하기 때문에 전기용량, 설치 위치를 확인하고 내부검측을 실시한다.

(3) **콘센트**: 각종 전기기구(TV, 에어컨, 세탁기, 히터 등) 전원코드의 플러그를 연결할 수 있는 구조로서 벽 고정용과 이동용이 있다. 콘센트를 사용 시에는 사전 정격전압을 측정하고 콘센트 설치상태(나사 조임 벽에 고정된 상태 등), 연결 전선 규격 적정 상태, 발열 여부를 점검한다.

(4) **분전, 배전함**: 변압기에서 모든 전기기기에 개별적으로 전기를 공급함이 비 경제적이고 선로 구성도 불가능할 경우 층별, 동서남북 등 방향별 분류하여 배전함과 분전함을 설치한다. 변압기에서 분류된 단위장소까지 간선으로 연결하고 이 장소에서 각 전기기기로 개별 전기공급을 할 수 있도록 한 전기설비를 분전, 배전함이라 한다. 검측사항은 회로별 스위치 조작시험, 회로별 전기고읍범위, 스위치 및 휴즈통 과열, 소음발생 여부, 분전, 배전함, 이면배선 상태, 전선 연결부 이완, 과열 여부, 함 내부 폭발물 설치 여부 등을 확인한다.

(5) **전환 스위치**: 행사장 전력 공급 선로 상에 이상이 발생하였을 경우 이를 차단하고 타 전기선로로 전력을 공급받을 수 있도록 전원을 절체하는 역할을 담당하는데 수동과 자동 절체 스위치가 있다.

(가) 무 정전 공급 장치(UPS, unitterruptable power supply system): 상시 교류전원을 공급받아 이를 직류로 변환하여 축전지에 충전시키다가 교류전원이 정전되면 직류전원을 교류전원으로 변환하여 부하 측에 전력을 공급하는 설비로서 교류전원 정전 시 직류전원을 교류로 전환 공급하는데 소요되는 시간이 1/4Hz(0.004초)로 사람이 전혀 감지할 수 없는 기간이므로 무 정전 전원공급 장치라 칭하며 현 기술수준으로서는 가장 완벽한 장치이나 컴퓨터 등 소요량 기기에

만 사용할 수 있다는 결점이 있다(30분 사용가능)

(나) 자동 부하 절체 스위치(ALTS, auto load transfer swich): 2개의 전원이 상시 연결되어 있고 이 중 1개 전원을 주 전원으로 하여 부하에 전력 공급하던 중 주전원 정전 시 예비전원으로 절체하여 계속 전력을 공급할 수 있도록 하는 설비로서 행사시 절체 소요시간은 가급적 1초 이내가 되도록 조절한다.

(6) **발전기**: 행사장에 예비 전원이 없거나 있더라도 주전원 정전 시 절체시간이 장시간 소요될 경우 비상 발전기를 설치 이를 비상 전원으로 확보한다. 검측사항으로 행사장 부하에 대한 발전기 용량 및 전압 적합 여부, 소음 측정 및 매연 측정, 발전기 공급 연료유, 방열장치, 조속기 동작 상태 등을 점검한다.

(7) **배터리 등**: 돌발사태에 대비 귀빈 및 참석자 안내를 위하여 설치하는 직류전등으로 상시 교류전원에 의해 충전된 축전지가 교류전원 정전 시 직류전원을 공급함으로써 점등되는 전구를 말하며 검측 시에는 축전지 액, 보충상태, 파손, 부식 여부 등을 확인한다.

(8) **변전실**: 행사장 내 변전실의 각종 전력설비(변압기, 수전반, 배전반)에 사고가 발생 시는 그 파급범위가 전 행사장에 미치므로 철저한 검측이 필요하다. 점검사항으로는 변압기 폭발 위험 유무, 변압기 절연유 누유 여부, 수·배전반 각종 계전기 동작 정확도, 각종기기 및 변전실 내부 온도 조절, 각종 단자 과열·변색 여부, 수·배전반 내부 폭발물 설치 여부 등을 세부적으로 점검한다.

### 차. 전기화재 사례

(1) 건물 신축공사 중 공사업체 직원 감전(사망)사고

(가) 발생일시 : 199×. 1. 16(금) 09:15경(맑음)

(나) 발생장소 : 부산시 사상구 감전동 『△△기연』

(다) 재 해 자 : 공사업체 직원 ○○○ (남, 39세) 사망

(라) 전압 및 용량 : 22,900V 200 ㎾

(마) 사고내용: 사고수용가에 인접한 노후 된 조립식 철골조건물 신축공사장 옥상에서 공사업체 직원이 물받이 설치작업을 하던중 부주의에 의하여 작업장소와 근접한 수전용 개폐기 충전부에 접촉되어 사망한 사고임

(바) 사고원인

1) 작업자의 안전의식 결여
2) 감독자 미배치 등 안전조치 미실시

(사) 사고재발 방지대책

1) 작업전·후의 안전교육실시 및 위험장소는 감독자 배치
2) 특고압설비 주변에 구획로프 및 안전표지판 설치
3) 안전작업 이격거리 미달 시에는 정전작업실시

(2) 전기장판 과열 추정 화재‥90대 노인 숨져

혼자 잠을 자던 90대 할머니가 전기장판 과열로 인한 불을 피하지 못해 숨졌다.

갑자기 추워진 날씨에 전열기 많이 사용하실 텐데요. 아늑했던 방이 한순간에 시커먼 잿더미로 변했고, 방안에서 혼자 잠을 자던 94살 김 모 할머니는 숨진 채 발견되었다.

김경애/목격자 "(방 안에)연기가 안개처럼 있고 이상해서 보니까 바닥이 새까맣고 다리만 이렇게‥(나와 있었어요.) 할머니 불에 탔어요." 김 할머니가 평소 깔고 자던 전기장판과 이불이 심하게 탄 점으로 미뤄 전기장판이 과열돼 불이 난 것으로 추정, 바닥에 깔아둔 전기장판이 과열되면서 발생한 유독가스 때문에 김 할머니가 숨진 것으로 추정 혼자 사는 김 할머니를 위해 부엌에 설치된 화재경보기는 정작 불이 난 방과는 떨어져 있어서 울리지 않았다. "전기장판인 경우 온도 조절기를 고온상태로 유지하다가 과열되면서 화재가 발생하는 사례도 있고, 여름철에 접어두었다가 펴면서 절연부분이 약해서 발생하는 경우가 상당히 많이 일어나고‥"가정용 전열기는 전기 소모가 많은 만큼 문어발식 사용을 지양하고 콘센트 하나만 사용하는 게 좋다.

(3) 美전기차 테슬라 안전성 논란 "사고 순간 배터리에 불이.."

북미에서 올해 선풍적 인기를 끌고 있는 순수 전기차 테슬라에서 화재가 발생했다는 소식이 전해지며 테슬라 주가가 곤두박질치고 있다.

3일(현지시간) 외신들에 따르면 지난 1일 미 워싱턴주 시애틀 외곽도로에서 테슬라 모델S가 화재에 휩싸인 채 타고 있는 영상이 공개됐다. 당시 목격자에 따르면 모델S는 도로를 달리던 중 커다란 금속성 물체와 충돌 후 곧바로 화염에 휩싸였다.

사고 직후 운전자는 부상을 입지 않고 빠져나왔지만, 차량의 앞쪽 보닛부터 시작된 불꽃이 점점 확산됐다. 테슬라 측은 사고 직후 공식 성명을 통해 "사고 차량은 도로 위에 방치 된 대형 금속물체와 충동해 심각한 손상을 입었다"며 "안전 설계 때문에 탑승공간으로 불이 번지지 않고 앞부분만 화재가 발생했다"고 밝혔다. 외신은 이번 화재는 차량 하부에 배치된 리튬이온 배터리의 손상 때문인 것으로 추정했다. 최근 급등하던 테슬라의 주가는 이번 화재 이후 곤두박질치고 있다.

테슬라의 주가는 사고가 발생한 다음날 12.05달러 하락한 180.95달러에 마감됐다. 지난 7월 이후 가장 큰 하락세다. 3일에도 주가 하락은 계속돼 장중 한 때 168.00달러까지 내려갔다.

한편 테슬라 모델S에 장착된 리튬이온 배터리 팩은 휴대전화, 랩톱 컴퓨터, 전기자동차 등에 널리 쓰이며 화학적 성질 때문에 화재의 위험이 있는 것으로 알려졌다. 외신들은 이번 사례를 통해 전기차 배터리의 안전성을 다시금 검증 할 필요성이 있다고 보도했다.

## 제3절 경호 행사장 우발 대비책

경호 행사장에서는 예기치 않은 우발상황이 발생 할 가능성에 철저히 대비해야 한다. 경호적 의미의 우발상황이란 "경호대상자가 임석한 행사장에서 어떤 일이 예기치 않게 우연히 또는 계획적으로 일어나는 상황"이다. 이러한 상황에서는 경호원의 고도의 신속한 판단과 즉각적인 경호조치가 요구된다.

우발상황의 특성은 사전 예측 불가능, 혼란과 무질서, 보호 본능 유발, 즉각 조치가 요구된다. 경호란 순간을 위해 싸우는 활동으로 순간이란 바로 경호활동 중 예기치 않은 우연히 일어나는 우발상황의 중요성을 나타내며 이때의 적절하고 신속한 경호조치의 여부에 따라 경호의 존재 가치가 달려 있다고 해도 과언이 아니다.

"Only One Time" 이것이 경호를 전문으로 하는 경호원들의 사명감이며, 경호원의 존재목적은위기 상황 시 자가 자신을 희생하여 경호대상자를 안전하게 보호하는 것에 있다. 우발상황이 발생 할 경우 경호의 목적인 경호대상자 보호를 위해 어떻게 조치하고 행동하는 것이 효과적인가를 설명해 주는 것이 우발상황의 기본원칙인 S.C.E 원칙이다.

S.C.E 원칙은 우발상황 발생 시 경호원의 행동절차로서 경고(Sound Off) → 방호(Cover) → 대피(Evacuate) → 계속 임무 수행(Go On)으로 경고(Sound Off)는 육성이나 무전으로 전 경호원들에게 상황내용을 간단명료하게 전파하는 것으로 상황을 가장 먼저 포착한 경호원이 "경고"를 함으로써, 다른 경호원 특히 주변에 있는 근접경호원들이 신속히 "Action"을 취할 수 있도록 하며, 공범이 있을 경우를 예상해서 제2의 공격을 대비하는데 그 목적이 있다.

방호(Cover)는 경고 후 경호대상자 주변에 있는 근접경호원은 경고와 동시에 신속히 경호대상자를 보호하기 위하여 방벽을 형성하는 것이다. 방호 대형으로는 ① 함몰형 대형(Cave in Formation)으로 이 대형은 경호원들이 자신의 몸을 이용하여 엄호하며, 경호대상자는 약간 앉은 자세를 취하게 된다. ② 방어적 원형 대형(Defensive Circle Formation)으로 경호대상자가 체위를 낮춘 상태로 이동 할 수 있는 공간만 제공하면서 사방에서 밀착 방호 대형을 형성하여 신속히 현장을 이탈하는 대형이다.

대피(Evacuate)는 비상시 경호대상자의 대피가 가장 중요하다. 경호대상자가 안전한 경우와 부상당한 경우 모두 위험지역에서 신속히 공격의 역방향으로 비상차량 및 Safe Zone으로 이동한다. 방호 및 대피 대형을 형성할 시에 고려해야 할 사항으로는 ① 경호대상자와 경호원 및 위해 기도자와 거리 ② 주위상황과 군중의 성격과 수 ③ 공격의 종류와 성격 ④ 대응소요시간에 대한 판단 ⑤ 방어 및 대피 대형을 형성할 수 있는 경호원의 수를 고려하여야 하고 우발상황 시 경호대상자에 대한 방어와 현장이탈은 거의 동시에 이루어져야 하며 계속 임무가 수행(Go On)되어져야 한다.

우발상황 시 대응 이론으로는 ① 촉수 거리의 원칙(Arms-reach Principle)으로 위해기도자가 범행 시도 시 범인과 가장 가까이에 위치하고 있는 경호원이 대적해야 한 다는 원칙이다. ② 체위 확장의 원칙(Body-expand Principle)으로 상황 발생 시 경호원 자신의 몸을 최대한 확장시켜 경호대상자에 대한 방호효과를 최대화하면서 공격방향으로 대응해야 한다는 것이다.

경호원은 우발상황 시 자신도 모르게 조건 반사적이고, 무의식적으로 행동이 나올 수 있도록 반복 훈련을 해야만 한다. 우발상황 대비방안으로는 ① 이동로 선정 시 주이동로 외에 예비 이동로 선정 ② 정전에 대한 예비전원 확보방법 ③ 응급조치 준비 ④ 소화 대책방법 강구 ⑤ 비상차량 대기 등이 반드시 필요하며 우발상황에 잘 대응하기 위해서는 같은 장소에서 수십번, 수백번 가상의 예행연습을 해야한다. 오직 한 순간을 위해 존재하는 업무로서 만약에 일어나는 우발에 대해서 늘 긴장의 자세를 유지해야 한다. 모든 안전유지는 위기의식부터 시작 되는 것이다.

경호원은 오직 한 순간을 위해 존재한다. 그렇게 때문에 자기만의 철저한 근무철학이 있어야 한다. 진정한 프로의식과 경호전문가로서 전문성을 유지하고 늘 위기의식을 가지고 대물, 대인을 경계 하고 관찰해야 한다.

## 1. 예비 이동로 선정

경호 행사장에서는 돌발 상황 발생 시 어떠한 상황이건 행사장을 신속히 이탈할 수 있는 비상대피로가 선정되고 확보되어야 하고 잠시 안전하게 머무를 수 있는 비상대피소가 마련 되어야 한다. 현 위치에서 비상대피소로 연결되는 비상통로는 경호원 모두가 숙지하고 있어야 한다.

화재와 같은 내부 문제 발생 시 긴급히 외부로 대피 할 수 있는 비상통로가 선정되어야 하고 그 출구 측 에는 예비차량을 상시 대기시켜 놓아야 한다.

기동 간에는 주 코스로 선정한 도로 사에 문제가 발생하였을 때를 대비하여 예비코스가 선정되어야 하고 이러한 정보를 획득할 수 있는 수단이 강구되어야 한다. 필요시 차량을 본대에 앞서 보내서 전방의 상황을 보고하게 할 수도 있다. 이스라엘의 라빈수상 암살사건 당시 행사장에서 병원으로 이르는 도로가 막혀서 우호도로로 이동함에 따라 이동에 많은 시간을 허비하였던 사례가 있다.

## 2. 정전대비 예비전원 확보

전기시설은 행사에 직·간접적으로 큰 영향을 미치기 때문에 우선적으로 확인하고 점검하여야 한다. 예비전원 및 비상전원을 반드시 확인하고 조명시설 등의 불량 여부를 철저히 점검하여야 한다. 실내행사시는 경호원 모두 소형 후래쉬를 준비하고 언제 어느 때라도 상용전원인 한전의 전원이 모두 정전 될 수 있음을 감안하여 반드시 예비전원을 확보하여야 한다.

비상발전기 확보는 물론, 정전 시 이를 정상가동 할 수 있도록 전문인력이 행사 시작 전부터 종료 시까지 대기토록 조치하여야 한다. 통상적으로 vip행사 중에는 비상통제소를 운영하게 되고 통제소 내에는 한전직원과 해당시설 전문인력을 대기시키도록 하여야 한다.

## 3. 응급대책

### 가. 응급변원 확보

미국의 Reagan대통령은 SS가 응급대책을 강구해 놓았음은 물론, 응급의료 상식을 갖춘 경호원에 의해 신속히 병원으로 이송되어 생명을 건질 수 있었다. 반면 이스라엘 Ravin 수상은 본대에 의료진이 포함되어 있지 않았을 뿐 아니라 위급상황이 병원에 통보되지 않아 수술도 신속히 받지 못해 결국 사망하고 말았다. 그 후 이스라엘은 본대에 의료진을 편성하고 행사장에서 가까운 병원은 응급병원으로 선정하여 만약의 사태에 대비하고 있다.

행사장은 물론이고 기동 간에도 구간 구간 이용할 수 있는 병원을 확인하고 연락망을 확보해 두어야 하며 주치의나 지정병원과의 연락체계가 항상 유지되어야 한다. 경호원은 기초적인 응급상식은 물론 응급처치방법을 익히고 있어야 하고 평상시 경호대상자의 건강상태에 대한 정확한 확인과 관심이 필요하다. 경호대상자의 위급상황에 대비하여 필요한 혈액과 비상약품함, 경호대상자의 진료 기록카드를 준비하여야 한다. 화재 시에 대비한 휴대용 공기호흡기도 필요하다. 최상의 경호팀은 응급처치법을 배운 전문요원이 편성된 팀이다.

## 나. 응급처치

경호대상자의 응급처치는 전문의료진의 조치가 불가능한 상황하에서 경호원이 시행하게되는 일시적인 응급처치를 말한다. 경호원이 응급처치를 위해서는 항상 기본적인 응급의료장비와 약품이 준비되어 있어야 한다.

### (1) 구급함에 필요한 약품의 종류와 약품명

해열, 진통제 : 아스피린, 펜잘, 게보린, 타이레놀

소화제 : 훼스탈, 베아제, 판크린, 아진탈

장장제(자사제) : 정로환, 스토베린

좌상, 찰과상 : 후시딘, 마데카솔 연고

화상 : 더마톱, 마데카솔 연고

동상 : 동상연고

안약 : 캄비손

안연고 : 산콜, 핀콜

살균 소독약 : 포비돈, 메탄올

염좌 치료제 : 맨소래담 로션, 스프레이 파스

곤충 자상 치료제 : 암모니아수, 계관

기타 : 일회용 반창고, 반창고, 거즈, 붕대, 바셀린 거즈, 압박붕대, 탈지면, 알콜, 솜

### (2) 응급처치의 일반 원칙

일반적으로 호흡정지 환자부터 응급처치를 해야 하지만 산악사고 시에는 출혈이 많은 환자부터 실시한다. 다음으로 음독이나 중독, 심한 쇼크 상태의 환자순으로 처리하여야 한다.

#### (가) 응급처치 유의 사항

호흡확인 ➢ 맥을 짚어본다. ➢ 의식이 있는가 확인한다. ➢ 손발이 움직이나 본다. ➢ 얼굴색, 피부색, 체온을 살펴본다.

### (나) 종류별 응급처치 방법

□ **골절:** 다음과 같은 증상이 나타나는 경우에는 골절된 것으로 생각한다.

1) 통증이 있으면서 움직일 수가 없다.
2) 만지던가 움직이면 몹시 아프다.
3) 부어 있던가, 색깔과 모양이 변하고 있다.
4) 피하 출혈로 적색이나 청색이 된다.
5) 모양이 변하거나, 좌우 대칭이 안 된다.

○ **골절의 응급 처지:** 처치는 가급적 그 장소에서 실시하고, 처치가 끝날 때까지는 환자를 움직이지 않도록 하고 상처와 출혈이 있으면, 상처에 거즈를 대고, 가볍게 고정시킨 다음 병원으로 간다. 골절 부분의 위아래 관절에 달하는 길이의 부목을 대고 고정시킨다. 고정한 부위에 자극을 주지 않도록 조심하면서 병원으로 운반하던가, 구급차를 부른다. * 부목으로 사용 할 수 있는 물건 : 나무 조각은 부드러운 천이나 수건 등으로 싸서 사용, 나무토막, 젓가락, 잡지, 빈상자, 자, 신문지

○ **턱 골절:** 증세는 움직이면 통증이 있고 위아래 이가 맞지 않고 대화나 식사가 불가능하고 입을 닫지 못한다. 응급처치는 부목사용이 불가능하므로 턱과 뺨 그리고 정수리로 돌려 턱 부축 붕대를 메준다. 붕대 후 환자가 토할 기분이 든다면 붕대를 풀어 주어야 한다.

○ **쇄골 골절:** 증세는 손으로 만져서 느낄 수 있으며 팔을 쳐들지 못하고 축 처진다. 응급처지는 부목을 사용 할 수 없다. 팔을 가슴에 붙이고 팔걸이도 몸통에 고정시킨다. 이동시에는 부축한다.

○ **늑골 골절:** 증세는 숨을 쉬거나 기침을 할 때 아파하고 손을 가슴에 댄 채 얕게 숨을 쉰다. 늑골이 폐를 뚫었다면 각혈을 한다. 응급처치방법은 폐가 상한 경우에는 환자가 호흡을 쉽게 할 수 있도록 편안히 눕히고 어깨를 약간 높여 안정되게 헤서 의사에게 간다. 폐가 상하지 않았을 경우에는 부목 사용이 필요 없으며 3개의 심장 삼각붕대로 매어준다.

□ **탈구, 염좌:** 탈구는 관절부분에서 뼈의 위치가 벗어난 상태에서, 염좌는 관

절이 벗어나려다 원상으로 회복된 상태를 말한다. 탈구의 증상은 붓고 아프며, 손발이 움직일 수 없게 된다. 모양이 변하던가, 탈구된 쪽의 손발이 다른 쪽보다 길어진다거나 짧아지는 경우도 있다. 염좌의 증상은 가장 흔한 것이 발목의 염좌이다. 골절과 구분이 잘 안가며 내출혈에 의해 붓고 파랗게 되며, 통증으로 움직일 수 없게 된다. 처음에는 통증이 가볍더라도 통증이 있으면서 부기가 빠지지 않는 경우에는 서둘러 병원으로 가야 한다.

□ **쥐가 났을 때:** 몸의 힘을 빼고, 발바닥 오목부분을 가볍게 누르면서 주물러 주고 무릎을 누르고 다리를 쑥 뻗은 후 엄지발가락을 끌어당긴다. 더운물에 담그고 주무른다. 마사지를 하고, 뜨거운 타월(온습포)을 대는 것도 효과가 있다.

□ **발톱부상:** 발톱이 빠졌을 경우 더럽 혔을 때에는 물로 깨끗이 씻고 소독한다. 빠진 발톱은 무리해서 제거하지 말고, 원위치에다 놓고 멸균거즈를 댄 다음 붕대를 감으면,. 며칠사이 통증 없어지고 발톱이 붙던지 새 발톱이 나온다. 발톱사이에 이물질이 들어간 경우: 바늘같이 뾰족한 것을 소독해 이물질을 제거 한 다음 발을 소독하고 반창고를 붙여 준다.

□ **찰과상:** 오염되지 않은 가벼운 상처일 경우에는 소독약(옥시돌, 머큐로크롬 등)으로 소독하고 흙과 모래 등 오염된 상처는 오염물을 물로 깨끗이 씻어 내고 상처를 소독한 후 거즈를 상처에 댄다.

□ **절상:** 나이프, 유리 등으로 잘린 직선상의 상처를 말한다. 가벼운 상처는 멸균 거즈를 대고 가볍게 압박 지혈한 다음 소독하고 반창고나 붕대를 감아준다. 깊은 상처는 멸균된 거즈를 대고, 세게 압박 지혈을 하고 압박한 채 환부를 심장보다 높게 지혈한다. 출혈이 심한 경우에는 지혈점도 압박한다. 거즈위에 붕대를 감고 병원으로 간다.

□ **추락사고 초기 응급처치는 이렇게…!**

노 전 대통령 투신 사망으로 관심 고조…! 의사들 "최초 10분 결정적" "당시의 상황이 긴박했고, VIP 신변보호를 고려했다 하더라도 업고 뛴다는 건 이해가 안 된다. 헬기를 띄우든지, 119구급차가 올 때까지 현장에서 심폐소생술을 하면서 응급처치를 했어야 한다."

부산 모 대학병원 응급의학과 교수는 노무현 전 대통령이 경남 김해시 진영읍 봉화산에서 투신한 직후, 응급처치 시스템이 제대로 가동되지 않았다고 아쉬워했다. 경호관들이 이날 보여준 응급환자 이송 과정은 국가원수를 지낸 VIP에 대한 응급처치라는 점을 감안했을 때, 선뜻 이해하기 힘들 정도라는 게 전문가들의 일관된 견해다.

이 때문에 VIP 경호팀의 응급 대처 시스템에 대한 전반적인 점검과 개선 대책 마련이 필요하다는 지적이 일고 있다. 아울러 이번 사고를 계기로 일반인들도 평소 긴급상황에 대비, 응급처치 요령을 숙지할 필요가 있다는 지적이다.

사고 당일인 23일 오전 6시40분께 노 전 대통령은 45m 높이의 부엉이바위에서 뛰어내렸고, 두개골 골절과 두부외상, 우측발목과 골반 등 다발성 골절상을 입은 치명적인 상태였다.

경찰 조사 결과 사고 현장에 있었던 경호원은 노 전 대통령을 상대로 심폐소생술을 실시하지 않았으며, 들것이나 별도의 이송수단을 사용하지 않았다. 경호원은 경호본부에만 비상상황을 무전으로 알린 후, 다른 경호원이 대기하고 있는 승용차까지 산길로 50m가량 환자를 업고 내려왔다.

통상적으로 의식이 없는 환자의 경우, 인공호흡과 흉부압박을 통해 심폐소생술을 즉각적으로 시행해 호흡과 의식을 회복하도록 하는 게 급선무이다. 의식을 잃은 환자에게 심폐소생술을 시행하지 않은 상태에서 10분 이상이 경과하면 뇌가 100% 손상돼 뇌사상태에 빠지게 된다. 이때 환자를 함부로 이동시키는 행위는 절대 금물이다.

부산의 한 응급의학과 교수는 "응급 외상환자가 생기면 현장에서 1339(응급의료정보센터)나 119에 연락, 응급의료진을 사고지점으로 오도록 하고 헬기나 구급차를 요청해야 한다"면서 "환자를 직접 옮기는 것은 바람직하지 않다"고 말했다.

또 환자를 이송할 때 일반 승용차 안에서는 심폐소생술을 시행할 수 없기 때문에 구급차로 옮겨야 하며 이송 과정에서 1339에 연락해 의료진으로부터 응급처치에 대한 지도를 받는 것이 좋다고 전문가들은 지적했다.

## 다. 기본 인명구조술

호흡이 정지되거나 심장이 멈추게 되면 4~6분 이내에 심폐소생술이 시행되지 않으면 환자를 생존의 가능성이 낮다.

구급차가 환자에게 도착하기까지 4-5분 이상 소요되므로 일반인들도 심폐소생술을 시행할 수 있어야 한다.

심장과 호흡이 멈춘 후 다시 살아난 확률은 1분 후 97%, 3분 후 75%, 5분 후 25%이나 환자의 연령이 9세 이상이거나 체중이 30kg 이상인 경우에는 아래의 심폐소생술의 단계에 따라 심폐소생술을 시행하지만 8세 이하의 어린이의 경우에는 성인의 심폐소생술 시행방법과 차이가 있다.

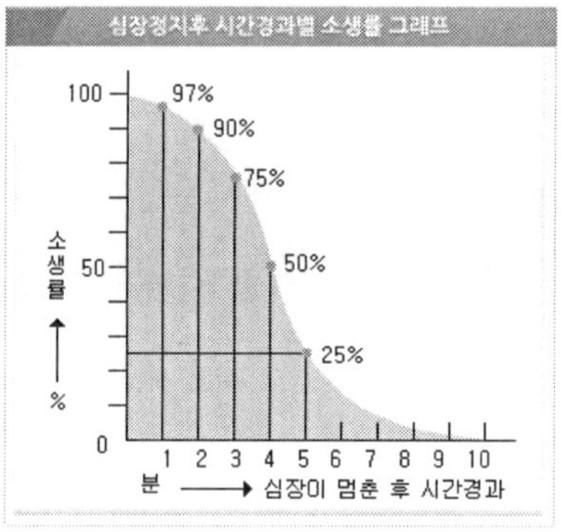


**[표4-30] 심 정지 후 시간경과에 따른 소생률**[59)]

(1) 일반적인 심폐소생술의 주요 단계별 처치

기본적인 구조술의 기본개념은 의식확인 ➢ 119신고 ➢ 흉부압박(30회) ➢ 인공호흡(2회) ➢ 자동제세동기

(2) 기도유지 및 기도폐쇄 처치

기도유지는 사람이 의식이 없을 때 가장 흔히 기도폐쇄의 원인은 혀가 뒤로 말려서 기도를 막는 경우이다. 막힌 기도를 열기 위해서는 기도를 유지시켜야 한다.

---

59) 출처: 대한심폐소생협회(www.kacpr.org/cpr/index.html?cat=4)

□ 두부후굴 하악거상법 처치

1) 환자의 머리쪽에 있는 처치자는 환자의 이마에 손바닥을 얹고 머리를 뒤로 젖혀준다.

2) 다른 손의 손가락을 환자의 아래턱뼈 밑에 대고 끌어 올린다.

3) 턱 선과 바닥면이 수직이 되도록 한다.

4) 턱밑에 손가락을 댈 때 연한 조직을 누르면 기도가 막힐 수 도 있으므로 주의한다.

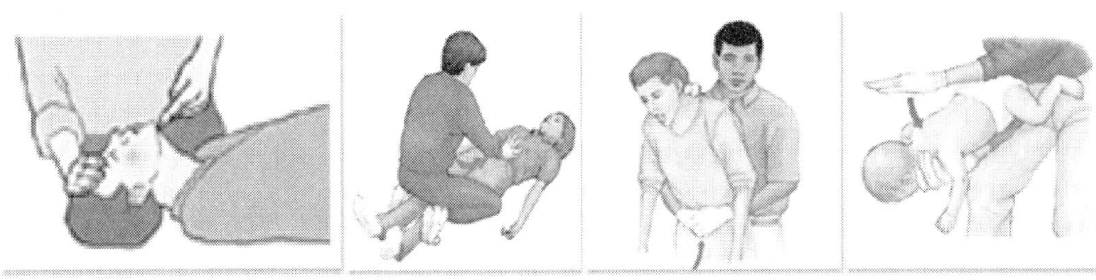

[그림 4- 27] 기도유지 · 완전기도폐쇄 · 부분기도폐쇄 · 영아기도폐쇄조치 이미지[60]

□ 하악 견인법

1) 처치자는 환자의 머리 위쪽에 위치하여 두 손으로 환자의 하악골작을 잡고 밀어 올린다. 이때 구조자의 팔꿈치는 바닥에 닿도록 한다.

2) 목 손상이 의심되는 환자의 하악 견인법은 기도확보를 위해 처음 시도되는 안전한 방법이다.

3) 이 방법을 시도할 때 머리를 뒤로 젖히거나 옆으로 뒤틀리지 않게 조심스럽게 지지해야 한다.

기도폐쇄는 일반적인 상황에서는 기도가 막히는 경우(기도폐쇄)가 발생하지 않지만, 다음의 경우에는 기도가 폐쇄 될 수 있으므로 유의해야 한다.

□ 기도 폐쇄 시 처치

○ 기도가 폐쇄되는 경우는

1) 환자의 머리쪽에 있는 처치자는 환자의 이마에 손바닥을 얹고 머리를 뒤로 젖혀준다.

2) 다른 손의 손가락을 환자의 아래턱뼈 밑에 대고 끌어 올린다.

3) 턱 선과 바닥면이 수직이 되도록 한다.

4) 턱밑에 손가락을 댈 때 연한 조직을 누르면 기도가 막힐 수 도 있으므로 주의한다.

60) 출처: 대한심폐소생협회(www.kacpr.org/cpr/index.html?cat=4)

○ 유형별 기도가 폐쇄되는 경우

1) 소아나 고령자 : 이물질(사탕, 고기, 땅콩 등)을 삼키다가 기도가 막히는 경우
2) 외상/사고 : 입안이 손상되어 부러진 치아나 출혈 등에 의해 기도가 막히는 경우
3) 의식이 없는 경우 : 혀가 뒤로 말리는 바람에, 또는 구토물에 의해 막히는 경우

○ 기도가 폐쇄될 때에 나타나는 증상

기도가 폐쇄되는 경우 기도가 완전히 막히면 말을 하지 못하면서 양쪽 손으로 목을 쥐는 '촉킹-싸인(Chocking-sign)'이 나타나면서 얼굴과 입술이 파랗게 변하는 청색증이 관찰된다. **※ 촉킹싸인 :** 기도폐쇄 환자에서 일반적으로 나타나는 현상으로 양손으로 목을 쥐는 경우도 있고 한손으로 목을 감싸 쥐는 경우도 있다.

부분기도폐쇄 증상 시 환자는 기침과 말을 하며 안전부절 못하는 행동을 나타낸다. 청색증은 나타나는 경우와 나타나지 않는 경우도 있다. 기도폐쇄가 발생하였을 때 응급처치법으로 의식이 있는가 확인하고 기침유도가 가능하면 하도록 하고 아니면 기도폐쇄 평가하여 효과적인 기침을 할 수 있는가를 보고 아니면 하임리히법으로 기도폐쇄가 해소되거나 무의식이 될 때까지 반복처치한다.

기도 폐쇄 처치 시 호흡상태가 정상이고 의식이 있는 경우에는 계속 기침을 하도록 유도하며, 지속적으로 기침을 해도 이물질이 배출되지 않을 때에는 즉시 응급의료체계(전화 119)로 연락을 취한다.

○ 완전기도폐쇄 처치법

1) 환자는 바닥에 반듯이 눕힌다.
2) 구조자는 환자의 허벅지 쪽에 무릎은 꿇고 앉는다.
3) 한 손을 이용하여 환자의 배꼽과 명치 사이에 손꿈치를 놓고 다른 한 손을 포갠다.
4) 4~5회를 빠르게 밀친다.
5) 구조자의 위치는 환자의 복부 중앙에 위치하여 좌, 우 어느쪽으로도 치우치지 않게 해야 한다.
6) 밀쳐 올리기는 4~5회를 실시한 후 입안의 이물질을 꺼낸다.

○ 부분기도폐쇄 처치법

1) 기도 폐쇄에 대한 처치 중 의식이 있고 기침을 할 수 없는 경우, 하임리히법을 시행한다. 환자의 뒤에 서서 환자의 허리를 팔로 감싸고 한 쪽다리를 환자의 다리 사이에 지지한다.

2) 구조자는 한 손을 주먹 쥔다. 주먹 쥔 손의 엄지를 배꼽과 검상돌기 중간에 위치한다.

3) 다른 한 손으로 주먹 쥔 손을 감싸고 빠르게 위로 밀쳐 올린다.

4) 이물질이 밖으로 나오거나 환자가 의식을 잃을 때까지 계속한다.

○ **영아기도폐쇄 처치법**

- 영아기도폐쇄 1세 이하, 혹은 2세라도 체중이 10kg이하인 환자

1) 환자의 얼굴이 위로 향하도록 환자를 자신의 팔 위에 올려놓고 손으로는 환자의 머리와 경부가 고정되도록 잡는다.

2) 다음에는 다른 팔을 이용해 환자의 얼굴이 아래도 향하도록 뒤집어서(돌려서)턱을 잡은 손이 환자를 떠받친다.

3) 다른 쪽 손바닥으로 환자의 견갑골(어깨뼈) 사이의 등을 5회 정도 연속해서 두드린다.

4) 다음 앞으로 돌려서 양쪽 젖꼭지 선의 한 손가락 밑에 두 손가락을 올린다.

5) 5회 반복하여 압박을 한다.

6) 입안의 이물질을 확인되면 제거한다.

7) 이물질이 없으면 등 두드리기부터 반복한다.

**[그림 4-28] 기도폐쇄 시 응급처치 순서** [61]

61) 출처:대한심폐소생협회(www.kacpr.org/cpr/index.html?cat=4)

(3) 심정지

최근, 이건희 삼성그룹 회장으로 인해 국민들의 관심이 높아진 급성 심장정지. 국내 급성 심장정지 환자 수는 2008년 인구 10만 명당 41.4명, 2010년 44.8명, 2013년 46.3명으로 해마다 증가하고 있다. 놀라운 사실은 급성 심장정지 사망자 수가 교통사고 사망자 수에 비해 무려 3배나 높다는 것! 또한 급성 심장정지 발생 후, 정상생활을 할 수 있는 환자는 불과 2.3%(2013년 기준) 수준이다. 특히 고혈압, 당뇨병, 심장질환 등을 앓고 있다면 더욱 주의해야 한다.

〈무엇이든 물어보세요〉에서는 갑작스럽게 찾아와 우리의 생명을 위협하는 급성 심장정지의 원인 질환과 대처 및 관리 방법에 대해 낱낱이 파헤쳐본다.

□ 급성 심정지를 부르는 심장질환 - 협심증

협심증은 심장에 혈액 공급이 원활하지 못해 생기는 병으로 심장은 심근이란 근육으로 이루어져 있는데, 심근이 수축했다 확장했다 하는 힘으로 혈액을 온몸에 보내는 펌프 역할을 하고 있다. 우리 몸의 모든 기능은 이 혈액을 통해 필요한 산소와 에너지를 공급 받고 있다. 그리고 심장역시 다른 기관과 마찬가지로 혈액을 통해 산소와 영양소를 공급 받아야 그 기능을 유지할 수가 있다.

그런데 심장에 산소와 영양소를 공급하는 관상동맥에 기름이 쌓이고 염증 반응에 의해 혈관내경이 좁아지면 심장에 혈액 공급이 원활히 되지 못하게 되는 질환이다.

○ 협심증의 증상

협심증의 대표 증상은 흉통. 귀 밑턱 부근부터 목, 가슴, 왼쪽 어깨와 팔, 배꼽 위 복부까지 다 올수 있다. 그런데 이 흉통의 대표적인 증상이 3G, 즉, 조이고 짓누르고 쥐어짜는 증상이다.

1) 누가 가슴을 꽁꽁 묶기라도 조이면서 숨이 막히는 통증

2) 가슴에 돌을 올려놓은 듯 짓누르는 것 같은 통증

3) 행주처럼 심장을 쥐어짜는 것 같은 통증

이외에도 고춧가루를 뿌린 듯 쓰라리거나 식은 땀이 동반되는 증상이 최소 20-30초 이상, 대게는 1분 이상 지속된다면 협심증일 가능성이 높다.

□ 급성 심정지를 부르는 심장질환 - 심근경색

심근경색은 심장으로의 혈류공급이 완전히 차단되어 심장근육이 괴사되는 상태의 질환. 협심증보다 더 심각한 상황으로 심근경색은 6-12시간 안에 혈류공급을 다시 재개하지 않으면 일부 심장근육이 완전히 괴사되어서 제 기능을 못하게 된다.

○ 심근경색의 증상

1) 운동과 상관없이 안정 시나 취침 시에 흉통이 발생.

2) 협심증의 경우는 쉬면 대개 10분 이내에 흉통이 덜해지고 소실되지만, 심근경색증의 경우에는 통증이 더 심해지고 30분 이상 지속된다.

3) 통증의 강도가 훨씬 강해서 심근경색증의 통증은 이제껏 경험하지 못했던 극심한 통증을 느끼게 된다. 식은 땀이 흐르게 되고 환자들의 표현을 빌리자면 죽음의 공포감을 느끼게 되는 통증이라고 한다.

○ 심근경색의 치료

1) 스텐트 삽입: 우선 혈관이 막혔다면 허벅지 부위의 동맥을 통하여 심장동맥 확장술을 하고 금속그물망인 스텐트를 삽입해 심장동맥을 넓혀주어 혈액의 흐름을 되돌린다.

2) 심장혈관 우회술: 워낙 혈관전체가 좁아져 있거나 여러 혈관에 협착이 있는 경우에는 '심장혈관 우회술' 이라는 심장수술을 하여 다른 부위 혈관으로 옆길을 만들어 피를 공급해주는 수술을 한다.

○ 심근경색의 재발

생활습관을 바꾸지 않으면 다시 재발하는 경우가 많다. 특히 흡연을 계속하면 90%이상 재발할 가능성이 높다. 또 포화지방 기름기 위주의 식단, 운동을 전혀 하지 않는 경우에도 재발 가능성이 매우 높아지고. 평소에 짜게 먹으면 혈압상승으로 인해 역시나 재발 위험이 높아진다. 그렇기 때문에 협심증이나 심근경색이 있으신 사람들은 생활습관을 개선하는 것이 가장 근본 치료이다.

□ 급성 심정지를 부르는 심장질환 - 부정맥

부정맥은 한 마디로 맥이 정상이 아닌 경우. 보통 정상인의 심장 박동 수는 1분에 60-100회 정도인데, 이보다 너무 느리거나 빠른 맥, 그리고 어떤 때는 불규칙한 맥박이

되는데, 이것들을 합쳐서 부정맥이라고 한다. 심장이 너무 늦게 뛰면 신체 각 부위에서 필요한 혈액을 충분히 보낼 수 없기 때문에 어지럽거나 힘이 없거나 정신을 잃을 수 있고. 반면 심장박동이 너무 빠를 경우에도 심장기능이 제대로 이루어지지 않아 증상이 생긴다.

○ 부정맥의 종류

정상인의 심장 박동수가 분당 60-100. 분당 60회 이하 뛰는 것을 서맥, 분당 100회 이상 뛰는 것을 빈맥 특히 분당 300번 이상이 되면 세동이라고 하는데 이정도면 수축기능은 할 수 없고 심장이 진동하는 정도이다. 심방에서 생기는 심방세동은 심실기능은 있어서 대부분 당장 치명적이지는 않지만 심실에서 발생하는 심실세동은 심장기능을 할 수가 없어서 즉각적인 제세동 치료를 하지 않으면 바로 돌연사로 이어질 수 있다.

○ 부정맥의 증상

부정맥으로 인한 증상은 상당히 다양한데, 가슴이 두근거리는 증상이 가장 흔하고, 이 외에도 가슴이 아프거나 답답한 증상, 무기력감, 조금만 움직여도 숨이 찬 호흡곤란 등이 나타난다. 부정맥이 심한 경우에는 신체에 필요한 혈액 공급을 원활히 할 수 없게 되어서 어지러움 증이나 정신을 잃는 실신에 이를 수 있고, 심하면 사망에 이를 수도 있다.

○ 부정맥의 치료법

1) 맥이 빠른 빈맥의 경우에는 항부정맥제를 이용하여 빈맥을 억제하는 방법이 제일 흔히 사용되고, 이외에 전극도자절제술이라는 시술을 이용하여 부정맥 발생부위를 파괴시키는 방법도 많이 사용된다.

2) 아주 위험한 심실성 부정맥 (심실세동)의 경우에는 전기 충격기를 신체에 삽입하는 심실제세동기 치료를 한다.

3) 너무 늦은 서맥의 경우에는 효과적인 약물치료 방법이 없고 심장 박동기를 인체 내에 삽입하여야 한다. 이 심박동기가 심장에 자극을 줘 일정속도 이상으로 뛰게 해 준다.

□ 급성 심정지로 쓰러진다면? 3 go! - 깨우고, 알리고, 누르고!

1) 깨우고! 쓰러진 환자를 발견하면 환자의 어깨를 양손으로 가볍게 두드리면서 환자의 이름을 불러주거나 '괜찮으세요' 라고 큰 소리로 의식을 확인하고 측면

에서 가슴과 배가 올라오는지 호흡을 확인한다.

2) 알리고! 최대한 빨리 119에 신고한다. 환자의 발생위치, 사고 발생 경위와 환자의 상태, 사고의 종류를 반드시 말한다.

3) 누르고! 가슴 압박: 가슴의 정 중앙에 양손을 포개어 눌러준다. 이때, 처치자의 팔꿈치는 펴고 양다리는 어깨너비로 벌린 다음 엉덩이를 들어 처치자와 환자가 90도가 되도록 한다. 깊이 5~6cm 깊이, 분당 100~120회 속력으로 30회 눌러준다.

□ 인공호흡

급작스러운 변화에 의하여 가사(假死) 상태에 빠져 일시적으로 호흡이 정지된 사람의 호흡을 인공적으로 회복시키는 방법. 인공호흡은 호흡 정지 후 빨리 할수록 소생률이 높으므로 사고가 일어나면 즉시 실시해야 한다. 또한 2시간 이상 인공 호흡을 실시한 결과 소생한 예가 있으므로 2시간 가량은 실시할 필요가 있다. 환자를 위를 향하여 뉘어 놓은 자세로 할 경우는 등허리 밑에 낮은 베개를 놓아 가슴을 펴도록 하는 것이 좋다. 혀가 꼬부라져서 기도(氣道)를 막지 않게 하기 위하여 혀를 입 밖으로 내놓도록 해야 하는데, 천으로 싸서 보조자로 하여금 잡고 있게 한다. 일반적인 인공호흡은 이마를 짚고 턱을 잡아서 머리를 젖힌 뒤 코를 잡고 입을 벌린 뒤 숨을 2회에 걸쳐 불어넣는다. 가슴 압박과 인공호흡을 번갈아 가며 반복 시행한다. 기타 인공 호흡법에는 뱅, 버드, 칼리아노, 듀, 포리스트, 홀하워드, 라보르데, 로젠탈, 셰퍼, 니루센, 슐체, 실베스터 등의 방법이 있다.

1) 심정지 확인

먼저 환자의 양쪽 어깨를 가볍게 두드리며, 큰 목소리로 “여보세요, 괜찮으세요? 눈 떠 보세요.”라고 소리친다. 환자의 몸 움직임, 눈 깜박임, 대답 등으로 반응을 확인하고(심정지-무반응), 동시에 숨을 쉬는지 또는 비정상 호흡을 보이는지 관찰한다(심정지-무호흡 또는 비정상 호흡). 반응이 없더라도 움직임이 있거나 호흡을 하는 경우는 심정지가 아니다.

2) 119 신고 조치

환자의 반응이 없으면 즉시 큰 소리로 주변 사람에게 도움을 요청한다. 주변에 아무도 없는 경우에는 즉시 스스로 119에 신고한다. 만약 주위에 자동제세동기가 비치되어 있다면 자동제세동기를 함께 요청한다.

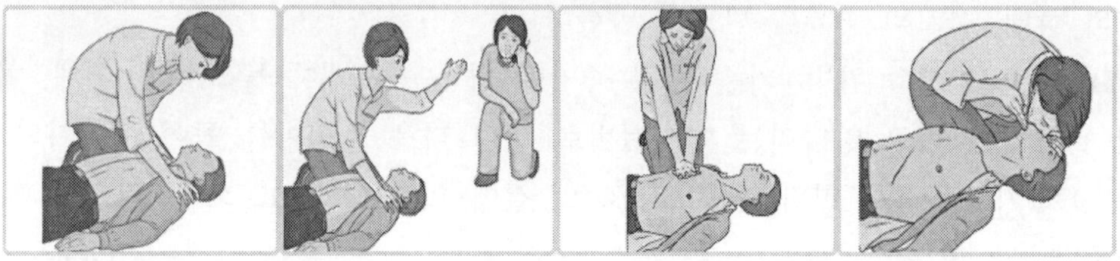

[그림 4-29] 심정지확인 ➤ 119신고 ➤ 가슴압박 ➤ 구강대 구강법 처치 62)

3) 흉부(가슴)압박

먼저 환자의 가슴 중앙에 깍지 낀 두 손의 손바닥 뒤꿈치를 댄다. 손가락이 가슴에 닿지 않도록 주의하여야 하며, 양팔을 쭉 편 상태에서 체중을 실어서 환자의 몸과 수직이 되도록 가슴을 압박한다. 가슴압박은 성인에서 분당 100~120회의 속도와 가슴이 5-6 cm 깊이로 눌릴 정도로 강하고, 빠르게 압박한다. 또한 '하나', '둘', '셋', ---, '서른'하고 세어가면서 시행하며, 압박된 가슴은 완전히 이완되도록 한다.

4) 기도유지, 구강대 구강법과 가슴압박의 반복

인공호흡을 시행하기 위해서는 먼저 환자의 머리를 젖히고, 턱을 들어 올려서 환자의 기도를 개방시킨다. 머리를 젖혔던 손의 엄지와 검지로 환자의 코를 잡아서 막고, 입을 크게 벌려 환자의 입을 완전히 막은 뒤에 가슴이 올라올 정도로 1초 동안 숨을 불어넣는다. 숨을 불어넣을 때에는 환자의 가슴이 부풀어 오르는지 눈으로 확인한다. 숨을 불어넣은 후에는 입을 떼고 코도 놓아주어서 공기가 배출되도록 한다. 인공호흡 방법을 모르거나, 꺼려지는 경우에는 인공호흡을 제외하고 지속적으로 가슴압박만을 시행한다(가슴압박 소생술).

이후에는 30회의 가슴압박과 2회의 인공호흡을 119 구급대원이 현장에 도착할 때까지 반복해서 시행한다. 다른 구조자가 있는 경우에는 한 구조자는 가슴압박을 다른 구조자는 인공호흡을 맡아서 시행하며, 심폐소생술 5주기(30:2 가슴압박과 인공호흡 5회)를 시행한 뒤에 서로 역할을 교대한다.

62) 대한심폐소생협회(www.kacpr.org/cpr/index.html?cat=4)

환자의 입을 막고 코를 통하여 불어넣는 방법도 있는데, 최근에 성행하는 효과적인 방법이다. 실시자는 환자를 뉘어 놓고 환자의 혀가 기도(氣道)를 막지 않도록 한 손으로 환자의 턱을 위로 치켜 올리면서 집게손가락으로 혀를 잡아둔다. 다른 손으로는 환자의 코를 쥐어 콧구멍을 막고 숨을 크게 들이마신 다음 환자의 입에 대고 그 숨을 불어넣는다. 이 방법을 1분간에 12회 정도 반복한다. 어린이의 경우는 1분간에 20회 정도 실시한다. 일단은 이런 사태가 발생하면 무조건 119 신고 후 위의 호흡법 대로 실행 하여야 한다. 교육 받은 적 없다고 119가 올 때까지 방치한다면 위험에 빠질 수 있다. 대충 비슷하게 흉내만 내더라도 조금이 나마 환자한테 도움이 되지 위해가 되지는 않는다. 호흡이 멈춰버리면 뇌에 산소 공급이 멈추면서 뇌세포가 손상되기 시작하기 때문에 강제적으로 라도 호흡을 시켜야 한다. 자신이 전문가가 아니라고 절대로 방치해서는 안 된다.

가슴압박과 인공호흡을 계속 반복 하던중 환자가 소리를 내거나 움직이면 호흡도 회복되었는지 확인한다. 호흡이 회복되었으면 환자를 옆으로 돌려 눕혀 기도(숨길)가 막히는 것을 예방한다. 그후 계속 움직이고 호흡을 하는지 세심하게 관찰한다. 환자의 반응과 정상적인 호흡ㅈ이 없어지면 심정지가 재발한 것이므로 가슴압박과 인공호흡을 즉시 다시 시작한다.[63]

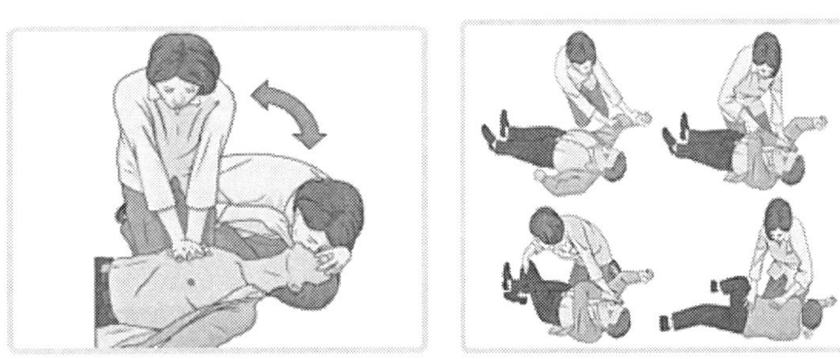

**[그림 4-30] 가슴압박 ↔ 구강대구강법 반복, 회복자세[64]**

### 5) 회복자세

가슴압박과 인공호흡을 계속 반복하던 중에 환자가 소리를 내거나 움직이면, 호

63) 대한심폐소생협회(www.kacpr.org/cpr/index.html?cat=4)

64) 출처: www.kacpr.org/cpr/index.html?cat=4

흡도 회복되었는지 확인한다. 호흡이 회복되었으면, 환자를 옆으로 돌려 눕혀 기도(숨길)가 막히는 것을 예방한다. 그 후 계속 움직이고 호흡을 하는지 관찰한다. 환자의 반응과 정상적인 호흡이 없어지면 심정지가 재발한 것이므로 가슴압박과 인공호흡을 즉시 다시 시작한다.

□ 기타 인공호흡법

1) 실베스터법

환자의 등허리 밑에 낮은베개를 놓고 반듯이 누인 다음 머리맡에 무릎을 끓고 앉아 두손으로 각각 환자의 양쪽 팔뚝을 잡고 환자의 팔이 마치 만세를 부르는 듯한 동작이 되도록 머리 위 바닥에까지 끌어 올린다음 2초가량 있는다.

이 동작에 의하여 환자의 흉곽이 확장됨과  동시에 공기가 폐 안으로 들어간다. 노고가 지난 다음에는 환자의 팔꿈치를 굽히면서 상박(上膊; 팔꿈치 윗부분의 팔)을 들어 그 상박으로 좌우에서 흉곽을 압박하여 호흡 운동을 시킨다. 약 2초 후에 다시 먼저와 같은 동작을 되풀이한다. 1분 동안 10~12회 정도로 실시한다.

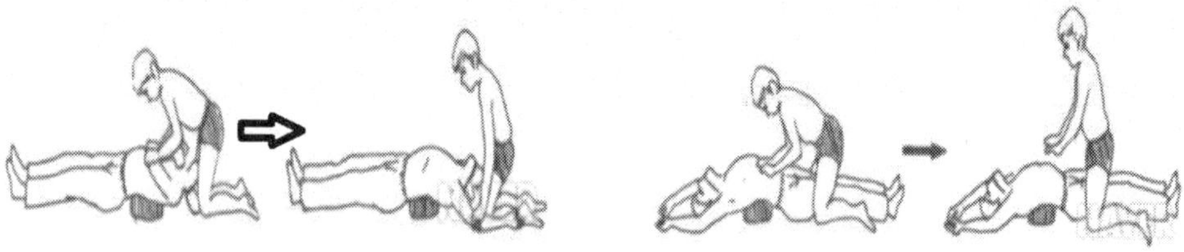

〈그림 4-31〉 1)실베스타법, 2)홀 하워드법[65]

2) 홀 하워드법

실베스터법에서와 같이 환자를 뉘어 놓은 다음 환자와 마주하고, 환자의 넓적다리께를 가랑이 사이에 끼고 무릎을 꿇는다. 그리고 두 손바닥을 환자의 가슴에 대고 등쪽으로 강하게 누른다. 누를 때 실시자는 몸을 앞으로 구부려 자기의 체중을 실어서 압박한다. 그리고 약 2초 뒤에 상체를 일으키며, 누르던 손을 순간적으로 땐다. 그러면 그 탄력작용에 의하여 환자의 흉곽이 자동적으로 확대되어 호흡 운동을 하게 된다. 이상과 같은 동작을 1분간에 10~15회 반복하여 실시한다.

65) 출처: http://ufoworld99.blog.me/220034542254

3) 셰퍼법

환자를 반듯하게 엎드려 놓고 환자의 두 손바닥을 모아 바닥에 엎어 놓은 다음 그 위에 환자의 얼굴을 올려놓는다. 이어 실시자는 환자의 넓적다리께서 가랑이 사이에 환자를 끼고 무릎을 꿇은 다음 두 손바닥을 환자의 등에 대고 체중을 이용하여 눌러 환자의 흉곽을  압박했다가 잠시 후에 압박을 해제 한다. 이 동작을 1분간에 10~15회꼴로 반복하여 실시한다.

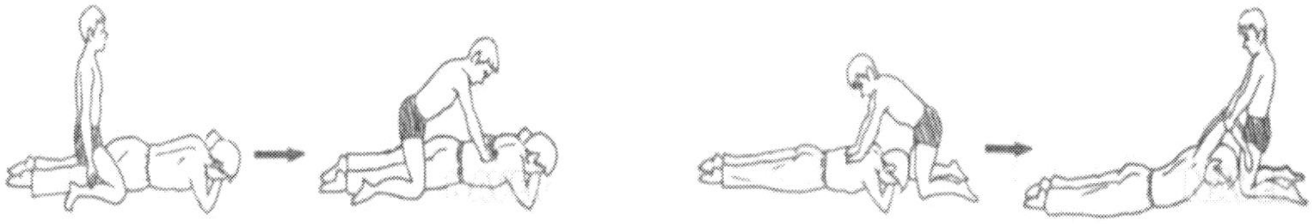

〈그림4-32〉 3)셰퍼법, 4) 니루센법 66)

4) 니루센법

먼저 환자를 셰퍼법에서 처럼 엎어 놓고 환자의 머리맡에서 무릎을 꿇은 다음 두 손을 환자의 등에 대고 팔을 쭉 편 채로 체중을 실어 누른다. 이어 압박을 풀고 상체를 일으켜 뒤로 젖히면서 환자의 두 팔을 머리위에까지 들어 올렸다가 원위치로 놓고 다시 등을 눌러 흉곽을 압박한다. 이동작을 1분간에 10~12회 꼴로 반복하여 실시한다.

□ 자동제세동기 사용법

대체로 자동제세동기는 전원을 켠 후 해당 단계마다 안내음성이 나온다.

1) 자동제세동기 도착

2) 전원 켜기 (자동제세동기의 1번 버튼을 누른다)

3) 두 개의 패드를 가슴에 부착 후 자동제세동기에 연결

4) 심장리듬 분석 (자동제세동기의 2번 버튼을 누른다.) : 심장리듬을 분석하는 동안 환자와 접촉하여서는 안된다.

66) 출처: http://ufoworld99.blog.me/220034542254

5) 제세동 실시(자동제세동기의 3번 버튼, 또는 번개모양이 그려진 버튼을 누른다.): 제세동을 실시하는 동안 환자와 접촉하여서는 안된다.

➢ 즉시 심폐소생술 다시 시행 : 구급대 도착 전까지 4~6번 반복한다.

## 4. 소화 등 비상대책

VIP행사장 비상대책에는 화재에 대비한 소방대책, 가스폭발 등에 대비한 가스안전대책, 불시 정전에 대비한 전기대책, 승강기의 갑작스런 고장에 대비한 구조대책, 위급상황에 대비한 응급대책 등 이 강구되어야 한다.

행사장 인접에는 소방차와 구급차 등 비상대기 차량을 반드시 배치하고 내부에는 긴급사태에 대비하여 위험물이나 가스 등 인화물질 확인 및 안전조치와 병행하여 비상통제소를 설치, 소방, 전기, 가스 부서의 책임자와 긴급사태를 조치할 수 있는 필요한 전문 직원을 대기시키고 유관기관 비상연락망을 확보하여야 한다. 주방 등 화기취급 취약장소에는 전문 소방인력이 휴대용 소화기, 가스검지기 등 필수장비를 휴대하고 행사 종료 시 까지 대기함으로써 비상사태에 즉시 대비할 수 있도록 하여야 한다. 또한 고층건물 행사 시 에는 고가사다리차가 중요한 탈출 수단이기 때문에 경호대상자의 외부숙소 선정 시에는 고가사다리차의 작업한계를 고려하여 선정하는 것이 바람직하다. 비상통제소 내에는 비상 시 즉시 사용 가능한 공기호흡기, 소화기, 전기나 가스 안전 조치에 필요한 필수장비를 배치하여야 한다. 승강기는 거의 모든 건물에 설치되어 있는 중요한 시설로 승강기에 대한 구조 및 사용방법에 대한 이해기 필수이고 승강기 사고 시의 연락방법 및 구조요령을 숙지하고 승강기 기사와의 연락수단도 강구되어야 한다.

# 제4절 기타 경호 안전대책

경호안전대책 업무에는 보안, 정보, 조사, 주차, 경비, 비표관리, 순찰, 검색탐지, 수색, 정찰 등 여러 요소가 있는데 이 중 어느 한 분야라도 사각지대가 발생할 경우 VIP의 안전에 심각한 문제를 초래할 수 있는 것이다.

이 중 행사 시작 전에 중점적으로 행사장에 출동하여 사전준비를 해야 할 분야가 안전검측이라고 할 수 있으며 안전검측에서 주안점을 두어야 할 것은 폭발물 설치 여부와 소방, 위험물, 가스, 전기 등 분야에 대한 철저한 점검과 안전조치가 필수이고 안전검측 외에 검식업무가 있는데 이는 VIP 음식에 독이 들어있는지 상한 음식이 아닌지 음식의 조리는 적절한지 등을 사전에 검식요원이 확인하는 제반 과정으로 중요사항은 다음과 같다. • 조리담당자 신원조사 • 식 재료의 유통 및 보관 안전여부 • 운반 근접감시를 한다. • 주방 입회 하에 전문요원의 음식검사

## 1. 경호의 과제

정치적 목적을 배경으로 하는 폭력행위 등 불법행위(테러행위)나 교통사고 등 인위적 위해, 지진·산사태 등 자연발생적 위해로부터 요인의 신변을 지킴으로써 요인의 안전을 확보함을 목적으로 하는 경찰활동. 요인을 일반국민과 구별하여 특별히 보호하는 이유는 국내요인일 경우 그 사람 신변에 위해가 미칠 때 국정에 중대한 장애가 생기든가 국민생활에 심각한 영향을 미치게 되기 때문이고, 외국 요인에 대해서는 그 신변에 안전을 해치는 일이 일어나면 그 요인이 체류하고 있던 나라의 국제적 신용이 떨어지는 동시에 외교상 중대한 사태가 발생할 수 있기 때문이다.

현재 경호대상의 국내요인은 입법·사법·행정의 장(長)과 국무위원 등이며, 외국요인은 정부가 공식 초빙한 외국 국왕·대통령 등 국빈, 국제예양에 비추어 상당한 예우를 갖추어야 할 외국의 왕족, 행정부의 장 등의 공빈, 외교사절단의 장 등이다.

경호를 담당하는 경찰관을 경호원이라 하며 그 임무에 따라 요인의 측근 또는 주변에 배치되는 <신변경호원>, 요인의 행선지에 사전에 배치되는 <행선지경호원>, 요인이 통과하는 연도에 배치되는 <연도경호원>, 요인의 공관·사저에 배치되는 <숙사경호원> 등으로 구분된다.

과학·기술이 고도로 발달한 현대산업사회 내지는 정보사회에서 전개되고 있는 경호상황은 광범하고 복잡·다양한 경호작용에의 대처를 효율화 할 수 있도록 경호의 기본원리 등을 현대적 관점에서 재조명하고 새로운 체계화를 모색하는 일을 당면과

제의 하나로 부각시키고 있는 것이 사실이다. 경호에 있어 가장 중요한 것은 실제 경호사에 대비한 경호기법이다. 다소의 차이는 있으나 각 국마다 경호의 기본원리와 관련 경호기법이 있다. 경호의 내용 및 그 역사적 발전과정은 국가에 따라 서루 다르나, 오늘날은 경호업무가 국제관계의 긴밀화로 각국의 경호기법에 현저한 접근성을 나타내고 있다. 그러나 각국의 경호기법은 저마다의 실정법제도 및 경호환경의 차이에 따라 각각 특수한 기본원리에 의하여 지배되고 있음을 부인할 수 없다.

### 가. 경호의 환경요인

최근 국내외 경호환경은 첨단 과학기술과, 정보화, 획기적인 경제발전에 따른 사회구조 변모와 부의 축적으로 빈부격차에 따른 지역 간, 계층 간 갈등을 심화시켜 위해를 가하려는 위해자 또는 위해조직이 첨단장비나 기술을 활용함으로써 더욱 위험성을 가중시키는 경호환경을 만들어 경호방법상의 커다란 변화를 요구하게 되었다. 사회구조 변화에 따른 국민 의식구조와 생활양식 다변화는 경호작용에도 영향을 미치고 있다. 즉, 성공적인 경호는 국민들과 다른 조직들과의 치밀한 협력체계하에서만 담보될 수 있다. 그러나 의식구조나 생활방식이 개인화, 이기주의화됨으로써 이러한 측면에 어려움을 가져오고, 그 만큼 경호위해의 가능성을 높이고 있다. 가속화된 개방화와 국제적 교류의 증대는 국제적으로 악명 높은 테러분자나 테러조직의 활동성을 높이고, 경찰이나 경호기관의 통제성을 어렵게 하는 결과를 낳고 있다.

(1) **환경과 유기적인 상호작용:** 어느 국가 어느 조직이든 모든 조직은 특정목적을 달성하기 위하여 인간의 협동체로서 그 조직을 둘러싸고 있는 환경과유기적인 상호 작용을 한다.

(2) **환경요인에 적응과 능력향상:** 경호조직은 이들 환경적 요인이 변화하면 이에 적응할 수 있어야 하며, 스스로 발전을 위하여 환경에 대한 적응능력을 향상시켜 나가야 한다.

(3) **환경적 변화 유도와 촉진 역할:** 경호조직은 의사결정에 환경적 요소를 고려하면서 외부요소와 협력하고 환경으로부터 영향을 받으며 환경적 변화를 유도

하면서 변화 촉진적 역할도 한다.

(4) **경호환경:** 경호 환경은 일반적 환경과 특수적 환경으로 구분할 수 있다.

(가) **일반적 경호환경:** 일반적 환경요인으로 중요한 것으로는 경제발전, 생활환경의 악화, 동력 및 정보화, 생활 양식 및 국민의식의 변화, 범죄의 다양화 증가 등이다.

1) **경제발전과 과학기술의 향상:** 경제발전과 과학기술의 향상이 상대적으로 경호환경을 약화시킨다.

가) **경제발전:** ① 경제발전은 물질주의의 사회구조로 바꾸어지고 이들 사회변화는 가치기준의 변천을 초래하였다. ② 경제발전 과정에서 부의 분배의 과정에서 빈부의 격차로 인한 지역간 계층간의 갈등을 가져온다. ③ 경제발전 및 개혁의 과정에서 불만저항세력, 폭력 및 마약범죄 단체, 국내불법체류 외국인 범죄조직과 연계하여 국내요인 위해 기도가 우려된다.

나) **과학기술발전:** ① 과학기술에 의한 첨단장비의 발전은 위해를 가하려는 자에게 위해의 수단으로 활용 됨 으로써 성공 가능성을 준다. ② 자동차 · 항공기 발달로 광활지역 1일 생활권, 통신 및 컴퓨터 발달 등으로 생활규모를 바꾸어 놓았다.

2) **동력화의 진전과 정보화:** 동력화의 진전과 정보의 팽창화는 범죄의 광역화 및 지능화를 유발한다.

가) **동력화의 진전:** 경제성장과 기업활동의 활발화는 다양한 교통수요를 가져오게 되고, 대도시와 지방, 주거지역과 공업지역이 상호연결 되어 국제화의 경향이 현저해진다. 국제화의 경향이 현저해지면 각종 국제회의, 체육경기, 관광 등으로 외래문화의 교류는 가치관계와 문화에 급속한 변화를 가져온다.

나) **정보화:** 정보화의 진전은 국민의 사고형태에 중대한 영향을 주게 되고 정보화의 팽창은 범죄를 광역화 지능화와 발각의 가능성이 낮아 위해의 가능성이 높아 졌다.

3) **생활양식 및 국민의식의 변화:** 생활양식과 국민의식의 변화는 이기주의에 빠져 경호작용의 비협조적 경향으로 나타날 우려가 있다.

가) **생활양식:** ① 국민소득의 향상은 생활수준의 향상을 가져온다. ② 가정생활을 합리화하려는 욕구가 증대하여 생활용품이 전자화·자동화된다. ③ 핵가족화의 진행과 여가시간의 증대는 개인중심의 생활양식이 보편화되기 쉽다.

나) **국민의식의 변화:** ① 물질문명의 발달은 이기주의의 경향으로 흐르며 전통적인 윤리 관념에 의식변화를 가져온다. ② 전통적인 사회규범에서 벗어나거나 이에 반발·부정하려는 형태로 진전한다. ③ 주민연대 의식결여, 익명성의 지향 등은 경호관계에 있어서 비협조적인 경향으로 나타 날 우려가 있다.

4) **범죄 증가·다양화 및 국제화:** 범죄 다양화와 증가는 암살과 테러의 국제화를 유발한다.

가) **범죄의 증가 등:** ① 인구의 도시집중과 주거지역의 밀집화, 산업시설의 증대는 범죄 유발요인을 낳게 하여 각종 범죄의 양적 증가와 흉악화 등 질적 변화를 가져온다. ② 교통수단의 발달과 1일 생활권의 확대는 범죄의 기동화, 광역화 및 과학기술의 이용, 풍부한 정보의 활용은 범죄의 지능화·조직화 등 질적 변화를 초래한다. ③ 경제생활의 향상은 폭리범죄, 신용범죄, 특허범죄 등 경제사범을 증가시킨다.

나) **국제화·개방화:** ① 국제교역 및 교류의 증대는 범죄의 국제화를 초래하여 범죄 조직의 국제화, 범죄수법의 국제교류를 한다. ② 관세범죄, 외화범죄, 밀수범죄, 국제밀무역 등의 증가를 가져온다. ③ 개방화와 국제적 교류의 증대는 국제적인 테러조직의 활동을 높여 경호기관의 통제를 어렵게 한다.

(나) **특수적 경호환경:** 경호의 특수적 환경요인으로는 암살, 테러 등으로 나눌 수 있다. 1) 세계는 군사전쟁에서 경제전쟁으로 탈바꿈하여 지역이기주의 또는 지역경제주의로 발 전하게 되고 소수 민족이나 소외된 지역의 테러단체들의 투쟁이 증가하여 경호의 환경에 큰 영향을 미치게 되었다. 2) 국제적인 지휘향상은 더불어 해외에서는 테러·암살 등의 위협의 증가로 나타나게 되고 국제테러는 전 인류

를 공포 속으로 빠뜨리고 있다. 이러한 경향은 경호조직에도 막대 한 영향을 미치며, 경호산업의 발달을 촉진하게 된다. 3) 특정국의 경제적 곤란과 정치적 불안으로 인한 테러 및 유격전의 유발이 우려된다. 각국은 국민의 안전과 국가의 질서유지를 위하여 경호조직을 강화하게 될 것이다. 4) 소수인종 및 민족, 종교적 편견, 장애인, 노인 등 약자층을 대상으로 이유없는 증오심을 갖고, 테러를 자행하는 증오범죄가 심각하게 등장하고 있다. 이러한 것은 경호조직의 증감에 영향을 미치고 있다.

### 나. 요인 암살

암살이란 정치적 · 사상적 입장의 상이 · 대립에 유래되는 동기에서 일정한 정치적 지위에 있는 사람들을 살해하는 일, 또한 정치적 · 종교적, 기타 각종 동기에 의해 법에 구애됨이 없이 공적인 지위에 있는 사람을 죽이는 일이라고도 한다. 암살의 동기에는 개인적 · 정치적 · 경제적 · 이념적 · 심리적 · 전략적 동기 등에 의한다.

(1) **개인적 동기**: 암살대상자에 대한 원한, 증오, 분노 등 개인적인 동기에 의하여 암살이 이루어진다.

(2) **정치적 동기**: 현재의 정권을 교체하려거나 새로운 정부를 재구성해보려는 욕망에서 개인 또는 집단이 대통령이나 정부의 수반을 제거하기 위해서 암살이라는 방법을 택한다.

(3) **경제적 동기**: 자신이 속해 있는 집단이나 가족, 민족에게 영향을 미치는 경제적 악조건을 타개하거나 금전의 보상을 위하여 어떤 인물이 희생되어야 한다는 신념에 의해 암살이 행하여진다.

(4) **이념적 동기**: 암살대상자가 자신들이 중요시하는 사상을 위태롭게 하고 있다고 생각되는 때에는 그 인물을 제거하기 위하여 암살을 하기도 한다.

(5) **심리적 동기**: 암살자가 지니고 있는 정신분열증, 조울증, 편집병, 노인성 치매 등이 한가지 또는 복합적으로 작용하여 암살이 이루어진다.

(6) 전략적 동기: 진행 중이거나 적대관계에 있는 적국의 지도자의 제거로 승리를 이끌 수 있거나 전쟁발발의 기회를 얻을 수 있거나 사회혼란이 조성될 수 있다는 전략적 판단에서 암살이 이루어지기도 한다.

## 다. 암살의 특징

(1) 심리적 특징: 1) 암살범은 거의 무능력자이거나 자기 자신을 학대하고 있다. 2) 암살범은 과대망상적인 사고와 적개심을 소유한 자들이 많다. 3) 암살범은 사고와 행동이 허황적인 자들이 많다. 4) 암살범은 인내심이 부족하고 생활불안정자이다. 5) 암살범은 지나친 종교적 몰입과 정치적 몰입자이다.

(2) 신체적 특징: 1) 암살범은 진실한 여자 친구가 없는 경우가 대부분이며, 대략 30세 미만의 미혼으로 가정적으로 불안정하다. 2) 암살범들은 식별하기 곤란할 정도로 외모가 단정하다.

## 라. 암살의 계획 및 실행

암살의 계획수립 단계는 경호정보의 수집→무기 및 장비 획득→임무부여→범행 실행이다.

(1) 계획 수립

1) 경호정보의 수집: 암살자는 때때로 지역거주자 또는 공무원들과 접촉을 통해 정보를 수집한다.

2) 무기 및 장비의 획득 : 화기 및 장비는 통신판매점, 전당포 등을 통해 획득하거나 친구로부터 빌리거나 군수지 원 기관으로부터 훔친다.

3) 공모자들의 임무부여 : 계획을 구상하여 공모자들에게 임무를 부여하게 된다. 때로는 지원자를 추천하거나 권유함으로써 임무가 결정되기도 한다.

(2) 범행실행

1) 기습의 원칙: 암살자들은 거의 예외 없이 범행을 실행할 때에 기습을 원칙으로 한다.

2) 폭력행위 등: 범행을 완수하기 위해서는 어떤 구실을 마련하거나 폭력행위를 이용하거나 변절하는 행위 에 개의치 않는다.

3) 군중의 살상 등에 무관심 : 암살자는 많은 군중이 살상되거나 재산상의 손해를 입는다는 일 등에 관심이 없다.

4) 단념시키기 어려운 암살기도 : 대규모의 경호요원 배치가 암살자로 하여금 암살기도를 단념하게 할 수 없다.

5) 여러 국면을 고려 : 암살계획에는 여러 가지 국면이 고려된다. 다양한 공격방법이 동시에 또는 계속적으로 일어날 수 있는 것이다.

## 마. 암살무기와 그 사용방법

(1) **단거리 개인화기**: 암살범들은 권총이나 단도로 근거리 공격을 한다.
최근에는 화기도 극소화하는 경향이 있다.

(2) **고성능 화기(장거리 개인화기)**: 고성능 소총 등은 상당한 거리에서도 사용될 수 있다.

(3) **차량 고속강습(자살폭탄)**: 폭탄을 적재한 차량을 이용하여 경호대상자가 탑승한 차량에 충돌함으로써 암살을 기도하는 방법이다.

(4) **폭발물에 의한 폭파**: 행사장 등에서 폭발물을 사전에 설치하여 경호대상자가 행사장에 도착시, 행사 중 또는 행사로 통과시에 폭발물을 폭파시켜 위해하는 방법이다. 개봉하는 즉시 폭파하도록 되어 있는 폭발물 소포나 편지를 이용하는 경우도 있다.

(5) **휴대용 미사일 및 로켓트 탄에 의한 공격**: 원거리에서 휴대용미사일이나 로켓탄을 발사하여 암살자뿐만 아니라 대량살상을 목표로 하는 위해방법이다.

## 2. 경호의 일반원칙

이 지구상에서 절대적인 경호란 결코 가능하지 않다. 그러므로 경호작용 요소들은 항상 암살의 가능성을 최소화하겠다는 태도로 경호를 실시하여야 한다. 경호를 위한 제반사항들은 사전에 철저히 계획되어야 하고, 경호대상자와 경호요원의 모든 행동이나 기둥은 최대의 경호를 보장하도록 세밀하게 검토되어야 하며 긴급상황 발생 시 신속 정확하게 대응할 수 잇도록 모든 경호요원에게 긴급상황 발생 시의 행동절차를 설명해 주어야 한다. 좋은 예방책만이 경호대상자는 물론 경호요원의 생명을 구할 수 있다. 개인적인 의도나 불의의 사고에 의해서 야기된 장애요소로부터 보호되어야만 한다. 경호로 인하여 경호대상자의 행동의 자유까지도 불필요하게 방해를 받아서는 안 된다. 경호대상자의 프라이버시는 언제나 존중되어야 하며, 모든 노력은 경호대상자를 방해하지 않도록 이루어져야 한다. 따라서 이상과 같은 이상적인 경호를 달성하기 위해서는 다음과 같은 경호의 일반적 원칙을 지켜야 한다.

### 가. 공경호 원칙

(1) 3중경호(중첩경호) 원칙: 경호 선진국가의 대개가 요인경호(국가, 대통령, 수상, 기타 주요 요인)에 있어서 3중경호(3선경호)의 원칙을 공통적으로 채택하고 있어 가장 중요한 경호의 원리임에 틀림이 없다. 이와 같은 3중경호의 기본구조는 경호대상자가 위치한 집무실이나 행사장으로부터 내부(근접), 내곽(중안), 외곽(외부)으로 구분하여 경호행동 반경을 거리개념으로 논리를 전개한 것이다. 3중(3선)선의 기본적 거리 분할은 1선(~50m), 2선(50~1,000m), 3선(1,000m 이상) 즉, 3중 경호는 경호대상자가 위치한 지역에서 가장 근거리부터 엄중한 경호를 위하는 순서로 따져 근접경호, 중간경호, 외곽경호로 나누고 그에 따른 요원의 배치와 임무가 부여되어 있는 것이다. 3중경호를 거시적이고 철학적인 이론으로 정립한 것은 영국, 런던 경시청 경호국이며 이를 실제 적용면에서 기법으로 요약한 경호기관은 미국의 비밀경호국이다. 영국의 근접경호는 요인의 신변보호 및 숙소경비이다. 중간경호는 정복경관의 일상적인 경찰활동, 교통질서정리, 관찰, 통신 등의 작용을 통해 요인의 경호를 담당하는 것이다. 외곽경호는 정보분석, 항만관리, 위험인물

작성, 사건발생 소지의 사전제거 등을 통한 경호를 의미한다. 영국은 왕실의 위엄과 권위를 살린다는 목적으로 외곽경호에 치중하며 위해요소에 대한 원천적 봉쇄를 우선으로 하고 있고 미국의 경우 대통령제 국가로서 국민과 함께한다는 이유로 원천적 봉쇄의 외곽경호 보다는 내부(근접)경호에 중점을 두어 피 경호인의 직접적 안전(보안)에 가장 큰 치중을 하고 있다. 결론적으로 3중경호의 원리란 행사장을 중심으로 완전한 경호를 실시하기 위하여, 가장 중심부 내부를 안전지역으로 정하여 완벽한 통제를 목표로 근접경호요원을 배치시키고, 그 다음 내곽지역을 경비구역으로 정하고 부분적 통제를 위하여 근접경호요원 또는 지원요원을 근무케 하며, 끝으로 행사장의 외곽을 경계구역으로 설정하여 인적·물적·자연적 취약요소에 대한 첩보수집 및 경계를 실시하는 원칙을 말한다.

(2) **두뇌경호 원칙:** 범죄의 수적 증가와 더불어 고도의 지능적 전략과 위해요소의 기술적 발전에 따라 경호 활동에 있어서도 순간적 사태대응에 관한 경호요원 각 개인의 전문지식에 바탕을 둔 순발력과 고도의 판단력이 요구된다.

경호를 실시함에 있어서 신체적 조건도 중요하지만 신체를 움직이는 두뇌의 역할은 그 무엇보다도 중요하다. 즉, 두뇌경호로서 경호실시 도중에 상황이 발생하였을 때 완력이나 무력으로 경호대상자의 안전을 도모하는 것보다는 사전에 치밀한 계획과 준비를 철저히 하여 위험요소를 제거하는데 경호의 중점을 둔다. 그래서 긴급하고 위험한 상황이 발생하였을 때는 고도의 예리하고 순간적인 판단력을 중요시한다. 바로 이러한 점에서 경호학의 이론적 뒷받침이 요구되며 학문을 주요시하는 것이다.

(3) **방어경호 원칙:** 경호활동에 있어서 명심해야 할 것 중 하나가 방어경호이다. 방어위주의 경계(호위)활동이 경호인 것이다. 공격과 진압에 중점을 두는 것이 아니라 방어(보호)가 가장 우선순위 인 것이다. 이 이론적 배경은 피 경호인의 보존(보호)원칙과 부합되는 이론적 배경을 두고 있다. 피 경호인의 안전을 우선으로, 방어에 치중하여 피 경호인을 대피(보호)시키는 것이 첫 번째 이다. 이것은 또한 주변의 제3자의 안전을 위해서도 꼭 필요한 일이다. 경호란 어떤 사람을 공격하는 것이 아니라 공격자의 위해요소를 방어하는 것으로 방어경호란 경호대상자가 위

험한 상황에 처했을 경우에는 경호대상자의 머리를 숙이게 한다든지 완력으로 안전한 곳으로 인도한다든지 하여 위험을 모면케 하는 경호를 말한다. 경호대상자에게 위험한 상황이 발생하였을 경우, 즉 긴급상황 발생 시 경호요원은 경호대상자를 우선 안전한 곳으로 대피시키는 것이 가장 바람직하며 무기사용 등의 공격적 행동보다는 방어위주의 엄호행동이 요구된다. 원래 경호요원의 존재 목적은 위기상황 시 자기 자신을 희생하여 경호대상자를 안전하게 보호하는 데 있으므로 오히려 그 위험요소를 공격적으로 제거(살해)할 때에는 주변 군중들에게 선의의 피해를 입히는 경우도 많기 때문이다.

(4) 은밀경호(비밀경호) 원칙: 공식행사장이나 필요한 경우 경호원의 모습을 나타내는 노출경호로서 기선을 제압하여야 하는 경우가 있다. 이러한 경우를 제외하고서는 기본적으로 피 경호인의 활동에 방해를 주지 않고 타인의 눈에 잘 띄지 않게 활동을 하는 활동으로서 이것을 은밀경호라 한다. 이것은 주변에 위압감을 주어 피 경호인의 이미지에 손상을 주거나 노출에 따른 위해 요소들의 대응전략과 수립을 막는데 그 목적을 둔다. 경호란 은밀하게 실시하는 것이 일반적인 원칙이다. 경호요원의 행동지침으로서는 은밀하고 침묵 속에서 행동하며 그의 행동반경은 언제나 경호대상자의 신변을 엄호할 수 있는 곳에 한정시키고 위기 시는 신속하게 안전한 곳으로 대피시키며 혼란 없이 다음 임무를 계속 수행한다는 자세가 몸에 배어있어야 한다. 은밀경호는 가능한 한 경호요원 자신은 물론 자신들이 제공하는 경호가 경호대상자의 편의에 부합되도록 해야 한다. 경호대상자의 공적인 기능이나 사적인 기능이 방해를 받지 않도록 모든 노력을 기울여야 한다. 경호요원이나 경호를 위한 설비는 가능한 한 눈에 띄지 않아야 한다. 테러의 역사적 관점에서 볼 때 죽음을 각오한 테러기도자의 확고한 의지와 치밀한 계획을 막아낸다는 것은 사실상 대단히 어려운 것이다. 경호란 오랜 시간 동안 총격전을 벌여 적을 격퇴시키거나 적보다 아측의 사상자가 적다고 만족할 수 있는 집단적 개념의 경호와는 본질적으로 다르다. 암살자의 일회적 행동은 치명적일 수 있다. 암살은 단 한발의 총성 및 폭음으로 역사를 뒤바꾸어 놓거나 국가적 대혼란을 야기시킨다. 모든 경호는 예방경호에 중점을 두는 것이므로 가급적 경호인원 및 기구 등 경호규모를 비공개하는 소극적 방법을 택하기도 하며 경호기만과 같은 적극적

인 방법으로 암살 기도자로 하여금 경호목적 달성에 영향을 미치지 않는 방향을 유도하기도 한다.

### 나. 사경호 원칙

기본적 원칙에서는 사경호(일반경호) 또한 공경호화 크게 다른 점은 없지만 공경호에 비하여 강제력 집행 부분의 금지와 제한적 활동범위 그리고 신분상의 제약(일반인과 동일)에 따른 활동의 소극적 대응이 나타날 수 있기 때문에 경호요원 개인의 능력향상과 완벽한 팀-워크에서 시작되는 조직력에 더욱 신경을 쓰도록 한다.

(1) 상황에 대한 대처(조치) 능력의 극대화: 교육의 반복에 따른 습득
(2) 대응(반사). 무의식적 반사행동과 방어행위: 순발력, 민첩성
(3) 팀-워크: 단결된 협동력과 움직임은 완벽한 경호행사를 만들어 준다.
(4) 준비성: 사전정보 입수와. 기본계획수립. 사전검토. 준비필요

□ 사경호 기본원칙은 수익자 부담원칙, 사법기관과의 충돌방지, 서비스 근본주의, 법규준수, 불법업무 개입금지이다.

부록

# 관련법규

대통령 등의 경호에 관한 법률
대통령 등의 경호에 관한 법률 시행령
대통령경호안전대책위원회규정
전직대통령 예우에 관한 법률
전직대통령 예우에 관한 법률 시행령
경찰관 직무집행법
경찰관직무집행법시행령

# 대통령 등의 경호에 관한 법률( 약칭: 대통령경호법 )

[시행 2013.12.12.] [법률 제11530호, 2012.12.11, 타법개정] 대통령경호실(기획관리실), 02-770-0011

**제1조(목적)** 이 법은 대통령 등에 대한 경호를 효율적으로 수행하기 위하여 경호의 조직·직무범위와 그 밖에 필요한 사항을 규정함을 목적으로 한다. 〈개정 2008.2.29.〉[전문개정 2005.3.10.]

**제2조(정의)** 이 법에서 사용하는 용어의 뜻은 다음과 같다.〈개정 2012.2.2, 2013.3.23.〉

1. "경호"란 경호 대상자의 생명과 재산을 보호하기 위하여 신체에 가하여지는 위해(危害)를 방지하거나 제거하고, 특정 지역을 경계·순찰 및 방비하는 등의 모든 안전 활동을 말한다.
2. "경호구역"이란 소속공무원과 관계기관의 공무원으로서 경호업무를 지원하는 사람이 경호활동을 할 수 있는 구역을 말한다.
3. "소속공무원"이란 대통령경호실(이하 "경호실"이라 한다) 직원과 경호실에 파견된 사람을 말한다.
4. "관계기관"이란 경호실이 경호업무를 수행함에 있어 필요한 지원과 협조를 요청하는 국가기관, 지방자치단체 등을 말한다.[전문개정 2011.4.28.]

**제3조(대통령경호실장 등)** ① 대통령경호실장(이하 "실장"이라 한다)은 대통령이 임명하고, 경호실의 업무를 총괄하며 소속공무원을 지휘·감독한다.

② 경호실에 차장 1명을 둔다.

③ 차장은 정무직·1급 경호공무원 또는 고위공무원단에 속하는 별정직 국가공무원으로 보하며, 실장을 보좌한다. [전문개정 2013.3.23.]

**제4조(경호대상)** ① 경호실의 경호대상은 다음과 같다.〈개정 2013.3.23, 2013.8.13.〉

1. 대통령과 그 가족
2. 대통령 당선인과 그 가족
3. 본인의 의사에 반하지 아니하는 경우에 한정하여 퇴임 후 10년 이내의 전직 대통령과 그 배우자. 다만, 대통령이 임기 만료 전에 퇴임한 경우와 재직 중 사망한 경우의 경호 기간은 그로부터 5년으로 하고, 퇴임 후 사망한 경우의 경호 기간은 퇴임일부터 기산(起算)하여 10년을 넘지 아니하는 범위에서 사망 후 5년으로 한다.
4. 대통령권한대행과 그 배우자
5. 대한민국을 방문하는 외국의 국가 원수 또는 행정수반(行政首班)과 그 배우자
6. 그 밖에 실장이 경호가 필요하다고 인정하는 국내외 요인(要人)

② 제1항제1호 또는 제2호에 따른 가족의 범위는 대통령령으로 정한다.

③ 제1항제3호에도 불구하고 전직 대통령 또는 그 배우자의 요청에 따라 실장이 고령 등의 사유로 필요하다고 인정하는 경우에는 5년의 범위에서 같은 호에 규정된 기간을

넘어 경호할 수 있다. 〈신설 2013.8.13.〉
[전문개정 2011.4.28.]

**제5조(경호구역의 지정 등)** ① 실장은 경호업무의 수행에 필요하다고 판단되는 경우 경호구역을 지정할 수 있다. 〈개정 2012.2.2, 2013.3.23.〉

② 제1항에 따른 경호구역의 지정은 경호 목적 달성을 위한 최소한의 범위로 한정되어야 한다.

③ 소속공무원과 관계기관의 공무원으로서 경호업무를 지원하는 사람은 경호 목적상 불가피하다고 인정되는 상당한 이유가 있는 경우에만 경호구역에서 질서유지, 교통관리, 검문·검색, 출입통제, 위험물 탐지 및 안전조치 등 위해 방지에 필요한 안전 활동을 할 수 있다. 〈개정 2012.2.2.〉

④ 삭제 〈2013.3.23.〉
[전문개정 2011.4.28.]

**제5조의2(다자간 정상회의의 경호 및 안전관리)** ① 대한민국에서 개최되는 다자간 정상회의에 참석하는 외국의 국가원수 또는 행정수반과 국제기구 대표의 신변(身邊)보호 및 행사장의 안전관리 등을 효율적으로 수행하기 위하여 대통령 소속으로 경호·안전 대책기구를 둘 수 있다.

② 경호·안전 대책기구의 장은 실장이 된다. 〈개정 2013.3.23.〉

③ 경호·안전 대책기구는 소속공무원 및 관계기관의 공무원으로 구성한다.

④ 제1항에 따른 경호·안전 대책기구의 구성시기, 구성 및 운영 절차, 그 밖에 필요한 사항은 대통령령으로 정한다.

⑤ 경호·안전 대책기구의 장은 다자간 정상회의의 경호 및 안전관리를 위하여 필요하면 관계기관의 장과 협의하여 「통합방위법」 제2조제13호에 따른 국가중요시설과 불특정 다수인이 이용하는 시설에 대한 안전관리를 위하여 필요한 인력을 배치하고 장비를 운용할 수 있다.[본조신설 2012.2.2.]

**제6조(직원)** ① 경호실에 특정직 국가공무원인 1급부터 9급까지의 경호공무원과 일반직 국가공무원을 둔다. 다만, 필요하다고 인정할 때에는 경호공무원의 정원 중 일부를 일반직 국가공무원 또는 별정직 국가공무원으로 보할 수 있다.〈개정 2012.12.11, 2013.3.23.〉

② 경호공무원 각 계급의 직무의 종류별 명칭은 대통령령으로 정한다.
[전문개정 2011.4.28.]

**제7조(임용권자)** ① 5급 이상 경호공무원과 5급 상당 이상 별정직 국가공무원은 실장의 제청으로 대통령이 임용한다. 다만, 전보·휴직·겸임·파견·직위해제·정직(停職) 및 복직에 관한 사항은 실장이 행한다. 〈개정 2013.3.23.〉

② 실장은 경호공무원 및 별정직 국가공무원에 대하여 제1항 외의 모든 임용권을 가진다.

③ 삭제 〈2013.3.23.〉

④ 고위공무원단에 속하는 별정직공무원

의 신규채용에 관하여는 「국가공무원법」 제28조의6제3항을 준용한다.
[전문개정 2011.4.28.]

**제8조(직원의 임용 자격 및 결격사유)** ① 경호실 직원은 신체 건강하고 사상이 건전하며 품행이 바른 사람 중에서 임용한다. 〈개정 2013.3.23.〉

② 다음 각 호의 어느 하나에 해당하는 사람은 직원으로 임용될 수 없다.

1. 대한민국의 국적을 가지지 아니한 사람
2. 「국가공무원법」 제33조 각 호의 어느 하나에 해당하는 사람

③ 제2항 각 호(「국가공무원법」 제33조제5호는 제외한다)의 어느 하나에 해당하는 직원은 당연히 퇴직한다.
[전문개정 2011.4.28.]

**제9조(비밀의 엄수)** ① 소속공무원[퇴직한 사람과 원(原) 소속 기관에 복귀한 사람을 포함한다. 이하 이 조에서 같다]은 직무상 알게 된 비밀을 누설하여서는 아니 된다.

② 소속공무원은 경호실의 직무와 관련된 사항을 발간하거나 그 밖의 방법으로 공표하려면 미리 실장의 허가를 받아야 한다. 〈개정 2013.3.23.〉
[전문개정 2011.4.28.]

**제10조(직권면직)** ① 임용권자는 직원(별정직 국가공무원은 제외한다. 이하 이 조에서 같다)이 다음 각 호의 어느 하나에 해당하면 직권으로 면직할 수 있다.

1. 신체적·정신적 이상으로 6개월 이상 직무를 수행하지 못할 만한 지장이 있을 때
2. 직무 수행 능력이 현저하게 부족하거나 근무태도가 극히 불량하여 직원으로서 부적합하다고 인정될 때
3. 직제와 정원의 개폐(改廢) 또는 예산의 감소 등에 의하여 폐직(廢職) 또는 과원(過員)이 된 때
4. 휴직 기간이 끝나거나 휴직 사유가 소멸된 후에도 정당한 이유 없이 직무에 복귀하지 아니하거나 직무를 수행할 수 없을 때
5. 직무 수행 능력이 부족하거나 근무성적이 극히 불량하여 대통령령으로 정하는 바에 따라 대기 명령을 받은 사람이 그 기간 중 능력 또는 근무성적의 향상을 기대하기 어렵다고 인정될 때
6. 해당 직급에서 직무를 수행하는 데에 필요한 자격증의 효력이 상실되거나 면허가 취소되어 담당 직무를 수행할 수 없게 되었을 때

② 제1항제2호·제5호에 해당하여 면직하는 경우에는 대통령령으로 정하는 바에 따라 고등징계위원회의 동의를 받아야 한다.

③ 제1항제3호에 해당하여 면직하는 경우에는 임용 형태, 업무실적, 직무 수행 능력, 징계처분 사실 등을 고려하여 면직 기준을 정하여야 한다. 이 경우 면직된 직원은 결원이 생기면 우선하여 재임용할 수 있다.

④ 제3항의 면직 기준을 정하거나 제1항 제3호에 따라 면직 대상자를 결정할 때에는 대통령령으로 정하는 바에 따라 인사위원회의 심의·의결을 거쳐야 한다.[전문개정 2011.4.28.]

**제11조(정년)** ① 경호공무원의 정년은 다음의 구분에 따른다.〈개정 2013.8.13.〉

1. 연령정년
   가. 5급 이상: 58세
   나. 6급 이하: 55세
2. 계급정년
   가. 2급: 4년
   나. 3급: 7년
   다. 4급: 12년
   라. 5급: 16년

② 경호공무원이 강임(降任)된 경우에는 제1항제2호에 따른 계급정년의 경력을 산정할 때에 강임되기 전의 상위계급으로 근무한 경력은 강임된 계급으로 근무한 경력에 포함한다.

③ 경호공무원은 그 정년이 된 날이 1월부터 6월 사이에 있는 경우에는 6월 30일에, 7월부터 12월 사이에 있는 경우에는 12월 31일에 각각 당연히 퇴직한다.

④ 삭제 〈2013.8.13.〉

⑤ 삭제 〈2013.8.13.〉[전문개정 2011.4.28.]

**제12조(징계)** ① 직원의 징계에 관한 사항을 심사·의결하기 위하여 경호실에 고등징계위원회와 보통징계위원회를 둔다. 〈개정 2013.3.23.〉

② 각 징계위원회는 위원장 1명과 4명 이상 6명 이하의 위원으로 구성한다.

③ 직원의 징계는 징계위원회의 의결을 거쳐 실장이 한다. 다만, 5급 이상 직원의 파면 및 해임은 고등징계위원회의 의결을 거쳐 실장의 제청으로 대통령이 한다.

④ 징계위원회의 구성 및 운영 등에 필요한 사항은 대통령령으로 정한다.

[전문개정 2011.4.28.]

**제13조(보상)** 직원으로서 제4조제1항 각 호의 경호대상에 대한 경호업무 수행 또는 그와 관련하여 상이(傷痍)를 입고 퇴직한 사람과 그 가족 및 사망(상이로 인하여 사망한 경우를 포함한다)한 사람의 유족에 대하여는 대통령령으로 정하는 바에 따라 「국가유공자 등 예우 및 지원에 관한 법률」 또는 「보훈보상대상자 지원에 관한 법률」에 따른 보상을 한다.〈개정 2011.9.15.〉[전문개정 2011.4.28.]

**제14조(「국가공무원법」과의 관계 등)** ① 직원의 신규채용, 시험의 실시, 승진, 근무성적평정, 보수 및 교육훈련에 관한 사항은 대통령령으로 정한다.

② 직원에 대하여는 이 법에 특별한 규정이 있는 경우를 제외하고는 「국가공무원법」을 준용한다.

③ 직원에 대하여는 「국가공무원법」 제17조 및 제18조를 적용하지 아니한다.

[전문개정 2011.4.28.]

**제15조(국가기관 등에 대한 협조 요청)** 실장은 직무상 필요하다고 인정할 때에는 국가기관, 지방자치단체, 그 밖의 공공단체의 장에게 그 공무원 또는 직원의 파견이나 그 밖에 필요한 협조를 요청할 수 있다. 〈개정 2012.2.2, 2013.3.23.〉[전문개정 2011.4.28.]

**제16조(대통령경호안전대책위원회)** ① 제4조제1항 각 호의 경호대상에 대한 경호업무를 수행할 때에는 관계기관의 책임을 명확하게 하고, 협조를 원활하게 하기 위하여 경호실에 대통령경호안전대책위원회(이하 "위원회"라 한다)를 둔다. 〈개정 2012.2.2, 2013.3.23.〉

② 위원회는 위원장과 부위원장 각 1명을 포함한 20명 이내의 위원으로 구성한다.

③ 위원장은 실장이 되고, 부위원장은 차장이 되며, 위원은 대통령령으로 정하는 관계기관의 공무원이 된다. 〈개정 2012.2.2, 2013.3.23.〉

④ 위원회는 다음 각 호의 사항을 관장한다.

1. 대통령 경호에 필요한 안전대책과 관련된 업무의 협의
2. 대통령 경호와 관련된 첩보·정보의 교환 및 분석
3. 그 밖에 제4조제1항 각 호의 경호대상에 대한 경호에 필요하다고 인정되는 업무

⑤ 위원회의 구성 및 운영에 필요한 사항은 대통령령으로 정한다.[전문개정 2011.4.28.]

**제17조(경호공무원의 사법경찰권)** ① 경호공무원(실장의 제청으로 서울중앙지방검찰청 검사장이 지명한 경호공무원을 말한다. 이하 이 조에서 같다)은 제4조제1항 각 호의 경호대상에 대한 경호업무 수행 중 인지한 그 소관에 속하는 범죄에 대하여 직무상 또는 수사상 긴급을 요하는 한도 내에서 사법경찰관리(司法警察官吏)의 직무를 수행할 수 있다. 〈개정 2013.3.23.〉

② 제1항의 경우 7급 이상 경호공무원은 사법경찰관의 직무를 수행하고, 8급 이하 경호공무원은 사법경찰리(司法警察吏)의 직무를 수행한다.[전문개정 2011.4.28.]

**제18조(직권 남용 금지 등)** ① 소속공무원은 직권을 남용하여서는 아니 된다.

② 경호실에 파견된 경찰공무원은 이 법에 규정된 임무 외의 경찰공무원의 직무를 수행할 수 없다.〈개정 2013.3.23.〉[전문개정 2011.4.28.]

**제19조(무기의 휴대 및 사용)** ① 실장은 직무를 수행하기 위하여 필요하다고 인정할 때에는 소속공무원에게 무기를 휴대하게 할 수 있다.〈개정 2013.3.23.〉

② 제1항에 따라 무기를 휴대하는 사람은 그 직무를 수행할 때 필요하다고 인정하는 상당한 이유가 있을 경우 그 사태에 대응하여 부득이하다고 판단되는 한도 내에서 무기를 사용할 수 있다. 다만, 다음 각 호의 어느 하나에 해당

할 때를 제외하고는 사람에게 위해를 끼쳐서는 아니 된다.

1. 「형법」 제21조 및 제22조에 따른 정당방위와 긴급피난에 해당할 때
2. 제4조제1항 각 호의 경호대상에 대한 경호업무 수행 중 인지한 그 소관에 속하는 범죄로 사형, 무기 또는 장기 3년 이상의 징역 또는 금고에 해당하는 죄를 범하거나 범하였다고 의심할 만한 충분한 이유가 있는 사람이 소속공무원의 직무집행에 대하여 항거하거나 도피하려고 할 때 또는 제3자가 그를 도피시키려고 소속공무원에게 항거할 때에 이를 방지하거나 체포하기 위하여 무기를 사용하지 아니하고는 다른 수단이 없다고 인정되는 상당한 이유가 있을 때
3. 야간이나 집단을 이루거나 흉기나 그 밖의 위험한 물건을 휴대하여 경호업무를 방해하기 위하여 소속공무원에게 항거할 경우에 이를 방지하거나 체포하기 위하여 무기를 사용하지 아니하고는 다른 수단이 없다고 인정되는 상당한 이유가 있을 때

[전문개정 2011.4.28.]

**제20조** 삭제 〈2011.4.28.〉

**제21조(벌칙)** ① 제9조제1항, 제18조 또는 제19조제2항을 위반한 사람은 5년 이하의 징역이나 금고 또는 1천만원 이하의 벌금에 처한다.

② 제9조제2항을 위반한 사람은 2년 이하의 징역·금고 또는 500만원 이하의 벌금에 처한다.[전문개정 2011.4.28.]

## 부칙 〈법률 제12044호, 2013.8.13.〉

**제1조(시행일)** 이 법은 공포한 날부터 시행한다.

**제2조(경호공무원의 연령정년에 관한 경과조치)** 5급 이상 경호공무원의 연령정년은 제11조제1항제1호의 개정규정에도 불구하고 종전규정에 따라 2013년부터 2014년까지 연령정년에 도달한 경호공무원은 56세로, 2015년부터 2016년까지 연령정년에 도달한 경호공무원은 57세로, 2017년부터 연령정년에 도달한 경호공무원은 58세로 한다.

**제3조(경호공무원의 계급정년에 관한 경과조치)** 이 법 시행 당시 2급 또는 3급인 경호공무원과 이 법 시행연도에 퇴직이 예정되어 있는 5급 이상 경호공무원에 대하여는 제11조제1항제2호의 개정규정에도 불구하고 종전의 계급정년을 적용한다.

# 대통령 등의 경호에 관한 법률 시행령

[시행 2014.12.8.] [대통령령 제25816호, 2014.12.8, 일부개정] 대통령경호실(기획관리실), 02-770-5540

**제1조(목적)** 이 영은 「대통령 등의 경호에 관한 법률」에서 위임된 사항과 그 시행에 필요한 사항을 규정함을 목적으로 한다.[전문개정 2013.3.23.]

**제2조(가족의 범위)** 「대통령 등의 경호에 관한 법률」(이하 "법"이라 한다) 제4조제1항제1호 및 제2호에 따른 가족은 대통령 및 대통령당선인의 배우자와 직계존비속으로 한다.[전문개정 2013.8.20.]

**제3조(전직대통령 등의 경호)** 법 제4조제1항제3호에 따라 전직대통령과 그 배우자의 경호에는 다음 각호의 조치를 포함한다.〈개정 2012.5.1, 2013.3.23, 2013.8.20.〉

1. 경호안전상 별도주거지 제공(별도주거지는 본인이 마련할 수 있다)
2. 현거주지 및 별도주거지에 경호를 위한 인원의 배치, 필요한 경호의 담당
3. 요청이 있는 경우 대통령전용기, 헬리콥터 및 차량 등 기동수단의 지원
4. 그 밖에 대통령경호실장(이하 "실장"이라 한다)이 관계기관과 협의하여 정한 사항[본조신설 1984.2.7.]

[제2조의2에서 이동, 종전 제3조는 제4조로 이동 〈2005.6.30.〉]
[제목개정 2005.6.30.]

**제3조의2(경호등급)** ① 실장은 법 제4조제1항제5호 및 제6호에 따른 경호대상자의 경호임무를 수행하기 위하여 해당 경호대상자의 지위와 경호위해요소, 해당 국가의 정치상황, 국제적 상징성, 상호주의 측면, 적대국가 유무 등 국제적 관계를 고려하여 경호등급을 구분하여 운영할 수 있다.〈개정 2013.3.23.〉

② 제1항에 따라 경호등급을 구분하여 운영하는 경우에는 외교부장관, 국가정보원장 및 경찰청장과 미리 협의하여야 한다. 〈개정 2013.3.23.〉

③ 제1항의 경호등급과 관련하여 필요한 사항은 실장이 따로 정한다. 〈개정 2013.3.23.〉[본조신설 2008.2.29.]

**제3조의3(경호업무 수행 관련 관계기관 간의 협조 등)** ① 실장은 법 제4조에 규정된 경호대상에 대한 경호를 위하여 필요한 경우 대통령비서실, 국가안보실 및 경호·안전관리 업무를 지원하는 관계기관에 근무할 예정인 사람에게 신원진술서 및 「가족관계의 등록 등에 관한 법률」에서 정하는 증명서와 그 밖에 필요한 자료의 제출을 요구할 수 있다. 이 경우 실장은 제출된 자료의 내용을 확인하기 위하여 관계기관에 조회 또는 그 밖에 필요한 협조를 요청할 수 있다.

② 실장은 법 제5조제3항에 따른 안전 활동 등 경호업무를 효율적으로 수행하기 위하여 필요한 경우에는 관계기관에 대하여 경호구역에 출입하려는 사람의 범죄경력 조회 또는 사실 증명 등 필요한 협조를 요청할 수 있다.
[본조신설 2014.12.8.]

**제4조(경호구역)** ① 법 제5조제1항에 따른 대통령경호실(이하 "경호실"이라 한다)의 경호구역 중 대통령집무실·대통령관저 등은 내곽구역과 외곽구역으로 나누며, 그 범위는 부도(附圖)와 같다. 〈개정 2013.8.20.〉
② 제1항에 따른 대통령집무실·대통령관저 등을 제외한 각종 행사장·유숙지 등에 대한 경호구역은 행사의 성격, 경호위해요소 등을 고려하여 실장이 지정한다. 〈개정 2012.2.2, 2013.3.23.〉
[전문개정 2008.2.29.]

**제4조의2(경호·안전 대책기구의 구성시기 및 운영기간)** ① 법 제5조의2제1항에 따른 경호·안전 대책기구(이하 "경호·안전 대책기구"라 한다)의 구성시기 및 운영기간은 다자간 정상회의의 규모·성격, 경호 환경 등을 고려하여 실장이 정한다.〈개정 2013.3.23.〉
② 경호·안전 대책기구의 운영기간은 다자간 정상회의별로 1년 6개월을 초과할 수 없다.[본조신설 2012.2.2.]

**제4조의3(경호·안전 대책기구의 구성 및 운영 등)** ① 경호·안전 대책기구의 장은 다자간 정상회의의 경호 및 안전관리 활동에 관한 업무를 총괄한다.
② 경호·안전 대책기구는 소속공무원과 관계기관에서 파견된 공무원으로 구성한다.
③ 제1항 및 제2항에서 규정한 사항 외에 경호·안전 대책기구의 구성 및 운영에 필요한 사항은 경호·안전 대책기구의 장이 관계기관의 장과 협의하여 정한다.[본조신설 2012.2.2.]

**제4조의4(국가중요시설 등에 대한 인력배치 등)** ① 법 제5조의2제5항에 따른 인력 배치 및 장비 운용은 같은 항에 따른 협의를 거친 후 경호구역 내에서는 경호·안전 대책기구의 장이, 경호구역 외의 지역에서는 해당 국가중요시설 또는 불특정 다수인이 이용하는 시설의 안전관리를 담당하는 관계기관의 장이 각각 주관하여 실시한다.
② 법 제5조의2제5항에 따른 인력 배치 및 장비 운용 기간은 다자간 정상회의별로 6개월을 초과할 수 없다.
[본조신설 2012.2.2.]

**제5조(직급)** 경호공무원의 계급별 직급의 명칭은 별표 1과 같다.[본조신설 1999.12.31.]
[제4조의2에서 이동, 종전 제5조는 제6조로 이동 〈2005.6.30.〉]

**제6조** 삭제 〈2008.2.29.〉

**제6조의2** 삭제 〈2008.2.29.〉

**제7조(인사위원회의 설치)** ① 경호실 직원의 인사에 관한 정책 및 그 운용에 관한 중요사항을 심의하기 위하여 인사위원회 및 인사실무위원회를 둔다. 〈개정 2008.2.29, 2013.3.23.〉

② 인사위원회는 위원장 1인과 5인 이상 7인 이하의 위원으로 구성하며, 위원장은 2급 이상 직원중에서, 위원은 3급 이상 직원중에서 각각 실장이 임명한다.〈개정 2005.6.30, 2008.2.29, 2013.3.23.〉

③ 인사실무위원회는 위원장 1인과 5인 이상 7인 이하의 위원으로 구성하며, 위원장은 3급 이상 직원중에서, 위원은 4급 이상 직원중에서 각각 실장이 임명한다.〈개정 2005.6.30, 2008.2.29, 2013.3.23.〉

④ 인사위원회 및 인사실무위원회의 회의 기타 운영에 관하여 필요한 사항은 실장이 정한다.[전문개정 1999.12.31.]

[제6조에서 이동, 종전 제7조는 제9조로 이동 〈2005.6.30.〉]

**제8조(인사위원회의 직무 등)** 인사위원회는 인사에 관하여 인사실무위원회와 관계부서에서 제안한 인사정책 및 그 운용에 관한 사항 등을 심의하여 실장에게 건의한다.[본조신설 1999.12.31.]

[제6조의2에서 이동, 종전 제8조는 삭제 〈2005.6.30.〉]

**제9조(임용)** 경호실 직원의 임용은 학력·자격·경력을 기초로 하며, 시험성적·근무성적, 그 밖의 능력의 실증에 의하여 행한다.〈개정 1999.12.31, 2013.11.20, 2014.12.8.〉

[제7조에서 이동, 종전 제9조는 제20조로 이동 〈2005.6.30.〉]

**제9조의2(임용 직원의 임용 자격 확인 등)** ① 실장은 법 제8조제1항에 따라 직원을 임용할 때에는 임용 대상자의 건강 상태, 사상의 건전성, 품행 및 제9조의 학력·자격·경력을 확인하기 위하여 임용 대상자에게 신원진술서, 학력증명서, 경력증명서, 건강진단서, 「가족관계의 등록 등에 관한 법률」에서 정하는 증명서와 그 밖에 필요한 자료의 제출을 요구할 수 있다.

② 실장은 제1항의 자료의 내용을 확인하기 위하여 관계기관에 조회 또는 그 밖에 필요한 협조를 요청할 수 있다.

③ 제1항 및 제2항에서 규정한 사항 외에 임용 직원의 임용 자격 확인 등에 필요한 사항은 실장이 정한다.

[본조신설 2014.12.8.]

**제10조(신규채용)** ① 경호공무원 및 일반직공무원의 신규채용은 공개경쟁시험에 의하여 행한다.〈개정 2013.11.20.〉

② 다음 각호의 1에 해당하는 경우에는 경력경쟁채용시험에 의하여 신규채용할 수 있다. 〈개정 2003.6.30, 2005.6.30, 2012.5.1.〉

1. 공개경쟁시험에 의한 채용이 곤란한 임용예정직에 관련된 자격증 소지자를 임용하는 경우

2. 임용예정직에 상응하는 근무실적 또는 연구실적이 3년 이상인 자를 임용하는 경우
3. 임용예정직에 상응하는 전문지식·경험·기술이 있는 자를 1급 또는 2급의 경호공무원으로 임용하는 경우
4. 외국어에 능통하고 국제적 소양과 전문지식을 지닌 자를 임용하는 경우
5. 법 제10조제1항제3호의 사유로 퇴직하거나 「국가공무원법」 제71조제1항제1호의 휴직기간만료로 인하여 퇴직한 경호공무원 또는 기능직공무원을 퇴직한 날부터 3년 이내에 퇴직시에 재직한 직급의 직원으로 재임용하는 경우

③ 별정직공무원의 신규채용은 비서·공보·의무·운전·사범·교관·사진 등의 특수분야를 대상으로 한다.〈신설 2005.6.30.〉

[본조신설 1999.12.31.]

[제7조의2에서 이동, 종전 제10조는 제21조로 이동 〈2005.6.30.〉]

**제11조(시보임용)** ① 5급 이하 경호공무원 또는 일반직공무원을 신규채용하는 경우에는 1년 이내의 기간동안 시보로 임용하고 그 기간중에 근무성적과 교육훈련성적이 양호한 경우에 정규직원으로 임용한다. 〈개정 2013.11.20.〉

② 휴직기간, 직위해제기간 및 징계에 의하여 정직처분을 받은 기간은 제1항의 규정에 의한 시보임용기간에 산입하지 아니한다.[본조신설 1999.12.31.]

[제7조의3에서 이동, 종전 제11조는 제25조로 이동 〈2005.6.30.〉]

**제12조(시험)** ① 직원의 임용을 위한 시험은 이를 직급별로 실시한다.

② 시험은 공개경쟁채용시험·경력경쟁채용시험·승진시험으로 구분하여 실장이 실시하며, 경호공무원의 필기시험과목은 별표 2와 같다. 〈개정 2012.5.1.〉

③ 별정직·일반직공무원에 대하여는 신규채용의 경우를 제외하고는 시험을 과하지 아니한다. 〈개정 2013.11.20.〉

④ 실장은 시험에 관한 출제·채점·면접시험·실기시험 및 기타 시험에 필요한 사항을 담당하게 하기 위하여 시험위원을 임명 또는 위촉할 수 있다.

⑤ 필기시험의 출제 및 채점에 있어서는 과목당 2인 이상의 시험위원이 임명 또는 위촉되어야 하며, 면접시험에 있어서는 3인 이상의 시험위원이 임명 또는 위촉되어야 한다.

⑥ 이 영에 규정된 사항외에 시험에 관하여 필요한 사항은 실장이 정한다.

[본조신설 1999.12.31.]

[제7조의4에서 이동, 종전 제12조는 제27조로 이동 〈2005.6.30.〉]

**제13조(공개경쟁채용시험)** ① 공개경쟁채용시험은 필기시험·면접시험·신체검사 및 체력검정에 의하여 실시한다. 다만, 실장이 필요하다고 인정하는 때에는 실기시험·지능검사·인성검사

및 적성검사의 전부 또는 일부를 병과하여 실시할 수 있다. 〈개정 2005.6.30.〉

② 경호공무원의 공개경쟁채용시험의 대상이 되는 계급은 5급·7급 및 9급으로 하고, 일반직공무원의 공개경쟁채용시험의 대상이 되는 계급은 9급으로 한다.〈신설 2005.6.30, 2007.11.30, 2011.7.4, 2013.11.20.〉[본조신설 1999.12.31.]

[제7조의5에서 이동, 종전 제13조는 제33조로 이동 〈2005.6.30.〉]

**제14조(경력경쟁채용시험)** ① 경력경쟁채용시험은 필기시험·면접시험 및 신체검사에 의하여 실시하며, 실기시험·체력검정·지능검사·인성검사 및 적성검사의 전부 또는 일부를 병과하여 실시할 수 있다. 〈개정 2012.5.1.〉

② 제1항의 시험에 있어 실장이 필요하다고 인정하는 자에 대하여는 필기시험의 전부 또는 일부를 면제할 수 있다.

[본조신설 1999.12.31.][제목개정 2012.5.1.]

[제7조의6에서 이동, 종전 제14조는 제36조로 이동 〈2005.6.30.〉]

**제15조(승진시험)** ① 6급 경호공무원을 5급 경호공무원으로 승진임용하고자 하는 때에는 승진시험을 병행할 수 있다.

② 제1항의 규정에 의한 승진시험은 필기시험에 의하여 실시하되, 실기시험을 병과할 수 있다. [본조신설 1999.12.31.]

[제7조의7에서 이동 〈2005.6.30.〉]

**제16조(근무성적평정 및 경력평정의 실시)** 직원의 복무능률의 증진과 인사관리의 적정을 기하기 위하여 근무성적평정과 경력평정을 한다. 다만, 별정직공무원에 대하여는 경력평정을 하지 아니한다.[본조신설 1999.12.31.]

[제7조의8에서 이동 〈2005.6.30.〉]

**제17조(평정기준)** ① 근무성적평정은 일정한 기간중 당해 직원의 직무수행의 성과·능력·태도, 청렴도 및 직무에의 적합성 기타 직무수행에 필요한 사항에 관하여 행한다.

② 경력평정은 당해 직원의 경력이 직급별로 그 담당직무수행과 관련되는 정도를 기준으로 행하여야 한다.

[본조신설 1999.12.31.]

[제7조의9에서 이동 〈2005.6.23.〉]

**제18조(근무성적평정)** ① 근무성적평정은 3급 이하의 직원을 대상으로 하여 정기평정과 수시평정으로 나누어 실시하되, 정기평정은 연 1회 실시한다. 〈개정 2005.6.30.〉

② 근무성적평정의 방법·시기·절차 등에 관하여 필요한 사항은 실장이 정한다.

[본조신설 1999.12.31.]

[제7조의10에서 이동 〈2005.6.30.〉]

**제19조(경력평정)** ① 제21조제1항의 승진소요최저연수에 도달한 5급 이하 경호공무원과 일반직공무원에 대하여는 그 경력을 평정하여 승진임용에 반영하여

야 한다.〈개정 2005.6.30, 2013.11.20.〉

② 경력평정은 해당 직급, 하위직급 및 차하위직급의 재직기간을 평정기간으로 한다.

③ 경력평정대상기간에는 휴직기간 및 정직기간은 이를 산입하지 아니한다. 다만, 법률의 규정에 의한 의무수행을 위하여 휴직한 자의 휴직기간과 공무로 인한 질병 또는 부상에 의한 휴직기간은 이를 산입한다.

④ 경력평정의 시기·방법·절차 등에 관하여 필요한 사항은 실장이 정한다.

[본조신설 1999.12.31.]

[제7조의11에서 이동 〈2005.6.30.〉]

**제20조(승진임용 방법)** ① 경호공무원 및 일반직공무원의 승진은 근무성적 및 경력평정 기타 능력의 실증에 의하여 행한다. 〈개정 2013.11.20.〉

② 실장은 승진임용에 필요한 요건을 구비한 5급 이하 경호공무원 및 일반직공무원에 대하여 근무성적평정 5할, 경력평정 1.5할, 교육훈련성적 3할, 상훈 및 신체검사 0.5할의 비율에 따라 승진심사자명부를 작성하여야 한다. 〈개정 2013.11.20, 2014.12.8.〉

③ 제2항의 승진심사자명부에 등재하는 대상은 승진심사일이 속하는 달의 다음달 말일까지 승진소요최저연수를 충족하는 자를 포함한다.〈신설 2005.6.30.〉

④ 승진심사는 승진심사자명부에 등재되어 있는 자를 대상으로 하고, 승진이 결정된 자는 승진일에 승진소요최저연수를 충족하여야 한다.〈신설 2005.6.30.〉

⑤ 이 영에 규정된 사항외에 승진임용에 관하여 필요한 사항은 실장이 정한다.

[전문개정 1999.12.31.]

[제9조에서 이동 〈2005.6.30.〉]

**제20조의2(승진선발위원회 등)** ① 실장은 승진대상자의 추천, 심사 및 선발을 위하여 다음 각 호의 위원회를 각각 구성·운영할 수 있다.

1. 2개 이상의 승진후보추천위원회
2. 승진선발위원회

② 제1항제1호에 따른 2개 이상의 승진후보추천위원회는 상호 차단된 상태의 동일한 심사조건에서 동시에 심사한다.

③ 승진선발위원회는 승진후보추천위원회가 추천한 후보자 중에서 승진대상자를 선발한다.

④ 제1항 각 호의 위원회의 구성에 관하여는 「공무원임용령」 제34조의3제2항 및 제3항을 준용한다.

⑤ 제1항부터 제4항까지에서 규정한 사항 외에 승진후보추천위원회 및 승진선발위원회의 구성 및 운영에 필요한 사항은 실장이 정한다.[본조신설 2014.12.8.]

**제21조(승진소요최저연수)** ① 경호공무원이 승진하려면 다음 각 호의 기간 동안 해당 계급에 재직하여야 한다. 〈개정 2013.11.20.〉

1. 3급: 2년 이상
2. 4급: 4년 이상
3. 5급: 5년 이상
4. 6급: 4년 이상

5. 7급 및 8급: 3년 이상
6. 9급: 2년 이상

② 삭제 〈2014.12.8.〉[전문개정 1999.12.31.]
[제10조에서 이동 〈2005.6.30.〉]

**제22조(특별승진)** ① 경호공무원 및 일반직공무원이 다음 각 호의 어느 하나에 해당하는 때에는 제20조 및 제21조의 규정에 불구하고 특별승진 임용할 수 있다. 다만, 제1호 내지 제3호는 3급 이하 경호공무원 및 일반직공무원에게만 적용한다. 〈개정 2003.6.30, 2005.6.30, 2007.6.28, 2013.11.20.〉

1. 경호위해요소를 사전에 발견·제거하여 경호안전에 특별한 공을 세운 자
2. 경호위급사태 발생시 경호대상자의 생명을 구하는데 공이 현저한 자
3. 헌신적인 직무수행으로 업무발전에 기여한 공이 현저하여 모든 직원의 귀감이 되는 자
4. 재직 중 공적이 특히 현저한 자가 제26조의 규정에 의하여 공로퇴직하는 때
5. 재직 중 공적이 특히 현저한 자가 공무로 인하여 사망한 때

② 제1항의 규정에 의하여 특별승진임용하는 경우에는 공무원임용령 제32조제1항의 규정에 의한 승진임용의 제한을 받지 아니한다. 〈개정 2003.6.30.〉

③ 제1항제1호 내지 제3호의 규정에 의하여 특별승진임용하는 경우에는 제21조의 규정에 의한 승진소요최저연수를 1년 단축할 수 있고, 동항제4호의 규정에 의하여 특별승진임용하는 경우에는 공로퇴직일 전일까지 당해 계급에서 1년 이상 재직하여야 하며, 동항제5호의 규정에 의하여 특별승진임용하는 경우에는 승진소요최저연수의 적용을 받지 아니한다. 〈개정 2005.6.30.〉

④ 직원을 특별승진임용하고자 하는 때에는 인사위원회의 심의를 거쳐야 한다.
[본조신설 1999.12.31.]
[제10조의2에서 이동 〈2005.6.30.〉]

**제23조(별정직국가공무원의 근무상한연령)** 별정직국가공무원의 근무상한연령은 경호공무원의 정년과 균형을 유지하는 범위안에서 실장이 정한다.
[본조신설 1999.12.31.]
[제10조의3에서 이동 〈2005.6.30.〉]

**제24조(교육훈련 등)** ① 실장은 직원에 대하여 직무의 능률증진을 위한 교육훈련을 실시한다.

② 실장은 필요하다고 인정하는 때에는 직원을 국내외의 교육기관 또는 연구기관에 위탁하여 교육훈련을 받게 할 수 있다.

③ 실장은 교육훈련의 성과측정을 위하여 정기 또는 수시로 평가를 실시하고 그 결과를 인사관리에 반영하여야 한다.

④ 제2항의 규정에 의하여 6월 이상 국외에서 교육훈련을 받은 직원에 대하여는 6년의 범위안에서 교육훈련기간의 2배에 상당하는 기간, 6월 이상 국내에서 교육훈련을 받은 직원에 대하여는 6년의 범위안에서 교육훈련기간과 동일한 기간(일과후에만 실시하는 국내

훈련의 경우에는 훈련기간의 5할에 해당하는 기간)을 복무하도록 하여야 한다. 다만, 복무의무를 부과하기 곤란하거나 복무의무를 부과한 후 이를 이행할 수 없는 특별한 사유가 있어 실장이 복무의무를 면제한 경우에는 그러하지 아니하다.

⑤ 제4항의 규정에 의한 의무복무를 이행하지 아니한 자는 교육훈련을 위하여 소요된 경비의 전액 또는 일부를 반납하여야 한다.

⑥ 실장은 경호공무원으로 20년 이상 근무한 후 퇴직하고자 하는 자에 대하여 퇴직후 사회적응능력의 배양을 위하여 1년 이내의 범위에서 연수를 실시할 수 있다. 이 경우 실장은 연수기간중 당해 연수자의 직급에 해당하는 정원이 따로 있는 것으로 보고 결원을 보충할 수 있다. 〈신설 2003.6.30.〉

[본조신설 1999.12.31.]

[제10조의4에서 이동 〈2005.6.30.〉]

[제목개정 2003.6.30.]

**제25조(보수)** ① 실장의 보수는 「공무원보수규정」에 따른 장관 또는 차관의 보수와 같은 금액으로 한다. 〈개정 2008.2.29, 2013.3.23.〉

② 기타 직원의 보수에 관하여는 「공무원보수규정」에 따른다.〈개정 1981.3.2, 1999.12.31, 2005.6.30.〉[전문개정 1979.12.27.]

[제11조에서 이동 〈2005.6.30.〉]

**제26조(공로퇴직)** ① 경호공무원으로 10년 이상 성실하게 근무한 후 퇴직하는 자에 대하여는 예산의 범위안에서 공로퇴직수당(이하 "수당"이라 한다)을 지급할 수 있다. 〈개정 1999.12.31.〉

② 제1항의 수당지급액은 다음의 산식에 의하여 산출한 금액의 범위안으로 한다.

퇴직당시 봉급월액×{36+(33－근속연수)×2/3}

③ 수당의 지급절차 기타 수당지급에 관하여 필요한 사항은 기획재정부장관 및 인사혁신처장과 협의하여 실장이 정한다. 〈개정 1999.5.24, 2007.6.28, 2008.2.29, 2013.3.23, 2014.11.19.〉

[본조신설 1995.12.30.]

[제11조의2에서 이동 〈2005.6.30.〉]

**제27조(직권면직)** ① 법 제10조제1항제2호·제5호 및 동조제2항의 규정에 의하여 직권면직시키고자 하는 경우에는 제30조의 규정에 의한 관할 징계위원회의 동의를 얻어야 한다.〈개정 2005.6.30.〉

② 삭제 〈2005.6.30.〉

[전문개정 1999.12.31.]

[제12조에서 이동 〈2005.6.30.〉]

**제27조의2** 삭제 〈2013.8.20.〉

**제27조의3** 삭제 〈2013.8.20.〉

**제28조(징계의결의 요구)** ① 실장은 소속 직원에게 징계사유가 있다고 인정되는 때에는 관할징계위원회에 징계의결을

요구하여야 한다.〈개정 2013.3.23.〉

② 실장은 경호실에 파견되어 근무중인 직원에 대하여 징계사유가 있다고 인정되는 때에는 파견직원의 원소속기관의 장에게 그 사유를 통보하여야 한다. 〈개정 2008.2.29, 2013.3.23.〉

③ 제1항의 규정에 의하여 징계의결을 요구하는 때에는 미리 당해 직원의 징계사유에 대하여 충분히 조사하고 입증자료를 첨부하여 징계의결요구서에 의하여 이를 행하여야 한다.

[본조신설 1999.12.31.]

[제12조의2에서 이동 〈2005.6.30.〉]

**제29조(징계위원회의 구성)** ① 고등징계위원회위원장은 차장이 되고, 위원은 3급 이상의 직원중에서 실장이 임명한다.〈개정 2004.7.24, 2008.2.29, 2013.3.23.〉

② 보통징계위원회위원장은 기획실장이 되고, 위원은 4급 이상의 직원중에서 실장이 임명한다.〈개정 2006.1.2, 2008.2.29, 2013.3.23.〉[본조신설 1999.12.31.]

[제12조의3에서 이동 〈2005.6.30.〉]

**제30조(징계위원회의 관할 · 운영 등)** ① 고등징계위원회는 1급 내지 5급 직원에 대한 징계사건 및 6급 이하 직원에 대한 중징계 사건을 심사 · 의결한다. 〈개정 2013.11.20.〉

② 보통징계위원회는 6급 이하 직원에 대한 경징계 사건을 심사 · 의결한다. 〈개정 2013.11.20.〉

③ 징계위원회의 관할이 다른 상하직위자가 관련된 징계사건은 제1항 및 제2항의 규정에 불구하고 고등징계위원회에서 심사 · 의결한다. 다만, 하위직위자에 대한 징계를 분리하여 심사 · 의결하는 것이 타당하다고 인정되는 때에는 고등징계위원회의 의결로써 하위직위자에 대한 징계사건을 보통징계위원회에 이송할 수 있다.[본조신설 1999.12.31.]

[제12조의4에서 이동 〈2005.6.30.〉]

**제31조(「공무원 징계령」의 준용)** 직원의 징계에 관하여 이 영에 특별한 규정이 있는 경우를 제외하고는 「공무원 징계령」 제9조 내지 제15조, 제17조 내지 제25조를 준용한다.

[본조신설 1999.12.31.]

[제12조의5에서 이동 〈2005.6.30.〉]

[제목개정 2009.3.18.]

**제32조(보상)** ① 법 제13조에 따른 상이(傷痍)를 입고 퇴직한 사람과 그 가족은 「국가유공자 등 예우 및 지원에 관한 법률」 제6조의4 또는 「보훈보상대상자 지원에 관한 법률」 제6조에 따른 상이등급에 해당하는 신체의 상이를 입고 퇴직한 사람과 그 가족으로 한다.

② 법 제13조에 따른 사망(상이로 인하여 사망한 경우를 포함한다)한 사람의 유족은 직원의 사망 당시 「국가유공자 등 예우 및 지원에 관한 법률」 제5조 또는 「보훈보상대상자 지원에 관한 법률」 제3조에 해당하는 사람으로 한다.

③ 제1항에 해당하는 사람은 「국가유공자

등 예우 및 지원에 관한 법률」 제4조 제1항제4호 · 제6호 또는 「보훈보상대상자 지원에 관한 법률」 제2조제1항제2호에 따른 전상군경(戰傷軍警), 공상군경(公傷軍警) 또는 재해부상군경과 그 가족으로 보고, 제2항에 해당하는 사람은 「국가유공자 등 예우 및 지원에 관한 법률」 제4조제1항제3호 · 제5호 또는 「보훈보상대상자 지원에 관한 법률」 제2조제1항제1호에 따른 전몰군경(戰歿軍警), 순직군경(殉職軍警) 또는 재해사망군경의 유족으로 보아 「국가유공자 등 예우 및 지원에 관한 법률」 또는 「보훈보상대상자 지원에 관한 법률」에 따른 보상을 실시한다.

④ 제3항에 따른 보상을 받으려는 사람은 「국가유공자 등 예우 및 지원에 관한 법률」 제6조 또는 「보훈보상대상자 지원에 관한 법률」 제4조에 따라 국가보훈처장에게 등록을 신청하여야 한다. 이 경우 등록신청서에는 실장이 발급한 상이확인증명서 또는 사망확인증명서를 첨부하여야 한다.

⑤ 실장은 「국가유공자 등 예우 및 지원에 관한 법률 시행령」 제9조제2항 또는 「보훈보상대상자 지원에 관한 법률 시행령」 제6조제2항에 따라 국가보훈처장으로부터 국가유공자 또는 보훈보상대상자 요건과 관련된 사실의 확인에 대한 요청을 받으면 그 요건과 관련된 사실을 확인하여 국가보훈처장에게 통보하여야 한다.[전문개정 2014.12.8.]

**제33조** 삭제 〈2008.2.29.〉

**제34조(복제)** ① 실장은 필요하다고 인정하는 경우 직원에게 제복을 지급할 수 있다.〈개정 1999.12.31, 2012.5.1, 2013.3.23.〉

② 직원의 복제에 관하여 필요한 사항은 실장이 정한다.〈개정 1999.5.24, 1999.12.31, 2007.6.28, 2012.5.1, 2013.3.23.〉

[본조신설 1995.12.30.]

[제13조의2에서 이동 〈2005.6.30.〉]

**제35조(준용)** 경호실의 직원에 관하여 이 영에 특별한 규정이 있는 경우를 제외하고는 「공무원임용령」 및 「국가공무원 복무규정」을 준용한다. 〈개정 2008.2.29, 2013.3.23.〉

[본조신설 1999.12.31.]

[제13조의3에서 이동 〈2005.6.30.〉]

**제35조의2(민감정보 및 고유식별정보의 처리)** ① 실장은 다음 각 호의 업무를 수행하기 위하여 불가피한 경우 「개인정보 보호법 시행령」 제18조제2호에 따른 범죄경력자료에 해당하는 정보나 같은 영 제19조에 따른 주민등록번호, 여권번호, 운전면허의 면허번호 또는 외국인등록번호가 포함된 자료를 처리할 수 있다.

1. 법 및 이 영에 따른 경호업무
2. 법 제8조 및 이 영 제9조 · 제9조의2에 따른 임용 직원의 임용 자격 확인 등에 관한 업무

② 다음 각 호의 조회 또는 협조 요청을

받은 관계기관의 장은 그 조회 또는 협조 업무를 수행하기 위하여 불가피한 경우 「개인정보 보호법 시행령」 제18조제2호에 따른 범죄경력자료에 해당하는 정보나 같은 영 제19조에 따른 주민등록번호, 여권번호, 운전면허의 면허번호 또는 외국인등록번호가 포함된 자료를 처리할 수 있다.

1. 제3조의3에 따른 경호업무 수행과 관련한 조회 또는 협조
2. 제9조의2에 따른 임용 직원의 임용 자격 확인 등과 관련한 조회 또는 협조

[본조신설 2014.12.8.]

**제36조(위임사항)** 이 영의 시행에 관하여 필요한 사항은 실장이 정한다. 〈개정 2006.11.15.〉[제14조에서 이동 〈2005.6.30.〉]

**부칙**〈대통령령 제25816호, 2014.12.8.〉

이 영은 공포한 날부터 시행한다.

## [별표 1] 〈개정 2006.11.15〉경호공무원의 계급별 직급의 명칭(제5조 관련)

| 계급 | 직급의 명칭 |
|---|---|
| 1급 | 관리관 |
| 2급 | 경호이사관 |
| 3급 | 경호부이사관 |
| 4급 | 경호서기관 |
| 5급 | 경호사무관 |
| 6급 | 경호주사 |
| 7급 | 경호주사보 |
| 8급 | 경호서기 |
| 9급 | 경호서기보 |

## [별표 2] 〈개정 2006.11.15〉경호공무원의 필기시험과목표(제12조제2항 관련)

| 계급 | 채용구분 | | | 시험과목 |
|---|---|---|---|---|
| 5급이상 | 공채 | 제1차(객관식) | 필수 | 헌법, 한국사 , 영어 |
| | | 제2차(주관식) | 필수 | 경호경비학, 행정학, 행정법 |
| | | | 선택 | 형법, 형사소송법, 국제법, 경영학, 정치학, 경제학, 재정학, 사회학, 심리학, 정보학, 체육학, 통신공학, 전자공학, 정보공학, 제2외국어(일어, 불어, 독어, 중국어, 노어, 스페인어, 아랍어)중 2과목 |
| | 특채·승진 | 제1차(객관식) | 필수 | 영어 |
| | | 제2차(주관식) | 필수 | 경호경비학 |
| | | | 선택 | 행정법, 행정학, 형법, 형사소송법, 국제법, 경영학, 정치학, 경제학, 재정학, 사회학, 심리학, 정보학, 체육학, 통신공학, 전자공학, 정보공학, 제2외국어(일어, 불어, 독어, 중국어, 노어, 스페인어, 아랍어)중 1과목 |
| 6·7급 | 공채·특채 | | 필수 | 일반상식, 영어 |
| 8·9급 | 공채·특채 | | 필수 | 일반상식, 영어 |

# 대통령경호안전대책위원회규정

[시행 2013.12.24.] [대통령령 제25019호, 2013.12.24, 일부개정] 대통령경호실(기획관리실), 02-770-0011

**제1조(목적)** 이 영은 「대통령 등의 경호에 관한 법률」 제16조에 따른 대통령경호안전대책위원회의 구성 및 운영에 관하여 필요한 사항을 규정함을 목적으로 한다. 〈개정 2008.2.29.〉

**제2조(구성)** 대통령경호안전대책위원회(이하 "위원회"라 한다)의 위원은 국가정보원 테러정보통합센터장, 외교부 재외동포영사국장, 법무부 출입국·외국인정책본부장, 국방부 조사본부장, 문화체육관광부 관광산업국장, 미래창조과학부 통신정책국장, 국토교통부 항공정책관, 식품의약품안전처 식품안전정책국장, 관세청 조사감시국장, 대검찰청 공안기획관, 경찰청 보안국장, 소방방재청 소방정책국장, 해양경찰청 경비안전국장, 합동참모본부 작전부 작전처장, 국군기무사령부 2부장, 수도방위사령부 참모장과 위원장이 임명 또는 위촉하는 자로 구성한다. 〈개정 2008.2.29, 2008.10.28, 2009.5.6, 2009.12.29, 2013.3.23, 2013.12.24.〉
[전문개정 2007.1.18.]

**제3조** 삭제 〈2007.1.18.〉

**제4조(책임)** ① 대통령경호안전대책활동(이하 "안전대책활동"이라 한다)에 관하여는 위원회 구성원 전원과 그 구성원이 속하는 기관의 장이 공동으로 책임을 지며, 각 구성원은 위원회의 결정사항 기타 안전대책활동을 위하여 부여된 임무에 관하여 상호간 최대한의 협조를 하여야 한다.

② 각 구성원의 분장책임은 다음과 같다. 〈개정 2004.7.24, 2007.1.18, 2008.2.29, 2008.10.28, 2009.5.6, 2009.12.29, 2013.3.23, 2013.12.24.〉

1. 대통령경호실장
   안전대책활동에 관한 전반적인 업무를 총괄하며 필요한 안전대책활동지침을 수립하여 관계부서에 부여한다.
2. 국가정보원 테러정보통합센터장
   가. 입수된 경호 관련 첩보 및 정보의 신속한 전파·보고
   나. 위해요인의 제거
   다. 정보 및 보안대상기관에 대한 조정
   라. 행사참관 해외동포 입국자에 대한 동향파악 및 보안조치
   마. 그 밖에 국내·외 경호행사의 지원
3. 외교부 재외동포영사국장
   가. 입수된 경호 관련 첩보 및 정보의 신속한 전파·보고
   나. 사증발급지원
   다. 그 밖에 국내·외 경호행사의 지원
4. 법무부 출입국·외국인정책본부장
   가. 입수된 경호 관련 첩보 및 정보

의 신속한 전파·보고
나. 위해용의자에 대한 출입국 및 체류관련 동향의 즉각적인 전파·보고
다. 그 밖에 국내·외 경호행사의 지원
5. 국방부 조사본부장
가. 입수된 경호 관련 첩보 및 정보의 신속한 전파·보고
나. 경호임무 수행을 위한 군 헌병업무 지원
다. 군관련 사고 및 사건의 접수·처리·분석 및 대책의 수립
라. 그 밖에 국내·외 경호행사의 지원
6. 문화체육관광부 관광산업국장
가. 입수된 경호 관련 첩보 및 정보의 신속한 전파·보고
나. 문화·체육·관광 시설 등에서의 경호와 관련된 협조
다. 그 밖에 국내·외 경호행사의 지원
7. 미래창조과학부 통신정책국장
가. 입수된 경호 관련 첩보 및 정보의 신속한 전파·보고
나. 경호임무 수행을 위한 정보통신업무의 지원
다. 정보통신망을 이용한 경호관련 위해사항의 확인
라. 그 밖에 국내·외 경호행사의 지원
8. 국토교통부 항공정책관
가. 입수된 경호 관련 첩보 및 정보의 신속한 전파·보고
나. 민간항공기의 행사장 상공비행에 대한 통제 및 협조
다. 육로 및 철로와 공중기동수단에 대한 통제 및 협조
라. 그 밖에 국내·외 경호행사의 지원
8의2. 식품의약품안전처 식품안전정책국장
가. 식품의약품 안전 관련 입수된 첩보 및 정보의 신속한 전파·보고
나. 경호임무에 필요한 식음료 위생 및 안전관리 지원
다. 식음료 관련 영업장 종사자에 대한 위생교육
라. 식품의약품 안전검사 및 그 밖에 필요한 자료의 지원
마. 그 밖에 국내외 경호행사의 지원
9. 관세청 조사감시국장
가. 입수된 경호 관련 첩보 및 정보의 신속한 전파·보고
나. 출입국자에 대한 검색 및 검사
다. 휴대품·소포·화물에 대한 검색
라. 그 밖에 국내·외 경호행사의 지원
10. 대검찰청 공안기획관
가. 입수된 경호 관련 첩보 및 정보의 신속한 전파·보고
나. 위해음모 발견시 수사지휘 총괄
다. 위해가능인물의 관리 및 자료수집

라. 국제테러범죄 조직과 연계된 위해사범의 방해책동 사전차단
마. 그 밖에 국내·외 경호행사의 지원

11. 경찰청 보안국장
가. 입수된 경호 관련 첩보 및 정보의 신속한 전파·보고
나. 위해가능인물에 대한 동향파악
다. 행사참석자 및 종사자의 신원조사
라. 입국체류자 중 위해가능인물에 대한 동향 파악
마. 행사장·기동로 주변 집회 및 시위관련 정보제공과 비상상황 방지대책의 수립
바. 우범지대 및 취약지역에 대한 검문·검색
사. 행사장 및 행차로 주변에 산재한 물적 취약요소에 대한 안전조치
아. 행차로 요충지 등에 정보센터 설치·운영
자. 총포·화약류의 영치관리와 봉인 등 안전관리
차. 불법무기류의 색출 및 분실무기의 수사
카. 그 밖에 국내·외 경호행사의 지원

12. 해양경찰청 경비안전국장
가. 입수된 경호 관련 첩보 및 정보의 신속한 전파·보고
나. 해상에서의 경호·테러예방 및 안전조치
다. 그 밖에 국내·외 경호행사의 지원

13. 소방방재청 소방정책국장
가. 입수된 경호 관련 첩보 및 정보의 신속한 전파·보고
나. 경호임무 수행을 위한 소방방재업무 지원
다. 그 밖에 국내외 경호행사의 지원

14. 합동참모본부 작전부 작전처장
가. 입수된 경호 관련 첩보 및 정보의 신속한 전파·보고
나. 안전대책활동에 대한 육·해·공군업무의 총괄 및 협조
다. 삭제 〈2007.1.18.〉
라. 그 밖에 국내·외 경호행사의 지원

15. 국군기무사령부 2부장
가. 입수된 경호 관련 첩보 및 정보의 신속한 전파·보고
나. 군내 행사장에 대한 안전활동
다. 군내 위해가능인물에 대한 동향파악
라. 행사참석자 및 종사자의 신원조사
마. 군부대 동향 파악
바. 행차로 주변 군시설물에 대한 안전조치
사. 취약지에 대한 검문·검색
아. 경호유관시설에 대한 보안지원 활동
자. 그 밖에 국내·외 경호행사의 지원

16. 수도방위사령부 참모장
가. 입수된 경호 관련 첩보 및 정보의 신속한 전파·보고
나. 수도방위사령부 관할지역 내 진입로 및 취약지에 대한 검문·검색
다. 수도방위사령부 관할지역의 경호

구역 및 그 외곽지역 수색·경계 등 경호활동 지원

라. 그 밖에 국내·외 경호행사의 지원

**제5조(소집)** ① 위원장은 위원회의 회의를 소집하고, 그 의장이 된다.

② 위원장은 필요하다고 인정할 때에는 부위원장으로 하여금 위원장의 직무를 대행하게 할 수 있다. [전문개정 1995.12.14.]

**제6조(간사)** ① 위원회의 사무를 처리하기 위하여 위원회에 간사 1인을 둔다.

② 간사는 대통령경호실 직원중에서 위원장이 임명한다. 〈개정 2008.2.29, 2013.3.23.〉

[본조신설 1995.12.14.]

[종전 제6조는 제8조로 이동 〈1995.12.14.〉]

**제7조(실무위원회)** ① 위원회의 소관사항을 예비심의하거나 위원회로부터 위임받은 사항의 처리를 위하여 위원회에 실무위원회를 둘 수 있다.

② 실무위원회의 구성·운영등에 관하여 필요한 사항은 위원장이 정한다.

[본조신설 1995.12.14.]

**제8조(운영세칙)** 이 영의 시행에 관하여 필요한 사항은 위원장이 정한다. 〈개정 1995.12.14.〉

[제6조에서이동 〈1995.12.14.〉]

**부칙**〈대통령령 제25019호, 2013.12.24.〉

이 영은 공포한 날부터 시행한다.

# 전직대통령 예우에 관한 법률 ( 약칭: 전직대통령법 )

[시행 2011.5.30] [법률 제10742호, 2011.5.30, 일부개정] 행정자치부(의정담당관), 02-2100-3134

**제1조(목적)** 이 법은 전직대통령(前職大統領)의 예우에 관한 사항을 규정함을 목적으로 한다. [전문개정 2011.5.30.]

**제2조(정의)** 이 법에서 "전직대통령"이란 헌법에서 정하는 바에 따라 대통령으로 선출되어 재직하였던 사람을 말한다. [전문개정 2011.5.30.]

**제3조(적용 범위)** 이 법은 전직대통령 또는 그 유족에 대하여 적용한다. [전문개정 2011.5.30.]

**제3조의2** 삭제 〈1995.12.29.〉

**제4조(연금)** ① 전직대통령에게는 연금을 지급한다.

② 제1항에 따른 연금 지급액은 지급 당시의 대통령 보수연액(報酬年額)의 100분의 95에 상당하는 금액으로 한다. [전문개정 2011.5.30.]

**제5조(유족에 대한 연금)** ① 전직대통령의 유족 중 배우자에게는 유족연금을 지급하며, 그 연금액은 지급 당시의 대통령 보수연액의 100분의 70에 상당하는 금액으로 한다.

② 전직대통령의 유족 중 배우자가 없거나 제1항에 따라 유족연금을 받던 배우자가 사망한 경우에는 그 연금을 전직대통령의 30세 미만인 유자녀(遺子女)와 30세 이상인 유자녀로서 생계능력이 없는 사람에게 지급하되, 지급 대상자가 여러 명인 경우에는 그 연금을 균등하게 나누어 지급한다. [전문개정 2011.5.30.]

**제5조의2(기념사업의 지원)** 민간단체 등이 전직대통령을 위한 기념사업을 추진하는 경우에는 관계 법령에서 정하는 바에 따라 필요한 지원을 할 수 있다. [전문개정 2011.5.30.]

**제6조(그 밖의 예우)** ① 전직대통령은 비서관 3명과 운전기사 1명을 둘 수 있고, 전직대통령이 서거한 경우 그 배우자는 비서관 1명과 운전기사 1명을 둘 수 있다.

② 제1항에 따라 전직대통령이 둘 수 있는 비서관과 운전기사는 전직대통령이 추천하는 사람 중에서 임명하며, 비서관은 고위공무원단에 속하는 별정직공무원으로 하고, 운전기사는 별정직공무원으로 한다.

③ 제1항에 따라 전직대통령이 서거한 경우 그 배우자가 둘 수 있는 비서관과 운전기사는 전직대통령의 배우자가 추천하는 사람 중에서 임명하며, 비서관과 운전기사의 신분은 대통령령으로

정한다.

④ 전직대통령 또는 그 유족에게는 관계 법령에서 정하는 바에 따라 다음 각 호의 예우를 할 수 있다.

1. 필요한 기간의 경호 및 경비(警備)
2. 교통·통신 및 사무실 제공 등의 지원
3. 본인 및 그 가족에 대한 치료
4. 그 밖에 전직대통령으로서 필요한 예우 [전문개정 2011.5.30.]

**제7조(권리의 정지 및 제외 등)** ① 이 법의 적용 대상자가 공무원에 취임한 경우에는 그 기간 동안 제4조 및 제5조에 따른 연금의 지급을 정지한다.

② 전직대통령이 다음 각 호의 어느 하나에 해당하는 경우에는 제6조제4항제1호에 따른 예우를 제외하고는 이 법에 따른 전직대통령으로서의 예우를 하지 아니한다.

1. 재직 중 탄핵결정을 받아 퇴임한 경우
2. 금고 이상의 형이 확정된 경우
3. 형사처분을 회피할 목적으로 외국정부에 도피처 또는 보호를 요청한 경우
4. 대한민국의 국적을 상실한 경우 [전문개정 2011.5.30.]

**제8조(연금의 중복 지급 금지)** 이 법에 따라 연금을 지급받는 사람에게는 다른 법률에 따른 연금을 지급하지 아니한다. [전문개정 2011.5.30.]

**제9조(연금의 지급방법 및 지급절차)** 이 법에 따른 연금의 지급방법 및 지급절차와 그 밖에 이 법의 시행에 필요한 사항은 대통령령으로 정한다. [전문개정 2011.5.30.]

**부칙** 〈법률 제10742호, 2011.5.30.〉

이 법은 공포한 날부터 시행한다.

# 전직대통령 예우에 관한 법률 시행령

[시행 2014.11.19.] [대통령령 제25751호, 2014.11.19., 타법개정]행정자치부(의정담당관), 02-2100-3134

**제1조(목적)** 이 영은 「전직대통령 예우에 관한 법률」에서 위임된 사항과 그 시행에 필요한 사항을 규정함을 목적으로 한다. 〈개정 2010.2.4.〉

**제2조(용어의 정의)** ① 「전직대통령 예우에 관한 법률」(이하 "법"이라 한다) 제4조제2항 및 제5조제1항에서 "지급당시의 대통령보수연액"이라 함은 연금의 지급일이 속하는 월의 대통령연봉월액의 8.85배에 상당하는 금액을 말한다. 〈개정 1988.3.18., 2000.1.8., 2010.2.4.〉

② 법 제5조제2항에서 "30세이상의 유자녀로서 생계능력이 없는 자"라 함은 유자녀와 그 가족의 소득·재산 및 부양가족등을 고려하여 사회통념상 전직대통령의 유자녀로서의 품위를 유지하기 어렵다고 인정되는 자를 말한다. 〈신설 1981.4.8.〉

**제3조(연금증서)** ① 유족연금수급권자로 된 자는 유족연금수급권자임을 입증하는데 필요한 관계서류를 첨부하여 연금증서의 교부를 행정자치부장관에게 신청하여야 한다. 〈개정 2000.1.8., 2008.2.29., 2013.3.23., 2014.11.19.〉

② 행정자치부장관은 전직대통령과 유족연금수급권자에 대하여 별지 서식에 의한 연금증서를 교부한다. 이 경우 행정자치부장관이 연금증서를 교부함에 있어서 필요한 때에는 당해 연금수급권자에게 증빙서류등의 제출을 요구할 수 있다. 〈개정 2000.1.8., 2008.2.29., 2013.3.23., 2014.11.19.〉

③ 법 제5조제2항의 유족연금수급권자가 수인인 경우에는 하나의 연금증서에 유족연금수급권자 전원의 성명등을 기재하여 이를 교부할 수 있다. [전문개정 1981.4.8.]

**제4조(연금의 지급기간)** 연금은 그 사유가 발생한 날이 속하는 월의 익월부터 그 사유가 소멸된 날이 속하는 월까지 지급한다.

**제5조(연금지급일)** 연금은 12월로 분급(分給)하되, 매월 20일에 지급한다.

**제6조(연금지급의 정지)** 법 제7조에 의하여 연금의 지급을 정지할 사유가 발생한 때에는 그 사유가 발생한 날이 속하는 월의 익월부터 그 사유가 소멸된 날이 속하는 월까지 지급을 정지한다.

**제6조의2(기념사업의 지원)** ① 법 제5조의2에 따라 지원하는 기념사업은 다음 각 호와 같다. 〈신설 2011.9.6., 2013.3.23., 2014.11.19.〉

1. 전직대통령 기념관 및 기념 도서관 건립 사업
2. 기록물, 유품 등 전직대통령 관련 사료를 수집·정리하는 사업

3. 전직대통령의 업적 등을 연구·편찬하는 사업
4. 제2호 및 제3호에 해당하는 사료 및 자료 등의 전시 및 열람 사업
5. 전직대통령 관련 학술세미나 개최 또는 강좌 등의 운영 사업
6. 전직대통령 관련 국제 학술회의 개최 등의 대외협력 사업
7. 그 밖에 제1호부터 제6호까지에 준하는 사업으로서 행정자치부장관이 정하는 사업

② 제1항의 기념사업에 대한 지원 내용은 다음 각 호와 같다. 〈개정 2011.9.6.〉

1. 문서·도화등 전시물의 대여
2. 사업경비의 일부보조
3. 기타 사업추진을 위하여 필요하다고 인정되는 지원

③ 제1항 및 제2항에 따른 지원의 대상과 규모는 국무회의의 심의를 거쳐 결정한다. 〈개정 2011.9.6.〉[본조신설 1988.3.18.]

**제7조(비서관 등의 임명 등)** ① 전직대통령의 비서관은 행정자치부장관의 제청으로 국무총리를 거쳐 대통령이 임명하고, 운전기사는 행정자치부장관이 임명한다. 〈개정 2013.3.23., 2014.11.19.〉

② 서거한 전직대통령의 배우자의 비서관은 행정자치부장관의 제청으로 국무총리를 거쳐 대통령이 임명하고, 운전기사는 행정자치부장관이 임명하되, 비서관은 고위공무원단에 속하는 별정직공무원으로 하고, 운전기사는 별정직공무원으로 한다. 〈개정 2013.3.23., 2014.11.19.〉

③ 삭제 〈2011.9.6.〉 [전문개정 2010.2.4.]

**제7조의2(무상진료)** 전직대통령 및 그 배우자의 국·공립병원(「서울대학교병원 설치법」에 따른 서울대학교병원, 「서울대학교치과병원 설치법」에 따른 서울대학교치과병원, 「국립대학병원 설치법」에 따른 국립대학병원 및 「국립대학치과병원 설치법」에 따른 국립대학치과병원을 포함한다)에서의 진료는 무료로 하고, 민간의료기관에서의 진료에 소요된 비용은 국가가 이를 부담한다.〈개정 1988.3.18., 2000.1.8., 2010.2.4., 2011.9.6.〉[본조신설 1981.4.8.]

**제7조의3(사무실의 제공등)** 법 제6조제4항제2호에 따른 지원의 내용은 다음과 같다. 〈개정 2010.2.4.〉

1. 사무실 및 차량의 제공과 기타 운영경비의 지급
2. 공무여행시 여비등의 지급 [본조신설 1988.3.18.]

**제8조(예산조치)** 전직대통령과 그 유족에 대한 연금예산은 행정자치부일반회계에 계상하여야 한다. 〈개정 1981.4.8., 2000.1.8., 2008.2.29., 2013.3.23., 2014.11.19.〉

**부칙** 〈대통령령 제25751호, 2014.11.19.〉
(행정자치부와 그 소속기관 직제)

**제1조(시행일)** 이 영은 공포한 날부터 시행한다. 다만, 부칙 제5조에 따라 개정

되는 대통령령 중 이 영 시행 전에 공포되었으나 시행일이 도래하지 아니한 대통령령을 개정한 부분은 각각 해당 대통령령의 시행일부터 시행한다.

**제2조**부터 **제4조**까지 생략

**제5조(다른 법령의 개정)** ①부터 〈196〉까지 생략

〈197〉 전직대통령 예우에 관한 법률 시행령 일부를 다음과 같이 개정한다.

제3조제1항, 같은 조 제2항 전단·후단, 제6조의2제1항제7호, 제7조제1항 및 제2항 중 "안전행정부장관"을 각각 "행정자치부장관"으로 한다.

제8조 중 "안전행정부"를 "행정자치부"로 한다.

별지 서식 3면 및 4면 중 "안전행정부장관"을 각각 "행정자치부장관"으로 한다.

〈198〉부터 〈418〉까지 생략

[별지서식] 전직대통령예우에 관한 법률에 의한 연금증서 〈개정 2014.11.19.〉(1면)

전직대통령예우에관한법률에의한

# 연 금 증 서

제 호

대한민국

대 한 민 국 정 부

(2면)

(3면)

연금수급권자

주소 :

성명 :

주민등록번호 :

연금지급사유 :

년 월 일

행정자치부장관

(4면)

## 알아두어야 할 일

1. 이 증서는 귀하의 연금수급권을 인정하는 것이므로 잘 보관하셔야 한다.

2. 다음 사유가 발생하였을 때에는 이 증서를 행정자치부장관에게 제출하셔야 합니다.

가. 이 증서의 기재사항에 변동이 생긴 때
나. 연금수급권자가 사망하거나 또는 연금수급권이 소멸된 때
다. 연금수급권자가 공무원으로 취임한 때

3. 이 증서를 분실하거나 훼손한 때에는 행정자치부장관에게 재교부 신청을 하셔야 한다.

4. 연금은 월별로 분급하되, 매월 20일에 지급한다.

5. 연금수급권이 소멸되거나 정지사유가 발생한 때에는 그 사유가 발생한 월의 분까지를 지급한다.

6. 연금을 수령하실 때에는 이 증서와 인장을 지참하셔야 한다.

# 경찰관 직무집행법

[시행 2016.7.28.] [법률 제13825호, 2016.1.27., 일부개정] 경찰청(법무과), 02-3150-1195

**제1조(목적)** ① 이 법은 국민의 자유와 권리를 보호하고 사회공공의 질서를 유지하기 위한 경찰관(국가경찰공무원만 해당한다. 이하 같다)의 직무 수행에 필요한 사항을 규정함을 목적으로 한다.

② 이 법에 규정된 경찰관의 직권은 그 직무 수행에 필요한 최소한도에서 행사되어야 하며 남용되어서는 아니 된다. [전문개정 2014.5.20.]

**제2조(직무의 범위)** 경찰관은 다음 각 호의 직무를 수행한다.

1. 국민의 생명·신체 및 재산의 보호
2. 범죄의 예방·진압 및 수사
3. 경비, 주요 인사(人士) 경호 및 대간첩·대테러 작전 수행
4. 치안정보의 수집·작성 및 배포
5. 교통 단속과 교통 위해(危害)의 방지
6. 외국 정부기관 및 국제기구와의 국제협력
7. 그 밖에 공공의 안녕과 질서 유지

[전문개정 2014.5.20.]

**제3조(불심검문)** ① 경찰관은 다음 각 호의 어느 하나에 해당하는 사람을 정지시켜 질문할 수 있다.

1. 수상한 행동이나 그 밖의 주위 사정을 합리적으로 판단하여 볼 때 어떠한 죄를 범하였거나 범하려 하고 있다고 의심할 만한 상당한 이유가 있는 사람
2. 이미 행하여진 범죄나 행하여지려고 하는 범죄행위에 관한 사실을 안다고 인정되는 사람

② 경찰관은 제1항에 따라 같은 항 각 호의 사람을 정지시킨 장소에서 질문을 하는 것이 그 사람에게 불리하거나 교통에 방해가 된다고 인정될 때에는 질문을 하기 위하여 가까운 경찰서·지구대·파출소 또는 출장소(지방해양경비안전관서를 포함하며, 이하 "경찰관서"라 한다)로 동행할 것을 요구할 수 있다. 이 경우 동행을 요구받은 사람은 그 요구를 거절할 수 있다. 〈개정 2014.11.19.〉

③ 경찰관은 제1항 각 호의 어느 하나에 해당하는 사람에게 질문을 할 때에 그 사람이 흉기를 가지고 있는지를 조사할 수 있다.

④ 경찰관은 제1항이나 제2항에 따라 질문을 하거나 동행을 요구할 경우 자신의 신분을 표시하는 증표를 제시하면서 소속과 성명을 밝히고 질문이나 동행의 목적과 이유를 설명하여야 하며, 동행을 요구하는 경우에는 동행 장소를 밝혀야 한다.

⑤ 경찰관은 제2항에 따라 동행한 사람의 가족이나 친지 등에게 동행한 경찰관의 신분, 동행 장소, 동행 목적과 이유를 알리거나 본인으로 하여금 즉시 연락할 수

있는 기회를 주어야 하며, 변호인의 도움을 받을 권리가 있음을 알려야 한다.

⑥ 경찰관은 제2항에 따라 동행한 사람을 6시간을 초과하여 경찰관서에 머물게 할 수 없다.

⑦ 제1항부터 제3항까지의 규정에 따라 질문을 받거나 동행을 요구받은 사람은 형사소송에 관한 법률에 따르지 아니하고는 신체를 구속당하지 아니하며, 그 의사에 반하여 답변을 강요당하지 아니한다. [전문개정 2014.5.20.]

**제4조(보호조치 등)** ① 경찰관은 수상한 행동이나 그 밖의 주위 사정을 합리적으로 판단해 볼 때 다음 각 호의 어느 하나에 해당하는 것이 명백하고 응급구호가 필요하다고 믿을 만한 상당한 이유가 있는 사람(이하 "구호대상자"라 한다)을 발견하였을 때에는 보건의료기관이나 공공구호기관에 긴급구호를 요청하거나 경찰관서에 보호하는 등 적절한 조치를 할 수 있다.

1. 정신착란을 일으키거나 술에 취하여 자신 또는 다른 사람의 생명·신체·재산에 위해를 끼칠 우려가 있는 사람
2. 자살을 시도하는 사람
3. 미아, 병자, 부상자 등으로서 적당한 보호자가 없으며 응급구호가 필요하다고 인정되는 사람. 다만, 본인이 구호를 거절하는 경우는 제외한다.

② 제1항에 따라 긴급구호를 요청받은 보건의료기관이나 공공구호기관은 정당한 이유 없이 긴급구호를 거절할 수 없다.

③ 경찰관은 제1항의 조치를 하는 경우에 구호대상자가 휴대하고 있는 무기·흉기 등 위험을 일으킬 수 있는 것으로 인정되는 물건을 경찰관서에 임시로 영치(領置)하여 놓을 수 있다.

④ 경찰관은 제1항의 조치를 하였을 때에는 지체 없이 구호대상자의 가족, 친지 또는 그 밖의 연고자에게 그 사실을 알려야 하며, 연고자가 발견되지 아니할 때에는 구호대상자를 적당한 공공보건의료기관이나 공공구호기관에 즉시 인계하여야 한다.

⑤ 경찰관은 제4항에 따라 구호대상자를 공공보건의료기관이나 공공구호기관에 인계하였을 때에는 즉시 그 사실을 소속 경찰서장이나 지방해양경비안전관서의 장에게 보고하여야 한다. 〈개정 2014.11.19.〉

⑥ 제5항에 따라 보고를 받은 소속 경찰서장이나 지방해양경비안전관서의 장은 대통령령으로 정하는 바에 따라 구호대상자를 인계한 사실을 지체 없이 해당 공공보건의료기관 또는 공공구호기관의 장 및 그 감독행정청에 통보하여야 한다. 〈개정 2014.11.19.〉

⑦ 제1항에 따라 구호대상자를 경찰관서에서 보호하는 기간은 24시간을 초과할 수 없고, 제3항에 따라 물건을 경찰관서에 임시로 영치하는 기간은 10일을 초과할 수 없다. [전문개정 2014.5.20.]

**제5조(위험 발생의 방지 등)** ① 경찰관은 사람의 생명 또는 신체에 위해를 끼치거나 재산에 중대한 손해를 끼칠 우려가 있는 천재(天災), 사변(事變), 인공구조물의 파손이나 붕괴, 교통사고, 위험물의 폭발, 위험한 동물 등의 출현, 극도의 혼잡, 그 밖의 위험한 사태가 있을 때에는 다음 각 호의 조치를 할 수 있다.

1. 그 장소에 모인 사람, 사물(事物)의 관리자, 그 밖의 관계인에게 필요한 경고를 하는 것
2. 매우 긴급한 경우에는 위해를 입을 우려가 있는 사람을 필요한 한도에서 억류하거나 피난시키는 것
3. 그 장소에 있는 사람, 사물의 관리자, 그 밖의 관계인에게 위해를 방지하기 위하여 필요하다고 인정되는 조치를 하게 하거나 직접 그 조치를 하는 것

② 경찰관서의 장은 대간첩 작전의 수행이나 소요(騷擾) 사태의 진압을 위하여 필요하다고 인정되는 상당한 이유가 있을 때에는 대간첩 작전지역이나 경찰관서·무기고 등 국가중요시설에 대한 접근 또는 통행을 제한하거나 금지할 수 있다.

③ 경찰관은 제1항의 조치를 하였을 때에는 지체 없이 그 사실을 소속 경찰관서의 장에게 보고하여야 한다.

④ 제2항의 조치를 하거나 제3항의 보고를 받은 경찰관서의 장은 관계 기관의 협조를 구하는 등 적절한 조치를 하여야 한다. [전문개정 2014.5.20.]

**제6조(범죄의 예방과 제지)** 경찰관은 범죄행위가 목전(目前)에 행하여지려고 하고 있다고 인정될 때에는 이를 예방하기 위하여 관계인에게 필요한 경고를 하고, 그 행위로 인하여 사람의 생명·신체에 위해를 끼치거나 재산에 중대한 손해를 끼칠 우려가 있는 긴급한 경우에는 그 행위를 제지할 수 있다. [전문개정 2014.5.20.]

**제7조(위험 방지를 위한 출입)** ① 경찰관은 제5조제1항·제2항 및 제6조에 따른 위험한 사태가 발생하여 사람의 생명·신체 또는 재산에 대한 위해가 임박한 때에 그 위해를 방지하거나 피해자를 구조하기 위하여 부득이하다고 인정하면 합리적으로 판단하여 필요한 한도에서 다른 사람의 토지·건물·배 또는 차에 출입할 수 있다.

② 흥행장(興行場), 여관, 음식점, 역, 그 밖에 많은 사람이 출입하는 장소의 관리자나 그에 준하는 관계인은 경찰관이 범죄나 사람의 생명·신체·재산에 대한 위해를 예방하기 위하여 해당 장소의 영업시간이나 해당 장소가 일반인에게 공개된 시간에 그 장소에 출입하겠다고 요구하면 정당한 이유 없이 그 요구를 거절할 수 없다.

③ 경찰관은 대간첩 작전 수행에 필요할

때에는 작전지역에서 제2항에 따른 장소를 검색할 수 있다.

④ 경찰관은 제1항부터 제3항까지의 규정에 따라 필요한 장소에 출입할 때에는 그 신분을 표시하는 증표를 제시하여야 하며, 함부로 관계인이 하는 정당한 업무를 방해해서는 아니 된다. [전문개정 2014.5.20.]

**제8조(사실의 확인 등)** ① 경찰관서의 장은 직무 수행에 필요하다고 인정되는 상당한 이유가 있을 때에는 국가기관이나 공사(公私) 단체 등에 직무 수행에 관련된 사실을 조회할 수 있다. 다만, 긴급한 경우에는 소속 경찰관으로 하여금 현장에 나가 해당 기관 또는 단체의 장의 협조를 받아 그 사실을 확인하게 할 수 있다.

② 경찰관은 다음 각 호의 직무를 수행하기 위하여 필요하면 관계인에게 출석하여야 하는 사유·일시 및 장소를 명확히 적은 출석 요구서를 보내 경찰관서에 출석할 것을 요구할 수 있다.

1. 미아를 인수할 보호자 확인
2. 유실물을 인수할 권리자 확인
3. 사고로 인한 사상자(死傷者) 확인
4. 행정처분을 위한 교통사고 조사에 필요한 사실 확인[전문개정 2014.5.20.]

**제8조의2(국제협력)** 경찰청장(국민안전처 소속 경찰공무원의 직무에 관한 사항인 경우에는 국민안전처장관을 말한다)은 이 법에 따른 경찰관의 직무수행을 위하여 외국 정부기관, 국제기구 등과 자료 교환, 국제협력 활동 등을 할 수 있다. 〈개정 2014.11.19.〉[본조신설 2014.5.20.]

**제9조(유치장)** 법률에서 정한 절차에 따라 체포·구속된 사람 또는 신체의 자유를 제한하는 판결이나 처분을 받은 사람을 수용하기 위하여 경찰서와 지방해양경비안전관서에 유치장을 둔다. 〈개정 2014.11.19.〉[전문개정 2014.5.20.]

**제10조(경찰장비의 사용 등)** ① 경찰관은 직무수행 중 경찰장비를 사용할 수 있다. 다만, 사람의 생명이나 신체에 위해를 끼칠 수 있는 경찰장비(이하 이 조에서 "위해성 경찰장비"라 한다)를 사용할 때에는 필요한 안전교육과 안전검사를 받은 후 사용하여야 한다.

② 제1항 본문에서 "경찰장비"란 무기, 경찰장구(警察裝具), 최루제(催淚劑)와 그 발사장치, 살수차, 감식기구(鑑識機具), 해안 감시기구, 통신기기, 차량·선박·항공기 등 경찰이 직무를 수행할 때 필요한 장치와 기구를 말한다.

③ 경찰관은 경찰장비를 함부로 개조하거나 경찰장비에 임의의 장비를 부착하여 일반적인 사용법과 달리 사용함으로써 다른 사람의 생명·신체에 위해를 끼쳐서는 아니 된다.

④ 위해성 경찰장비는 필요한 최소한도에서 사용하여야 한다.

⑤ 경찰청장은 위해성 경찰장비를 새로 도입하려는 경우에는 대통령령으로 정하는 바에 따라 안전성 검사를 실시하여 그 안전성 검사의 결과보고서를 국회 소관 상임위원회에 제출하여야 한다. 이 경우 안전성 검사에는 외부 전문가를 참여시켜야 한다.

⑥ 위해성 경찰장비의 종류 및 그 사용기준, 안전교육·안전검사의 기준 등은 대통령령으로 정한다. [전문개정 2014.5.20.]

**제10조의2(경찰장구의 사용)** ① 경찰관은 다음 각 호의 직무를 수행하기 위하여 필요하다고 인정되는 상당한 이유가 있을 때에는 그 사태를 합리적으로 판단하여 필요한 한도에서 경찰장구를 사용할 수 있다.

1. 현행범이나 사형·무기 또는 장기 3년 이상의 징역이나 금고에 해당하는 죄를 범한 범인의 체포 또는 도주 방지
2. 자신이나 다른 사람의 생명·신체의 방어 및 보호
3. 공무집행에 대한 항거(抗拒) 제지

② 제1항에서 "경찰장구"란 경찰관이 휴대하여 범인 검거와 범죄 진압 등의 직무 수행에 사용하는 수갑, 포승(捕繩), 경찰봉, 방패 등을 말한다. [전문개정 2014.5.20.]

**제10조의3(분사기 등의 사용)** 경찰관은 다음 각 호의 직무를 수행하기 위하여 부득이한 경우에는 현장책임자가 판단하여 필요한 최소한의 범위에서 분사기(「총포·도검·화약류 등 단속법」에 따른 분사기를 말하며, 그에 사용하는 최루 등의 작용제를 포함한다. 이하 같다) 또는 최루탄을 사용할 수 있다.

1. 범인의 체포 또는 범인의 도주 방지
2. 불법집회·시위로 인한 자신이나 다른 사람의 생명·신체와 재산 및 공공시설 안전에 대한 현저한 위해의 발생 억제 [전문개정 2014.5.20.]

**제10조의3(분사기 등의 사용)** 경찰관은 다음 각 호의 직무를 수행하기 위하여 부득이한 경우에는 현장책임자가 판단하여 필요한 최소한의 범위에서 분사기(「총포·도검·화약류 등의 안전관리에 관한 법률」에 따른 분사기를 말하며, 그에 사용하는 최루 등의 작용제를 포함한다. 이하 같다) 또는 최루탄을 사용할 수 있다. 〈개정 2015.1.6.〉

1. 범인의 체포 또는 범인의 도주 방지
2. 불법집회·시위로 인한 자신이나 다른 사람의 생명·신체와 재산 및 공공시설 안전에 대한 현저한 위해의 발생 억제 [전문개정 2014.5.20.] [시행일 : 2016.1.7.] 제10조의3

**제10조의4(무기의 사용)** ① 경찰관은 범인의 체포, 범인의 도주 방지, 자신이나 다른 사람의 생명·신체의 방어 및 보호, 공무집행에 대한 항거의 제지를 위하여 필요하다고 인정되는 상당한 이유가 있을 때에는 그 사태를 합리적으로 판단

하여 필요한 한도에서 무기를 사용할 수 있다. 다만, 다음 각 호의 어느 하나에 해당할 때를 제외하고는 사람에게 위해를 끼쳐서는 아니 된다.

1. 「형법」에 규정된 정당방위와 긴급피난에 해당할 때
2. 다음 각 목의 어느 하나에 해당하는 때에 그 행위를 방지하거나 그 행위자를 체포하기 위하여 무기를 사용하지 아니하고는 다른 수단이 없다고 인정되는 상당한 이유가 있을 때
   가. 사형 · 무기 또는 장기 3년 이상의 징역이나 금고에 해당하는 죄를 범하거나 범하였다고 의심할 만한 충분한 이유가 있는 사람이 경찰관의 직무집행에 항거하거나 도주하려고 할 때
   나. 체포 · 구속영장과 압수 · 수색영장을 집행하는 과정에서 경찰관의 직무집행에 항거하거나 도주하려고 할 때
   다. 제3자가 가목 또는 나목에 해당하는 사람을 도주시키려고 경찰관에게 항거할 때
   라. 범인이나 소요를 일으킨 사람이 무기 · 흉기 등 위험한 물건을 지니고 경찰관으로부터 3회 이상 물건을 버리라는 명령이나 항복하라는 명령을 받고도 따르지 아니하면서 계속 항거할 때
3. 대간첩 작전 수행 과정에서 무장간첩이 항복하라는 경찰관의 명령을 받고도 따르지 아니할 때

② 제1항에서 "무기"란 사람의 생명이나 신체에 위해를 끼칠 수 있도록 제작된 권총 · 소총 · 도검 등을 말한다.

③ 대간첩 · 대테러 작전 등 국가안전에 관련되는 작전을 수행할 때에는 개인화기(個人火器) 외에 공용화기(共用火器)를 사용할 수 있다. [전문개정 2014.5.20.]

**제11조(사용기록의 보관)** 제10조제2항에 따른 살수차, 제10조의3에 따른 분사기, 최루탄 또는 제10조의4에 따른 무기를 사용하는 경우 그 책임자는 사용일시 · 장소 · 대상, 현장책임자, 종류, 수량 등을 기록하여 보관하여야 한다. [전문개정 2014.5.20.]

**제11조의2(손실보상)** ① 국가는 경찰관의 적법한 직무집행으로 인하여 다음 각 호의 어느 하나에 해당하는 손실을 입은 자에 대하여 정당한 보상을 하여야 한다.

1. 손실발생의 원인에 대하여 책임이 없는 자가 재산상의 손실을 입은 경우(손실발생의 원인에 대하여 책임이 없는 자가 경찰관의 직무집행에 자발적으로 협조하거나 물건을 제공하여 재산상의 손실을 입은 경우를 포함한다)
2. 손실발생의 원인에 대하여 책임이 있는 자가 자신의 책임에 상응하는 정도를 초과하는 재산상의 손실을 입은 경우

② 제1항에 따른 보상을 청구할 수 있는 권리는 손실이 있음을 안 날부터 3년, 손실이 발생한 날부터 5년간 행사하지

아니하면 시효의 완성으로 소멸한다.

③ 제1항에 따른 손실보상신청 사건을 심의하기 위하여 손실보상심의위원회를 둔다.

④ 제1항에 따른 손실보상의 기준, 보상금액, 지급절차 및 방법, 손실보상심의위원회의 구성 및 운영, 그 밖에 필요한 사항은 대통령령으로 정한다. [본조신설 2013.4.5.]

**제11조의3(보상금 지급)** ① 경찰청장, 지방경찰청장 또는 경찰서장은 다음 각 호의 어느 하나에 해당하는 사람에게 보상금을 지급할 수 있다.

1. 범인 또는 범인의 소재를 신고하여 검거하게 한 사람
2. 범인을 검거하여 경찰공무원에게 인도한 사람
3. 테러범죄의 예방활동에 현저한 공로가 있는 사람
4. 그 밖에 제1호부터 제3호까지의 규정에 준하는 사람으로서 대통령령으로 정하는 사람

② 경찰청장, 지방경찰청장 및 경찰서장은 제1항에 따른 보상금 지급의 심사를 위하여 대통령령으로 정하는 바에 따라 각각 보상금심사위원회를 설치·운영하여야 한다.

③ 제2항에 따른 보상금심사위원회는 위원장 1명을 포함한 5명 이내의 위원으로 구성한다.

④ 제2항에 따른 보상금심사위원회의 위원은 소속 경찰공무원 중에서 경찰청장, 지방경찰청장 또는 경찰서장이 임명한다.

⑤ 경찰청장, 지방경찰청장 또는 경찰서장은 제2항에 따른 보상금심사위원회의 심사·의결에 따라 보상금을 지급하고, 거짓 또는 부정한 방법으로 보상금을 받은 사람에 대하여는 해당 보상금을 환수한다.

⑥ 보상 대상, 보상금의 지급 기준 및 절차, 보상금심사위원회의 구성 및 심사사항, 그 밖에 필요한 사항은 대통령령으로 정한다.

[본조신설 2016.1.27.]

**제12조(벌칙)** 이 법에 규정된 경찰관의 의무를 위반하거나 직권을 남용하여 다른 사람에게 해를 끼친 사람은 1년 이하의 징역이나 금고에 처한다. [전문개정 2014.5.20.]

**제13조** 삭제 〈2014.5.20.〉

**부칙** 〈법률 제12844호, 2014.11.19.〉 (정부조직법)

**제1조(시행일)** 이 법은 공포한 날부터 시행한다. 다만, 부칙 제6조에 따라 개정되는 법률 중 이 법 시행 전에 공포되었으나 시행일이 도래하지 아니한 법률을 개정한 부분은 각각 해당 법률의 시행일부터 시행한다.

**제2조**부터 **제5조**까지 생략

**제6조**(다른 법률의 개정) ①부터 〈128〉까지 생략

〈129〉 경찰관 직무집행법 일부를 다음과 같이 개정한다.

제3조제2항 전단, 제4조제5항·제6항 및 제9조 중 "지방해양경찰관서"를 각각 "지방해양경비안전관서"로 한다.

제8조의2 중 "경찰청장 또는 해양경찰청장"을 "경찰청장(국민안전처 소속 경찰공무원의 직무에 관한 사항인 경우에는 국민안전처장관을 말한다)"으로 한다.

〈130〉부터 〈258〉까지 생략

**제7조** 생략

## 부칙 〈법률 제13825호, 2016.1.27.〉

이 법은 공포 후 6개월이 경과한 날부터 시행한다.

# 경찰관직무집행법시행령

[시행 2014.11.19.] [대통령령 제25751호, 2014.11.19, 타법개정] 경찰청(규제개혁법무담당관실), 02-3150-1195

**제1조(목적)** 이 영은 경찰관직무집행법(이하 "법"이라 한다)의 시행에 관하여 필요한 사항을 규정함을 목적으로 한다.

**제2조(임시영치)** 국가경찰공무원이 법 제4조제3항의 규정에 의하여 무기·흉기등을 임시영치한 때에는 소속 국가경찰관서의 장(지방해양경비안전관서의 장을 포함한다. 이하 같다)은 그 물건을 소지하였던 자에게 별지 제1호서식에 의한 임시영치증명서를 교부하여야 한다. 〈개정 1996·8·8, 2006.6.29., 2014.11.19.〉

**제3조(피구호자의 인계통보)** 법 제4조제6항의 규정에 의한 경찰서장 또는 해양경비안전서장의 공중보건의료기관·공공구호기관의 장 및 그 감독행정청에 대한 통보는 별지 제2호서식에 의한다. 〈개정 1996·8·8, 2014.11.19.〉
[전문개정 1989·3·7]

**제4조(대간첩작전지역등에 대한 접근등의 금지·제한)** 국가경찰관서의 장은 법 제5조제2항의 규정에 의하여 대간첩작전지역등에 대한 접근 또는 통행을 제한하거나 금지한 때에는 보안상 부득이한 경우를 제외하고는 지체없이 그 기간·장소 기타 필요한 사항을 방송·벽보·경고판·전단살포등 적당한 방법으로 일반인에게 널리 알려야 한다. 이를 해제한 때에도 또한 같다. 〈개정 2006.6.29.〉

**제5조(신분을 표시하는 증표)** 법 제3조제4항 및 법 제7조제4항의 신분을 표시하는 증표는 국가경찰공무원의 공무원증으로 한다. 〈개정 1989·3·7, 2006.6.29.〉

**제6조(출석요구서)** 법 제8조제2항의 규정에 의한 출석요구서는 별지 제3호서식에 의한다.

**제7조(보고)** 국가경찰공무원은 다음의 조치를 한 때에는 소속 국가경찰관서의 장에게 이를 보고하여야 한다. 〈개정 2006.6.29.〉

1. 법 제3조제2항의 규정에 의한 동행요구를 한 때
2. 법 제4조제1항의 규정에 의한 긴급구호요청 또는 보호조치를 한 때
3. 법 제4조제3항의 규정에 의한 임시영치를 한 때
4. 법 제6조제1항의 규정에 의하여 범죄행위를 제지한 때
5. 삭제 〈1989·3·7〉
6. 법 제7조제2항 및 제3항의 규정에 의하여 다수인이 출입하는 장소에 대하여 출입 또는 검색을 한 때
7. 법 제8조제1항 단서의 규정에 의한 사실확인을 한 때
8. 삭제 〈1999.11.27.〉
9. 삭제 〈1999.11.27.〉

**제8조(민감정보 및 고유식별정보의 처리)** 국가경찰공무원은 법 제2조에 따른 경찰관의 직무를 수행하기 위하여 불가피한 경우 「개인정보 보호법」 제23조에 따른 건강에 관한 정보, 같은 법 시행령 제18조제2호에 따른 범죄경력자료에 해당하는 정보, 같은 영 제19조에 따른 주민등록번호, 여권번호, 운전면허의 면허번호 또는 외국인등록번호가 포함된 자료를 처리할 수 있다. [본조신설 2012.1.6.]

**제9조(손실보상의 기준 및 보상금액)** ① 법 제11조의2제1항에 따라 손실보상을 할 때 물건을 멸실·훼손한 경우에는 다음 각 호의 기준에 따라 보상한다.

1. 손실을 입은 물건을 수리할 수 있는 경우: 수리비에 상당하는 금액
2. 손실을 입은 물건을 수리할 수 없는 경우: 손실을 입은 당시의 해당 물건의 교환가액
3. 영업자가 손실을 입은 물건의 수리나 교환으로 인하여 영업을 계속할 수 없는 경우: 영업을 계속할 수 없는 기간 중 영업상 이익에 상당하는 금액

② 물건의 멸실·훼손으로 인한 손실 외의 재산상 손실에 대해서는 직무집행과 상당한 인과관계가 있는 범위에서 보상한다. [본조신설 2014.2.18.]

**제10조(손실보상의 지급절차 및 방법)** ① 법 제11조의2에 따라 경찰관의 적법한 직무집행으로 인하여 발생한 손실을 보상받으려는 사람은 별지 제4호서식의 보상금 지급 청구서에 손실내용과 손실금액을 증명할 수 있는 서류를 첨부하여 손실보상청구 사건 발생지를 관할하는 국가경찰관서의 장에게 제출하여야 한다.

② 제1항에 따라 보상금 지급 청구서를 받은 국가경찰관서의 장은 해당 청구서를 제11조제1항에 따른 손실보상청구 사건을 심의할 손실보상심의위원회가 설치된 국민안전처, 경찰청, 지방경찰청 및 지방해양경비안전본부의 장(이하 "경찰청장등"이라 한다)에게 보내야 한다. 〈개정 2014.11.19.〉

③ 제2항에 따라 보상금 지급 청구서를 받은 경찰청장등은 손실보상심의위원회의 심의를 거쳐 보상 여부 및 보상금액을 결정하되, 다음 각 호의 어느 하나에 해당하는 경우에는 그 청구를 각하(却下)하는 결정을 하여야 한다.

1. 청구인이 같은 청구 원인으로 보상신청을 하여 보상금 지급 여부에 대하여 결정을 받은 경우. 다만, 기각 결정을 받은 청구인이 손실을 증명할 수 있는 새로운 증거가 발견되었음을 소명(疎明)하는 경우는 제외한다.
2. 손실보상 청구가 요건과 절차를 갖추지 못한 경우. 다만, 그 잘못된 부분을 시정할 수 있는 경우는 제외한다.

④ 경찰청장등은 제3항에 따른 결정일부

터 10일 이내에 다음 각 호의 구분에 따른 통지서에 결정 내용을 적어서 청구인에게 통지하여야 한다.

1. 보상금을 지급하기로 결정한 경우: 별지 제5호서식의 보상금 지급 청구 승인 통지서
2. 보상금 지급 청구를 각하하거나 보상금을 지급하지 아니하기로 결정한 경우: 별지 제6호서식의 보상금 지급 청구 기각·각하 통지서

⑤ 보상금은 다른 법률에 특별한 규정이 있는 경우를 제외하고는 현금으로 지급하여야 한다.

⑥ 보상금은 일시불로 지급하되, 예산 부족 등의 사유로 일시금으로 지급할 수 없는 특별한 사정이 있는 경우에는 청구인의 동의를 받아 분할하여 지급할 수 있다.

⑦ 제1항부터 제6항까지에서 규정한 사항 외에 손실보상의 청구 및 지급에 필요한 사항은 경찰청장(국민안전처 소속 경찰공무원의 직무에 관한 사항인 경우에는 국민안전처장관을 말한다. 이하 같다)이 정한다. 〈개정 2014.11.19.〉
[본조신설 2014.2.18.]

**제11조(손실보상심의위원회의 설치 및 구성)** ① 법 제11조의2제3항에 따라 소속 경찰공무원의 직무집행으로 인하여 발생한 손실보상청구 사건을 심의하기 위하여 국민안전처, 경찰청, 지방경찰청 및 지방해양경비안전본부에 손실보상심의위원회(이하 "위원회"라 한다)를 설치한다. 〈개정 2014.11.19.〉

② 위원회는 위원장 1명을 포함한 5명 이상 7명 이하의 위원으로 구성한다.

③ 위원회의 위원은 소속 경찰공무원과 다음 각 호의 어느 하나에 해당하는 사람 중에서 경찰청장등이 위촉하거나 임명한다. 이 경우 위원의 과반수 이상은 경찰공무원이 아닌 사람으로 하여야 한다.

1. 판사·검사 또는 변호사로 5년 이상 근무한 사람
2. 「고등교육법」 제2조에 따른 학교에서 법학 또는 행정학을 가르치는 부교수 이상으로 5년 이상 재직한 사람
3. 경찰 업무와 손실보상에 관하여 학식과 경험이 풍부한 사람

④ 위촉위원의 임기는 2년으로 한다.

⑤ 위원회의 사무를 처리하기 위하여 위원회에 간사 1명을 두되, 간사는 소속 경찰공무원 중에서 경찰청장등이 지명한다. [본조신설 2014.2.18.]

**제12조(위원장)** ① 위원장은 위원 중에서 호선(互選)한다.

② 위원장은 위원회를 대표하며, 위원회의 업무를 총괄한다.

③ 위원장이 부득이한 사유로 직무를 수행할 수 없는 때에는 위원장이 미리 지명한 위원이 그 직무를 대행한다.
[본조신설 2014.2.18.]

**제13조(손실보상심의위원회의 운영)** ① 위원장은 위원회의 회의를 소집하고, 그 의장이 된다.

② 위원회의 회의는 재적위원 과반수의 출석으로 개의(開議)하고, 출석위원 과반수의 찬성으로 의결한다.

③ 위원회는 심의를 위하여 필요한 경우에는 관계 공무원이나 관계 기관에 사실조사나 자료의 제출 등을 요구할 수 있으며, 관계 전문가에게 필요한 정보의 제공이나 의견의 진술 등을 요청할 수 있다. [본조신설 2014.2.18.]

**제14조(위원의 제척 · 기피 · 회피)** ① 위원회의 위원이 다음 각 호의 어느 하나에 해당하는 경우에는 위원회의 심의 · 의결에서 제척(除斥)된다.

1. 위원 또는 그 배우자나 배우자였던 사람이 심의 안건의 청구인인 경우
2. 위원이 심의 안건의 청구인과 친족이거나 친족이었던 경우
3. 위원이 심의 안건에 대하여 증언, 진술, 자문, 용역 또는 감정을 한 경우
4. 위원이나 위원이 속한 법인이 심의 안건 청구인의 대리인이거나 대리인이었던 경우
5. 위원이 해당 심의 안건의 청구인인 법인의 임원인 경우

② 청구인은 위원에게 공정한 심의 · 의결을 기대하기 어려운 사정이 있는 경우에는 위원회에 기피 신청을 할 수 있고, 위원회는 의결로 이를 결정한다. 이 경우 기피 신청의 대상인 위원은 그 의결에 참여하지 못한다.

③ 위원이 제1항 각 호에 따른 제척 사유에 해당하는 경우에는 스스로 해당 안건의 심의 · 의결에서 회피(回避)하여야 한다. [본조신설 2014.2.18.]

**제15조(위원의 해촉)** 경찰청장등은 위원회의 위원이 다음 각 호의 어느 하나에 해당하는 경우에는 해당 위원을 해촉(解囑)할 수 있다.

1. 심신장애로 인하여 직무를 수행할 수 없게 된 경우
2. 직무태만, 품위손상이나 그 밖의 사유로 위원으로 적합하지 아니하다고 인정되는 경우
3. 제14조제1항 각 호의 어느 하나에 해당하는 데에도 불구하고 회피하지 아니한 경우
4. 제16조를 위반하여 직무상 알게 된 비밀을 누설한 경우[본조신설 2014.2.18.]

**제16조(비밀 누설의 금지)** 위원회의 회의에 참석한 사람은 직무상 알게 된 비밀을 누설해서는 아니 된다. [본조신설 2014.2.18.]

**제17조(위원회의 운영 등에 필요한 사항)** 제11조부터 제16조까지에서 규정한 사항 외에 위원회의 운영 등에 필요한 사항은 경찰청장이 정한다. 〈개정 2014.11.19.〉 [본조신설 2014.2.18.]

**부칙** 〈대통령령 제25751호, 2014.11.19.〉 (행정자치부와 그 소속기관 직제)

**제1조(시행일)** 이 영은 공포한 날부터 시행한다. 다만, 부칙 제5조에 따라 개정

되는 대통령령 중 이 영 시행 전에 공포되었으나 시행일이 도래하지 아니한 대통령령을 개정한 부분은 각각 해당 대통령령의 시행일부터 시행한다.

**제2조**부터 **제4조**까지 생략

**제5조(다른 법령의 개정)** ①부터 〈254〉까지 생략

〈255〉 경찰관직무집행법시행령 일부를 다음과 같이 개정한다.

제2조 중 "지방해양경찰관서"를 "지방해양경비안전관서"로 한다.

제3조 중 "해양경찰서장"을 "해양경비안전서장"으로 한다.

제10조제2항 및 제11조제1항 중 "경찰청, 해양경찰청, 지방경찰청 및 지방해양경찰청"을 각각 "국민안전처, 경찰청, 지방경찰청 및 지방해양경비안전본부"로 한다.

제10조제7항 중 "경찰청장 또는 해양경찰청장"을 "경찰청장(국민안전처 소속 경찰공무원의 직무에 관한 사항인 경우에는 국민안전처장관을 말한다. 이하 같다)"으로 한다.

제17조 중 "경찰청장 또는 해양경찰청장"을 "경찰청장"으로 한다.

별지 제1호서식 중 "○○경찰서장"을 "○○경찰서장 또는 ○○해양경비안전서장"으로, "(○○지 · 파출소장)"을 "(○○지 · 파출소장) 또는 (○○해양경비안전센터장 · 출장소장)"으로 한다.

별지 제2호서식 중 "○○경찰서"를 "○○경찰서 또는 ○○해양경비안전서"로 한다.

별지 제3호서식 전면 중 "해양경찰서장"을 "해양경비안전서장"으로 하고, 같은 서식 이면 중 "○○경찰서"를 "○○경찰서 또는 ○○해양경비안전서"로, "해양경찰서장"을 각각 "해양경비안전서장"으로 한다.

별지 제4호서식 중 "( )경찰청장"을 "국민안전처장관, 경찰청장, 지방경찰청장 또는 지방해양경비안전본부장"으로 하고, 같은 서식의 처리절차란 중 "지방해양경찰관서"를 "지방해양경비안전관서"로, "경찰청 · 해양경찰청 · 지방경찰청 · 지방해양경찰청"을 "국민안전처 · 경찰청 · 지방경찰청 · 지방해양경비안전본부"로 한다.

별지 제5호서식 및 별지 제6호서식 중 "( )경찰청장"을 각각 "국민안전처장관, 경찰청장, 지방경찰청장 또는 지방해양경비안전본부장"으로 한다.

〈256〉부터 〈418〉까지 생략

[별지 제1호서식] 〈개정 2014.11.19.〉

<table>
<tr><td colspan="5">임시영치증명서<br>제 호</td></tr>
<tr><td rowspan="2">영치인</td><td>①성명</td><td></td><td>②생년월일</td><td></td></tr>
<tr><td>③주소</td><td colspan="3"></td></tr>
<tr><td rowspan="3">영치물</td><td>④품명</td><td>⑤단위</td><td>⑥수량</td><td>⑦비고</td></tr>
<tr><td></td><td></td><td></td><td></td></tr>
<tr><td></td><td></td><td></td><td></td></tr>
<tr><td>⑧임시영치기간</td><td colspan="4">. . . 시~ . . 시(일간)</td></tr>
<tr><td>⑨수령일시</td><td colspan="2">. . . 시</td><td>⑩수령장소</td><td></td></tr>
<tr><td colspan="5">위 물건을 경찰관직무집행법 제4조제3항의 규정에 의하여 임시영치하오니 지정된 날짜에 이 증명서와 주민등록증 및 인장을 가지고 수령하시기 바랍니다.<br><br>. . .<br>○○경찰서장 또는 ○○해양경비안전서장<br>(○○지·파출소장) 또는 (○○해양경비안전센터장·출장소장)<br>귀하</td></tr>
</table>

2106-34A 190mm×268mm

81.5.2 승인 (인쇄용지(2급) 60g/㎡)

※기입요령 : ⑧임시영치기간은 임시영치한 날로부터 수령한 날까지 10일을 초과할 수 없음

[별지 제2호서식] 〈개정 2014.11.19.〉

# ○○경찰서 또는 ○○해양경비안전서

분류기호 및
문서번호

시행일 . . .

수신 발 신 (인)

제목피구호자 인계서 송부

| 구분 | 항목 | 내용 | 항목 | 내용 |
|---|---|---|---|---|
| 피구호자 | ①성명 | | ②생년월일 | . . . |
| | ③직업 | | ④주민등록번호 | ~ |
| | ⑤주소 | | | |
| | ⑥인상착의 | | | |
| 발견 | ⑦일시 | . . . | ⑨당시개황 | |
| | ⑧장소 | | | |
| ⑩인계일시 | | . . . | ⑪인계장소 | |
| ⑫인계인 | | 소속 | 계급 | 성명 |
| ⑬인수인 | | 소속 | 직위 | 성명 |

경찰관직무집행법 제4조제6항의 규정에 의하여 피구호자인계서를 위와 같이 송부한다.

2106-32D 190mm×268mm
81.5.2 승인 (인쇄용지(2급) 60g/㎡)

※ 기입요령 : ⑥피구호자의 인적사항이 확인되지 아니한 때에는 성별·신장·체격·착의 등 피보호자를 특정할 수 있는 사항을 기입

[별지 제3호서식] 〈개정 2014.11.19.〉 (전면)

우편엽서

우표

(받을 분)
①성명

②주소

○○경찰서장 또는 해양경비안전서장

2106-41A 95mm×150mm
81.5.2 승인 (인쇄용지(특급) 120g/㎡)

(이면)

③ 제 호

출석요구서

| ④출 석 일 시 | . . . 시 |
|---|---|
| ⑤출 석 장 소 | ○○경찰서 또는 ○○해양경비안전서 ○○과 ○○계(실)<br>(전화 ) |
| ⑥출석요구사유 | |
| ⑦지 참 품 | |
| ⑧담 당 경 찰 관 | 계급 성명 |

귀하에게 위 사항에 대한 사실을 확인하고자 하오니 이 출석요구서와 주민등록증 및 인장을 가지고 나와 주시기 바랍니다.

. . .

⑨ ○○경찰서장 또는 해양경비안전서장

※ 작성요령
⑨ 경찰서장 또는 해양경비안전서장의 직인을 날인함

■ 경찰관직무집행법 시행령[별지 제4호서식] 〈개정 2014.11.19.〉

# 보상금 지급 청구서

※ 바탕색이 어두운 난은 청구인이 적지 않습니다.

| 접수번호 | 접수일 | 처리일 | 처리기간 |
|---|---|---|---|

| | | |
|---|---|---|
| 청구인 | 성명 | 생년월일 |
| | 주소<br>(전화번호: ) | |

| | |
|---|---|
| 손실개요 | 손실내용 및 신청이유 |
| | 손실액 산출기초 |
| | 손실금액(청구금액)<br>금 원 |

「경찰관직무집행법」 제11조의2 및 같은 법 시행령 제10조제1항에 따라 위와 같이 보상금의 지급을 청구한다.

년 월 일

청구인 (서명 또는 인)

국민안전처장관, 경찰청장, 지방경찰청장 또는 지방해양경비안전본부장 귀하

| 첨부서류 | 손실내용과 손실금액을 증명할 수 있는 서류 | 수수료<br>없 음 |
|---|---|---|

처 리 절 차

| 청구서 작성 | → | 접 수 | → | 심 의 | → | 결정서 통보 |
|---|---|---|---|---|---|---|
| 청구인 | | 처리기관<br>(지방해양경비안전관서를 포함한 국가경찰관서) | | 처리기관<br>(손실보상심의위원회) | | 처리기관<br>(국민안전처, 경찰청, 지방경찰청, 지방해양경비안전본부) |

210mm×297mm[백상지 80g/㎡(재활용품)]

■ 경찰관직무집행법 시행령[별지 제5호서식] 〈개정 2014.11.19.〉

# 보상금 지급 청구 (일부·전부) 승인 통지서

<table>
<tr><td rowspan="2">청구인</td><td>성명</td><td>생년월일</td></tr>
<tr><td colspan="2">주소<br>(전화번호: )</td></tr>
<tr><td rowspan="4">보상<br>결정<br>사항</td><td colspan="2">보상원인</td></tr>
<tr><td colspan="2">보상금액(청구금액)</td></tr>
<tr><td colspan="2">보상방법</td></tr>
<tr><td colspan="2">그 밖의 사항</td></tr>
</table>

「경찰관직무집행법」 제11조의2 및 같은 법 시행령 제10조제3항에 따라 귀하의 손실보상 청구에 대하여 위와 같이 보상하기로 결정하였음을 알려 드립니다.

년 월 일

※ 문의: (담당부서 및 담당자)
(전화번호)

**국민안전처장관, 경찰청장, 지방경찰청장 또는 지방해양경비안전본부장** 직인

210mm×297mm[백상지 80g/㎡(재활용품)]

■ 경찰관직무집행법 시행령[별지 제6호서식] 〈개정 2014.11.19.〉

# 보상금 지급 청구 기각 · 각하 통지서

<table>
<tr><td rowspan="2">청구인</td><td>성명</td><td>생년월일</td></tr>
<tr><td colspan="2">주소<br>(전화번호: )</td></tr>
<tr><td rowspan="2">보 상<br>결정<br>사항</td><td colspan="2">결정 내용</td></tr>
<tr><td colspan="2">결정 이유</td></tr>
</table>

「경찰관직무집행법」 제11조의2 및 같은 법 시행령 제10조제3항에 따라 귀하의 손실보상 청구에 대하여 위와 같이 (기각·각하) 결정하였음을 알려 드립니다.

년 월 일

※ 문의: (담당부서 및 담당자)
(전화번호)

**국민안전처장관, 경찰청장, 지방경찰청장 또는 지방해양경비안전본부장** 직인

210mm×297mm[백상지 80g/㎡(재활용품)]

# 참고문헌

## 1. 국내문헌

### 가. 단행본


국민안전처 중앙소방본부, 소방행정자료 및 통계, 2014, 2015.

김국래외 2인, 소방조직관리론, 도서출판 덕유, 2004.

김국래 · 이정일 공편저, 소방학, 한국고시회, 2001,

내무부,『朝鮮法令輯覽』朝鮮總督府, 1940, 내무행정백서, 1984.

대통령경호실, 바람소리도 놓치지 않는다, 대통령경호실, 2006.8.11.

대한전기학회, 1989전기연감, 대한전기학회, 1988.

소방방재청(중앙소방본부), 소방행정자료 및 통계, 소방정책과 제공, 2014.

유형창, 경호학개론, 2015.


### 나. 논문


유형창(1999), 북한의 호위제도에 관한 연구, 경남대학교 행정대학원, 석사학위논문

유형창(2008), 한국 민간경호 교육 훈련 실태 분석을 통한 교과과정 운용 및 설정,「한국경찰학회보」, 제10권 1호

유형창(2009), 환경변화에 따른 경호체계의 발전방안에 관한 연구, 경기대학교 대학원, 박사 학위논문

유형창(2009), 사례분석을 통한 경호 전문성 제고,「한국경호경비학회지」, 18권, 한국경호경비학회

유형창(2010), 한국경호안전산업의 성장과 경호학의 미래,「한국경찰학회보」, 제12권 4호

유형창(2012), 국제화에 따른 한국 내 자생테러 발생 가능성과 대응전략,「한국경호경비학회지」, 31권

유형창(2014), 산업보안관리에 관한 뉴패러다임의 정립, 한국경호경비학회지」, 통권 39호,

유형창(2014), 한국의 다문화 사회화에 따른 자생적 테러발생 가능성과 대응방안,「한국경찰학회보」, 제16권 3호

이병헌(1994), 일본 경호제도에 관한 연구(공무원 국비 단기 국외훈련),

## 2. 외국문헌

Dennis V. N. McCarthy with Philip W. Smith, Protecting the president, 1984.

John R. Simpson, Monments in history, 1994.

June, Dale L.(1999), Introduction to Executive Protction, CRC Press.

Robert J. Fischer, Introduction to security, 1992.

Rufus W. Youngblood, 20years in the secret service, 1981.

U. S. CID, Protective service, 1978.

Purpura, Philip P., P., CPP(1998), Security and Loss Prevention, Boston : Butterworth-Heinemann,

Purpura, Philip P., cpp(1998), op. cit., p. 48.

## 3. 법 령

119구조구급에관한 법률 시행령 제20조, 2015.

경비업법 제2조 1호, 제10조, 국가법령정보센터, 2015.

경찰관직무집행법 제2조(직무의 범위), 2015. 동법 시행령, 2015.

국가공무원법, 제33조, 법률 제44호, 1949. 2015.

국가정보원직원법, 동법 시행령 제3조, 제4조, 국가법령정보센터, 2015.

대통령등의경호에관한법률 제1조~제3조, 제16조, 동법시행령 제10조, 대통령경호안전대책위원회규정, 2015.

소방공무원법, 동법시행령, 동법시행규칙, 발췌정리, 1977, · 1983.

소방기본법 제1조 정의, 동법 제16조의 2, 동법시행령, 동법시행규칙, 2015.

소방방재청고시 제2013-21호, 2013.6.11.

소방시설설치 · 유지및안전관리에관한법률 제2조제1호, 동법시행령 별표1, 2015.
소방시설설치 · 유지및안전관리에관한법률 시행규칙 별지 제2호 소방시설 작동기능점검표, 별지 제21호 및 2 서식, 2015.
스프링클러설비의 화재안전기준(NFSC 103)[시행 2013.7.12.].
의무소방대설치법, 동법 시행령, 2015.
정부조직법 제16조, 국가법령정보센터, 2015.
지방소방공무원법, 1973.

## 4. 기 타

경찰청 조직 구성도와 경찰 용어사전. 2008.
네이버 지식백과, 공업뇌관 [industrial blasting cap, 工業雷管], 토목용어사전, 도서출판탐구원, 1997.2.1.
네이버 지식백과, 급조폭발물 [improvised explosive device], 시사상식사전, 박문각. 2014.
네이버 지식백과, 무연 화약 [無煙火藥, smokeless powder, rauchloses Pulver], 화학대사전, 세화, 2001.5.20.
네이버 지식백과, 충격파관 [衝擊波管, shock tube], 화학대사전, 세화, 2001.5.20.
네이버지식백과, 재압실점검[repressurized chamber inspection], 산업안전대사전, 도서출판골드, 2004.5.10.
동아일보, 보도, 2013.10.04 10:18
대통령경호실, 경호홍보관, 경호의 변천사, 2015
대한민국의 힘 미래를 여는 청정에너지, 한국도시가스협회 30년사, ㈜디자인소호사사, 2014.9.
미디어 오늘, 김병철, 2013.
미(美) ss팜프릿(1978), protective services
안전행정부 공식발표자료, 2014.
엔하위키 미러 백과사전 정의 위키백과사전, 브리테니커 백과사전, 두산백과사전. 2014.

조선일보 [사설] 황장엽 전 비서 암살 공작원까지 보내는 북한, 2010년 4월21일.
프리츠 푀트클레, 노벨, 한길사, 2000.
한국가스안전공사, 가스안전교육원, 가스개론, 2015. 2014, 국정감사 제출자료, 이채익 의원, 2014.
한국환경산업기술원, 환경용어사전, 대한토목학회, 토목용어사전, 2013.
한국법령편찬회, 대한민국법령연혁집, 2001.
한국전력공사 경영정보처, 주요전력통계, 1990. 경영통계, 1989. 한국전력20년사, 1988
한국전력공사, 사회적 책임분야를 중심으로 한 전기 2세기와 전력사업, 1988.
최종대 외, 한전의 기업이념과 구현방안, 서울대학교 경영대학 경영연구소, 1987.
armynuri.tistory.com/?page=5, 육군 블로그 아미누리
bbs1.agora.media.daum.net/gaia... 미디어다음 아고라 〉 자유토론, 김필재(金泌材)
http://blog.naver.com/stopgo1107/90189041489,국정경호단,
http//cafe.daum.net/an0116, /smoothmi/, v.media.daum.net/v/2011051,
http://cafe.daum.net/onlyyouexem, blog.daum.net/icksoon33cho/8949422,
http://blog.naver.com/djrmasl2/100169692492,경찰청 조직 구성도와 경찰 용어사전
http://youtu.be/mL8FTdooia,
http://i4.search.daumcdn.net/simg/image/G01/thumb/0x200_85_hr/8EnRoOHksXv
http://i1.daumcdn.net/cafeimg/cf_img2/img_blank2.gif,
http://airforce.mil.kr/PE/PEG/PEGD_0100.html
http://www.chem.hanyang.ac.kr/Chem_world/
http://www.me2u2.co.kr/yoep2000/main.html
http://farm3.staticflickr.com/2418/2201647319_0b370cfd1b_b.jpg?width=600
http://GLOB.egloos.com/2191521
http://cafe.daum.net/securityguard,/an0116/I4Ma/7,안성호의탐정학교,
http://blog.daum.net/jdk665ks37d/14,천연가스&산업의 이해, 2014.4.29.
http://blog.naver.com/tmddn2278/140197979486,화약 공부합시다, 2013.
http://blog.naver.com/koshablog/10150363708,

http://ufoworld99.blog.me/220034542254

KISH, 김상훈, [ www.kishkim.com]

ko.wikipedia.org/wiki/인현동_호프집_화재_참사

MBN v.media.net, 해병대 수류탄 폭발사고 발생

SUREFIRE KOREA

www.jjuckbbang.net

www.kacpr.org/cpr/index.html?cat=4(대한심폐소생협회)

MBC (www.imnews.com)박주연기자, 보도, 2012.12.04 07:21.

## □ 저자 소개

### 〉〉 유 형 창

[주요경력]

- 경남대학교 법정대학 행정학과 졸업
- 경남대학교 행정대학원 정치외교학과 졸업/석사, "북한의 호위제도에 관한 연구"
- 경기대학교 대학원 경호안전관리학과 졸업/박사, "환경변화에 따른 경호체계의 발전방안에 관한 연구"
- 경남대학교 ROTC 총동문회 회장 (2008.03.22.-2011.3.11./15,16대)
- G-20 국가정상회의 경호안전 자문위원 (2010.04.09)
- 핵안보 정상회의 경호안전 통제단 자문위원 (2011.07.2)
- 남지고교 총동창회 회장(2013.3.1.-2014.3.11)
- 경남대학교 총동창회 부회장 (2005.01.03-현재)
- 현, 한국경호경비학회 부회장(2007.01.01~), 한국사회안전학회 부회장(2008.03.02~)
- 현, 한국비서학회 이사 (2009.03-2011.02), (2013.03~), 대한민국 ROTC 중앙회 부회장 (2010.02.09~)
- 현, 경남대학교 기독교수회 회장(2013.02.10~), 창원 문화재단 문화예술위원 (2013.09.23~)
- 현, 부울경 기독교수회 경남위원장(2015.03.1~)

[기 고]

- [시론] 주요 인사 경호 강화하라, 중앙일보(조판), 2007.01.30,
- 국가적 要人 경호시스템 시급, 조선일보, 2007.04.13,
- [편집자에게] 경호(警護)의 과학, 조선일보, 2009.05.29,
- [편집자에게] G20 성공을 위해선 일시적 편 감수해야, 조선일보, 2010.10.26,
- G20 성공의 '결정적 순간', 경남신문, 2010.11.03,
- 산업보안과 산업스파이, 경남신문, 2011.08.16,
- 핵안보정상회의와 불장난, 경남신문, 2012.03.20,
- [발언대] '무결점 경호'에는 국민 협조가 꼭 있어야, 조선일보, 2012.03.22,

- 안전한 삶, 경남신문, 2013.09.04,
- 재앙이 보내는 경호신호를 무시하지 말라, 경남신문, 2013.09.11,
- U헬스 시스템, 경남신문, 2013.09.23,
- 새로운 복지를 위한 안전정책, 경남신문, 2013.09.30,
- 캄보디아를 향한 우리의 전략.크리스챤 경남, 2015.04.08/04.15/04.22(3회 연재)

[방송 출연]

- TV조선 '황금펀치, 오늘의 뉴스 황금포인트' 2014.04.03. 최진의 대통령 이야기' 2014.04.08.
- MBN '아궁이' 영원한 라이벌 김대중vs김영삼, 2014.05.09. 청와대 X파일Ⅰ, 위기의 순간들, 2014.06.06.
- MBN '아궁이' [청와대 X파일Ⅱ - 대통령의 비밀] 2014.06.13.
- 연합뉴스TV '뉴스Y - 신율의 정정당당' 2014.06.16. '신율의 시사탕탕' 2014.11.10. '신율의 시사탕탕' 2015.03.05. 라디오 '신율의 출발새아침' 2015.03.06.
- 채널A '팩트 10' 2014.04.03. 채널 A '뉴스특보' 2015.03.08, TV조선 '황금펀치' 2015.03.21.

〉〉 김 국 래(金國來)

[주요경력]

- 연세대학교 행정대학원 행정학 석사, 한양대학교 대학원 행정학 박사
- 한국행정학회 운영이사, 한국방재학회 편집위원, 한국화재소방학회 논문심사위원, 한국소방정책학회 학술이사, 한국산업인력관리공단 시험출제위원 등
- 대통령경호실 검측부 · 안전대책과 검측경호원, 서울 소방방재본부 예방 · 기획팀장, 양천 · 서부 · 용산 소방서장
- 중앙소방학교 교학과장, 교육기획팀장, 소방방재청 항공안전팀장, 대구소방안전본부 · 울산소방본부장
- 강원대학교 · 대불대학교 · 한국사이버대학교 겸임교수 2005~2012
- 홍조근정훈장 2009, 일본어능력시험 1급자격, 2001 행정사 2015, 사회복지사 2급, 2014
- 현, 경남대 · 대구공업대 · 숭실사이버대, 2012~, (사) 라이프가드코리아, 한국행정사 협회, 교수, 2014~

[주 요 저 서]

- 김국래 · 이정일 공저, 소방학개론, 한국고시회 2005, 소방학(경비지도사), 한국고시회, 2004.
- 김국래 저, 소방정책론, 도서출판119매거진, 2007. 소방행정법, 도서출판 미래컴, 2010.
- 김국래외 2인, 소방조직관리론, 도서출판119매거진, 2004.
- 김국래 · 유병욱 공저, 재난관리론, 정훈사, 2011.

[논 문 · 세미나]

- 한국 응급의료서비스 체계의 민관파트너십 구축방안 -한양대학교 행정학 박사논문, 2006.
- 기업경영마인드에 의한 소방방재서비스 혁신에 관한연구, 2004. 행정자치부 장관 및 서울특별시장 상 수상
- 국가 · 지방간 재난관리시스템 설계, 동진문화사, 2003, 행정개혁시민연합 토론, 2008
- 우리나라 소방공무원의 근무실태 분석을 통한 사기진작 방안, 2002, 한국소방

정책학회보, 창간호

- 소방방재서비스 향상을 위한 안전점검 개선방안에 관한 연구, ISSN1738-7167 2006,12.31, 한국화재소방학회
- 소방공무원 의식과 처우개선에 관한 연구, ISSN 1738-7167, 2007,3.31 한국화재소방학회
- 국가산업단지의 석유화학 안전관리 방안에 관한 연구, 한국화재소방학회, 2012.3.
- 소방교육제도의 문제점과 개혁방안(제13회소방학술세미나, 경기소방학교 학술세미나),2007.
- 21세기 소방조직의 혁신을 위한 전략과제(소방행정연찬대회), 중앙소방학교 2000.09.05, 전국2위 내무장관표창
- 한국의 소방정책-과제와 전망(한국소방정책학회창립기념세미나)

[방송출연 · 기고]

- 세계일보, 나의제언, 소방의 날 법제화의 당위성을 제안한다, 1990.11.9
- 국민일보, 발언대, 보사부 129 응급의료센터 운용체계 허술, 1991.8.12
- 동아일보, 발언대,  소방의날 행사 시도단위로 열자. 1993.11.9, 위험물탱크 규제일원화 필요, 1997.7.3
- 한국일보, 제언, 구난체계구축 위인설관 안돼야, 1995.7.14, 국가재난관리 체제정비안, 1995.10.13
- 영남일보, 세계소방관 경기대회 진두지휘, 2010.9.2, 미소친절도시 대구만들자, 2012.2.14
- 중앙일보, 초고층건물 화재 특단대책 필요하다, 2010.10.16
- KBS, 희생 · 봉사 · 애국 119정신을 기립시다(사랑의리퀘스트163회), 2005. 고층아파트 화재대책은?  2010.10.13
- 조선일보, 여론광장, 소방관 처우개선 빨리 실현되야, 1990.2.4 전국에 안전체험 교육시설 만들자, 2014.4.30
- YTN뉴스특보, 강화도팬션 화재참사 무엇이 문제인가? 2015.3.21